高等学校应用技术型经济管理系列教材（会计系列）

高等学校应用型经济管理规划教材

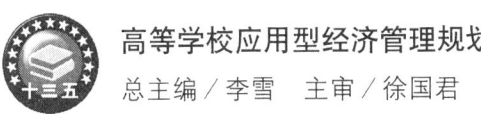

总主编／李雪　主审／徐国君

小企业会计

Accounting of Small-sized Enterprises

（第二版）

孙美杰◎主编

蔡素兰　高金清◎副主编

立信会计出版社
LIXIN ACCOUNTING PUBLISHING HOUSE

图书在版编目(CIP)数据

小企业会计/孙美杰主编.—2版.—上海:立信
会计出版社,2019.1(2024.1重印)
高等学校应用技术型经济管理系列教材.会计系列
ISBN 978 - 7 - 5429 - 6051 - 1

Ⅰ.①小… Ⅱ.①孙… Ⅲ.①中小企业—会计—高等
学校—教材 Ⅳ.①F276.3

中国版本图书馆 CIP 数据核字(2019)第 012949 号

策划编辑　方士华
责任编辑　方士华　孙　勇
封面设计　南房间

小企业会计(第二版)
XIAOQIYE KUAIJI

出版发行	立信会计出版社
地　　址	上海市中山西路 2230 号　　邮政编码　200235
电　　话	(021)64411389　　传　　真　(021)64411325
网　　址	www.lixinaph.com　　电子邮箱　lixinaph2019@126.com
网上书店	http://lixin.jd.com　　http://lxkjcbs.tmall.com
经　　销	各地新华书店
印　　刷	浙江天地海印刷有限公司
开　　本	787 毫米×1092 毫米　　1/16
印　　张	18.25
字　　数	453 千字
版　　次	2019 年 1 月第 2 版
印　　次	2024 年 1 月第 6 次
书　　号	ISBN 978 - 7 - 5429 - 6051 - 1/F
定　　价	40.00 元

如有印订差错,请与本社联系调换

总　序

教材是高校实现人才培养目标的重要载体,教材及教材建设对高校发展具有举足轻重的作用。与培养模式相对应的教材是培养合格人才的基本保证,是实现培养目标的重要工具。由于历史的原因,在财经类教材的出版方面,相关出版社出版研究型本科或者高职高专、中等职业等层次的教材较多,也较成熟,而在应用技术型本科教材出版上比较欠缺,虽然近年来也出版了一些这方面的教材,但总体而言,还是缺乏权威性、普适性、实用性、创新性的财经类应用技术型本科教材。造成这种状况的原因主要在于:出版社对财经类应用技术型本科教材的出版还不够重视,没有进行有效的组织;财经类应用技术型本科院校多为新建院校,教材建设相对滞后,主观上也较愿意使用研究型本科教材;在教材使用中存在比较严重的混用现象,教材的目标读者群不明确,不少教材既适用于研究型本科又适用于应用技术型本科,或者既适用于本科又适用于高职高专。

由于目前应用技术型教材种类和数量匮乏或质量欠佳,使得应用技术型本科不得不沿用传统研究型教材,比如东北财经大学会计系列教材(包括《基础会计》《中级财务会计》《管理会计》《高级财务会计》《审计》等),中国人民大学会计系列教材(如《成本会计》),教育部统编教材(如《财务管理》)等国家级规划教材。这些教材本身的质量很好、级别很高,但是并不适用于应用技术型本科的教学,教师和学生普遍反映不好用。即使从全国范围看,也还没有相对成套、成熟的适合应用技术型高校使用的教材,不适应教育教学要求。存在的主要问题包括:①教材的定位和要求较高;②教材的内容多、难度大;③教材着重于理论解释,相关案例、实训等内容较少,缺乏普适性、实用性。所以,需要编写适应学生水平、便于学生接受的应用技术型教材。

我们组织具有多年应用技术型人才培养经验的优秀教师和实务界专家编写了这套教材。本套系列教材由《基础会计》《中级财务会计》《成本会计》《管理会计》《财务管理》《审计学原理》《审计实务》《审计基础与实务》《税法》《经济法》《西方经济学》《金融学》等构成。为了保证教材的质量,本套系列教材聘请了著名高校的专家、教授对本套教材编写进行专门指导和审核。每本教材至少有一名本学科的知名专家或学科带头人提出审核指导意见,至少有一名高等院校教学一线的高级职称教师参与组织编写,至少有一名行业协会、实务界专家和教学研究机构人员提出编写建议。

本套系列教材的特色如下。

1. 应用性

应用技术型本科的教材建设应坚持培养应用技术型本科人才的定位,充分吸收和借鉴传统的普通本科教材与高职高专类教材建设的优点和经验,以就业为导向,做到理论上优于高职高专类教材、动手能力的培养上优于传统的本科院校教材。

本套系列教材体现了应用技术型本科的定位,体现了素质教育和“以学生发展为本”的教育理念,遵循了高等教育教学基本规律,重视知识、能力和素质的协调发展,根据应用技术型人才培养模式对学生的创新精神、实践能力和适应能力的要求,在内容选材、教学方法、学习方法、实验和实训配套等方面突出了应用性特征。

2. 针对性

本套系列教材的编写符合会计学、财务管理和审计学专业的培养目标、培养需求、业务规格(知识结构和能力结构)和教学大纲的基本要求,与各专业的课程结构和课程设置相对应,与课程平台和课程模块相对应。本套系列教材在结构的布局、内容重点的选取、示例习题的设计等方面符合教改目标和教学大纲的要求,把教师的备课、试讲、授课、辅导答疑等教学环节有机地结合起来。

3. 先进性

本套系列教材反映了应用技术型会计人才教育教学改革的内容,能够反映学科领域的新发展。本套系列教材的整体规划、每一种教材构造等均体现了实用性和创新性。本套系列教材还强调了系列配套,包括了教材、学习指导书、教学课件等。

4. 基础性

本套系列教材打破传统教材自身知识框架的封闭性,尝试多方面知识的融会贯通,注重知识层次的递进,体现每一门科目的基本内容,同时,在具体内容上突出实际运用知识的能力,使本套系列教材做到"教师易教,学生乐学,技能实用"。

5. 易于自学性

自学能力的培养是高等教育应该教授给学生的一项基本能力。只有具备了自主学习的能力,才能最终建立起终身学习的保障体系,这也是应用技术型本科人才培养的客观要求。应用技术型高校的生源素质与其他高校相比存在较大差距,除一部分高考发挥失误的学生外,有相当一部分学生在学习习惯、基础知识等方面存在一定的欠缺,这要求本套系列教材要能调动这部分学生的学习积极性,在理论方面尽量通俗易懂,实践方面尽量采用案例式教学。为了有利于学生课后自主学习,本套系列教材配套了学习指导书和教学课件。

因此,本套系列教材的定位和特色把握准确,教材的特色明显,适用于应用技术型高等学校教学,容易得到学生和市场的认可,便于学生的自学和教师的教学。

高等学校应用技术型经济管理系列教材(会计系列)凝聚了众多领导、教授和专家多年来的经验和心血。当然,由于我们的经验和人力有限,教材中难免存在不足,我们期待着各位同行、专家和读者的批评指正。我们将随着经济发展和会计环境的变迁不断修订教材,以便及时反映学科的最新发展和人才培养的最新变化。

本套系列教材出版后,得到学生和市场的认可,深受广大读者欢迎。为了更好地回馈读者,本套系列教材从2017年起启动第二版的修订工作,各种教材的第二版将陆续出版。我们会一如既往地做好教材修订和相关服务工作,希望广大读者对本套系列教材给予支持。

李 雪

2019 年 1 月

第二版前言

本书为高等学校应用技术型经济管理系列教材（会计系列）之一，具有应用性、针对性、先进性、基础性、易于自学性的特点，在充分吸收和借鉴传统的普通本科教材与高职高专类教材建设的优点和经验的基础上，以就业为导向，做到在理论上高于高职高专类教材、在动手能力的培养上高于传统的本科院校教材。

《小企业会计》围绕编制通用财务报告展开，内容包括六大会计要素的会计处理。详细讲解了在会计实践中会计要素和主要会计项目的处理方法、会计报表的编制方法以及会计信息的使用和分析方法。既有对财务会计的基本理论、基础知识和基本方法的阐述，又有对现行小企业会计准则的介绍与评价，同时更注重在现行的会计理论和会计政策下，对会计信息的处理方法和分析方法等实务的介绍。

本书根据《小企业会计准则》进行编写，全书共分为10章，主要内容包括概述、流动资产、非流动资产、负债、所有者权益、收入、费用、利润及利润分配、外币业务以及财务报表和小企业会计准则与企业会计准则的比较。每章都结合相关案例对重点内容进行讲解，并适时加入"延伸阅读""会计职业道德""相关思考""账簿格式""与财务报告的关系"等内容，以培养学生的分析能力和创新能力；由于主编及参编人员均有多年实务工作经验，因此在内容的编写上，与实务工作紧密结合，以增强学生理论与实务相结合的能力，提高其实践技能，为就业打下坚实基础；同时借助丁字账户、图、表等方式进行讲解，便于学生理解掌握。本书主要作为普通高等学校经济管理类专业教材，也可供相关专业人员参考。

本书具有以下特点。

（1）本书以国际会计惯例为依据，所依据的会计规范是最新的国际会计准则和我国最新的小企业会计准则，体现会计准则最新动态。

（2）重点突出会计实务，本书尽量完美地将理论知识与实务相结合，重视知识、能力和素质的协调，以培养应用型人才为目的，并进而提高学生的创新精神、实践能力和适应能力。比如，一项业务的会计处理存在不同的方法，则通过分析比较，最后提出实务中建议采用的方法，并说明原因。

（3）在编写过程中，涉及会计处理、科目的设置、账簿的设置等问题会与实务中手工账和财务软件的处理方式相结合进行讲解，符合应用型会计人才的培养目标。

（4）借助T形账户、图、表等工具进行讲解，图文并茂，并穿插鲜活案例，通俗易懂。

（5）将财务报表中各项目的填写穿插在各会计要素所在章节中进行讲解，即将各要素的讲解与财务报表结合起来，让学生建立框架思维并有利于学生掌握财务报表的编制。

（6）配套资料丰富，本书配有《小企业会计学习指导书》，以及多媒体课件等辅助资料。

本书由孙美杰担任主编,蔡素兰、高金清为副主编,多位优秀教师和实务界专家参编,参编人员中包括副教授、高级会计师、注册会计师及会计师等,人员构成的优势为本书的编写打下坚实基础。具体分工如下:第一章概述(武娟、高金清),第二章流动资产(孙美杰),第三章非流动资产(孙美杰),第四章负债(高杉、王庆),第五章所有者权益(蔡素兰),第六章收入(刘艳),第七章费用(孙美杰、方叙林),第八章利润及利润分配(蔡素兰),第九章外币业务(韩真真),第十章财务报表(高金清),附录小企业会计准则与企业会计准则的比较(孙美杰)。

在本书编写的过程中我们参考了大量相关教材和论著,在此向有关作者致以深深的谢意!

本书的编写先后经过多次讨论研究,力求内容编排合理、避免错误,但难免存在考虑不周,表达不妥当的地方,书中疏漏不足之处,敬请读者批评指正。

编　者

2019 年 1 月

目　录

第一章　概　述

内容简介

　　本章主要讲解了《小企业会计准则》制定的背景和意义;《小企业会计准则》的特点、适用范围;小企业的认定标准;小企业会计要素的构成和会计科目设置;小企业会计核算的基本程序与方法。本章重点为《小企业会计准则》的特点和小企业会计科目的设置;本章难点为《小企业会计准则》与《企业会计准则》的不同。

学习目的和要求

　　通过本章学习,学生应掌握《小企业会计准则》的特点及小企业常见的会计科目,熟悉国家四部委《中小企业划型标准规定》中小企业及微型企业的界定标准;了解小企业的特点和小型微利企业的内涵;理解《小企业会计准则》与《企业会计准则》的不同。

引例　《小企业会计准则》的发布

财会〔2011〕17 号

　　为了规范小企业会计确认、计量和报告行为,促进小企业可持续发展,发挥小企业在国民经济和社会发展中的重要作用,根据《中华人民共和国会计法》及其他有关法律和法规,我部制定了《小企业会计准则》,现予印发,自 2013 年 1 月 1 日起在小企业范围内施行,鼓励小企业提前执行。我部于 2004 年 4 月 27 日发布的《小企业会计制度》(财会〔2004〕2 号)同时废止。

　　执行中有何问题,请及时反馈我部。

财政部

二〇一一年十月十八日

第一节　小企业会计准则制定的意义

一、《小企业会计准则》制定的背景和意义

2011 年 10 月 18 日,财政部以财会〔2011〕17 号印发了《小企业会计准则》,用于规范小企

业会计的确认、计量和报告行为,促进小企业可持续发展,发挥小企业在国民经济和社会发展中的重要作用。这是中国会计发展史上第一部关于小企业的会计准则。

《小企业会计准则》自 2013 年 1 月 1 日起实施,实施以后不再执行《小企业会计制度》。

(一)《小企业会计准则》制定的背景

小企业是我国国民经济和社会发展的重要力量。根据财政部 2010 年 11 月发布的《小企业会计准则(征求意见稿)》起草说明,我国现有的 477 万户企业中,企业数量中小企业数量占 97.11%(其中,微型企业占 66.93%),从业人员中小企业从业人员占 52.95%,主营业务收入中小企业主营业务收入占 39.34%,资产总额中小企业资产总额占 41.97%。促进小企业的发展,对于提高经济增长活力、有效扩大就业、保持社会和谐稳定、建设创新型国家,具有十分重要的意义。因此,有必要制定一套既符合小企业发展新特性,又能够满足小企业会计信息使用者需求的小企业会计准则,从而促进小企业提高经营管理水平,为国家扶持小企业发展各项政策措施的落实提供有力保障。

中共中央一直高度重视支持小企业发展,先后于 2003 年出台《中小企业促进法》、2005 年出台《鼓励支持和引导个体私营等非公有制经济发展的若干意见》(国发〔2005〕3 号)。特别是 2009 年 9 月,为应对国际金融危机,帮助中小企业克服困难,国务院印发了《国务院关于进一步促进中小企业发展的若干意见》(国发〔2009〕36 号),提出了进一步扶持中小企业发展的综合性政策措施。会计工作是经济、财政工作的重要基础。这从客观上要求我们在新的经济形势下研究制定出一套既符合小企业发展新特征又能够满足小企业会计信息使用者新需求的小企业会计准则,从而促进小企业提高经营管理水平,为国家扶持小企业发展各项政策措施的落实提供有力的制度保障。

从国内实际情况看,企业会计准则体系得到了国内、国际社会的普遍认可,但这套准则体系的实施范围不包括小企业。2004 年制定的《小企业会计制度》,一些内容早已过时,小企业会计人员实际工作中无所适从。例如,《小企业会计制度》中的《小企业划型标准》是经国务院批准,由原国家经贸委、原国家计委、财政部和国家统计局于 2003 年 2 月发布实施的,诸如计算机服务和软件业、房地产业、租赁业和商务服务业等未包括在内,致使这些行业的小企业有的执行行业会计制度,有的执行小企业会计制度,等等。因此,有必要进一步扩大会计改革成果,适时研究制定《小企业会计准则》,为今后统一会计标准、提高会计信息可比性、建立良好会计秩序奠定坚实的基础。

从国际通行的做法看,一些国际会计组织和国家会计准则机构普遍意识到,不论企业规模大小,一律执行单一的会计标准并不合理。中小企业由于其规模、组织形式以及产权关系等具有显著特征,在会计管理方面,表现为其会计目标、会计信息使用者需求、会计机构和人员配置、会计核算水平等均有独特之处。因此,在会计确认、计量和报告上应当适用不同于其他主体的原则、方法与体系。单独制定适用于中小企业或小企业的会计标准,减轻小企业在提供财务报告方面的负担,已成为国际社会的共识。2009 年 7 月,国际会计准则理事会制定发布《中小主体国际财务报告准则》,该准则的一个核心理念就是简化核算。因此,有必要在充分借鉴国际通行做法的基础上,立足我国国情,研究制定出符合我国小企业实际情况的小企业会计准则。

(二)《小企业会计准则》制定的意义

《小企业会计准则》的制定有利于促进小企业的健康发展,其重要意义体现在以下几个方面。

（1）有利于健全企业会计准则体系。《企业会计准则》和《小企业会计准则》分工明确，相互衔接，为小企业的发展提供了制度空间。《小企业会计准则》在原则上遵循《企业会计准则——基本准则》的前提下，对会计确认、计量和报告要求进行适当简化，既维护了基本准则在整个会计标准体系中的统驭地位，又兼顾了小企业的实际情况。在保证小企业会计信息质量的同时，最大限度地降低了小企业成长壮大为大中型企业转而执行《企业会计准则》后，所面临的制度转换成本。

（2）有利于加强税收征管、促进小企业税负公平。制定和完善《小企业会计准则》，可以促进小企业建账、建制，提高其会计核算水平，实行查账征收。这样，不仅有助于依法治税，加强小企业税收征管；同时也有助于税务机关根据小企业实际负担能力征税，促进税负公平。

（3）有利于加强小企业的内部管理、防范小企业贷款风险。制定和完善小企业会计准则体系可以促使小企业练好内功，加强管理，提高自身信誉度，让银行愿意贷款，进而从制度上缓解小企业融资难、贷款难的问题。

（4）为小企业的发展提供了制度空间。制定和完善《小企业会计准则》，是以《中华人民共和国会计法》为依据，从会计管理方面引导和帮助小企业改善其经营管理，规范其会计行为，增强其会计信息的真实性和透明度，进而推动小企业走上内生增长、创新驱动的发展轨道。这将是财政部门支持小企业发展的又一项重大举措。

（5）帮助小企业轻松上阵。《小企业会计准则》充分考虑我国小企业规模较小、业务较为简单、会计基础工作较为薄弱、会计信息使用者的信息需求相对单一等实际情况，对小企业的会计确认、计量和报告进行了简化处理，减少了会计人员职业判断的内容与空间。

二、《小企业会计准则》的适用范围

（一）小企业的认定标准

小企业，是指符合国家四部委《中小企业划型标准规定》所规定的小型企业标准的企业。《中小企业划型标准规定》，是我国根据《中华人民共和国中小企业促进法》和《国务院关于进一步促进中小企业发展的若干意见》（国发〔2009〕36 号）制定的。中小企业划型标准如表 1-1 所示。

表 1-1　中小企业划型标准（工信部联企业〔2011〕300 号）

序号	行业	中型企业标准底限	小型企业标准底限	微型企业
1	农、林、牧、渔业	营业收入 500 万元	营业收入 50 万元	营业收入 50 万元以下
2	工业	从业人员 300 人，且营业收入 2 000 万元	从业人员 20 人，且营业收入 300 万元	从业人员 20 人以下或营业收入 300 万元以下
3	建筑业	营业收入 6 000 万元，且资产总额 5 000 万元	营业收入 300 万元，且资产总额 300 万元	营业收入 300 万元以下或资产总额 300 万元以下
4	批发业	从业人员 20 人，且营业收入 5 000 万元	从业人员 5 人，且营业收入 1 000 万元	从业人员 5 人以下或营业收入 1 000 万元以下
5	零售业	从业人员 50 人，且营业收入 500 万元	从业人员 10 人，且营业收入 100 万元	从业人员 10 人以下或营业收入 100 万元以下

(续表)

序号	行业	中型企业标准底限	小型企业标准底限	微型企业
6	交通运输业	从业人员 300 人,且营业收入 3 000 万元	从业人员 20 人,且营业收入 200 万元	从业人员 20 人以下或营业收入 200 万元以下
7	仓储业	从业人员 100 人,且营业收入 1 000 万元	从业人员 20 人,且营业收入 100 万元	从业人员 20 人以下或营业收入 100 万元以下
8	邮政业	从业人员 300 人,且营业收入 2 000 万元	从业人员 20 人,且营业收入 100 万元	从业人员 20 人以下或营业收入 100 万元以下
9	住宿业	从业人员 100 人,且营业收入 2 000 万元	从业人员 10 人,且营业收入 100 万元	从业人员 10 人以下或营业收入 100 万元以下
10	餐饮业	从业人员 100 人,且营业收入 2 000 万元	从业人员 10 人,且营业收入 100 万元	从业人员 10 人以下或营业收入 100 万元以下
11	信息传输业	从业人员 100 人,且营业收入 1 000 万元	从业人员 10 人,且营业收入 100 万元	从业人员 10 人以下或营业收入 100 万元以下
12	软件和信息技术服务业	从业人员 100 人,且营业收入 1 000 万元	从业人员 10 人,且营业收入 50 万元	从业人员 10 人以下或营业收入 50 万元以下
13	房地产开发经营	营业收入 1 000 万元,且资产总额 5 000 万元	营业收入 100 万元,且资产总额 2 000 万元	营业收入 100 万元以下或资产总额 2 000 万元以下
14	物业管理	从业人员 300 人,且营业收入 1 000 万元	从业人员 100 人,且营业收入 500 万元	从业人员 100 人以下或营业收入 500 万元以下
15	租赁和商务服务业	从业人员 100 人,且资产总额 8 000 万元	从业人员 10 人,且资产总额 100 万元	从业人员 10 人以下或资产总额 100 万元以下
16	其他未列明行业	从业人员 100 人	从业人员 10 人	从业人员 10 人以下

说明:以上标准引自工业和信息化部、国家统计局、国家发展和改革委员会、财政部于 2011 年 6 月 18 日印发的《中小企业划型标准规定》,适用于在中华人民共和国境内依法设立的各类所有制和各种组织形式的企业,企业类型的划分以统计部门的统计数据为依据。

(二)《小企业会计准则》的适用范围

《小企业会计准则》适用于在中华人民共和国境内设立的、同时满足下列三个条件的企业(即小企业)。

1. 不承担社会公众责任

《小企业会计准则》所称承担社会公众责任,主要包括两种情形:一是企业的股票或债券在市场上公开交易,如上市公司和发行企业债的非上市企业、准备上市的公司和准备发行企业债的非上市企业;二是受托持有和管理财务资源的金融机构或其他企业,如非上市金融机构、具有金融性质的基金等其他企业(或主体)。

2. 经营规模较小

《小企业会计准则》所称经营规模较小,指符合国务院发布的《中小企业划型标准规定》所规定的小企业标准或微型企业标准。

3. 既不是企业集团内的母公司也不是子公司

企业集团内的母公司和子公司均应当执行《企业会计准则》。经营规模较小的企业,可以按照《小企业会计准则》进行会计处理,也可以选择执行《企业会计准则》。选择执行《企业会计准则》的小企业,不得在执行《企业会计准则》的同时,选择执行《小企业会计准则》的相关规定。

(三) 不适用于《小企业会计准则》的小企业

1. 股票或债券在市场上公开交易的小企业

股票或债券在市场上公开交易的小企业,实际上已经成为公众公司。公众公司股东(成员)人数众多,承担着社会公众受托责任,接受法律和政府的严格监管,需要向社会公开业务经营状况,公开财务报表,以保护广大投资者、债权人和广大社会公众的切身利益。

根据我国有关股票或债券公开发行和交易的规定,凡是在我国境内首次公开发行股票并上市的企业,或者发行企业债券的企业,都必须按照《企业会计准则》(以下统称企业会计准则)进行会计处理,编制财务报表,并且按相关规定定期向社会公开。国际会计准则理事会(IASB)也规定,凡是证券在公开市场上交易的企业,不论其规模大小,都应当遵循国际财务报告准则。

具体来说,股票或债券在市场上公开交易的小企业包括以下五种类型:① 已经在深圳证券交易所中小板和创业板上市的小企业;② 已经在上海证券交易所和深圳证券交易所发行公司债券的小企业;③ 已经发行企业债券的小企业;④ 已经在境外股票市场上市的小企业;⑤ 预期在上海证券交易所或深圳证券交易所或境外上市的小企业和预期发行企业债券或公司债券的小企业。其中,预期在上海证券交易所或深圳证券交易所或境外上市的小企业和预期发行企业债券或公司债券的小企业又包括以下五种情况:一是作出准备在上海证券交易所、深圳证券交易所或境外上市意图或计划的小企业;二是作出准备发行企业债券或公司债券意图或计划的小企业;三是正在向中国证监会报送拟在上海证券交易所或深圳证券交易所上市申请材料的小企业;四是正在向境外证券监管机构报送拟在境外证券交易所上市申请材料的小企业;五是正在向国家发展和改革委员会(或中国证监会)报送拟发行企业债券(或公司债券)申请材料的小企业等。

2. 金融机构或其他具有金融性质的小企业

这类小企业包括:非上市小型金融机构(比如资产管理公司、租赁公司、小额贷款公司、财务公司、信托公司),具有金融性质的小型基金(比如小型投资基金)等。这类小企业的共同特点是:以不同方式受托持有和管理他人资金,且对委托人负有保证资金安全和收益的责任与义务,受到法律和政府的严格监管,其财务报表外部使用者主要是投资者、债权人和社会公众,这些外部使用者不参与企业的经营管理。

3. 企业集团内的母公司和子公司

这里所说的企业集团、母公司和子公司,其定义与企业会计准则的规定相同。《企业会计准则第33号——合并财务报表》第2条规定,母公司是指有一个或一个以上子公司的企业(或主体)。子公司是指被母公司控制的企业。第4条规定,母公司应当编制合并财务报表。第12条规定,母公司应当统一子公司所采用的会计政策,使子公司采用的会计政策与母公司保持一致。子公司所采用的会计政策与母公司不一致的,应当按照母公司的会计政策对子公司财务报表进行必要的调整,或者按照母公司的会计政策另行编报财务报表。

也就是说,只要存在子公司,不论企业规模大小,都应编制合并财务报表,以综合反映企业集团的整体财务状况、经营成果和现金流量的信息。而母公司要编制合并财务报表,须执行企业会计准则,尤其是《企业会计准则第33号——合并财务报表》的有关规定。为提高母公司合并财务报表编制质量,减轻子公司在母公司编制合并财务报表时的成本,避免编制两套报表,本准则要求企业集团内的母公司和子公司均执行企业会计准则,而不执行《小企业会计准则》。

但《小企业会计准则》所称企业集团内的母公司和子公司均指在我国境内依法设立的企业,不涉及在我国境外依照国外法律设立的企业。即企业集团内的母公司是外国企业,其在我国境内的子公司,如果在企业规模上根据《中小企业划型标准规定》属于小企业,在企业会计标准的执行上不受此项规定的限制,该小企业可执行企业会计准则,也可执行《小企业会计准则》。

三、《小企业会计准则》在执行过程中应注意的问题

《小企业会计准则》第3条明确规定,符合《小企业会计准则》第2条规定的小企业,可以执行《小企业会计准则》,也可以执行《企业会计准则》。

(1)执行《小企业会计准则》的小企业,发生的交易或者事项《小企业会计准则》未作规范的,可以参照《企业会计准则》中的相关规定进行处理。

(2)执行《企业会计准则》的小企业,不得在执行《企业会计准则》的同时,选择执行《小企业会计准则》的相关规定。

(3)执行《小企业会计准则》的小企业公开发行股票或债券的,应当转为执行《企业会计准则》;因经营规模或企业性质变化导致不符合《小企业会计准则》第2条规定而成为大中型企业或金融企业的,应当从次年1月1日起转为执行《企业会计准则》。

(4)已执行《企业会计准则》的上市公司、大中型企业和小企业,不得转为执行《小企业会计准则》。

 延伸阅读1-1

小型微利企业的界定

《中小企业划型标准规定》中的小企业仅指规模小的企业。而企业所得税法中小型微利企业的"小型"是指规模小,"微利"是指应纳税所得额少。按照税收法规规定,小型微利企业是指符合企业所得税法及其实施条例以及相关税收政策规定从事国家非限制和禁止行业,并符合下列条件的企业:如果是工业企业,则界定为年度应纳税所得额不超过30万元,从业人数不超过100人,资产总额不超过3 000万元;如果是其他企业,则为年度应纳税所得额不超过30万元,从业人数不超过80人,资产总额不超过1 000万元。

税法中小型微利企业必须同时满足下列4个条件。

(1)所属行业判定,不能从事国家限制和禁止的行业,还应区分属于工业企业还是其他企业,企业所属行业不同,判定条件也不同。

(2)盈利水平判定,也就是企业的年度应纳税所得额不得超过认定标准限制。

(3)从业人数判定,即企业的从业人数是所属纳税年度内,与企业形成劳动关系的平均或者相对固定的职工人数不得超过认定标准限制。

(4)资产总额判定,这里的资产总额是指企业所拥有的所有资产,等于企业所有者权益和负债的总和,这个总和不得超过认定标准限制。

 延伸阅读1-2

《小企业会计准则》部分条款

第一章 总 则

第一条 为了规范小企业会计确认、计量和报告行为,促进小企业可持续发展,发挥小企业在国民经济和社会发展中的重要作用,根据《中华人民共和国会计法》及其他有关法律和法规,制定本准则。

第二条　本准则适用于在中华人民共和国境内依法设立的、符合《中小企业划型标准规定》所规定的小型企业标准的企业。

下列三类小企业除外：

（一）股票或债券在市场上公开交易的小企业。

（二）金融机构或其他具有金融性质的小企业。

（三）企业集团内的母公司和子公司。

前款所称企业集团、母公司和子公司的定义与《企业会计准则》的规定相同。

第三条　符合本准则第二条规定的小企业，可以执行本准则，也可以执行《企业会计准则》。

（一）执行本准则的小企业，发生的交易或者事项本准则未作规范的，可以参照《企业会计准则》中的相关规定进行处理。

（二）执行《企业会计准则》的小企业，不得在执行《企业会计准则》的同时，选择执行本准则的相关规定。

（三）执行本准则的小企业公开发行股票或债券的，应当转为执行《企业会计准则》；因经营规模或企业性质变化导致不符合本准则第二条规定而成为大中型企业或金融企业的，应当从次年1月1日起转为执行《企业会计准则》。

（四）已执行《企业会计准则》的上市公司、大中型企业和小企业，不得转为执行本准则。

第四条　执行本准则的小企业转为执行《企业会计准则》时，应当按照《企业会计准则第38号——首次执行企业会计准则》等相关规定进行会计处理。

第二节　小企业会计准则的特点

一、《企业会计准则》和《小企业会计准则》的比较

（一）《企业会计准则》和《小企业会计准则》的相同点

1. 制定依据相同

《企业会计准则》和《小企业会计准则》都是依据《中华人民共和国会计法》和其他有关法律、法规制定的。

2. 会计核算基础工作的要求相同

《企业会计准则》和《小企业会计准则》都要求企业填制会计凭证、登记会计账簿、管理会计档案等，按照《中华人民共和国会计法》《会计基础工作规范》和《会计档案管理办法》的规定执行。

3. 会计核算的前提条件相同

《企业会计准则》和《小企业会计准则》都要求企业的会计核算应当以持续、正常的生产经营活动为前提，划分会计期间，分期结算账目，会计期末编制财务会计报告。

4. 会计核算应遵循的基本原则相同

《企业会计准则》和《小企业会计准则》都要求企业遵循实质重于形式原则、相关性原则、可比性原则、及时性原则、可靠性原则、可理解性原则、权责发生制原则、收入与费用配比原则、谨慎性原则和重要性原则。

5. 会计核算方法基本相同

（1）会计科目设置基本相同。《企业会计准则》设置了156个一级科目，《小企业会计准则》设置了68个一级科目，其中有67个一级科目与《企业会计准则》不仅名称相同，而且核算内容也基本相同。

（2）会计核算方法基本相同。例如,资产计价方法都以取得资产时发生的货币支出,或以形成前所发生的料工费支出,或以换出非货币资产的账面价值加上应支付的相关税费,或以重组债权的账面价值,作为资产的入账价值。资产增减、负债增减、所有者权益增减、收入的分类及其确认、费用的分类归集、利润形成等的账务处理基本相同。

（3）对外提供财务报告的内容和要求基本相同,但《小企业会计准则》要求在会计报表附注中披露的内容相对更为简化。

（二）《企业会计准则》和《小企业会计准则》的不同点

1. 适用范围不同

《小企业会计准则》适用于在中华人民共和国境内设立的小企业,即同时满足下列三个条件的企业:不承担社会公众责任、经营规模较小、既不是企业集团内的母公司也不是子公司。即《小企业会计准则》不适用于股票或债券在市场上公开交易的小企业;金融机构或其他具有金融性质的小企业;企业集团内的母公司和子公司。

符合《小企业会计准则》规定的企业可以选择执行《企业会计准则》,但不符合《小企业会计准则》规定的企业必须选择《企业会计准则》,并且选择了《企业会计准则》作为本企业会计业务处理依据的小企业就不能同时使用《小企业会计准则》。

2. 会计科目设置不同

《企业会计准则》的科目有 156 个,《小企业会计准则》的科目只有 68 个,科目数量大幅度减少。有些科目核算内容有所改变,如城镇土地使用税、房产税、车船税、印花税、排污费等相关税费在《企业会计准则》里是在"管理费用"科目核算的,在《小企业会计准则》放到了"税金及附加"科目里核算。

3. 核算要求不同

（1）小企业的资产要求按照成本计量,不要求计提资产减值准备,也就没有与资产减值准备相关的科目。例如,应收及预付款项的坏账损失采用直接转销法,应当于实际发生时计入营业外支出。资产实际损失的确定参照了企业所得税法中的有关认定标准。

（2）债券的溢折价摊销统一采用直线法。在长期债券投资（或持有至到期投资）中的债券折价或者溢价的摊销方面,《企业会计准则》规定,债券的折价或者溢价在债券存续期间内于确认相关债券利息收入时采用实际利率法进行摊销。而《小企业会计准则》规定,债券的折价或者溢价在债券存续期间内于确认相关债券利息收入时采用直线法进行摊销。

（3）长期股权投资统一采用成本法核算。在长期股权投资的后续计量方面,《企业会计准则》规定,长期股权投资在持有期间,根据投资企业对被投资单位的影响程度及是否存在活跃市场、公允价值能否可靠取得等情况,分别采用成本法和权益法进行会计处理。而《小企业会计准则》则要求小企业对长期股权投资统一采用成本法进行会计处理。

（4）固定资产折旧年限和无形资产摊销期限的确定应当考虑税法的规定。《企业会计准则》规定,企业应当根据固定资产的性质和使用情况,合理确定固定资产的使用寿命和预计净残值,而不必考虑税法的规定。而《小企业会计准则》规定,小企业应当根据固定资产的性质和使用情况,并考虑税法的规定,合理确定固定资产的使用寿命和预计净残值。

《企业会计准则》规定,企业应当于取得无形资产时分析判断其使用寿命;使用寿命有限的无形资产,其应摊销金额应当在使用寿命内系统合理摊销;企业摊销无形资产,应当自无形资产可供使用时起,至不再作为无形资产确认时止。而《小企业会计准则》规定,无形资产的摊销期自其可供使用时开始至停止使用或出售时止;有关法律规定或合同约定了使用年限的,可以按照规定或约定的使用年限分期摊销;小企业不能可靠估计无形资产使用寿命的,摊销期不得低于10年。

(5) 长期待摊费用的核算内容和摊销期限与税法保持一致。《企业会计准则》里的"长期待摊费用"科目的核算内容、摊销期限与企业所得税法及其实施条例存在较大的差异。而《小企业会计准则》对"长期待摊费用"的核算内容、摊销期限均与企业所得税法及其实施条例的规定完全一致。

《小企业会计准则》规定,小企业的长期待摊费用包括已提足折旧的固定资产的改建支出、经营租入固定资产的改建支出、固定资产的大修理支出和其他长期待摊费用等;长期待摊费用应当在其摊销期限内采用年限平均法进行摊销。

(6) 资本公积仅核算资本溢价(或股本溢价)。《企业会计准则》规定,资本公积包括资本溢价(或股本溢价)和其他资本公积。而《小企业会计准则》规定,资本公积仅包括资本溢价(或股本溢价),是指小企业收到的投资者出资额超过其在注册资本或股本中所占份额的部分。

(7) 采用应付税款法核算所得税。《企业会计准则》要求企业采用资产负债表债务法核算所得税,在计算应交所得税和递延所得税的基础上,确认所得税费用。而《小企业会计准则》要求企业采用应付税款法核算所得税,将计算的应交所得税确认为所得税费用,这大大简化了所得税的会计处理。

(8) 取消了外币财务报表折算差额。《企业会计准则》规定,因折算产生的外币财务报表折算差额,在资产负债表中所有者权益项目下单独列示。而按照《小企业会计准则》的要求,小企业不会产生外币财务报表折算差额,减少了外币财务报表折算的工作量。

(9) 对会计政策变更和会计差错更正进行会计处理统一采用未来适用法。《企业会计准则》要求企业根据具体情况对会计政策变更采用追溯调整法或未来适用法进行会计处理,对前期差错更正采用追溯重述法或未来适用法进行会计处理;对会计估计变更采用未来适用法进行会计处理。而《小企业会计准则》要求小企业对会计政策变更、会计估计变更和会计差错更正均应当采用未来适用法进行会计处理。

4. 财务报告方面的不同

(1) 简化了财务报表的列报和披露。小企业的财务报表至少应当包括资产负债表、利润表、现金流量表和附注四个组成部分,小企业不必编制所有者权益(或股东权益)变动表。《小企业会计准则》对现金流量表也进行了适当简化,没有补充资料。另外,小企业财务报表附注的披露内容也大为减少。

(2) 报表的结构存在一定的差异。小企业是指不需要从外部筹集资金的企业,其财会业务办理相对比较简单,其财务报表的结构也相对简单。与《企业会计准则》规定的财务报表结构相比,《小企业会计准则》规定的财务报表对企业的现金流量表作了一定的简化,直接将所有的现金流分为经营活动、筹资活动和投资活动三部分的现金流量,不再按照各项经济活动来具体将现金流细分为现金流入和现金流出。

二、《小企业会计准则》的特点

(一) 小企业的特点
与大中型企业相比,小企业通常具有如下特点。

（1）企业数量众多，分布面广。国家工商行政管理总局 2014 年 3 月 28 日发布的《全国小微企业发展报告》显示，截至 2013 年年底，中国共有小微企业 1 169.87 万户，占企业总数的 76.57％。若将 4 436.29 万户个体工商户视作微型企业纳入统计，则小微企业在工商登记注册的市场主体中所占比重达到 94.15％。小企业的经营范围很广，除了技术、资本密集度极高和国家专控的特殊行业外，几乎所有的竞争性行业和领域都有小企业的经营活动。小企业不仅创造了巨大的社会财富，增加了国家税收收入，还吸纳了大量的劳动人口，提供了许多的新增就业岗位，为社会的稳定作出了重大贡献。

（2）体制灵活，组织精干。小企业大都采取个人独资或合伙式组织形式，组织结构简单，管理层次少；因此决策过程简单，经营手段灵活，应变能力强。

（3）管理水平相对较低。大部分小企业缺乏有效的、完整的内部管理制度，经营也不够规范。所有者或经理人素质的高低、能力的大小，在很大程度上决定着企业的兴衰与成败。

（4）产出规模小，竞争力较弱。从小企业个体看，一般资本总量较小，生产设备相对落后，技术含量和附加值较小，产业规模小。由于这些劣势，其劳动生产率比较低，缺乏竞争力。相对大型企业来讲，平均寿命较短，容易倒闭破产。

（5）"家族"色彩浓重。目前，占小企业主导地位的是民营企业，而民营企业大部分为"家族"企业，大多数企业投资者或所有者、经营者或管理者有一定的"亲缘"关系，父子、兄弟、姐妹、亲戚、朋友、同学等成员担任着企业关键部门的职位。

（二）《小企业会计准则》的具体特点

1. 简化会计科目

小企业经济业务相对简单，《小企业会计准则》中一级会计科目设置明显较少。《小企业会计准则》比《企业会计准则》少设了 90 个一级科目。《小企业会计准则》科目共设置五类科目：资产类、负债类、所有者权益类、成本类、损益类。

2. 简化了部分业务的账务处理

考虑到小企业会计人员的知识结构以及企业规模特点，《小企业会计准则》简化了部分业务的账务处理。例如，简化了资产的核算，取消了资产减值的确认及计量。简化原则是尽量与《企业所得税》的规定相一致；弱化会计业务的职业判断，强调业务的实际发生。

3. 简化报表体系

兼顾报表使用者决策和编报的成本效益原则。《小企业会计准则》对小企业的财务报表进行了简化，没有所有者权益变动表，只包括资产负债、利润表、现金流量表和附注。

4. 消除会计与税法差异

《小企业会计准则》制定的理念、框架结构、计价方法、核算原则等都充分考虑了税务部门和银行等企业外部会计信息使用者的需求，小企业部分会计要素核算与计价方法完全采取税法规定。

三、小企业的会计机构设置

（一）设置独立的会计机构和会计人员

具有一定规模和业务量的小企业可以设置独立的会计机构，设置时要贯彻精简、高效、节约的原则，反对机构臃肿重叠，人浮于事。会计机构内部要根据实际需要定岗定编，确定合适的会计人员，以提高会计工作效率。同时，设置独立会计机构时要注意内部控制的要求，各会计人员之间，既要做到分工负责，又要相互牵制、相互监督，防止出现差错和舞弊。

（二）不设置独立的会计机构

如果一个企业的经营规模比较小，会计业务工作量也比较少，可以不设置独立的会计机构，可以在有关机构中设置会计人员并且指定会计主管人员。会计人员设置在哪个机构，根据小企业的管理要求和管理组织形式决定，有的设置在总务部门，有的设置在办公室等。

（三）代理记账

为节约人力成本和提高核算质量，小小企业可以选择委托代理记账机构代理记账。为规范代理记账，财政部于 2005 年颁布了《代理记账管理办法》（财政部令第 27 号，以下简称"27 号令"），从 2005 年 3 月 1 日起施行。"27 号令"从申请人、申请条件、变更登记、年度核查、委托双方的权利和义务等方面规范了代理记账机构的审批及其运行。

 延伸阅读 1-3 ....

财政部制定《小企业会计准则》的思路和原则

制定《小企业会计准则》应当立足国情、借鉴中小主体国际财务报告准则简化要求，同时与我国税法保持协调，并有助于银行等债权人提供信贷，应注重三个结合。

（一）遵循基本准则与简化要求相结合

按照我国企业会计改革的总体框架，基本准则是纲，适用于在中华人民共和国境内设立的所有企业；《企业会计准则》和《小企业会计准则》是基本准则框架下的两个子系统，分别适用于大中型企业和小企业。《小企业会计准则》应当按照基本准则，规范小企业会计确认、计量和报告要求。但考虑到我国小企业规模小、业务简单、会计基础工作较为薄弱、会计信息使用者的信息需求相对单一等实际，《小企业会计准则》应当简化要求。比如，在会计计量方面，要求小企业采用历史成本计量；在财务报告方面，要求小企业编制资产负债表和利润表，自行选择编制现金流量表。

（二）满足税收征管信息需求与有助于银行提供信贷相结合

小企业外部会计信息使用者主要为税务部门和银行。税务部门主要利用小企业会计信息作出税收决策，包括是否给予税收优惠政策、采取何种征税方式、应征税额等，他们更多希望减少小企业会计与税法的差异；银行主要利用小企业会计信息做出信贷决策，他们更多希望小企业按照国家统一的会计准则制度提供财务报表。为满足这些主要会计信息使用者的需求，《小企业会计准则》减少了职业判断的内容，基本消除了小企业会计与税法的差异。

（三）和《企业会计准则》合理分工与有序衔接相结合

《小企业会计准则》和《企业会计准则》虽适用范围不同，但适应小企业发展壮大的需要，又要相互衔接，从而发挥会计准则在企业发展中的政策效应。为此，《小企业会计准则》，对于小企业非经常性发生的、甚至基本不可能发生的交易或事项，一旦发生，可以参照企业会计准则的规定执行；对于小企业今后公开发行股票或债券的，或者因经营规模或企业性质变化导致连续 3 年不符合小企业标准而成为大中型企业或金融企业的，应当转为执行《企业会计准则》；小企业转为执行《企业会计准则》时，应当按照《企业会计准则第 38 号——首次执行企业会计准则》等相关规定进行会计处理。

 延伸阅读 1-4 ....

《小企业会计准则》与《企业会计准则》在核算方面的差异

比较《小企业会计准则》与《企业会计准则》，在核算方面的差异主要有以下十二个方面：

（1）"其他货币资金"账户下设"备用金"明细账。《小企业会计准则》规定，"其他货币资金"账户下设"银行汇票存款""银行本票存款""信用卡存款""信用证保证金存款""外埠存款""备用金"等明细账；《企业会计准则》规定，"其他货币资金"账户下设"银行汇票存款""银行本票存款""信用卡存款""信用证保证金存款""外埠存款""存出投资款"等明细账,备用金则在"其他应收款"账户下核算。

(2)"短期投资"的核算。《小企业会计准则》回避了《企业会计准则》中金融资产分类标准与划分,设置了"短期投资"账户,采用历史成本作为记账基础,交易费用计入投资成本,不考虑持有期间的公允价值变动;《企业会计准则》将投资分类为以摊余成本计量的金融资产、以公允价值计量且其变动计入其他综合收益的金融资产、以公允价值计量且其变动计入当期损益的金融资产、长期股权投资四类,设置的"交易性金融资产"账户相当于"短期投资"核算的内容,不同的是:"交易性金融资产"按照取得时的公允价值进行计量,相关交易费用在发生时直接计入投资收益。

(3)"应收账款""其他应收款"等应收款项账户的核算。《小企业会计准则》规定,对企业的应收款项实际发生的坏账损失,直接核销,列入"营业外支出"账户;《企业会计准则》规定,对企业的应收款项可能发生的坏账,计提"坏账准备",采用"备抵法"核算,对可能发生的损失列入"资产减值损失"。

(4)出租或出借包装物的核算。《小企业会计准则》规定,小企业出租或出借包装物,不需结转成本,但需进行备查登记。在确认逾期未退包装物时,应结转其成本,记入"营业外支出",确认的出租包装物的租金收入、逾期未退包装物押金收益,借记"其他应付款"等科目,贷记"营业外收入"科目,同时贷记"应交税费——应交增值税(销项税额)"科目;按照《企业会计准则》的规定,出租包装物取得租金收入时,借记"库存现金""银行存款"等科目,贷记"其他业务收入"科目,结转成本时,借记"其他业务成本"科目,贷记"周转材料——包装物"科目。对于逾期未退包装物,按没收的押金,借记"其他应付款"科目,按应交的增值税,贷记"应交税费——应交增值税(销项税额)"科目,按其差额,贷记"其他业务收入"科目。对于逾期未退包装物没收的加收的押金,作营业外收入处理。

(5)其他资产减值的核算。按照《小企业会计准则》的要求,对企业资产减值产生的损失,在实际发生时直接转销,且计入营业外支出;《企业会计准则》规定,对企业存货可能发生的损失,按"成本与可变现净值孰低"法,计提"存货跌价准备",对"固定资产""无形资产""商誉"资产等其他资产,依据资产减值准则,按可收回金额低于账面余额计提减值准备,将损失计入资产减值损失。

(6)"长期股权投资"的核算。《小企业会计准则》规定,企业"长期股权投资"按成本法核算,在被投资单位宣告分派现金股利时进行账务处理,投资收益仅在处置时确认。《企业会计准则》要求,企业长期股权投资可采用成本法或权益法核算,还对两种方法的转换作了规定,投资收益仅限于被投资单位接受投资后产生的累积净利润所获得的利润分配额。

(7)"长期债权投资"的核算。《小企业会计准则》规定,企业"长期债权投资"按成本法核算,下设"面值""溢折价""应计利息"等明细账,将实际支付的购买价款和相关税费作为初始成本,投资收益根据债券面值和票面利率以及溢折价摊销后的金额计算确定。《企业会计准则》对企业有明确意图和能力持有至到期的金融资产,作为"持有至到期投资"核算,下设"成本""利息调整""应计利息"等明细账,投资收益根据实际利率计算确定。

(8)固定资产修理费的核算。《小企业会计准则》规定,小企业固定资产修理费用分为大修理费用和日常修理费用两类,其中修理支出达到取得固定资产时的计税基础50%以上,修理后固定资产的使用寿命延长2年以上的大修理费用,属于资本化支出,通过"长期待摊费用"账户核算,而不符合规定条件的大修理费用和日常修理费用,均应列为费用化的后续支出。小企业无论是资本化支出,还是费用化支出,均根据其受益对象计入相关资产的成本或当期损益,借记"制造费用""管理费用""销售费用"科目。

《企业会计准则》规定,对资本化的固定资产大修理费用,借记"在建工程"科目,贷记"银行存款"等科目;对费用化的固定资产修理费用,不分大修理与日常修理,企业生产车间(部门)和行政管理部门等发生的后续支出,均记入"管理费用"科目,专设销售机构发生的记入"销售费用"科目。

(9)融资租入固定资产的核算。《小企业会计准则》规定,对小企业融资租入的固定资产,在租赁期开始日,按照租赁合同约定的付款总额及发生的相关税费等,借记"在建工程"或"固定资产"科目,贷记"长期应付款"科目。按照《企业会计准则》的要求,融资租入固定资产租赁开始日,取得租赁资产公允价值与最低租赁付款额现值两者较低者,加上初始直接费用,作为固定资产初始入账价值。最低租赁付款额与固定资产入账价值之间的差额,记入"未确认融资费用"。

（10）税费的核算。《小企业会计准则》规定，小企业发生的"房产税""车船税""城镇土地使用税""印花税"等项目，均通过"营业税金及附加"科目核算，借记"营业税金及附加"科目，贷记"应交税费——应交房产税（车船税或城镇土地使用税）"科目等。

《企业会计准则》规定，企业计算应交的房产税、城镇土地使用税、车船税时，借记"管理费用"科目，贷记"应交税费——应交房产税（或城镇土地使用税、车船税）"科目。企业交纳的印花税，于购买印花税票时，直接借记"管理费用"科目，贷记"银行存款"科目。

（11）资本公积的核算。《小企业会计准则》规定，小企业资本公积的核算范围为小企业收到投资者出资超出其在注册资本中所占份额的部分，即为资本溢价；《企业会计准则》规定，企业资本公积的核算范围不仅包括资本溢价，还包括直接计入所有者权益的利得和损失等。

（12）所得税的核算。《小企业会计准则》规定，小企业所得税的核算采用应付税款法。借记"所得税费用"科目，贷记"应交税费——应交所得税"科目；小企业实际收到返还的企业所得税记入"营业外收入"科目，不再冲减所得税费用。《企业会计准则》规定，企业所得税采用资产负债表债务法核算。企业从资产负债表出发，通过比较资产负债表上列示的资产、负债按照会计准则规定确定的账面价值与按照税法规定确定的计税基础，对于两者之间的差异分别应纳税暂时性差异与可抵扣暂时性差异，确认相关的递延所得税负债或递延所得税资产，并在此基础上确定每一会计期间所得税费用。借记"所得税费用""递延所得税资产"科目，贷记"递延所得税负债""应交税费——应交所得税"科目。

通过《小企业会计准则》与《企业会计准则》核算差异的比较，可以看出《小企业会计准则》在核算上具有简化的特点，更有利于小企业财务人员开展核算工作，与我国目前小企业财务人员业务现状相适应，有利于规范小企业会计核算行为，促进小企业健康持续发展。

第三节　小企业会计要素的构成

会计要素是根据交易或者事项的经济特征确定的、对财务会计对象所进行的基本分类，是进行会计核算和编制会计报表的基本要素。

基本准则规定，会计要素按照其性质分为资产、负债、所有者权益、收入、费用和利润，其中，资产、负债和所有者权益要素侧重于反映企业的财务状况，收入、费用和利润要素侧重于反映企业的经营成果。

会计要素的界定和分类可以使小企业的财务会计系统更加科学严密，为投资者等财务报告使用者提供更加有用的信息。

一、资产

（一）资产的定义

资产，是指小企业过去的交易或者事项形成的、由小企业拥有或者控制的、预期会给小企业带来经济利益的资源。

根据资产的定义，小企业的资产具有以下特征。

（1）资产应为小企业拥有或者控制的资源。

（2）资产预期会给小企业带来经济利益。

相关思考 1-1

淘汰的生产线是否属于小企业的固定资产

小企业华夏公司 2×19 年年末固定资产账户价值为 3 500 万元，其中包括一套已淘汰的生产线，价值150

万元。

请问:这套生产线是否还能作为华夏公司的固定资产?

(3)资产是由小企业过去的交易或者事项形成的。

相关思考 1-2

计划购入的原材料属于小企业的存货吗

小企业东海公司计划下个月从甲公司购入原材料,价款 10 万元。

请问:计划购入的原材料属于小企业的存货吗?

(二)资产的确认条件

将一项资源确认为资产,需要符合资产的定义,还应同时满足以下两个条件。

(1)与该资源有关的经济利益很可能流入企业。

(2)该资源的成本或者价值能够可靠地计量。

(三)资产的分类

资产可从不同的角度进行分类。按流动性的大小,小企业的资产可分为流动资产、长期投资、固定资产、无形资产和其他资产,其中流动资产又可进一步分为货币资金、短期投资、应收及预付款项、存货等;按是否具有实物形态,小企业的资产可分为有形资产和无形资产;按其来源不同,小企业的资产可分为自有资产和租入资产。

二、负债

(一)负债的定义

负债,是指小企业过去的交易或者事项形成的,预期会导致经济利益流出小企业的现时义务。

根据负债的定义,小企业的负债具有以下特征。

1. 负债是小企业承担的现时义务

负债必须是小企业承担的现时义务,这是负债的一个基本特征。

现时义务,是指小企业在现行条件下已承担的义务。未来发生的交易或者事项形成的义务,不属于现时义务,不应当确认为负债。

这里所指的义务可以是法定义务,也可以是推定义务。其中:

法定义务,是指具有约束力的合同或者法律、法规规定的义务,通常必须依法执行。例如,小企业购买原材料形成应付账款,向银行借入款项形成借款,按照税法规定应当交纳的税款等,均属于小企业承担的法定义务,需要依法予以偿还。

推定义务,是指根据企业多年来的习惯做法、公开的承诺或者公开宣布的政策而导致小企业将承担的责任,这些责任也使有关各方形成了小企业将履行义务解脱责任的合理预期。

2. 负债预期会导致经济利益流出小企业

预期会导致经济利益流出企业也是负债的一个本质特征,只有小企业在履行义务时会导致经济利益流出小企业的,才符合负债的定义,如果不会导致小企业经济利益流出,就不符合负债的定义。

在履行现时义务清偿负债时,导致经济利益流出小企业的形式多种多样,如用现金偿还或以实物资产形式偿还;以提供劳务形式偿还;以部分转移资产、部分提供劳务形式偿还等。

3. 负债是由小企业过去的交易或者事项形成的

负债应当由小企业过去的交易或者事项所形成。换句话说,只有过去的交易或者事项才形成负债,企业将在未来发生的承诺、签订的合同等交易或者事项,不形成负债。

(二) 负债的确认条件

将一项现时义务确认为负债,需要符合负债的定义,还应当同时满足以下两个条件。

1. 与该义务有关的经济利益很可能流出企业

从负债的定义来看,负债预期会导致经济利益流出企业,但是履行义务所需流出的经济利益带有不确定性,尤其是与推定义务相关的经济利益通常需要依赖于大量的估计。因此,负债的确认应当与经济利益流出的不确定性程度的判断结合起来。如果有确凿证据表明,与现时义务有关的经济利益很可能流出企业,就应当将其作为负债予以确认;反之,如果企业承担了现时义务,但是导致经济利益流出企业的可能性若已不复存在,就不符合负债的确认条件,不应将其作为负债予以确认。

2. 未来流出的经济利益的金额能够可靠地计量

对于负债的确认,在考虑经济利益流出企业的同时,未来流出的经济利益的金额应当能够可靠地计量。对于与法定义务有关的经济利益流出金额,通常可以根据合同或者法律规定的金额予以确定,考虑到经济利益流出的金额通常在未来期间,有时未来期间较长,有关金额的计量需要考虑货币时间价值等因素的影响。对于与推定义务有关的经济利益流出金额,企业应当根据履行相关义务所需支出的最佳估计数进行估计,并综合考虑有关货币时间价值、风险等因素的影响。

(三) 负债的分类

负债分为流动负债和非流动负债。流动负债是指将在 1 年或者超过 1 年的一个营业周期内偿还的债务,包括短期借款、应付票据及应付账款、预收账款、应交税费、其他应付款等。非流动负债是指偿还期在 1 年或者超过 1 年的一个营业周期以上的债务,包括长期借款、应付债券、长期应付款、专项应付款等。

三、所有者权益

(一) 所有者权益的定义

所有者权益,是指小企业的资产扣除负债后由所有者享有的剩余权益。所有者权益又称为股东权益,即为小企业的净资产,它是小企业资产总额中扣除债权人权益后应由所有者(股东)享有的部分,所有者权益是所有者对小企业资产的剩余索取权,既可反映所有者投入资本的保值增值情况,又体现了保护债权人权益的理念。

(二) 所有者权益的来源构成

所有者权益包括小企业投资者对小企业的投入资本以及小企业的资本公积、盈余公积和未分配利润等。投入资本是投资者实际缴付的出资额;资本公积主要包括资本溢价(或股本溢价)等;盈余公积是指小企业从税后利润中提取的法定公积金和任意公积金;未分配利润是小企业留待以后年度分配的利润或本年度待分配利润。盈余公积和未分配利润又称为留存收益。

（三）所有者权益的确认条件

所有者权益的确认和计量主要取决于资产、负债、收入、费用等其他会计要素的确认和计量。

通常小企业收入增加时，会导致资产的增加，相应地会增加所有者权益；企业发生费用时，会导致负债增加，相应地会减少所有者权益。因此，小企业日常经营的好坏和资产负债的质量直接决定着企业所有者权益的增减变化和资本的保值增值。

所有者权益反映的是小企业所有者对企业资产的索取权，负债反映的是小企业债权人对企业资产的索取权，而且通常债权人对小企业资产的索取权要优先于所有者对小企业资产的索取权，因此，所有者享有的是小企业资产的剩余索取权。两者在性质上有着本质区别，小企业在会计确认、计量和报告中应当严格区分负债和所有者权益，以如实反映企业的财务状况，尤其是小企业的偿债能力和产权比率等。

四、收入

（一）收入的定义

收入，是指小企业在日常生产经营活动中形成的、会导致所有者权益增加的、与所有者投入资本无关的经济利益的总流入。包括：销售商品收入和提供劳务收入。

根据收入的定义，收入具有以下特征。

1. 收入是企业在日常活动中形成的

日常活动，是指企业为完成其经营目标所从事的经常性活动以及与之相关的活动。

例如，工业企业制造并销售产品、商业企业销售商品、保险公司签发保单、咨询公司提供咨询服务、软件企业为客户开发软件、安装公司提供安装服务、商业银行对外贷款、租赁公司出租资产等，均属于企业的日常活动。明确界定日常活动是为了将收入与利得相区分，日常活动是确认收入的重要判断标准，凡是日常活动所形成的经济利益的流入应当确认为收入；反之，非日常活动所形成的经济利益的流入不能确认为收入，而应当计入利得。

比如，处置固定资产属于非日常活动，所形成的净利益就不应确认为收入，而应当确认为利得。又如，无形资产出租所取得的租金收入属于日常活动所形成的，应当确认为收入，但是处置无形资产属于非日常活动，所形成的净利益，不应当确认为收入，而应当确认为利得。

2. 收入会导致所有者权益的增加

与收入相关的经济利益的流入应当会导致所有者权益的增加，不会导致所有者权益增加的经济利益的流入不符合收入的定义，不应确认为收入。例如，企业向银行借入款项，尽管也导致了企业经济利益的流入，但该流入并不导致所有者权益的增加，而使企业承担了一项现时义务，不应将其确认为收入，应当确认为一项负债。

另外，收入只包括小企业经济利益的流入，不包括为第三方或客户代收的款项。代收的款项，不会导致所有者权益的增加。

3. 收入是与所有者投入资本无关的经济利益的总流入

在实务中，经济利益的流入有时是所有者投入资本的增加所导致的，所有者投入资本的增加不应当确认为收入，应当将其直接确认为所有者权益。

（二）收入的确认条件

小企业收入的来源渠道多种多样，不同收入来源的特征有所不同，其收入确认条件也往往存在一些差别,如销售商品、提供劳务、让渡资产使用权等。一般而言,收入只有在经济利益很可能流入从而导致小企业资产增加或者负债减少、经济利益的流入额能够可靠地计量时才能予以确认。

收入的确认至少应当符合以下条件:

(1) 与收入相关的经济利益应当很可能流入企业。

(2) 经济利益流入小企业的结果会导致资产的增加或者负债的减少。

(3) 经济利益的流入额能够可靠地计量。

(三) 收入的分类

按日常活动在小企业所处的地位,收入可以分为主营业务收入、其他业务收入。其中,主营业务收入是小企业为完成其经营目标而从事的日常活动中的主要项目,可根据小企业营业执照上规定的主要业务范围确定,如工业企业、商品流通企业的主营业务是销售商品。其他业务收入是主营业务以外的其他日常活动,如工业企业销售材料收入、提供非工业性劳务收入等。如果兼营的业务量较大,也可归为主营业务收入。

五、费用

(一) 费用的定义

费用,是指小企业在日常生产经营活动中发生的、会导致所有者权益减少、与向所有者分配利润无关的经济利益的总流出。

与收入相对应,费用具有以下特征。

1. 费用是小企业在日常活动中形成的

费用必须是小企业在其日常活动中所形成的,这些日常活动的界定与收入定义中涉及的日常活动的界定相一致。

2. 费用会导致所有者权益的减少

与费用相关的经济利益的流出应当会导致所有者权益的减少,不会导致所有者权益减少的经济利益的流出不符合费用的定义,不应确认为费用。

3. 费用导致的经济利益总流出与向所有者分配利润无关

费用的发生应当会导致经济利益的流出,从而导致资产的减少,如耗用存货,或者表现为负债的增加,如负担利息(最终也会导致资产的减少),或者同时表现为资产的减少和负债的增加。其表现形式包括现金或者现金等价物的流出,存货、固定资产和无形资产等的流出或者消耗等。

(二) 费用的确认条件

费用的确认除了应当符合定义外,也应当满足严格的条件,即费用只有在经济利益很可能流出从而导致小企业资产减少或者负债增加、经济利益的流出额能够可靠地计量时才能予以确认。

费用的确认至少应当符合以下条件:

(1) 与费用相关的经济利益应当很可能流出企业。

(2) 经济利益流出小企业的结果会导致资产的减少或者负债的增加。

(3) 经济利益的流出额能够可靠地计量。

（三）费用的分类

费用可以分为成本费用和期间费用两部分。成本费用包括营业成本、营业税金及附加等。其中,营业成本是指所销售商品的成本和所提供劳务的成本。营业成本按照所销售商品或提供劳务在小企业日常活动中所处地位可以分为主营业务成本和其他业务成本。期间费用包括管理费用、销售费用和财务费用。管理费用是小企业为组织和管理生产经营活动而发生的各种费用;销售费用是小企业在销售商品或提供劳务过程中发生的各种费用;财务费用是小企业为筹集生产经营所需资金发生的筹资费用。

六、利润

（一）利润的定义

利润,是指小企业在一定会计期间的经营成果。

通常情况下,如果小企业实现了利润,表明小企业的所有者权益将增加,业绩得到了提升;反之,如果小企业发生了亏损(即利润为负数),表明小企业的所有者权益将减少,业绩下降。利润是评价企业管理层业绩的指标之一,也是投资者等财务报告使用者进行决策时的重要参考。

利润包括收入减去费用后的净额、直接计入当期利润的利得和损失等。其中收入减去费用后的净额反映企业日常活动的经营业绩,直接计入当期利润的利得和损失反映企业非日常活动的业绩。直接计入当期利润的利得和损失,是指应当计入当期损益、最终会引起所有者权益发生增减变动的、与所有者投入资本或者向所有者分配利润无关的利得或者损失。企业应当严格区分收入和利得、费用和损失之间的区别,以更加全面地反映企业的经营业绩。

（二）利润的来源构成

净利润为营业利润、投资净收益和营业外收支净额等三个项目的总额减所得税费用之后的余额。

营业利润是小企业在销售商品、提供劳务等日常活动中所产生的利润,为主营业务利润和其他业务利润减去有关期间费用后的余额;投资净收益是投资收益与投资损失的差额;营业外收支是与小企业的日常经营活动没有直接关系的各项收入和支出。

（三）利润的确认条件

利润反映收入减去费用、利得减去损失后的净额。

利润的确认主要依赖于收入和费用以及利得和损失的确认,其金额的确定也主要取决于收入、费用、利得、损失金额的计量。

第四节 | 小企业会计科目的设置

会计科目是按照经济业务的内容和经济管理的要求,对会计要素的具体内容进行分类核算的科目。

会计科目按其所提供信息的详细程度及其统驭关系不同,又分为总分类科目和明细分类科目。前者是对会计要素具体内容进行总括分类,提供总括信息的会计科目,如"应收账款""原材料"等科目,后者是对总分类科目作进一步分类、提供更详细、更具体会计信息科目,如"应收账款"科目按债务人名称设置明细科目,反映应收账款具体对象。对于明细科目较多的总账科目,可在总分类科目与明细科目之间设置二级或多级科目。

一、小企业设置会计科目的原则

会计科目反映会计要素的构成及其变化情况,是为投资者、债权人、企业经营管理者等提供会计信息的重要手段。小企业在其设置过程中应努力做到科学、合理、适用,并遵循以下基本原则:

(1) 在不影响对外提供统一财务会计报告的前提下,企业可以根据实际情况自行增设或减少某些会计科目。

(2) 明细科目的设置,除《小企业会计准则》已有规定外,在不违反《小企业会计准则》统一要求的前提下,企业可以根据需要自行确定。

(3)《小企业会计准则》统一规定了会计科目的编号,以便于编制会计凭证,登记账簿,查阅账目,实行会计电算化。企业不应随意打乱重编,某些会计科目之间应留有空号,供增设会计科目之用。例如,小企业如果采用计划成本法进行材料日常核算,可以增设"材料采购"和"材料成本差异"科目;预收款项和预付款项较多的小企业,可设置"预收账款"和"预付账款"科目;低值易耗品较少的小企业,可以将其并入"原材料"科目;针对小企业内部各部门周转使用的备用金,可以增设"备用金"科目;小企业接受其他小企业委托代销商品,可以增设"受托代销商品""代销商品款"科目;小企业根据自身的规模和管理等要素,可以将"生产成本""制造费用"科目合并为"生产费用"科目,并设置相关的明细科目;对外提供劳务较多的小企业,可以增设"劳务成本"科目核算所提供劳务的成本等。

总的来说,会计科目设置必须结合企业经济业务的特点,既要满足对外报告的要求,又要符合内部经营管理的需要,同时要保持相对的稳定性,做到灵活性与统一性相结合,简明扼要、经济实用。

二、小企业常用会计科目

根据《小企业会计准则》规定,小企业应规范设置和使用会计科目,常用的会计科目按照资产、负债、所有者权益、成本、损益分成五大类,共68个一级科目,如表1-2所示。

表 1-2　小企业会计科目表

顺序号	编号	会计科目名称	顺序号	编号	会计科目名称
		一、资产类	9	1132	应收利息
1	1001	库存现金	10	1221	其他应收款
2	1002	银行存款	11	1401	材料采购
3	1012	其他货币资金	12	1402	在途物资
4	1101	短期投资	13	1403	原材料
5	1121	应收票据	14	1404	材料成本差异
6	1122	应收账款	15	1405	库存商品
7	1123	预付账款	16	1407	商品进销差价
8	1131	应收股利	17	1408	委托加工物资

（续表）

顺序号	编号	会计科目名称	顺序号	编号	会计科目名称
18	1411	周转材料			三、所有者权益
19	1421	消耗性生物资产	45	3001	实收资本
20	1501	长期债券投资	46	3002	资本公积
21	1511	长期股权投资	47	3101	盈余公积
22	1601	固定资产	48	3103	本年利润
23	1602	累计折旧	49	3104	利润分配
24	1604	在建工程			四、成本类
25	1605	工程物资	50	4001	生产成本
26	1606	固定资产清理	51	4101	制造费用
27	1621	生产性生物资产	52	4301	研发支出
28	1622	生产性生物资产累计折旧	53	4401	工程施工
29	1701	无形资产	54	4501	机械作业
30	1702	累计摊销			五、损益类
31	1801	长期待摊费用	55	5001	主营业务收入
32	1901	待处理财产损溢	56	5051	其他业务收入
		二、负债类	57	5111	投资收益
33	2001	短期借款	58	5115	资产处置损益
34	2201	应付票据	59	5117	其他收益
35	2202	应付账款	60	5301	营业外收入
36	2203	预收账款	61	5401	主营业务成本
37	2211	应付职工薪酬	62	5402	其他业务成本
38	2221	应交税费	63	5403	税金及附加
39	2231	应付利息	64	5601	销售费用
40	2232	应付利润	65	5602	管理费用
41	2241	其他应付款	66	5603	财务费用
42	2401	递延收益	67	5711	营业外支出
43	2501	长期借款	68	5801	所得税费用
44	2701	长期应付款			

说明：

（1）小企业会计科目的编号采用四位纯数字表示,第一位数字(即千位)表示会计科目的类别,其中:1表示资产类,2表示负债类,3表示所有者权益类,4表示成本类,5表示损益类;第二位数字(即百分位)划分大类下面小类;剩余两码为流水号。为便于会计科目的增减,编码考虑未来的扩展性,在编码间,留有一定的间隔。会计科目的编号供小企业填制会计凭证、登记会计账簿、查阅会计账目、采用会计软件系统参考,小企业可结合本企业的实际情况自行确定其他会计科目的编号。

（2）小企业在不违反《小企业会计准则》中确认、计量和报告规定的前提下,可以根据本企业的实际情况自行增设、分拆、合并会计科目。

（3）小企业不存在的交易或者事项,可以不设置相关会计科目。

（4）对于明细科目,小企业可以比照《小企业会计准则》附录中的规定自行设置。

有关会计科目问题

　　财务会计是以其特有的会计语言通过会计核算向有关各方提供会计信息的管理活动,会计核算离不开会计科目,会计科目是对会计要素分类核算的项目,是会计要素的具体化,是最基本的会计语言单位。新颁布的《小企业会计准则》与原有的《小企业会计制度》的主要不同点之一就是有关会计科目的变化,有些会计科目不再使用,如坏账准备、短期投资跌价准备、包装物、低值易耗品、委托代销产品、待摊费用、存货跌价准备、预提费用、其他应交款、待转资产价值等。有些科目名称和内容都发生了变化,如应付工资和应付福利费被应付职工薪酬科目取代,应交税金、其他应交款科目被应交税费科目取代,现金科目改为库存现金,材料科目改为原材料,同时还增设了部分新的会计科目,如预付账款、材料采购、材料成本差异、累计摊销、周转材料、消耗性生物资产、生产性生物资产、生产性生物资产累计折旧、应付利息、递延收益、研发支出、工程施工、机械作业、累计摊销、待处理财产损溢。按照《小企业会计准则》进行核算时,应使用新的会计科目,以确保会计信息的一致性。

第五节　小企业会计核算的基本程序

　　小企业会计核算的基本程序是指对发生的经济业务进行会计数据处理与信息加工的程序,包括会计确认、计量、记录和报告等。

一、会计确认

　　会计确认是依据一定的标准,确认某经济业务事项能否计入会计信息系统,并列入会计报告的过程,即是否记录、何时记录、当做哪一项会计要素来记录;应否列入财务报表、何时计入、当做哪项会计要素来报告等。

　　小企业会计确认的基本前提是必须遵从会计基本假设。会计基本假设包括会计主体、持续经营、会计分期和货币计量四个方面。会计主体确立了会计核算的空间范围,持续经营与会计分期确立了会计核算的时间范围,货币计量为会计核算提供了必要的手段。任何小企业的会计核算首先要确立与划分会计主体,然后在考虑持续经营和进行会计分期的前提下,采用货币计量进行会计核算与监督。会计基本假设是企业会计确认、计量、记录和报告的前提,是对会计核算所处的时间、空间等所作的合理设定。

　　会计主体是一个独立的经济实体,是独立于财产所有者之外的会计核算单位,小企业会计核算应当以企业发生的各项交易或事项为对象,记录和反映企业本身的各项生产经营活动。应当注意的是,会计主体与法律主体(法人)并非同一个概念。法律主体可作为会计主体,但会计主体不一定是法律主体。例如,由自然人所创办的独资与合伙企业不具有法人资格,这类企业的财产和债务在法律上被视为业主或合伙人的财产和债务,但在会计核算上必须将其作为会计主体,以便将小企业的经济活动与其所有者个人的经济活动以及其他实体的经济活动区别开来。又如,对于私营企业来说,有的业主(或投资者)往往会把业主个人的费用记入小企业会计账户中。事实上,会计主体和业主个人是两个不同的概念,会计核算的一个重要的前提条件就是会计主体假设。明确会计主体是组织会计核算的首要前提。会计主体独立地记录、核算与本单位有关的经济业务,严格地排除与企业生产经营无关的、属于其他单位或者所有者本人的收支活动。

会计核算应当划分会计期间,分期结算账目和编制财务会计报告。会计期间分为年度、半年度、季度和月度,按公历确定起讫日期。也就是说,小企业会计核算应当在会计主体的核算范围内,以持续、正常的生产经营活动为前提,以人民币为记账本位币,通过正确划分会计期间,分期结算账目,于会计期末编制财务报表。

会计确认的具体内容包括会计要素项目的确认和时间的确认两个主要方面。

1. 会计要素项目的确认

会计要素项目的确认包括两个重要方面:一是经济业务或会计事项是否属于会计核算的内容;二是某项经济业务或会计事项应当归属于哪一个要素项目。

关于这两项确认的基本标准:一是必须符合会计要素的定义;二是该项经济业务或会计事项可以用货币进行计量。

2. 会计要素时间的确认

时间确认的基本标准是按会计核算基础来确认,即是按权责发生制还是收付实现制来确认交易或事项。小企业会计核算应当以权责发生制作为核算基础进行会计确认、计量、记录和报告。

按照权责发生制,凡是本期已经实现的收入和已经发生或应当负担的费用,不论其款项是否已经收付,都应作为本期的收入和费用处理;凡是不属于本期收入和费用,即使款项已经在本期收付,都不应作为本期的收入和费用。权责发生制明确了会计确认与计量方面的要求,解决了收入和费用何时予以确认及确认多少等问题。

与权责发生制相对应的是收付实现制。收付实现制是以款项的实际收付为标准来处理经济业务,确定本期收入和费用,计算本期盈亏的会计处理方法。在现金收付的基础上,凡在本期实际以现款付出的费用,不论其能否在本期收入中获得补偿,均应作为本期的应计费用处理;凡在本期实际收到的现款收入,不论其是否属于本期,均应作为本期应计的收入处理;反之,凡本期还没有以现款收到的收入和没有用现款支付的费用,即使它归属于本期,也不作为本期的收入和费用处理。例如,某企业 2016 年 1 月收到 2015 年的应收账款 20 000 元,存入银行,尽管该项收入不是 2016 年 1 月创造的,但因为该项收入是 1 月收到的,所以在收付实现制的基础上作为 2016 年 1 月的收入。这种处理方式的优势在于计算方式比较简单,符合人们的生活习惯,但按照这种方法计算的盈亏不合理、不准确,所以《小企业会计准则》规定企业会计核算应当采用权责发生制。

二、会计计量

会计计量是指在会计核算的过程中,对各项财产物资都以某种尺度为标准来确定它的量。会计计量包括计量单位和计量属性。

小企业会计应当以货币计量。会计计量通常以元、百元、千元、万元等为计量单位。

计量属性是指计量对象可供计量的某种特性和指标,如历史成本、重置成本、可变现净值、现值、公允价值等。小企业会计核算主要以历史成本作为会计计量属性。投资者投入的资产,应当按照评估价值确定。在资产盘盈的情况下可以采用同类或类似资产的市场价格或评估价值确定。

在历史成本的计量模式下,资产按照购置时支付的现金或者现金等价物的金额,或者按照购置资产时所付出对价的公允价值计量。负债按照因承担现时义务而实际收到的款项或者资产的金额,或者承担现时义务的合同金额,或者按照日常活动中为偿还负债预期支付的现金或者现金等价物的金额计量。

在重置成本的计量模式下,资产按照当前市场条件购买相同或者相似资产所需支付的现金或者现金等价物的金额计量。负债按照当前市场条件偿付该项债务所需支付的现金或者现金等价物的金额计量。

在可变现净值的计量模式下,资产按照其正常对外销售所能收到的现金或者现金等价物的金额扣减该资产至完工时估计将要发生的成本、销售费用以及相关税费后的金额计量。

在现值的计量模式下,资产按照预计从其持续使用和最终处理中所产生的未来净现金流入量的折现金额计量。负债按照预计期限内需要偿还的未来净现金流出量的折现金额计量。

在公允价值的计量模式下,市场参与者在计量日发生的有序交易中,出售一项资产所能收到或者转移一项负债所需支付的金额计量。

小企业将符合确认条件的会计要素登记入账并列报于财务报表及其附注时,应当按照规定的会计计量属性进行计量,确认其金额。

 延伸阅读 1-6

公允价值和历史成本

公允价值和历史成本是会计重要的计量属性,公允价值是当前的,历史成本是过去的。

国际财务报告准则要求广泛运用公允价值,以充分体现相关的会计信息质量要求。中国准则强调适度、谨慎地引入公允价值,主要是考虑中国作为新兴市场经济国家,许多资产还没形成活跃市场,会计信息的相关性固然重要,但应当以可靠性为前提,如果不加限制地引入公允价值,就有可能会出现人为操纵利润的现象。因此,中国投资性房地产、生物资产、非货币性资产交换、债务重组等准则规定,只有在存在活跃市场、公允价值能够获得并可靠地计量的情况下,才能采用公允价值计量。国际会计准则理事会认同中国的做法,并将如何在新兴市场经济中应用公允价值的问题列入其主要议题加以研究,还表示希望中国在这方面提供帮助。

三、会计记录

会计记录是指各项经济业务经过确认、计量后,对其采用一定的文字、金额和方法在账户中加以记录的过程,包括以原始凭证为依据编制记账凭证,再以记账凭证为依据登记账簿。会计记录包括序时记录和分类记录。记录的生成方式又分为手工记录和电子计算机记录。

小企业应当采用借贷记账法记账。

四、会计报告

会计报告是以账簿记录为依据,采用表格和文字的形式,将会计数据提供给会计信息使用者的手段。财务报表是会计报告的主要表现形式。

小企业应当按照规定编制资产负债表、利润表和现金流量表,但不适宜编制合并财务报表。

第六节 | 小企业会计的基本核算方法

会计的核算方法是指对会计对象进行完整、连续、系统地确认、计量、记录和报告所使用的具体方法,是会计工作的基础,小企业会计核算的方法包括以下七个组成部分。

一、设置账户

账户是对会计对象的具体内容进行分类核算的一种方法。企业的经济业务多种多样,都是会计核算的对象,为了完整、系统地反映复杂的经济业务,就有必要对经济业务进行分类核算。按分类的项目设置账户,对某一类业务进行集中、系统地核算,可以迅速、准确地提供财务信息。设置账户对正确编制凭证、登记账簿等会计核算方法有重要影响,而会计科目是账户的名称,已由《小企业会计准则》统一规范。

账户与会计科目都是对会计对象具体内容的科学分类,两者的口径一致,性质相同,账户是根据会计科目设置的。会计科目是账户的名称,所以会计科目的内容和分类方法决定了账户的内容和分类方法。没有会计科目,账户失去了设置的依据;没有账户,就无法发挥会计科目的作用。

账户与会计科目也有区别。会计科目只是个名称,只能表明某项经济业务的内容,不存在结构与记账方向等问题;而账户即有名称,又有结构(即一定的格式),可以用来核算某项经济业务的增减变动以及结果。

二、复式记账

借贷记账法是一种典型的复试记账方法。借贷记账法是以"借""贷"作为记账符号的一种复式记账法,它要求对某一项经济业务都要以相同的金额同时记入两个或两个以上相关账户,相互联系地反映经济业务的全貌。实施复式记账有利于反映账账之间的对应联系,并加强账户牵制。

在借贷记账法下,任何一笔经济业务的发生,不论涉及会计要素中的哪一类账户,还是同时涉及两个(或更多)会计要素中的账户,都必须将其同时记入一个账户的借方和另一个账户的贷方,而且记入借方的金额与记入贷方的金额必须相同。这就是借贷记账法的记账纪律——"有借必有贷,借贷必相等"。在比较复杂的经济业务中,如需要记入一个账户借方的同时记入几个账户的贷方,或者在记入几个账户的借方和一个账户的贷方的情况下,这个"有借必有贷,借贷必相等"的记账规律仍然客观存在。

三、填制和审核会计凭证

会计凭证是记录经济业务,明确经济责任的书面证明,是登记账簿的重要依据,包括原始凭证与记账凭证。填制凭证是由经办人员或会计部门将发生的经济业务分别记录在会计凭证中。审核凭证是由会计部门或有关部门对填制的凭证进行审核,检查经济业务是否合理、合法,凭证记录是否全面、真实、可靠。

为了保证会计核算资料的正确性,当经济业务发生后,在记入相关账户以前,必须首先根据经济业务的具体内容确定涉及的账户名称,应借、应贷的方向及其金额,即进行账务处理。会计分录就是用于指明某项经济业务应借、应贷的账户名称及其登记金额的记录。在实际的会计工作中,进行账务处理是通过填制记账凭证来实现的,它应以反映经济业务发生和完成情况的原始凭证为依据。

四、登记会计账簿

账簿是用来系统记录各项经济业务的簿籍,是储存会计信息的重要载体。在账簿中要按规定和企业的实际需要来开设账户,以便分类记录经济业务。登记会计账簿就是以会计凭证为依据,将凭证中记录的经济业务的内容再登记到有关账户中形成账簿记录,以利于全面、连续、系统地反映经济业务。会计账簿按其外表形式的不同可分为订本式、活页式和卡片式账簿;按其用途不同可分为日记账、分类账和备查簿。

《中华人民共和国会计法》指出,各单位必须依法设置会计账簿,并保证其真实完整。《中华人民共和国税收征收管理法》第 19 条规定,纳税人、扣缴义务人按照有关法律、行政法规和主管部门的规定设置账簿,根据合法、有效凭证记账,进行核算。《中华人民共和国公司法》第 181 条规定,公司除法定的会计账册外,不得另立会计账册。

五、成本计算

企业为了取得经营成果,必然会发生各项费用;为了考虑经营效果,就要将经营过程中发生的各项费用归集起来,并同产品的产量、销量来比较,计算出单位产品应负担的费用,只有将一定时期的成本、费用与收入相比较,才能确定盈亏。

六、财产清查

财产清查就是对各项财产进行盘点和核对,确定各项财产物资、货币资金和债权、债务的实存数,查明账存数与实存数是否相符的一种专门方法。实存数大于账存数的称为盘盈,实存数小于账面数的称为盘亏。通过财产清查,加强企业财产物资的管理,以保证账簿记录的真实、准确。

七、编制财务报表

财务报表是总括反映企业财务状况、经营成果和现金流量的书面报告,编制财务报表就是定期对日常分散的核算资料进行汇总,形成系统化的会计信息,为报告使用者服务。财务报表是会计工作的重要成果,也是会计信息的重要载体。

上述会计核算方法是相互联系、密切配合的。对会计期间内发生的各项经济业务,要填制和审核凭证,运用复式记账法,按规定的账户在账簿中进行登记;对经营过程中发生的费用,要通过有关账户汇总计算成本,并在此基础上确定盈亏;对账簿记录,要通过财产清查进行核实,在账实相符的基础上,以账簿记录为依据编制财务会计报告,对内、对外提供会计信息。至此,完成会计核算工作的一个循环。各种核算方法相互联系、配合使用,形成了会计核算工作的一套常规程序,也称为会计循环。新的会计期间开始后,这一过程又重新开始,形成新的会计循环。

上述各种会计核算方法之间的相互关系可以按照会计核算对经济业务的处理程序来表示,如图 1-1 所示。

为了做好会计工作,小企业应当根据会计业务的需要设置会计机构或者在有关机构中设置会计人员并指定会计主管人员;不具备设置条件的,应当委托经批准设立从事会计代理记账业务的中间机构代理记账。

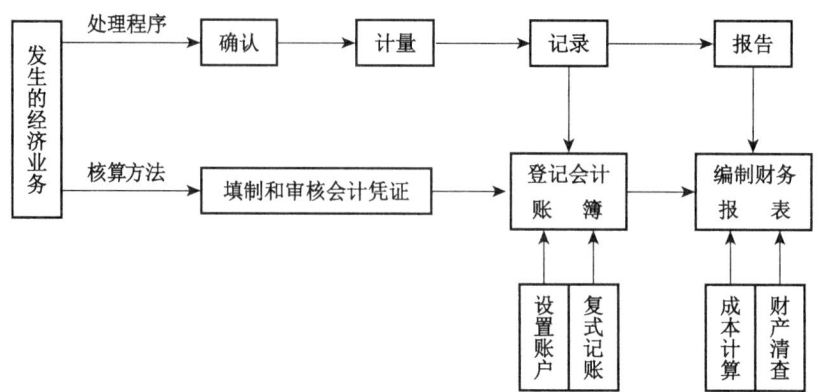

图 1-1　会计核算的程序与方法

小企业填制会计凭证、登记会计账簿、管理会计档案等,应当按照《会计基础工作规范》和《会计档案管理办法》的规定执行。

本 章 小 结

本章主要学习了:小企业会计准则的定义、适用范围及特点;小企业会计要素的构成;小企业会计科目的设置;小企业会计核算的基本程序以及小企业会计的基本核算方法。

本章重要概念

小企业　小企业会计准则　会计要素　会计科目　会计计量　核算方法

思 考 题

1. 我国是按什么标准来认定小企业的?
2. 理论联系实际,阐述《小企业会计准则》的主要特点。
3. 试比较《小企业会计准则》和《企业会计准则》,并分析两者的异同。

推荐阅读资料

[1] 中华人民共和国财政部.《小企业会计准则》.2013.
[2] 小企业会计编审委员会.小企业会计准则讲解(2015 年版)[M].上海:立信会计出版社,2015.
[3] 梁美仪.小企业会计准则从入门到精通[M].北京:清华大学出版社,2014.
[4] 卢新国.小企业会计[M].北京:高等教育出版社,2017.

第二章　流动资产

内容简介

本章主要讲解流动资产的以下内容:货币资金的核算,包括库存现金、银行存款、其他货币资金的会计处理;短期投资的核算;应收及预付款项的核算,包括应收账款、应收票据、预付账款、其他应收款的核算;存货的核算,包括存货的初始计量、发出存货的计量、存货盘盈盘亏以及计划成本法下存货成本的核算;消耗性生物资产的确认与计量。本章重点为库存现金、银行存款的核算、应收及预付款项的核算以及存货的初始计量、发出存货的计量、存货盘盈盘亏的核算。本章难点为备用金的核算、银行存款余额调节表的编制以及计划成本法下存货成本的核算。

学习目的和要求

通过本章的学习,学生应掌握库存现金的使用范围、库存现金与银行存款的核算、现金清查的核算、银行存款余额调节表的编制;应收账款、应收票据、预付账款、其他应收款的核算;不同方式取得存货的初始计量、发出存货的计价方法、生产经营领用原材料的核算、生产经营领用周转材料的核算、销售库存商品的核算、销售原材料的核算、存货盘盈盘亏的核算等。应了解存货的分类、计划成本法下存货成本的核算以及消耗性生物资产的确认与计量。

引例　流动资产在小企业管理中的重要性

流动资产是小企业资产的重要组成部分,贯穿小企业经营过程中的每一环节。对小企业而言,流动资产更是占企业资产的绝大部分,有效地管理好流动资产,加速流动资产周转,将关系到小企业的经营,直接影响小企业的生存和发展。流动资金不足,已经成为制约小企业发展的主要原因之一。经济全球化和知识经济的环境下,小企业要适应新形势的要求,扩大市场份额,提高经济效益,就必须解决资金紧缺问题,建立现代小企业制度,实现规范、有序的运作,抓住以流动资产管理为中心这一永恒的主题,提高资金使用效益,这样,才能在市场竞争中立于不败之地,才能为企业的发展注入新的活力。

第一节 | 资产概述

一、资产的定义、特征及确认条件

(一) 资产的定义

资产,是指小企业过去的交易或者事项形成的、由小企业拥有或者控制的、预期会给小企业带来经济利益的资源。

(二) 资产的特征

根据资产的定义,作为小企业的资产,一般应同时具有以下基本特征。

1. 由过去的交易或者事项形成

企业的资产都是由已经发生的经济业务引起的。例如,企业车间里外购的生产设备是包括询价、看货、签订合同、支付设备款、提货等过去所发生的一系列行为的结果,因此该设备属于企业的资产,为企业的固定资产。但如果是下个月计划购入的设备则不属于企业的资产。

换句话说,只有过去的交易或者事项才能产生资产,企业预期在未来发生的交易或者事项不形成资产。

❓ 相关思考 2-1 ··

计划购入的原材料属于企业的存货吗

小企业华夏公司计划下个月从东海公司购入一批原材料,价款 60 万元。

请问:计划购入的这批原材料属于企业的资产(存货)吗?

2. 由企业拥有或者控制

资产作为一项资源,应当由企业拥有或者控制,具体是指企业享有某项资源的所有权,或者虽然不享有某项资源的所有权,但该资源能被企业所控制。

企业享有资产的所有权,通常表明企业能够排他性地从资产中获取经济利益。一般而言,在判断资产是否存在时,所有权是首要考虑的因素。

有些情况下,资产虽然不为企业所拥有,即企业并不享有其所有权,但企业控制了这些资产,同样表明企业能够从资产中获取经济利益,符合会计上对资产的定义。例如,企业以融资租赁方式租入一台机器设备,尽管企业并不拥有其所有权,但是租赁期限接近该设备的使用寿命,表明企业控制了该设备的使用及其所能带来的经济利益,应当将其作为企业自有的固定资产予以确认、计量和报告。

经营租入的固定资产,由于企业既不拥有其所有权又不能控制它,因此经营租入的固定资产不属于企业的资产。

3. 预期会给企业带来经济利益

资产预期会给企业带来经济利益,是指资产直接或者间接导致现金和现金等价物流入企业的潜力。

资产预期能否会为企业带来经济利益是资产的重要特征。

例如,企业采购的原材料、购置的固定资产等可以用于生产经营过程,制造商品或者提供劳务,对外出售后收回货款,货款即为企业所获得的经济利益。

如果某项目预期不能给企业带来经济利益,那么该项目就不能作为企业的资产。前期已经确认为资产的项目,如果不能继续为企业带来经济利益,也不能继续确认为企业的资产。例如,霉烂变质的原材料,由于预期不能为企业带来经济利益,不符合资产定义,因此不应当确认为企业的资产。

❓ 相关思考 2-2 ....

过期变质的婴儿奶粉是否属于企业的资产

2×19 年 8 月,小企业东盛公司成品库中有一批过期变质的婴儿奶粉,账面价值 20 万元。

请问:这批过期变质的婴儿奶粉是否可以继续作为企业的资产?

(三) 资产的确认条件

将一项资源确认为资产,需要符合资产的定义,还应同时满足以下两个条件。

1. 与该资源有关的经济利益很可能流入企业

从资产的定义来看,能否带来经济利益是资产的一个本质特征,但在现实生活中,由于经济环境瞬息万变,与资源有关的经济利益能否流入企业或者能够流入多少实际上带有不确定性。因此,资产的确认还应与经济利益流入的不确定性程度的判断结合起来。如果根据编制财务报表时所取得的证据,与资源有关的经济利益很可能流入企业,那么就应当将其作为资产予以确认;反之,不能确认为资产。

2. 该资源的成本或者价值能够可靠地计量

财务会计系统是一个确认、计量和报告的系统,其中可计量性是所有会计要素确认的重要前提,资产的确认也是如此。只有当有关资源的成本或者价值能够可靠地计量时,资产才能予以确认。

在实务中,企业取得的许多资产都是发生了实际成本,如企业购买或者生产的存货,企业购置的厂房或者设备等,对于这些资产,只要实际发生的购买成本或者生产成本能够可靠地计量,就视为符合了资产确认的可计量条件。

二、资产的分类

资产可以从不同的角度进行分类。

1. 按流动性的大小分类

按流动性的大小,小企业的资产可以分为流动资产和非流动资产,在会计核算上,流动资产和非流动资产是对资产最基本的分类。

(1) 流动资产。**小企业的流动资产**,是指预计在 1 年或超过 1 年的一个正常营业周期中变现、出售或耗用的资产。小企业的流动资产包括货币资金、短期投资、应收及预付款项、存货等。

(2) 非流动资产。**小企业的非流动资产**,是指不能在 1 年或者超过 1 年的一个营业周期内变现或者耗用的资产。主要包括长期投资、固定资产、生产性生物资产、无形资产、长期待摊费用等。

2. 按是否具有实物形态分类

按是否具有实物形态,小企业的资产可以分为有形资产和无形资产。有形资产包括存货、固定资产等,无形资产包括商标权、专利权、著作权和土地使用权等。

3. 按来源分类

按来源的不同,小企业的资产可分为自有资产和租入资产等。

第二节 货币资金

货币资金,是指小企业的生产经营资金在周转过程中处于货币形态的那部分资金。

在小企业的日常生产经营过程中,会发生大量的、重复性的有关货币资金的支付和收款业务。例如,由于采购材料、支付职工薪酬、支付水电费、支付利息、缴纳税费、归还银行借款以及进行投资活动等所发生的支付业务;由于销售商品、接受投资、取得职工归还借款,以及取得银行借款等所发生的收款业务。这些交易或者事项的完成都离不开货币资金。

一个企业货币资金拥有量的多少,标志着它偿债能力和支付能力的大小,是投资者分析、判断企业财务状况的重要指标,在企业资金循环周转过程中起着连接和纽带的作用。因此小企业要经常保持一定数量的货币资金,既要防止不合理地占压资金,又要保证业务经营的正常需要,并按照货币资金管理的有关规定,对各种收付款项进行结算。

 延伸阅读2-1

货币资金与货币性资产

货币资金与货币性资产不是同一概念,货币性资产是指企业持有的货币资金以及将以固定或可确定金额的货币收取的资产,一般来说,资产负债表所列示的项目中属于货币性资产的有:货币资金、应收账款、应收股利、应收票据、应收利息、其他应收款等。

 延伸阅读2-2

非货币性资产

非货币性资产是"货币性资产"的对称,指货币性资产以外的资产,其基本特征是:这些资产在将来为企业带来的经济利益是不固定的或不可确定的。一般来说,资产负债表所列示的项目中属于非货币性资产的有:长期股权投资、预付账款、存货(原材料、包装物、低值易耗品、库存商品、委托加工物资、委托代销商品、生产成本)、固定资产、工程物资、在建工程、无形资产等。

货币资金按其存放地点和用途的不同,分为库存现金、银行存款和其他货币资金三部分,以下分别按货币资金的三个组成部分分别进行讲解。

一、库存现金

(一) 库存现金的定义及特征

1. 库存现金的定义

库存现金,是小企业为了满足日常经营过程中零星支付需要而保留的现金,是小企业中流动性最强的货币资金。现金是通用的交换媒介,也是对其他资产计量的一般尺度。现金转化为企业其他形式的资产一般是没有任何难度。

2. 库存现金的特征

库存现金作为货币资金的重要组成部分,具有如下特征:

(1) **货币性**,是指现金具有的货币属性,即它起着交易的媒介、价值衡量的尺度、会计记录的货币单位的作用。

（2）**通用性**，是指现金可以被企业直接用来支付各项费用或偿还各项债务。

（3）**流动性**，是指现金的使用一般不受任何约定的限制，可以在一定范围内自由流动。

（二）库存现金的使用范围、日常管理及最高限额

1. **库存现金的使用范围**

在企业日常复杂的支出业务中，并不是都可以用现金来支付。现金的使用要严格遵循其使用规定。根据《库存现金管理暂行条例》的规定，库存现金的使用范围主要包括以下八个方面：

（1）职工工资、津贴。

（2）个人劳动报酬。

（3）根据国家规定颁发给个人的科学技术、文化艺术、体育等各种奖金。

（4）各种劳保、福利费用以及国家规定的对个人的其他支出。

（5）向个人收购农副产品和其他物资的价款。

（6）出差人员必须随身携带的差旅费。

（7）结算起点（1 000 元人民币）以下的零星支出。

（8）中国人民银行确定需要支付现金的其他支出。

小企业必须根据条例规定，结合本单位的实际情况，确定本单位现金的使用范围。不属于现金开支范围的业务应当通过银行办理转账结算。

2. **库存现金的日常管理**

在日常的库存现金管理过程中，小企业应严格遵守库存现金的收支规定，做到以下几方面：

（1）企业收入的库存现金应当于当日送存开户银行，当日送存确有困难的，由开户银行确定送存时间。

（2）不得"坐支"库存现金，因特殊情况需要坐支库存现金的单位，应当事先报经有关部门审查批准，并在核定的范围和限额内进行，同时收支的库存现金必须入账。

（3）不准用不符合财务制度的凭证顶替库存现金，即不得用"白条顶库"。

（4）不准用银行账户代其他单位和个人存入或支取库存现金。

（5）不准用单位收入的现金以个人名义存入储蓄（即不得公款私存）。

（6）不得设置"小金库"。

3. **库存现金的最高限额**

为了满足小企业日常零星开支所需，同时考虑到库存现金流动性强的特点，小企业库存现金的最高限额由开户银行根据小企业的实际需要核定。一般按照小企业 3 天至 5 天日常零星开支所需确定，边远地区和交通不便地区的小企业库存现金可多于 5 天的日常零星开支，但最多不能超过 15 天的日常零星开支。

企业必须严格按规定的限额控制现金结余量，超过限额的部分，必须及时送存银行，库存现金低于限额时，可以签发现金支票从银行提取现金，以补足限额。企业如需增加或减少库存现金的限额，应当向开户银行提出申请，由开户银行核定。如企业原库存现金的最高限额为 3 万元，由于春季广交会的原因，3 万元的限额已经无法满足公司业务的需求，因此应向开户银行提出申请，由开户银行核定，将库存现金的最高限额由 3 万元提高到 5 万元。

（三）库存现金的核算

1. 库存现金的序时核算

为了加强对小企业库存现金的总分类核算和明细分类核算,小企业应设置"库存现金总账"和"库存现金日记账"。

"库存现金日记账"可以帮助企业加强对现金的管理,随时掌握现金的收付和库存余额。为日常分析、检查企业的现金收支活动提供资料。

库存现金日记账一般采用三栏式格式(借方、贷方及余额),按照现金收付的时间或出纳人员受理的时间,由出纳人员逐日逐笔地进行登记;库存现金日记账应当做到日清月结,账款相符;每次记账后,都应当将账面余额与库存现金的实有数额进行核对。库存现金日记账格式如表 2-1 所示。

表 2-1　库存现金日记账——人民币

公司名称:华夏公司

科目名称:库存现金——人民币　　　　　　　　　　　　　　　　　　　　单位:元

2×19年		凭证号数	摘　要	借　方	贷　方	余　额
月	日					
10	31		本月合计	3 600.00	3 000.00	1 300.00
11	1	现收1	王英归还借款	1 000.00		2 300.00
11	1	现付1	李明报销差旅费		800.00	1 500.00
11	1	银付3	提取备用金	5 000.00		6 500.00
11	1	现付2	购买办公用品		600.00	5 900.00
11	1		本日合计	6 000.00	1 400.00	5 900.00

有外币现金的企业,应分别按人民币现金、各种外币现金设置库存现金日记账进行序时核算,如"库存现金日记账——美元户",如表 2-2 所示。

表 2-2　库存现金日记账——美元户

公司名称:华夏公司

科目名称:库存现金——美元户　　　　　　　　　　　　　　　　　　　　单位:元

2×19年		凭证号数	摘要	借方外币	借方金额	贷方外币	贷方金额	汇率	余额外币	余额金额
月	日									
3	1		期初余额					6.53	$15 000.00	￥97 950.00
3	3	现付17	李林出差借款			$8 000.00	￥52 240.00		$7 000.00	￥45 710.00
3	10	现付26	王玉出差借款			$3 000.00	￥19 590.00		$4 000.00	￥26 120.00
3	15	银付39	提现金	$10 000.00	￥65 300.00				$14 000.00	￥91 420.00
3	20	现收13	李林报销,还款	$2 000.00	￥13 060.00				$16 000.00	￥104 480.00
3	23	现收23	王玉报销,还款	$1 800.00	￥11 754.00				$17 800.00	￥116 234.00
3	26	现付36	孙晓出差借款			$5 000.00	￥32 650.00		$12 800.00	￥83 584.00
3	31	转88	本月汇兑损益				￥896.00	6.46	$12 800.00	￥82 688.00
3	31		本月合计	$13 800.00	￥90 114.00	$16 000.00	￥105 376.00		$12 800.00	￥82 688.00
3	31		本年累计	$56 499.41	￥368 941.15	$48 996.00	￥319 943.88		$12 800.00	￥82 688.00

2. 库存现金的总分类核算

1) 科目的设置

为了核算小企业库存现金的收支和结存情况,需要设置"库存现金——××"科目。其中明细科目按币种来设置,如有美元现金的收付,则科目设置为"库存现金——美元户",并进行明细核算。

该科目属于资产类科目。其借方反映库存现金的增加,贷方反映库存现金的减少,期末余额在借方,反映企业实际持有的库存现金。

收款凭证和付款凭证是用于现金和银行存款收付业务核算的依据。

相关思考 2-3

提现及存现业务的凭证类型

为了避免填制凭证和记账的重复,在实际工作中,对于从银行提取现金,或将现金存入银行时,应按照收付款业务涉及的贷方科目来确认其凭证类型并正确填制记账凭证。

例如,从银行提取现金业务,贷方科目为"银行存款",因此凭证类型为"银付",正确填写银行存款付款凭证,并以此凭证作为登记库存现金和银行存款日记账的依据。

又如,将现金存入银行业务,贷方科目为"库存现金",因此凭证类型为"现付",正确填写库存现金付款凭证,并以此凭证作为登记库存现金和银行存款日记账的依据。

2) 库存现金的账务处理

【例 2-1】 2×19 年 12 月 2 日,小企业华夏公司提取现金 20 000 元(注:凭证类型为"银付")。

借:库存现金 20 000
　贷:银行存款 20 000

【例 2-2】 2×19 年 12 月 6 日,人事部李晓归还借款 1 000 元。

借:库存现金 1 000
　贷:其他应收款——李晓 1 000

【例 2-3】 2×19 年 12 月 12 日,零星销售商品,其中价款 500 元,增值税额 65 元,现金收讫。该批商品的成本为 400 元。

借:库存现金 565
　贷:主营业务收入 500
　　应交税费——应交增值税(销项税额) 65
借:主营业务成本 400
　贷:库存商品 400

【例 2-4】 2×19 年 12 月 18 日,行政部王明报销办公费 1 160 元,其中增值税 160 元,以现金支付。

借:管理费用——办公费 1 000
　应交税费——应交增值税(进项税额) 160
　贷:库存现金 1 160

【例 2-5】 2×19 年 12 月 22 日,小企业华夏公司到银行存现金 10 000 元(注:凭证类型

33

为"现付")。

借:银行存款　　　　　　　　　　　　　　　　　　　　　　　　10 000

　　贷:库存现金　　　　　　　　　　　　　　　　　　　　　　　　10 000

【例2-6】 2×19年12月24日,财务部高军出差预借备用金2 000元,以现金支付。

借:其他应收款——高军　　　　　　　　　　　　　　　　　　　2 000

　　贷:库存现金　　　　　　　　　　　　　　　　　　　　　　　　2 000

3. 库存现金的清查

为保证资产的安全,确保账实相符,小企业应当按规定进行现金的清查工作。

现金清查,就是对小企业库存现金的盘点与核对,包括对出纳人员每日终了进行的账款核对和小企业财产清查时进行的定期清查和不定期清查。

出纳人员按日进行的账款核对,是指出纳员每日终了应对当日的经济业务进行清理,全部登记日记账,结出库存现金账面余额,并与库存现金实地盘点数核对。

小企业财产清查时进行的定期和不定期清查,是指企业一般应由审计部门以及会计部门的领导组成清查小组,对现金的管理工作要进行经常性与突击性的监督与检查,一般来说,现金清查采取突击盘点,不预先通知出纳员,以防预先做准备。另外,现金清查时,出纳人员一定在场。

清查的结果应编制库存现金盘点报告单(见表2-3),注明现金短缺或是溢余,并由出纳人员和盘点人员签字盖章。在现金清查中,如果发现有挪用现金、白条抵库等情况,应及时予以纠正;对于超过限额留存的现金,应及时送存银行。

实务中,清查时间一般安排在当天业务没有开始时或当天业务结束后,这样可以避免影响日常业务的处理。当天业务结束后进行清查,这时出纳员已将现金收付账项全部登记入账,并结出账面余额。

如发现现金账实不符或有其他问题,应查明原因,报告主管负责人或上级领导部门处理。

表2-3　库存现金盘点报告单

单位名称:　　　　　　　　　　　　　　年　月　日

实存金额	账存金额	实存与账存对比	
		盘盈	盘亏
盘点结果及要点报告			
异常及建议事项			

盘点人签章:　　　　　　　　出纳员签章:　　　　财务部经理签章:　　　　　　　　　　总经理签章:

1)科目的设置

对于现金清查中发现的账实不符,即现金溢缺情况,通过"待处理财产损溢——待处理流动资产损溢"科目进行核算。

2)现金短缺(盘亏)的账务处理

现金清查中发现短缺的现金,应按短缺的金额,借记"待处理财产损溢——待处理流动资产损溢"科目,贷记"库存现金"科目。

经落实,属于应由责任人赔偿的部分,未收款时,借记"其他应收款——应收现金短缺款——××个人",如直接收到赔款,则借记"库存现金"科目,贷记"待处理财产损溢——待处理流动资产损溢"科目；属于应由保险公司赔偿的部分，借记"其他应收款——应收保险赔款——××保险公司"科目，贷记"待处理财产损溢——待处理流动资产损溢"科目；属于无法查明的其他原因造成的，根据管理权限，经批准后作为盘亏损失处理，借记"营业外支出"科目，贷记"待处理财产损溢——待处理流动资产损溢"科目，具体如图2-1所示。

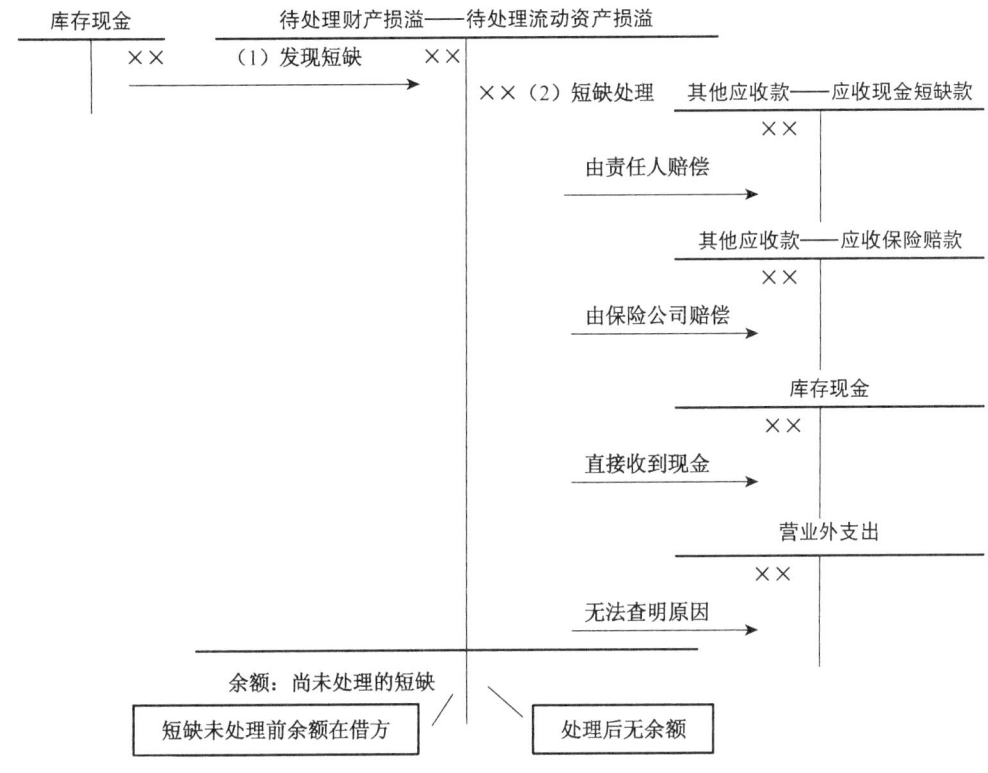

图2-1 现金短缺(盘亏)的账务处理示意图

【例2-7】 小企业华夏公司于2×19年9月6日，在对现金进行清查时，发现短缺500元。经落实，需由责任人王梅赔偿150元，由平安保险公司赔偿300元，无法查明原因50元，并经批准进行相应的账务处理。

① 发现现金短缺：

借：待处理财产损溢——待处理流动资产损溢   500

  贷：库存现金   500

② 落实后账务处理：

借：其他应收款——应收现金短缺款——王梅   150

      ——应收保险赔款——平安保险公司   300

  营业外支出   50

  贷：待处理财产损溢——待处理流动资产损溢   500

3) 现金溢余(盘盈)的账务处理

现金清查中发现溢余的现金，应按溢余的金额，借记"库存现金"科目，贷记"待处理财产损溢——待处理流动资产损溢"科目。

经落实,属于应支付给有关人员或单位的,应借记"待处理财产损溢——待处理流动资产损溢"科目,未支付时,贷记"其他应付款——应付现金溢余——××个人或单位"科目,如直接支付的,则贷记"库存现金"科目;属于无法查明原因的现金溢余,经批准后作为盘盈利得处理,借记"待处理财产损溢——待处理流动资产损溢"科目,贷记"营业外收入——现金溢余"科目,具体如图 2-2 所示。

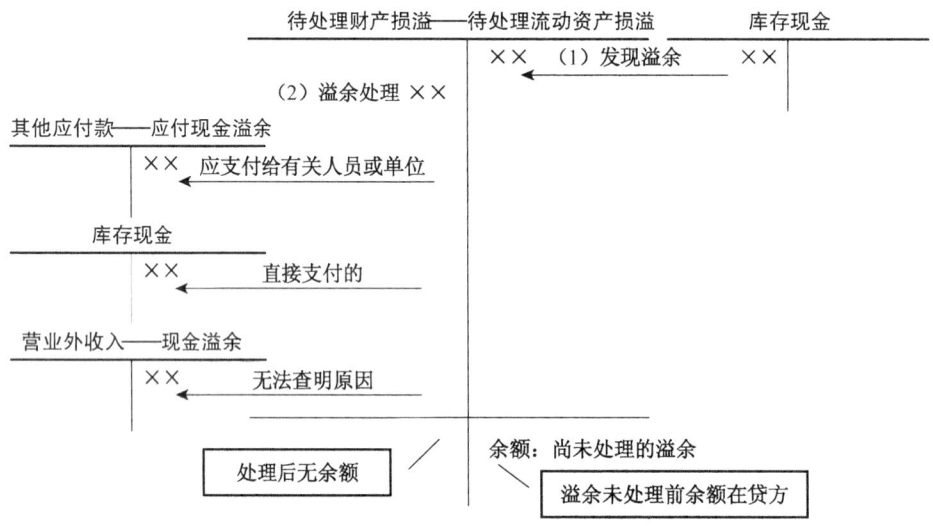

图 2-2　现金溢余(盘盈)的账务处理示意图

【例 2-8】　华夏公司 2×19 年 11 月 6 日,在对现金进行清查时,发现溢余 200 元,无法查明原因,经批准进行相应的账务处理。

① 发现现金溢余:

借:库存现金　　　　　　　　　　　　　　　　　　　　　　　　　　　　200
　贷:待处理财产损溢——待处理流动资产损溢　　　　　　　　　　　　　　　　200

② 现金溢余无法查明原因,经批准记入"营业外收入":

借:待处理财产损溢——待处理流动资产损溢　　　　　　　　　　　　　　　　200
　贷:营业外收入——现金溢余　　　　　　　　　　　　　　　　　　　　　200

二、银行存款

(一)开户和使用银行存款账户的规定

银行存款,是指小企业存放在本地银行或其他金融机构的货币资金。

银行是全国的结算中心,按规定,凡独立核算的单位都必须在当地银行开设账户,进行存款、取款以及各种收支转账业务的结算。为了维护金融秩序,规范全国银行账户的开立与使用,中国人民银行制定的《银行账户管理办法》规定,一个企业可以根据需要在银行开立四种账户,包括基本存款账户、一般存款账户、临时存款账户和专用存款账户,四种账户的比较如表 2-4 所示。

表 2-4　四种账户开立与使用对比表

账户种类	定　义	作用及使用范围	相关规定
基本存款账户	企业办理日常结算和现金收付业务的账户	企业职工薪酬等现金的支取只能通过本账户	一个企业只能在一家银行开立一个基本存款账户,即一个企业只有一个基本存款账户
一般存款账户	企业在基本存款账户以外的银行借款转存以及与基本存款账户的企业不在同一地点的附属非独立核算的单位的账户	办理转账结算和现金缴存,但不能支取现金	不得在同一家银行的几个分支机构开立一般存款账户,如:在华夏银行山东路支行开了一般账户,就不能在华夏银行南京路支行再开一个一般账户
临时存款账户	企业因临时经营活动需要而开立的账户	办理转账结算和根据国家现金管理的规定办理现金收付。使用范围:设立临时机构、异地临时经营活动、注册验资	可以现金的缴存与支取,但用于注册验资的在验资期间不得现金支取。临时存款账户的有效期最长不得超过 2 年
专用存款账户	企业因特殊用途需要而开立的账户	企业可申请专用存款账户的有:基本建设资金、更新改造资金、财政预算外资金、证券交易结算资金、期货交易保证金、单位银行卡备用金等	

企业办理存款账户后,在使用账户时应严格执行银行结算纪律的规定。具体内容包括:合法使用银行账户,不得转借给其他单位或个人使用;不得利用银行账户进行非法活动;不得签发没有资金保证的票据和远期支票,套取银行信用;不得签发、取得和转让没有真实交易和债权债务的票据,套取银行和他人的资金;不准无理拒绝付款、任意占用他人资金;不准违反规定开立和使用账户。

(二) 银行存款的核算

1. 银行存款的序时核算

小企业应设置"银行存款总账"和"银行存款日记账",分别进行银行存款的总分类核算和明细分类核算,以加强对银行存款的管理。

银行存款的序时核算,是指小企业根据银行存款的收支业务逐日逐笔地记录银行存款的增减及结存情况。

银行存款序时核算的方法是设置与登记银行存款日记账。小企业应当按照开户行和其他金融机构、存款种类等设置银行存款日记账,按照业务的发生顺序逐笔登记。每日终了,应结出余额。

银行存款日记账是核算和监督银行存款日常收付结存情况的序时账簿。通过它,小企业可以全面、连续地了解和掌握企业每日银行存款的收支动态和余额,为日常分析、检查企业的银行存款收支活动提供资料。

银行存款日记账一般采用三栏式格式(借方、贷方及余额),如表 2-5 所示。

表 2-5　银行存款日记账——中国银行山东省分行

公司名称:华夏公司

科目名称:银行存款——中国银行山东省分行　　　　　　　　　　　　　　　单位:元

2×19年		凭证号数	摘　要	借　方	贷　方	余　额
月	日					
08	31		本月合计	475 000.00	180 000.00	240 000.00
09	01	银收 1	收到东亚公司货款	100 000.00		340 000.00
09	01	银付 1	提取现金		20 000.00	320 000.00
09	01	银付 2	支付水费		6 000.00	314 000.00
09	01	银付 3	支付中通公司货款		90 000.00	224 000.00
09	01	现付 3	将现金存入银行	8 000.00		232 000.00
09	01		本日合计	108 000.00	116 000.00	232 000.00

有外币银行存款的企业,应按币种及开户行设置银行存款日记账进行序时核算。如"银行存款——美元户——华夏银行南京路分理处"日记账。

2.银行存款账的总分类核算

企业发生银行存款的收付业务,必须取得或填制原始凭证,作为收付款的书面证明。例如,企业向银行提取现金,要签发现金支票,以支票存根作为银行存款付款的证明;将现金存入银行,要填写进账单,以银行加盖印章后退回的进账单回单作为银行存款收款的证明;收到销售货款,应以发票记账联、进账单或收款收据等作为收款证明;支付水电费、办公费等,要取得经有关领导签字批准的水电费发票、办公费发票等作为付款的证明等。

作为收付款证明的原始凭证,财会部门要进行认真的审核。审核原始凭证中规定的项目是否填写齐全,数字是否正确,手续是否完备等。经过审核无误后的原始凭证,才可据以填制记账凭证。

1) 科目的设置

为了反映和监督银行存款的收入、支出和结存情况,小企业应设置"银行存款"科目。

该科目应按币种及开户行进行明细核算,如中国银行美元户,则科目设置为"银行存款——美元户——中国银行";如果企业没有外币户,那么明细科目直接以开户行来设置,如核算农业银行的业务往来,则科目设置为"银行存款——农业银行南京路分理处"。在实务中,也可以在农业银行后加上简写的账号,如科目设置为"银行存款——农业银行南京路分理处4263",以方便日常业务的操作,如银行对账等能够很快找到相应的账簿。

该科目属于资产类。其借方反映银行存款的增加,贷方反映银行存款的减少,期末余额在借方,反映小企业在银行或其他金融机构的各种款项。

2) 银行存款的账务处理

小企业将款项存入银行或收到其他款项时,应借记"银行存款"科目,贷记"库存现金""应收账款""主营业务收入""其他业务收入""应交税费——应交增值税(销项税额)"等科目。

【例 2-9】 2×19年12月6日,小企业华夏公司收到转账支票一张,金额58 000元,为销售商品的货款,其中价款 50 000 元,增值税额 6 500 元;另收到电汇款一笔,金额 80 000 元,为甲公司预付的货款,均存入农业银行南京路分理处 8626 户中。

① 收到销售商品货款:

借:银行存款——农业银行南京路分理处 8626　　　　　　　　　　　　　　56 500
　　贷:主营业务收入　　　　　　　　　　　　　　　　　　　　　　　　　50 000
　　　　应交税费——应交增值税(销项税额)　　　　　　　　　　　　　　6 500

② 收到甲公司预付货款:

借:银行存款——农业银行南京路分理处 8626　　　　　　　　　　　　　　80 000
　　贷:预收账款——甲公司　　　　　　　　　　　　　　　　　　　　　　80 000

小企业从银行提取款项或以银行存款支付款项时,应按支付金额借记“库存现金”“应付账款”“管理费用”“制造费用”“原材料”“应交税费——应交增值税(进项税额)”等科目,贷记“银行存款”科目。

【例 2-10】 2×19 年 12 月 22 日,开出转账支票一张,金额 6 780 元,为支付管理部门的电费,其中增值税 780 元;以电汇的方式支付材料款 33 900 元,其中价款 30 000 元,增值税 3 900 元,发票已收,材料已验收入库。以上款项均由建设银行天津路支行 6278 户支付。

① 支付电费:

借:管理费用——电费　　　　　　　　　　　　　　　　　　　　　　　　6 000
　　应交税费——应交增值税(进项税额)　　　　　　　　　　　　　　　　780
　　贷:银行存款——建设银行天津路支行 6278　　　　　　　　　　　　　6 780

② 支付材料款:

借:原材料　　　　　　　　　　　　　　　　　　　　　　　　　　　　　30 000
　　应交税费——应交增值税(进项税额)　　　　　　　　　　　　　　　　3 900
　　贷:银行存款——建设银行天津路支行 6278　　　　　　　　　　　　　33 900

(三) 银行存款余额调节表

小企业为了正确掌握银行存款的实有数,需要定期将企业银行存款日记账与来自银行的银行对账单进行核对,每月至少要核对一次,并编制银行存款余额调节表。

1. 编制方法

将银行存款日记账和银行对账单双方业务和金额都一致的打“√”,最后未打“√”的金额便是造成两者不相符的原因,归纳起来造成不符的原因有两个方面:

(1)企业和银行存在一方或双方同时记账错误,如银行将企业收款串户记账或银行、企业记账时发生数字错误,如企业将支付电费 696 元记为 966 元等。

(2)存在未达账项,未达账项是指由于结算凭证在企业和银行之间的传递存在的时间差,造成的一方已收到凭证并已入账,而另一方尚未收到凭证仍未入账的款项。

例如,2×19 年 11 月 30 日,小企业华夏公司开出转账支票一张支付货款,金额 60 000 元,企业已依据支票存根及发票或收据等凭证记账,即贷记“银行存款”科目,而收款方却在 2×19

年12月4日办理结算并向其开户行存入该款项,那么这一笔业务就出现了11月企业已支付,而银行未支付的未达账项情况。实务中未达账项大部分是由于月末业务产生的单据存在时间差而造成的。

未达账项一般有如下四种情况:

(1) 企业已收款记账,而银行尚未收款记账,即"企业已收,银行未收"。

(2) 企业已付款记账,而银行尚未付款记账,即"企业已付,银行未付"。

(3) 银行已收款记账,而企业尚未收款记账,即"银行已收,企业未收"。

(4) 银行已付款记账,而企业尚未付款记账,即"银行已付,企业未付"。

当记账错误和未达账项存在时,银行存款日记账的余额与银行对账单的余额是不相等的。在这种情况下,银行存款日记账余额与银行对账单余额有可能都不能代表企业银行存款的实有数,这时通过编制银行存款余额调节表得到的"调整后的余额"才是企业银行存款的实有数。

需要说明的是,在实务中,如果首次核对,则只需将银行存款日记账和银行对账单进行核对,据以编制银行存款余额调节表,之后月份编制时,还应将上1个月编制的银行存款余额调节表同本月的银行存款日记账和本月的银行对账单一起进行核对。如上述所涉及的企业已付款记账,而对方却在2×19年12月4日才办理结算并向其开户行存入该60 000元款项,在编制2×19年11月30日的银行存款余额调节表时,会出现在"企业已付,银行未付"未达账项上,等到企业编制2×19年12月31的银行存款余额调节表时,这笔业务会出现在12月的银行对账单款项减少项目中,但12月的银行存款日记账却不会出现(因登记在2×19年11月),这一笔实际上是与2×19年11月30日的银行存款余额调节表中"企业已付,银行未付"未达账项的60 000是相对应的,因此应将这对应的两笔同时打"√",否则又会误认为还是未达账项,所以在实务中,之后月份编制时,一定要将上1个月编制的银行存款余额调节表拿出一同核对,即只有本月的银行存款日记账、本月的银行对账单、上个月的银行存款余额调节表同时具备,才能将本月的银行存款余额调节表(见表2-6)编制成功,银行对账流程如图2-3所示。

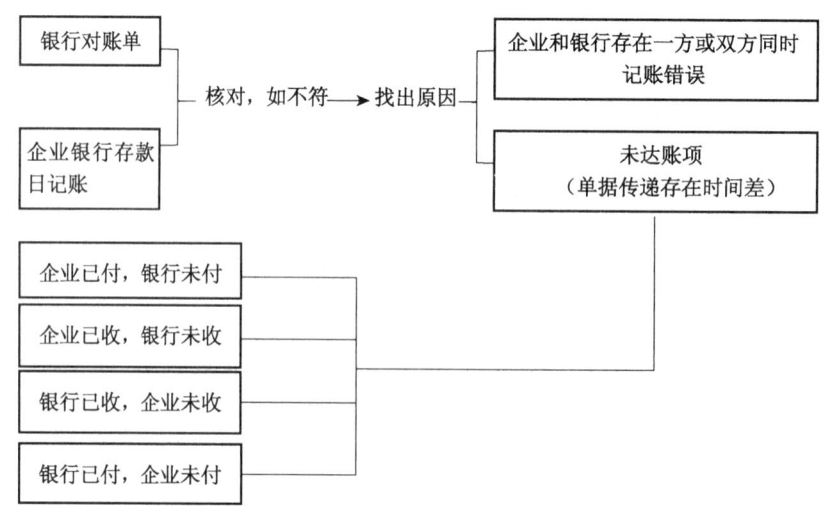

图2-3 银行对账示意图

表 2-6 银行存款余额调节表

2×19 年 12 月 31 日

公司名称:华夏公司　　　　　　开户行:　　　　　　账号:　　　　　　单位:元

项　目	金　额	项　目	金　额
银行对账单余额		企业银行存款日记账余额	
加:企业已收,银行未收		加:银行已收,企业未收	
1.		1.	
2.		2.	
3.		3.	
4.		4.	
银行误记、串记(少记)		企业误记(少记)	
减:企业已付,银行未付		减:银行已付,企业未付	
1.		1.	
2.		2.	
3.		3.	
4.		4.	
银行误记、串记(多记)		企业误记(多记)	
调整后余额		调整后余额	

【例 2-11】 华夏公司 2×19 年 12 月 31 日,中国农业银行山东路支行,账号为 6228×××9236 的账户,银行存款日记账的余额为 80 226 元,银行对账单的余额为 188 453 元,经过对银行存款日记账和银行对账单的核对,发现未达账项及误记账的情况如下:

（1）26 日,公司收到货款 6 600 元,出纳误记为 6 900 元。

（2）27 日,企业开出转账支票 80 000 元支付货款,持票人尚未到银行办理结算手续。

（3）27 日,收到货款 60 000 元,银行误记 90 000 元。

（4）27 日,支付运费 969 元,出纳误记为 996 元。

（5）28 日,银行收取企业贷款利息 3 000 元,企业尚未收到付款通知。

（6）28 日,银行将本公司存入的一笔款项串记至另一公司账户中,金额 20 000 元。

（7）28 日,银行代企业支付电费 3 500 元,企业尚未收到付款通知。

（8）29 日,企业送存银行的转账支票一张,金额 45 000 元。银行已承办,企业已凭回单记账,但银行尚未入账,对账单没有记录。

（9）30 日,银行收货款 70 000 元,但企业尚未收到收款通知。

编制华夏公司 12 月的银行存款余额调节表,如表 2-7 所示。

表 2-7　银行存款余额调节表

2×19 年 12 月 31 日

单位:元

公司名称:华夏公司　　　　　开户行:中国农业银行山东路支行　　　　账号:6228×××9236

项　目	金　额	项　目	金　额
银行对账单余额	188 453	企业银行存款日记账余额	80 226
加:企业已收,银行未收	45 000	加:银行已收,企业未收	70 000
1. 29 日送存银行转账支票,银行尚未入账	45 000	1. 30 日银行收货款,企业未收到收款通知	70 000
2.		2.	
3.		3.	
4.		4.	
银行误记、串记(少记)	20 000	企业误记(少记)	27
减:企业已付,银行未付	80 000	减:银行已付,企业未付	6 500
1. 27 日企业开出转账支票,持票人未结算	80 000	1. 28 日银行收取贷款利息,企业未收到付款通知	3 000
2.		2. 28 日银行代付电费,企业未收到付款通知	3 500
3.		3.	
4.		4.	
银行误记、串记(多记)	30 000	企业误记(多记)	300
调整后余额	143 453	调整后余额	143 453

2. 关于银行存款余额调节表的注意事项

(1)银行存款余额调节表不能作为原始凭证记账。

(2)银行对账单不能作为原始凭证记账。

(3)《企业内部控制应用指引》规定:企业应当加强对银行对账单的稽核和管理。出纳人员一般不得同时从事银行对账单的获取、银行存款余额调节表的编制等工作。确需出纳人员办理上述工作的,应当指定其他人员定期进行审核、监督。

相关思考 2-4

银行余额调节表编制完毕后,就万事大吉了吗? 后续需要做什么呢

(1)银行存款余额调节表编制完毕后,重要的是需进行后续跟踪:误记、串记的要及时处理,特别是银行的原因造成的要及时与银行沟通,进行及时处理,未达账项的单据要尽快取回,并依据取回的原始凭证进行账务处理。

(2)在实务中,应尽量减少造成银行对账单与企业银行存款日记账不符的因素,这就要求相关会计人员:①在编制记账凭证时,认真仔细,数据书写需输入准确;②日常要及时到银行取回收付款单据,取回后依据单据及时进行账务处理,特别是到了月末,一定要到各开户行将未取回的收付款单据取回,并以此进行相应的账务处理。

三、其他货币资金

(一) 其他货币资金的核算内容

其他货币资金主要核算小企业银行汇票存款、银行本票存款、信用卡存款、信用证保证金存款、外埠存款、备用金等其他货币资金。

(二) 其他货币资金的核算

1. 科目的设置

企业应设置"其他货币资金"科目进行其他货币资金的核算。

为了详细反映企业各项其他货币资金的增减变动及结存情况,还应在"其他货币资金"总账科目下按其组成内容分设明细科目,并且按银行汇票或本票、信用证的收款单位,外埠存款、信用卡的开户银行等进行明细核算。如"其他货币资金——外埠存款——建设银行烟台芝罘区支行""其他货币资金——银行汇票——东盛公司"。

2. 其他货币资金的账务处理

小企业增加其他货币资金,借记"其他货币资金"科目,贷记"银行存款"科目;减少其他货币资金,借记"原材料""应交税费——应交增值税(进项税额)""银行存款"等科目,贷记"其他货币资金"科目。本科目期末借方余额,反映小企业持有的其他货币资金金额。

下面以外埠存款及银行汇票的核算为例进行讲解:

1) 外埠存款的核算

外埠存款,是指小企业到外地进行临时或零星采购时,汇往采购地银行开立的采购专户的款项。

外埠存款的核算一般分为以下环节,如图 2-4 所示。

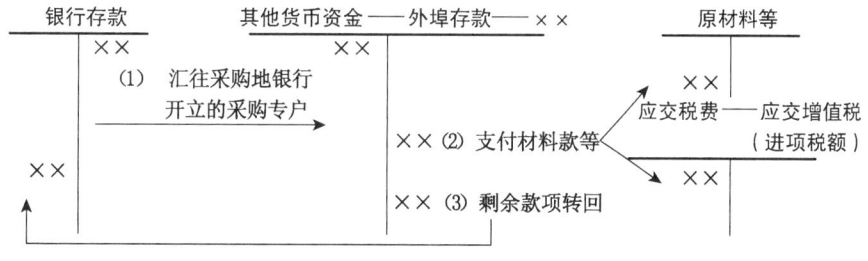

图 2-4 外埠存款核算示意图

① 款项汇往采购地银行开立采购专户时:

借:其他货币资金——外埠存款——××

　　贷:银行存款

② 支付材料款等,会计部门收到供应单位的货物发票、运单等凭证时:

借:原材料/材料采购等

　　应交税费——应交增值税(进项税额)

　　贷:其他货币资金——外埠存款——××

③ 支付采购完毕,采购员离开采购地时,采购专户如有余额,应将剩余的外埠存款转回企业当地银行账户:

借:银行存款

  贷:其他货币资金——外埠存款——××

【例2-12】 小企业华夏公司2×19年7月6日,因零星采购原材料的需要,将款项130 000元汇往中国银行北京海淀区支行开立的采购专户。会计部门根据银行汇款回单:

借:其他货币资金——外埠存款——中国银行北京海淀区支行   130 000

  贷:银行存款   130 000

【例2-13】 接[例2-12]资料,2×19年7月12日,支付材料款,会计部门收到供应单位开来的原材料增值税专用发票,价款100 000元,增值税额13 000元。

借:原材料   100 000

  应交税费——应交增值税(进项税额)   13 000

  贷:其他货币资金——外埠存款——中国银行北京海淀区支行   113 000

【例2-14】 接[例2-13]资料,2×19年7月19日,外埠采购业务完毕,采购员将剩余的外埠存款转回企业当地银行账户,会计部门根据收款通知进行相应账务处理。

借:银行存款   17 000

  贷:其他货币资金——外埠存款——中国银行北京海淀区支行   17 000

2)银行汇票的核算

银行汇票存款,是指小企业为取得银行汇票,按照规定存入银行的款项。企业应向银行提交"银行汇票委托书"并将款项交存开户银行,其会计核算一般分为以下环节:

① 为取得银行汇票存入款项:

借:其他货币资金——银行汇票——××公司

  贷:银行存款

② 企业使用银行汇票后,应根据发票账单及开户行转来的银行汇票第四联等凭证进行账务处理:

借:原材料/材料采购等

  应交税费——应交增值税(进项税额)

  贷:其他货币资金——银行汇票——××

③ 银行汇票使用完毕,如有多余款项退回时:

借:银行存款

  贷:其他货币资金——银行汇票——××

④ 如银行汇票因超出付款期限或其他原因未曾使用而退回时:

借:银行存款

  贷:其他货币资金——银行汇票——××

【例2-15】 2×19年4月6日,小企业华夏公司从南顺公司采购原材料,向银行提交"银行汇票委托书",并交存100 000元,银行受理后签发银行汇票和解讫通知,华夏公司根据委托书的存根联记账。

借:其他货币资金——银行汇票——南顺公司   100 000

  贷:银行存款   100 000

【例 2-16】 接[例 2-15]资料,2×19 年 4 月 8 日,华夏公司用银行签发的银行汇票支付原材料款,并收到南顺公司开具的增值税专用发票,采购价款 80 000 元,增值税额 12 800 元。企业根据银行转来的银行汇票第四联及南顺发票等凭证进行账务处理。

借:原材料   80 000

  应交税费——应交增值税(进项税额)   10 400

  贷:其他货币资金——银行汇票——南顺公司   90 400

【例 2-17】 接[例 2-16]资料,2×19 年 4 月 15 日,华夏公司收到银行退回的多余款项 9 600 元,根据收款通知进行账务处理。

借:银行存款   9 600

  贷:其他货币资金——银行汇票——南顺公司   9 600

四、备用金的核算

(一)备用金的核算内容

备用金,是指企业预付给职工和内部有关单位用作差旅费、零星采购和零星开支,事后需要报销的款项。为了防止浪费和挪用公款,必须建立备用金的预借、使用和报销制度,并认真加以执行。

(二)备用金的管理

备用金的管理办法有两种:

(1)随借随用、用后报销制度,适用于不经常使用备用金的个人。对职工个人预借备作差旅费等用途的零星借款,一般按估计需用数额预先借取,用后结算,多退少补。

(2)定额备用金制度,适用于备用金数额较大或业务较多的部门。小企业按用款部门的实际需要,核定备用金定额,并按定额拨付现金。小企业的用款部门按规定的开支范围支用备用金后,凭有关支出凭证向财会部门报销,财会部门如数付给现金,使备用金恢复到定额,即备用金仍与定额保持一致。

(三)备用金的核算

1. 随借随用、用后报销制度

1)科目的设置

应设置"其他应收款"科目,并按借款人进行明细核算,明细科目为"其他应收款——××"。

2)账务处理

随借随用、用后报销制度核算步骤分为预借款及报销结算。

【例 2-18】 小企业华夏公司行政部职工王丽,2×19 年 12 月 8 日因公出差预借备用金 5 000 元,实际发生差旅费 3 500 元,12 月 20 日经审核予以报销,剩余现金 1 500 元交回财会部门进行结算。

① 12 月 8 日,预借差旅费时:

借:其他应收款——王丽   5 000

   贷:库存现金   5 000

② 12 月 20 日报销时:

借:管理费用——差旅费   3 500

    库存现金   1 500

   贷:其他应收款——王丽   5 000

2. 定额备用金制度

1) 科目的设置

应设置"其他货币资金"科目,按"备用金"设置二级科目,并按备用金使用的部门进行明细核算,即核算科目为"其他货币资金——备用金——××部门"。

2) 账务处理

采用定额备用金制度的小企业,一般在年初申请定额,年终时进行一次清理,收回拨付的定额数,下一年度再根据实际需要重新申请定额,拨付现金。定额备用金一经核定不得随意增减。

核算步骤分为预借款、报销时补足、年终清理或年中取消。

(1) 按定额拨付现金时,借记"其他货币资金——备用金——××部门"科目,贷记"库存现金"科目。

(2) 报销时,财会部门根据报销单据付给现金,补足用掉的数额,使备用金仍保持原有的定额数,借记有关科目,贷记"库存现金"科目。

(3) 年终清理或年中取消时,多退少补,清理或取消后"其他货币资金——备用金——××部门"科目余额为零。

与随借随用,用后报销制度相对比,核算的主要差异在定额备用金在报销时补足定额。

【例 2-19】 小企业华夏公司对人事部门实行定额备用金制度。根据核定的定额,2×19年 1 月 1 日支付定额备用金 40 000 元。账务处理为:

① 年初,预借时:

借:其他货币资金——备用金——人事部门   40 000

   贷:库存现金   40 000

② 报销时,支付现金补足定额:

人事部门在一段时间内共发生办公费 28 000 元,增值税进项税额 3 640 元,3 月 20 日持费用发票到会计部门报销。会计部门审核后付给现金,补足定额。

借:管理费用——办公费   28 000

    应交税费——应交增值税(进项税额)   3 640

   贷:库存现金   31 640

③ 年终结算:

12 月 31 日,人事部门持尚未报销的差旅费发票 20 710 元(其中可抵扣进项税额 1 710元)和余款 19 290 元,到会计部门办理报销和交回未用完备用金的手续。

借:管理费用——差旅费　　　　　　　　　　　　　　　　　　19 000

　　应交税费——应交增值税(进项税额)　　　　　　　　　　　1 710

　　库存现金　　　　　　　　　　　　　　　　　　　　　　19 290

　贷:其他货币资金——备用金——人事部门　　　　　　　　　　　40 000

3.小企业随借随用、用后报销制度与定额备用金制度业务处理方法比较(见表2-8)

表2-8　两种备用金管理制度业务处理方法比较

步骤 制度	预　借	报　销	注　销
1.随借随用 用后报销	借:其他应 　收款——×× 　贷:库存现金	借:管理费用等 　库存现金　　(少花) 　贷:其他应收款——×× 　(或贷:库存现金) 　　　　　　(多花)	报销时已注销
2.定额备 用金	借:其他 　货币——备用 　资金　　金 　×× 　贷:库存现金	借:管理费用等 　贷:库存现金　(补足)	年中取消或年终结算: 借:管理费用等 　库存现金　　(少花) 　贷:其他货 　币资金——备用金——×× 　(或贷:库存现金) 　　　　　(多花)

第三节 │ 短 期 投 资

一、短期投资概述

(一) 短期投资的含义

短期投资,是指小企业购入的能随时变现并且持有时间不准备超过1年(含1年)的投资,如小企业以赚取差价为目的从二级市场购入的股票、债券、基金等。短期投资属于流动资产,它应该具备两个条件:

(1)该投资必须随时可以上市流通。

(2)企业管理层有意在1个会计年度之内将其转变为现金。

需要说明的是,对于有明确到期日的长期债权投资,即使剩余期限已短于1年,也不得将其转为短期投资,因为企业长期持有且直到到期日这一投资目的并未改变。但由于这部分资产实质上已变为流动资产,因此在编制"资产负债表"时,需在"1年内到期的长期债权投资"项下单独列示。

(二) 短期投资的特点

短期投资具有以下三方面的特点:

(1)很容易变现。

(2)持有时间较短。短期投资一般不是为了长期持有,所以持有时间不准备超过1年。但这并不代表必须在1年内出售,如果实际持有时间已经超过1年,除非企业管理当局改变投资目的,即改短期持有为长期持有,否则仍然作为短期投资核算。

（3）不以控制、共同控制被投资单位或对被投资单位实施重大影响为目的而进行的投资。

二、短期投资的核算

（一）科目设置

为了核算小企业短期投资的取得、收到现金股利或利息、处置等业务,企业应当设置"短期投资""应收股利""应收利息""投资收益"等科目。

"短期投资"科目应按照股票、债券、基金等短期投资种类进行明细核算,如表 2-9 所示。

表 2-9　小企业短期投资核算有关的会计科目

核算科目	科目性质	核算内容
短期投资	资产类	核算小企业短期投资的成本
应收股利	资产类	核算小企业应收取的现金股利
应收利息	资产类	核算小企业应收取的利息
投资收益	损益类	核算小企业持有短期投资期间取得的投资收益以及处置短期投资实现的损益

（二）短期投资的初始计量

小企业取得的短期投资,应当按照购买价款和相关税费作为成本进行计量。

如果实际支付的价款中包含已宣告但尚未发放的现金股利或已到付息期但尚未领取的债券利息,应当单独确认为"应收股利"或"应收利息",不计入短期投资的成本。

（1）小企业购入股票,如果实际支付的价款中包含已宣告但尚未发放的现金股利,应当按照实际支付的全部价款扣除已宣告但尚未发放的现金股利,借记"短期投资"科目,按应收的现金股利,借记"应收股利"科目,按实际支付的全部价款,贷记"银行存款"科目,即:

借:短期投资——××公司股票

　　应收股利　　　　　　　　【已宣告但尚未发放的现金股利】

　　贷:银行存款

【例 2-20】　2×19 年 6 月 16 日,小企业华夏公司以银行存款从证券交易所购入 A 上市公司股票 30 000 股,准备短期获利,共支付款项 480 000 元,其中包含每股 0.20 元已宣告但尚未发放的现金股利。另支付交易手续费 5 000 元。该现金股利于 2×19 年 6 月 20 日发放。

（1）2×19 年 6 月 16 日,购入 A 公司股票,应收现金股利＝30 000×0.20＝6 000(元),购入股票的成本＝480 000－6 000＋5 000＝479 000(元),账务处理为:

借:短期投资——A公司股票　　　　　　　　　　　　　　　　479 000

　　应收股利　　　　【已宣告但尚未发放的现金股利】　　　　6 000

　　贷:银行存款　　　　　　　　　　　　　　　　　　　　　485 000

（2）2×19 年 6 月 20 日,收到发放的现金股利时的账务处理为:

借:银行存款　　　　　　　　　　　　　　　　　　　　　　6 000

　　贷:应收股利　　　　　　　　　　　　　　　　　　　　　　6 000

（2）小企业购入债券，如果实际支付的价款中包含已到付息期但尚未领取的债券利息，应当按照实际支付的全部价款扣除已到付息期但尚未领取的债券利息，借记"短期投资"科目，按应收的利息，借记"应收利息"科目，按实际支付的全部价款，贷记"银行存款"科目，即：

借：短期投资——××公司债券

应收利息　　　　　　　　　　【已到付息期但尚未领取的债券利息】

　　贷：银行存款

【例 2-21】　2×19 年 7 月 1 日，小企业华夏公司支付价款 68 000 元从二级市场购入乙公司于 2×19 年 1 月 1 日发行的面值 60 000 元、票面利率为 5%、每年 12 月 31 日付息、到期还本的债券，准备短期获利，债券购买价格中包含已到付息期但尚未支付的利息 1 500 元。另支付交易手续费用 2 000 元。

在本例中，2×19 年 7 月 1 日购入乙公司债券的成本为：68 000－1 500＋2 000＝68 500（元），账务处理为：

借：短期投资——乙公司债券　　　　　　　　　　　　　　　　　68 500

应收利息　　　　　　【已到付息期但尚未领取的债券利息】　　1 500

　　贷：银行存款　　　　　　　　　　　　　　　　　　　　　　70 000

（三）短期投资的后续计量

在短期投资持有期间，被投资单位宣告发放现金股利或在债务人应付利息日按分期付息、一次还本债券投资的票面利率计算的利息收入，应当计入投资收益，即借记"应收股利"或"应收利息"科目，贷记"投资收益"科目。

投资企业实际收到现金股利或债券利息时，借记"银行存款"科目，贷记"应收股利"或"应收利息"科目。

【例 2-22】　接[例 2-20]资料，小企业华夏公司持有 A 公司股票 30 000 股。2×20 年 4 月 12 日，A 公司宣告每股派发现金股利 0.30 元，并于 4 月 18 日发放。

（1）2×20 年 4 月 12 日，A 公司宣告分派现金股利时，华夏公司应收的现金股利＝30 000×0.30＝9 000（元），账务处理为：

借：应收股利　　　　　　　　　　　　　　　　　　　　　　　　9 000

　　贷：投资收益　　　　　　　　　　　　　　　　　　　　　　9 000

（2）2×20 年 4 月 18 日，收到 A 公司发放的现金股利时账务处理为：

借：银行存款　　　　　　　　　　　　　　　　　　　　　　　　9 000

　　贷：应收股利　　　　　　　　　　　　　　　　　　　　　　9 000

【例 2-23】　接[例 2-21]资料，2×19 年 12 月 31 日，华夏公司对持有的面值 60 000 元、票面利率为 5%、每年 12 月 31 日付息、到期还本的乙公司债券计算利息收入。

（1）2×19 年 12 月 31 日，华夏公司计算的应收乙公司债券利息为：60 000×5%×6÷12＝1 500（元），账务处理为：

借：应收利息　　　　　　　　　　　　　　　　　　　　　　　　1 500

　　贷：投资收益　　　　　　　　　　　　　　　　　　　　　　1 500

（2）2×19 年 12 月 31 日,收到乙公司支付的债券利息时的账务处理为:

借:银行存款　　　　　　　　　【包括购入时应收取的 1 500 元】　　　　　　　3 000
　贷:应收利息　　　　　　　　　　　　　　　　　　　　　　　　　　　　　　　3 000

（四）短期投资的处置

出售短期投资,应按照实际收到的出售价款,借记"银行存款"或"库存现金"科目,按照该项短期投资的账面余额,贷记"短期投资"科目,按照尚未收到的现金股利或债券利息,贷记"应收股利"或"应收利息"科目,按照其差额,贷记或借记"投资收益"科目。

【例 2-24】 小企业华夏公司将持有的 B 公司债券售出,实际收到价款 90 000 元。债券售出日,尚未收到的利息 2 000 元,账面余额为 83 000 元。

借:银行存款　　　　　　　　　　　　　　　　　　　　　　　　　　　　　90 000
　贷:短期投资——B 公司债券　　　　　　　　　　　　　　　　　　　　　　83 000
　　应收利息　　　　　　　　　　　　　　　　　　　　　　　　　　　　　　2 000
　　投资收益　　　　　　　　　　　　　　　　　　　　　　　　　　　　　　5 000

第四节　应收及预付款项

一、应收及预付款项概述

应收及预付款项,是指小企业在日常生产经营过程中,因商品交易、劳务供给和其他往来业务而形成的应收未收、暂付应收及预付的各种款项,属于小企业的短期债权,是小企业流动资产的重要组成部分,其具体内容包括应收账款、应收票据、其他应收款和预付账款等。

二、应收账款

（一）应收账款概述

应收账款,是指小企业因销售商品或提供劳务等,应向购货单位或接受劳务单位收取的款项。

应收账款的入账价值包括:

（1）销售商品或提供劳务的价款。

（2）应收取的增值税销项税额。

（3）代购货单位垫付的包装费、运杂费等。

（二）应收账款的账务处理

1. 科目设置

（1）小企业应设置"应收账款"科目,并按购货单位或接受劳务单位设置明细科目进行核算,如"应收账款——东海公司"。

（2）对于预收账款不多的小企业,可以不单独设置"预收账款"科目,预收的款项也在"应收账款"科目核算。

应收账款主要核算科目,如表 2-10 所示。

表 2-10　与应收账款核算有关的会计科目

核算科目	科目性质	核算内容
应收账款	资产类	核算企业因销售商品、提供劳务等经营活动应收取的款项
主营业务收入	损益类	核算企业确认的销售商品、提供劳务等主营业务的收入
财务费用	损益类	核算企业为筹集生产经营所需资金等而发生的筹资费用,包括利息支出(减利息收入)、汇兑损益、金融机构手续费、现金折扣等
应交税费——应交增值税(销项税额)	负债类	核算增值税一般纳税人销售商品或提供劳务时应收取的增值税额

相关思考 2-5

预收款时,应记入"应收账款"科目的哪一方

不单独设置"预收账款"科目的小企业,在预收款时,应记入"应收账款"科目。因为收到货款,借方为"银行存款"科目,因此应记入"应收账款"科目的贷方,会计分录为:

借:银行存款

　　贷:应收账款

2. 日常业务产生的应收账款

(1)小企业因销售商品或提供劳务形成的应收账款,应当按照应收金额,借记"应收账款"科目,贷记"主营业务收入"或"其他业务收入"科目,按照税法规定应缴纳的增值税销项税额,贷记"应交税费——应交增值税(销项税额)"科目。

(2)收回应收账款时,应按收回的金额借记"银行存款"等科目,贷记"应收账款"科目。

【例 2-25】　2×19 年 10 月 20 日,小企业华夏公司赊销一批商品至华盛公司,开出的增值税专用发票上注明货款 40 000 元,增值税额 5 200 元。11 月 16 日,银行收讫货款。

(1)10 月 20 日,赊销商品时:

借:应收账款——华盛公司　　　　　　　　　　　　　　　　45 200

　　贷:主营业务收入　　　　　　　　　　　　　　　　　　40 000

　　　　应交税费——应交增值税(销项税额)　　　　　　　5 200

(2)11 月 16 日,收到货款时:

借:银行存款　　　　　　　　　　　　　　　　　　　　　45 200

　　贷:应收账款——华盛公司　　　　　　　　　　　　　45 200

3. 商业折扣下的应收账款

商业折扣,是指小企业为促进商品销售而在商品标价上给予的价格扣除。商业折扣是企业最常用的促销方式之一。

企业为了扩大销售、占领市场,对于批发商往往给予商业折扣,采用销售越多、价格越低的促销策略,即"薄利多销"。例如,购买达 500 件商品,给予客户 10%的折扣;购买达 1 000 件商品,给予客户 15%的折扣等。

商业折扣在销售时即已发生,并不构成最终成交价格的一部分。因此,企业销售商品涉及商业折扣的,应当按照扣除商业折扣后的金额确定销售商品收入金额。

4. 现金折扣下的应收账款

现金折扣,是指债权人为鼓励债务人在规定的期限内尽早付款而向债务人提供的债务扣除。现金折扣通常发生在以赊销方式销售商品及提供劳务的交易中,小企业为了鼓励客户尽早偿付货款,通常与债务人达成协议,债务人在不同的期限内付款可享受不同比例的折扣。

现金折扣一般用符号"折扣率/付款期限"来表示。例如:"2/10,1/20,n/30"表示销货方允许客户最长的付款期限为 30 天,如果客户在 10 天内付款,销货方可按商品售价给予客户 2% 的折扣;如果客户在 11 天至 20 天内付款,销货方可按商品售价给予客户 1% 的折扣;如果客户在 21 天至 30 天内付款,将不能享受现金折扣。

《小企业会计准则》规定应收账款入账价值的确定采用总价法。**总价法**,是将未扣除现金折扣前的金额(即总价)作为实际售价,据以确认应收账款的入账价值。

在这种方法下,将实际发生的现金折扣视为销售企业为鼓励客户尽早付款而发生的融资费用,在现金折扣实际发生时记入"财务费用"。

商业折扣与现金折扣在销售的目的、发生时间以及处理方法上的区别,如表2-11所示。

表 2-11 商业折扣与现金折扣的区别

折扣形式	销售目的	发生时间	处理方法
商业折扣	促销,鼓励多购买	交易发生时	扣除商业折扣后的实际售价
现金折扣	鼓励尽早付款	赊销商品或提供劳务后	未扣除现金折扣前的金额

【例 2-26】 小企业华夏公司为增值税一般纳税人,2×19 年 8 月 1 日销售给东海公司甲商品 10 000 件,每件商品的标价为 20 元(不含增值税),每件商品的实际成本为 12 元,甲商品适用的增值税税率为 13%;由于是批量销售,华夏公司给予购货方 10% 的商业折扣,并在销售合同中规定现金折扣条件为:"2/10,1/20,n/30";甲商品于 8 月 1 日发出。假定计算现金折扣时不考虑增值税。

(1)华夏公司在 8 月 1 日发出存货时实现了销售收入:

$$销售收入 = 20 \times 10\ 000 \times (1 - 10\%) = 180\ 000(元)$$

$$销项税额 = 180\ 000 \times 13\% = 23\ 400(元)$$

$$应收账款的入账价值 = 180\ 000 \times (1 + 13\%) = 203\ 400(元)$$

账务处理为:

① 8 月 1 日,确认销售收入:

借:应收账款——东海公司   203 400
　　贷:主营业务收入   180 000
　　　　应交税费——应交增值税(销项税额)   23 400

② 结转销售成本:

借:主营业务成本   120 000
　　贷:库存商品   120 000

(2)华夏公司收回款项时的账务处理:

① 若实际收款日在 2×19 年 8 月 1 日至 8 月 10 日,现金折扣＝180 000×2％＝3 600 (元),实际收款额为 203 400－3 600＝199 800(元),账务处理为:

借:银行存款   199 800
　　财务费用   3 600
　　贷:应收账款——东海公司   203 400

② 若实际收款日在 2×19 年 8 月 11 日至 8 月 20 日,现金折扣＝180 000×1％＝1 800 (元),实际收款额为 203 400－1 800＝201 600(元),账务处理为:

借:银行存款   201 600
　　财务费用   1 800
　　贷:应收账款——东海公司   203 400

③ 若实际收款日在 2×19 年 8 月 21 日至 8 月 31 日,则全额收款,账务处理为:

借:银行存款   208 800
　　贷:应收账款——东海公司   208 800

三、应收票据

(一)应收票据概述

1. 应收票据的定义

应收票据,是指小企业因销售商品、提供劳务等而收到并持有的、尚未到期兑现的商业汇票。商业汇票的付款期限最长不得超过 6 个月。

2. 应收票据的分类

(1) 按承兑人分类。商业汇票按承兑人不同分为银行承兑汇票和商业承兑汇票。**银行承兑汇票**是指由在承兑银行开立存款账户的存款人签发,由承兑银行承兑的票据。**商业承兑汇票**是指由付款人签发并承兑,或由收款人签发交由付款人承兑的汇票。

两者的差异具体表现在汇票到期付款人无力付款时的处理:银行承兑汇票到期时,无论付款人有无足够的存款,银行均无条件付款;商业承兑汇票到期时,付款人若无足够的存款,银行不负责付款。

(2) 按是否计息分类。商业汇票分为不带息商业汇票和带息商业汇票。

应收票据的到期价值,是指商业汇票到期时全部应收到的款项。

① 带息票据的到期价值为票据面值加上应计利息,计算公式如下:

$$票据到期价值 = 票面价值 + 票据利息 = 票面价值 × (1 + 票面利率 × 票据期限)$$

上式中,利率一般以年利率表示,票据期限则用月或日表示,在实际业务中,为了计算方便,常把 1 年定为 360 天。例如,一张面值为 100 000 元,期限为 90 天,票面利率为 10％的商业汇票,到期价值＝100 000×(1＋10％÷360×90)＝102 500(元)。

② 不带息票据的到期价值为票据面值,即:票据到期价值＝票据面值。

3. 应收票据的日常管理

小企业还应设置"应收票据备查簿",逐笔登记商业汇票的种类、号数和出票日、票面金额、交易合同号和付款人、承兑人、背书人的姓名或单位名称、到期日、背书转让日、贴现日、贴现率和贴现净额以及收款日期和收回金额、退票情况等资料。商业汇票到期结清票款或退票后,在备查簿中应予注销。

(二) 应收票据的账务处理

1. 科目设置

(1) 小企业应设置"应收票据"科目,并按购货单位或接受劳务单位设置明细科目进行核算,如"应收票据——东盛公司"。

(2) 应收票据主要核算科目,如表 2-12 所示。

表 2-12　与应收票据核算有关的会计科目

核算科目	科目性质	核算内容
应收票据	资产类	核算企业因销售商品、提供劳务等而收到并持有的商业汇票,包括银行承兑汇票和商业承兑汇票
应收利息	资产类	核算企业应收取的利息

2. 应收票据主要账务处理

应收票据的核算,主要包括应收票据的取得、转让、贴现及到期核算等。

1) 取得商业汇票

小企业因销售商品、提供劳务等而收到开出、承兑的商业汇票,按商业汇票的票面金额,借记"应收票据"科目,按确认的营业收入,贷记"主营业务收入"等科目,涉及增值税销项税额的,还应按销项税额,贷记"应交税费——应交增值税(销项税额)"科目。

【例 2-27】 2×19 年 5 月 15 日,小企业华夏公司销售一批商品给丙公司,商品已经发出,货款 100 000 元,增值税额 13 000 元。华夏公司收到丙公司一张不带息的 3 个月期的银行承兑汇票,面值 113 000 元。华夏公司的账务处理为:

借:应收票据——丙公司　　　　　　　　　　　　　　　　　　113 000
　　贷:主营业务收入　　　　　　　　　　　　　　　　　　　100 000
　　　　应交税费——应交增值税(销项税额)　　　　　　　　　13 000

2) 商业汇票的背书转让

票据转让,是指持票人将票据权利转让给他人或者将一定的票据权利授予他人行使。将持有的商业汇票背书转让以取得所需物资,其分录为:

借:原材料等
　　应交税费——应交增值税(进项税额)
　　贷:应收票据
　　　　银行存款　　　　　　　　　　【此为票据金额不足支付货款时;如果票据
　　　　　　　　　　　　　　　　　　金额超过应付货款金额,则在借方】

【例 2-28】 接[例 2-27],如果 2×19 年 6 月 2 日,小企业华夏公司向东顺公司采购原材料,价款 110 000 元,增值税额 17 600 元,材料已验收入库。当日华夏公司将持有的丙公司的银行承兑汇票背书转让给东顺公司,差额部分用银行存款结算。华夏公司的账务处理为:

借:原材料	110 000
应交税费——应交增值税(进项税额)	14 300
贷:应收票据——丙公司	113 000
银行存款	11 300

3) 商业汇票的贴现

票据贴现,是指持票人为了资金融通的需要而在票据到期前以贴付一定利息的方式向银行出售票据。

对于贴现银行来说,就是收购没到期的票据。票据贴现的贴现期限都较短,一般不会超过6个月,而且只有已经承兑并且尚未到期的商业汇票才可以办理贴现。

贴现所得金额 = 票据到期价值 - 贴现息

票据到期价值 = 票面价值 + 票据利息

= 票面价值 × (1 + 票面利率 × 票据期限)

= 票面价值 × (1 + 年利率 ÷ 12 × 票据到期月数)

= 票面价值 × (1 + 年利率 ÷ 360 × 票据到期天数)

(无息票据到期价值 = 面值)

贴现息 = 票据到期价值 × 贴现率 ÷ 360 × 贴现天数

贴现天数 = 票据贴现期 = 票据期限 - 持票期限

= 贴现日至票据到期日实际天数 - 1

(采用"算头不算尾"或"算尾不算头"的方法)

 延伸阅读2-3

关于运用"算头不算尾"和"算尾不算头"的原则

票据到期日的确定,可按月或按日计算。

如果是按月计算的,到期日和出票日为同一个日子。例如,7月1日出票,3个月到期,则到期日为10月1日。12月8日出票,6个月到期,到期日为第二年的6月8日。

如果是按日计算的,应该按照实际天数计算到期日,同时,出票日和到期日只能计算其中的一天,也就是算头不算尾,或算尾不算头。

例如:5月2日收到30天的票据,到期日为6月1日。

计算方法如下:

1.算头不算尾:5月2日算第一天(算头),31日为第30天,则6月1日为到期日(不算尾);

2.算尾不算头:5月2日不算第一天(不算头),5月3日算第一天,6月1日即为30天,则为到期日(算尾)。

贴现的会计分录为:

借:银行存款	
财务费用	【贴现息】
贷:应收票据	【银行无追索权的情况】
短期借款	【银行有追索权的情况】

【例2-29】 接[例2-27],如果2×16年6月16日,小企业华夏公司将丙公司开具的、出票日期为5月15日、期限为3个月、面值为116 000元的不带息银行承兑汇票到银行贴现。

银行年贴现率为10%,银行无追索权。华夏公司的账务处理为:

$$贴现天数 = 15 + 31 + 15 - 1 = 60(天)【6月16日至8月15日的天数】$$
$$票据到期价值 = 票面价值 = 113\ 000(元)$$
$$贴现息 = 113\ 000 \times 10\% \div 360 \times 60 = 1\ 883.33(元)$$
$$贴现所得金额 = 116\ 000 - 1\ 883.33 = 121\ 116.67(元)$$

借:银行存款   121 116.67
  财务费用   1 883.33
  贷:应收票据——丙公司 【无追索权】   113 000

4) 商业汇票到期收款

① 到期正常收款:

借:银行存款
  贷:应收票据

② 如为商业承兑汇票,到期无法收回货款,则将"应收票据"转入"应收账款"科目。

借:应收账款
  贷:应收票据

【例2-30】 接[例2-27],2×19年8月15日,丙公司的票据到期,收回票面金额113 000元存入银行。华夏公司的账务处理为:

借:银行存款   113 000
  贷:应收票据——丙公司   113 000

5) 带息商业汇票的利息核算

带息应收票据的利息一般都是票据到期时一次性支付,带息应收票据应在每期期末计算应收取的票据利息,按利息金额增加票据的票面价值,同时应冲减"财务费用"科目,分录为:

借:应收票据
  贷:财务费用

四、预付账款

(一)预付账款概述

预付账款,是指企业按照合同规定预付给供应单位的款项。

(二)预付账款的账务处理

1. 科目设置

企业应设置"预付账款"科目核算预付账款的增减变动及结存情况,期末余额一般在借方,反映企业实际预付的款项,如果为贷方余额,则表示应付而未付的款项。本科目应按供货单位进行明细核算,如"预付账款——东顺公司"。

预付款项情况不多的企业,可以不设置"预付账款"科目,而直接通过"应付账款"科目核算。

2. 核算原则

企业无论采用"预付账款"科目还是"应付账款"科目,在核算的各个环节,均应自始至终采用同一个会计科目。

3. 账务处理

下面以"预付账款"科目为例：

（1）预付款时，按实际支付的金额。

借：预付账款——××

　　贷：银行存款

（2）收到货物或接受劳务时，按发票账单等结算凭证确定货物或劳务成本，按可抵扣的增值税借记"应交税费——应交增值税（进项税额）"科目，同时转销"预付账款"科目。

借：原材料/库存商品等科目

　　应交税费——应交增值税（进项税额）

　　贷：预付账款——××

（3）结算，多退少补。

① 购货方货款不足时，需补付。

借：预付账款——××

　　贷：银行存款

② 购货方多支付了货款，供货单位将多余款项退回。

借：银行存款

　　贷：预付账款——××

【分录编制思路：结算时多退少补的分录，先看银行存款是增加还是减少，增加则借记"银行存款"科目，减少则贷记"银行存款"科目，对方科目便是"预付账款"。】

相关思考 2-6

如果收到发票账单等结算凭证的同时进行结算，如何进行会计处理

如果收到发票账单等结算凭证的同时进行结算，那么上述中的(2)和(3)可以合并为一个分录，即：

A. 购货方货款不足时，结算时补付。

借：原材料/库存商品等科目

　　应交税费——应交增值税（进项税额）

　　贷：预付账款——××

　　　银行存款　　　【付少，补付给对方】

B. 购货方多支付了货款，结算时供货单位将多余款项退回。

借：原材料/库存商品等科目

　　应交税费——应交增值税（进项税额）

　　银行存款　　　【付多，对方退回款】

　　贷：预付账款——××

【例 2-31】 2×19 年 3 月 1 日，小企业华夏公司与东联公司签订采购合同，采购材料一批，价款 60 000 元，增值税进项税额 7 800 元。按照合同约定需向东联公司预付货款 50 000

元,华夏收到材料后支付余款。

2×19 年 3 月 10 日,华夏公司预付货款 50 000 元。

3 月 15 日,收到东联公司开来的增值税专用发票,材料验收入库。

3 月 16 日,华夏公司支付余款。账务处理为:

(1) 3 月 10 日,华夏公司预付货款 50 000 元。

借:预付账款——东联公司   50 000
 贷:银行存款   50 000

(2) 3 月 15 日,收到东联公司开来的增值税专用发票,材料验收入库。

借:原材料   60 000
  应交税费——应交增值税(进项税额)   7 800
 贷:预付账款——东联公司   67 800

(3) 3 月 16 日,华夏公司支付余款金额＝67 800－50 000＝17 800(元)

借:预付账款——东联公司   17 800
 贷:银行存款   17 800

五、其他应收款

其他应收款,是指企业除应收票据、应收账款、预付账款等以外的其他各种应收及暂付款项。

(一) 其他应收款的核算内容

其他应收款主要包括以下内容:

(1) 应收的各种赔款、罚款。

(2) 应收的出租包装物等租金。

(3) 应向职工收取的各种垫付款项。

(4) 存出保证金,如租入包装物支付的押金。

(5) 预付账款转入。

(6) 其他各种应收、暂付款项。

(二) 其他应收款的账务处理

1. 科目设置

企业应设置"其他应收款"科目,并按照其他应收款的项目和不同的债务人设置明细账,进行明细核算。本科目的借方登记发生的各种其他应收款,贷方登记收回的其他应收款;期末借方余额表示小企业尚未收回的其他应收款。

2. 账务处理

【例 2-32】 2×19 年 2 月 19 日,小企业华夏公司为销售部经理王东代垫外地就医的费用 3 000 元,以银行存款支付。2 月 20 日,王东以现金偿还公司 3 000 元。

(1) 2 月 16 日,代垫就医费。

借:其他应收款——王东   3 000
 贷:银行存款   3 000

（2）2月20日，收到王东偿还款。

借:库存现金   3 000

 贷:其他应收款——王东   3 000

【例 2-33】 2×19 年 3 月 6 日，小企业华夏公司从欣莱公司租入包装物一批，以银行存款向出租方支付押金 8 000 元。4 月 6 日，租期已满，将包装物归还欣莱公司，并收到押金 8 000 元。

（1）3 月 6 日，支付押金。

借:其他应收款——欣莱公司   8 000

 贷:银行存款   8 000

（2）4 月 6 日，收到押金。

借:银行存款   8 000

 贷:其他应收款——欣莱公司   8 000

六、坏账核算

（一）坏账的定义

坏账，是指小企业无法收回的应收及预付款项。

坏账损失，是指由于发生坏账而使企业遭受的损失。

按照小企业会计准则规定小企业应收款项符合下列条件之一的，减除可收回的金额后确认的无法收回的应收及预付款项，作为坏账损失:

（1）债务人依法宣告破产、关闭、解散、被撤销，或者被依法注销、吊销营业执照，其清算财产不足清偿的。

（2）债务人死亡，或者依法被宣告失踪、死亡，其财产或者遗产不足清偿的。

（3）债务人逾期 3 年以上未清偿，且有确凿证据证明已无力清偿债务的。

（4）与债务人达成债务重组协议或法院批准破产重整计划后，无法追偿的。

（5）因自然灾害、战争等不可抗力导致无法收回的。

（6）国务院财政、税务主管部门规定的其他条件。

（二）坏账的账务处理

小企业会计准则规定，小企业不得提前确认坏账损失，不得计提坏账准备，其坏账损失应当于实际发生时加以确认。按照损失金额，记入“营业外支出”科目，同时冲减应收款项。

确认应收账款实际发生的坏账损失，应当按照可收回的金额，借记“银行存款”等科目，按照其账面余额，贷记“应收账款”科目，按照其差额，借记“营业外支出”科目，分录为:

借:银行存款   【可收回金额】

 营业外支出   【差额】

 贷:应收账款   【账面余额】

【例 2-34】 小企业华夏公司应收东海公司账款 100 000 元，2×19 年 12 月 6 日，华夏公司获知东海公司经营业绩下滑。经协商，华夏公司同意将东海公司的债务减为 60 000 元，并于当日收到款项。华夏公司的账务处理为:

借:银行存款　　　　　　【可收回金额】　　　　　　　　　　　　　　60 000
　营业外支出　　　　　　【差额】　　　　　　　　　　　　　　　　　40 000
　贷:应收账款——东海公司　【账面余额】　　　　　　　　　　　　　100 000

其他应收款及预付账款等实际发生坏账损失时的账务处理与应收账款相同。

相关思考2-7

《企业会计准则》对于应收款项发生减值是如何规定的

《企业会计准则》规定,当客观证据表明该应收款项发生减值,应当将该应收款项的账面价值与预计未来现金流量现值的差额确认为减值损失,计提减值准备,即采用备抵法,借记"资产减值损失"科目,贷记"坏账准备"科目。

第五节　存　货

一、存货概述

(一) 存货的概念

存货,是指小企业在日常生产经营过程中持有以备出售的产成品或商品、处在生产过程中的在产品、将在生产过程或提供劳务过程中耗用的材料和物料等,以及小企业(农、林、牧、渔业)为出售而持有的,或在将来收获为农产品的消耗性生物资产。

小企业的存货通常包括原材料、在产品、半成品、产成品、商品、周转材料、委托加工物资、消耗性生物资产等。

(1) **原材料**,是指小企业在生产过程中经加工改变其形态或性质并构成产品主要实体的各种原料及主要材料、辅助材料、外购半成品(外购件)、修理用备件(备品备件)、包装材料、燃料等。

(2) **在产品**,是指小企业正在制造尚未完工的产品。包括:正在各个生产工序加工的产品,以及已加工完毕但尚未检验或已检验但尚未办理入库手续的产品。

(3) **半成品**,是指小企业经过一定生产过程并已检验合格交付半成品仓库保管,但尚未制造完工成为产成品,仍需进一步加工的中间产品。

(4) **产成品**,是指小企业已经完成全部生产过程并已验收入库,符合标准规格和技术条件,可以按照合同规定的条件送交订货单位,或者可以作为商品对外销售的产品。

(5) **商品**,是指小企业(商品流通企业:批发业、零售业)外购或委托加工完成并已验收入库用于销售的各种商品。

(6) **周转材料**,是指小企业能够多次使用、逐渐转移其价值但仍保持原有形态且不符合固定资产定义的材料。包括:包装物、低值易耗品、小企业(建筑业)的钢模板、木模板、脚手架等。

(7) **委托加工物资**,是指小企业委托外单位加工的各种材料、商品等物资。

(8) **消耗性生物资产**,是指小企业(农、林、牧、渔业)生长中的大田作物、蔬菜、用材林以及存栏待售的牲畜等。

(二) 存货的确认

存货必须在符合定义的前提下,同时满足下列两个条件,才能予以确认。

1. 与该存货有关的经济利益很可能流入企业

通常,拥有存货的所有权是与该存货有关的经济利益很可能流入本企业的一个重要标志。凡所有权属于小企业,不论企业是否已经收到或持有,均应作为本企业的存货;如无所有权,即使存放于企业,也不能作为本企业的存货。

相关思考2-8

已经售出但客户尚未提货的产成品,是否属于小企业的存货

由于产成品已经售出(取得现金或收到现金的权利),所有权已经转移给购货方,产成品所含经济利益已不能流入本企业,即使购货方尚未提货,也不能继续将其作为企业的存货。

2. 该存货的成本能够可靠地计量

成本或者价值能够可靠地计量是资产确认的一项基本条件。存货作为企业资产的重要组成部分,要予以确认也必须能够对其成本进行可靠的计量。

存货的成本能够可靠地计量必须以取得的确凿证据为依据,并且具有可验证性。如果存货成本不能可靠地计量,则不能确认为一项存货。如企业承诺的订货合同,由于并未实际发生,不能可靠确定其成本,因此就不能确认为购买企业的存货。

《小企业会计准则》第11条至第15条主要规范了存货的确认和计量方法:

(1) 取得的存货应当按照成本进行计量。

(2) 发出存货采用先进先出法、加权平均法或个别计价法确定其实际成本。

(3) 盘盈的存货应当按照同类或类似存货的市场价格确定其成本。

小企业发生的各项生产费用,应当按照成本核算对象和成本项目分别归集。因存货盘亏或者盘盈而产生的亏损或者收益应计入当期损益。

二、存货的初始计量

存货的初始计量,是指小企业在取得存货时,对其入账价值的确定。小企业取得的存货应当按照成本进行计量。

存货成本包括采购成本、加工成本和其他成本三个组成部分。

企业在日常核算中采用计划成本法或售价金额法核算的存货成本,实质上也是存货的实际成本。采用计划成本法,通过"材料成本差异"或"产品成本差异"科目将材料或产成品的计划成本调整为实际成本;采用售价金额法,通过"商品进销差价"科目将商品的售价调整为实际成本(进价)。

存货的取得方式多种多样,如外购、自制、委托加工、接受捐赠、投资者投入、债务重组等方式,在不同的存货取得方式下,存货成本的具体构成内容并不完全相同。以下将详细讲解在不同的方式下取得存货的初始计量。

(一) 外购的存货

1. 外购存货的成本内容

外购存货的成本包括购买价款、相关税费、运输费、装卸费、保险费以及在外购存货过程中发生的其他直接费用,但不含按照税法规定可以抵扣的增值税进项税额。

(1) 存货的购买价款,是指企业购入的材料或商品的发票账单上列明的价款,但不包括按规定可以抵扣的增值税额。

(2) 存货的相关税费,包括计入存货成本的进口关税、消费税、资源税和不能抵扣的增值税进项税额等。

(3) 外购存货过程中发生的其他直接费用,包括入库前发生的仓储费、包装费、运输途中的合理损耗、入库前的挑选整理费用等。

这些费用能分清负担对象的,应直接计入存货的采购成本;不能分清负担对象的,应选择合理的分配方法,分配计入有关存货的采购成本,可按所购存货的数量或采购价格比例等进行分配。

2. 外购存货科目的设置

1)"在途物资"

本科目核算小企业尚未到达或尚未验收入库的各种材料、商品等各种物资的实际采购成本。

本科目应按照供应单位和物资品种进行明细核算,如:"在途物资——华中公司——不锈钢板——904L"。

❓ 相关思考 2-9

小企业(批发业、零售业)在购买商品过程中发生的费用,计入哪个科目

小企业(批发业、零售业)在购买商品过程中发生的费用(包括:运输费、装卸费、包装费、保险费、运输途中的合理损耗和入库前的挑选整理费等),在"销售费用"科目核算,不在"在途物资"科目核算。

2)"原材料"

本科目核算小企业库存的各种材料。包括:原材料及主要材料、辅助材料、外购半成品(外购件)、修理用备件、包装材料、燃料等的实际成本或计划成本。

本科目应按照材料的保管地点(仓库)、材料的类别、品种和规格等进行明细核算,如,"原材料——第二原材料库——扁钢——904 拉丝"。

❓ 相关思考 2-10

小企业为建造固定资产购入的工程用材料,记入哪个科目

小企业为建造固定资产购入的工程用材料,记入"工程物资"科目,即:

① 购入工程用材料时:

借:工程物资
　应交税费——应交增值税(进项税额)
　贷:银行存款等

② 当在建工程领用工程用材料时:

借:在建工程
　贷:工程物资

③ 工程完工时:

借:固定资产
　贷:在建工程

3）"材料成本差异"

本科目核算小企业采用计划成本进行日常核算的材料计划成本与实际成本的差额。本科目的设置有以下两种方式：

（1）"材料成本差异"为总账科目，并分别"原材料""周转材料"等按照类别或品种进行明细核算，如"材料成本差异——原材料""材料成本差异——周转材料"等。

（2）在"原材料""周转材料"等总账科目下设置"成本差异"明细科目进行核算，如"原材料——成本差异""周转材料——成本差异"。

如果企业产成品采用计划成本法，则采用"产品成本差异"科目进行核算。

4）"库存商品"

本科目核算小企业库存商品的实际成本或售价，包括库存产成品、外购商品、存放在门市部准备出售的商品、发出展览的商品以及寄存在外的商品等。

已经完成销售手续，但购买单位在月末未提取的库存产成品，应作为代管产品处理，单独设置代管产品备查簿，不在本科目核算。

 延伸阅读2-4 ··

其他记入"库存商品"的存货

其他记入"库存商品"的存货包括：①接受来料加工制造的代制品和为外单位加工修理的代修品，在制造和修理完成验收入库后，视同小企业的产成品。②可以降价出售的不合格品，但应与合格产品分开记账。

小企业（农、林、牧、渔业）可将本科目改为"农产品"科目。

本科目应按照库存商品的种类、品种和规格等进行明细核算，如："库存商品——家电用品——微波炉——G80F20"。

5）"商品进销差价"

本科目核算小企业采用售价进行日常核算的商品售价与进价之间的差额。

本科目应按照库存商品的种类、品种和规格等进行明细核算。

6）"委托加工物资"

本科目核算小企业委托外单位加工的各种材料、商品等物资的实际成本。

本科目应按照加工合同、受托加工单位以及加工物资的品种等进行明细核算，如："委托加工物资——颐中烟草——烟丝"。

7）"周转材料"

本科目核算小企业库存的周转材料的实际成本或计划成本。周转材料包括：包装物、低值易耗品，以及小企业（建筑业）的钢模板、木模板、脚手架等。

小企业的包装物、低值易耗品，可以设置"周转材料"科目，也可以单独设置"包装物""低值易耗品"科目。

本科目应按照周转材料的种类，分别"在库""在用"和"摊销"科目进行明细核算。

包装物数量不多的小企业，也可以不设置本科目，将包装物并入"原材料"科目核算。

各种包装材料，如纸、绳、铁丝、铁皮等，应在"原材料"科目核算；用于储存和保管产品、材料而不对外出售的包装物，应按照其价值的大小和使用年限的长短，分别在"固定资产"科目或本科目核算。

延伸阅读2-5

固定资产的确认标准

根据固定资产准则的规定,按固定资产是否属于生产经营主要设备的物品,其确定的标准分别如下:

① 属于生产经营主要设备的物品,需满足使用寿命超过一个会计年度的条件(无单位价值的要求)。

② 不属于生产经营主要设备的物品,需同时满足以下两个条件:

A. 单位价值在2 000元以上。

B. 使用寿命超过2年。

8)"消耗性生物资产"

本科目核算小企业(农、林、牧、渔业)持有的消耗性生物资产的实际成本。

本科目应按照消耗性生物资产的种类、群别等进行明细核算。

3. 工业企业外购存货的账务处理(实际成本法)

在实务中,验收入库、收到发票等账单及货款结算在时间上有时同步完成,有时存在时间差,付款方式上存在赊购方式或预付货款等方式。因此,企业外购存货时也需根据实际情况作相应的账务处理。

1)存货验收入库与货款结算同时完成

(1)科目的设置。在这种情况下,企业应于支付货款或开出商业承兑汇票,并且在存货验收入库后,依据发票账单等结算凭证确定存货的成本,对其确认入账。由于存货已验收入库,因此借记"原材料""库存商品""周转材料"等科目,贷记"银行存款""其他货币资金"科目,如以商业汇票支付货款,则贷记"应付票据"科目。

(2)发票账单与存货同时到达,账务处理为:

借:原材料/库存商品等科目 【实际成本】

应交税费——应交增值税(进项税额) 【可以抵扣的增值税进项税额】

贷:银行存款/其他货币资金/应付票据等科目 【实际付款金额】

【例2-35】 小企业华夏公司2×19年2月4日从乙公司购入一批原材料,收到的增值税专用发票上注明材料价款40 000元,增值税额5 200元,另外支付挑选整理费1 000元。款项已通过银行电汇方式支付,原材料已验收入库。

借:原材料 41 000

应交税费——应交增值税(进项税额) 5 200

贷:银行存款 46 200

【例2-36】 小企业华夏公司2×19年2月18日购入一批包装物,共计3 000件,收到的增值税专用发票上注明价款9 000元,增值税额1 170元,款项以一张转账支票支付,包装物已验收入库。

借:包装物/周转材料 9 000

应交税费——应交增值税(进项税额) 1 170

贷:银行存款 10 170

2)取得发票等结算凭证或已支付货款,但存货尚在运输途中

(1)科目的设置。已取得发票账单等结算凭证或已经支付货款或开出商业汇票,但存货

尚在运输途中或虽已运达企业但尚未验收入库,首先应按存货的成本,借记"在途物资"科目,此科目记录在途存货的成本,等到存货运达企业并验收入库后,再由"在途存货"科目转入"原材料"或"库存商品"等科目,即存货状态由在途存货转为在库存货。

(2)存货尚在运输途中,账务处理为:

① 存货在途。

借:在途物资
　　应交税费——应交增值税(进项税额)
　　贷:银行存款/应付票据等科目

② 运达企业并验收入库。

借:原材料/周转材料等科目
　　贷:在途物资

【例2-37】 小企业华夏公司2×19年3月16日从东顺公司购入一批原材料,收到的增值税专用发票上注明材料价款80 000元,增值税额10 400元,开出了一张银行承兑汇票,但材料尚在运输途中。3月18日,该批原材料运达企业并验收入库。

① 3月16日,货在途。

借:在途物资　　　　　　　　　　　　　　　　　　　　　　　　　　80 000
　　应交税费——应交增值税(进项税额)　　　　　　　　　　　　　　10 400
　　贷:应付票据——东顺公司　　　　　　　　　　　　　　　　　　90 400

② 3月18日,原材料运达企业并验收入库。

借:原材料　　　　　　　　　　　　　　　　　　　　　　　　　　　80 000
　　贷:在途物资　　　　　【注意:成本价转出】　　　　　　　　　　80 000

3)存货已验收入库但发票等结算凭证尚未到达

(1)科目的设置。存货先到,由于未收到发票账单等结算凭证,因而无法确定存货的实际成本,因此,在存货入库时可暂不作账务处理,如果本月月末发票账单仍未到达,为了反映企业资产(存货)及负债(应付账款)的情况,应将已入库的存货估价入账,借记"原材料""周转材料"等科目,贷记"应付账款——暂估应付账款——××"科目,下月初以红字分录冲回,如果下月月末发票账单仍未到,则依月末暂估,次月初红字冲回。待结算凭证到达,则在收到结算凭证的当月对其确认入账。

(2)存货已验收入库但发票等结算凭证尚未到达的账务处理:

① 存货已验收入库,但发票账单等结算凭证尚未到达。

暂不作账务处理。

② 本月内:

A. 结算凭证到达企业,支付货款。

借:原材料/周转材料等科目
　　应交税费——应交增值税(进项税额)
　　贷:银行存款/应付票据等科目

B. 月末时,结算凭证仍未到达,应暂估入账;如企业采用计划成本法,则以计划成本暂估入账,注意不得暂估进项税额,因为未收到结算凭证。

借:原材料/周转材料等科目

　　贷:应付账款——暂估应付款——××

③ 下月初,针对上月月末的暂估分录进行红字分录冲回。

借:原材料/周转材料等科目

　　贷:应付账款——暂估应付款——××

或:借:应付账款——暂估应付款——××

　　　　贷:原材料/周转材料等科目

④ 结算凭证到达企业时。

借:原材料/周转材料等科目

　　应交税费——应交增值税(进项税额)

　　贷:银行存款/应付票据等科目

【例 2-38】 小企业华夏公司 2×19 年 11 月 6 日从顺泰公司购入一批原材料,材料已验收入库,但发票账单等结算凭证尚未到达。月末时,结算凭证仍未到达,该批原材料估价 150 000 元。12 月 8 日,结算凭证到达企业,增值税专用发票上注明原材料价款 130 000 元,增值税进项税额 16 900 元,华夏公司开出银行承兑汇票一张,金额 146 900 元,用于支付货款。

① 11 月 6 日,原材料已验收入库,但发票账单等结算凭证尚未到达。

暂不作账务处理。

② 11 月 30 日,结算凭证仍未到达,应暂估入账。

借:原材料　　　　　　　　　　　　　　　　　　150 000

　　贷:应付账款——暂估应付款——顺泰公司　　　　　150 000

③ 12 月 1 日,红字分录冲回。

借:原材料　　　　　　　　　　　　　　　　　　150 000

　　贷:应付账款——暂估应付款——顺泰公司　　　　　150 000

或:借:应付账款——暂估应付款——顺泰公司　　　150 000

　　　　贷:原材料　　　　　　　　　　　　　　　　150 000

④ 12 月 8 日,结算凭证到达,企业开出银行承兑汇票。

借:原材料　　　　　　　　　　　　　　　　　　130 000

　　应交税费——应交增值税(进项税额)　　　　　16 900

　　贷:应付票据——顺泰公司　　　　　　　　　　146 900

4) 采用赊购方式购入存货

企业在购买材料、商品或接受劳务等经营活动时,会取得商业信用,如供货商在发货时同意给予买方 30 天的信用期限,买方可以在取得存货时不支付货款,而在不超过 30 天的信用期限内支付货款,实际上买方取得了一项短期融资。在商业信用情况下,企业购买材料、商品或接受劳务等经营活动时便产生了赊购业务。

(1) 科目的设置。企业应设置"应付账款"科目核算应付账款的增减变动及结存情况,本科目期末余额一般在贷方,反映企业应支付的款项,如果余额在借方,则表示预付的款项。本科目应按供货单位进行明细核算,如"应付账款——东风公司"。

应付账款应于收到相关发票账单时按其注明的价值入账,具体包括:

① 材料、商品或劳务价款。

② 增值税进项税额。

③ 销货方代购货方垫付的运杂费和包装费等(购货方应负担的)。

(2) 应付账款的核算。

① 按赊购存货的发票账单等凭证确定存货成本,按可抵扣的增值税,借记"应交税费——应交增值税(进项税额)"科目,同时确认"应付账款"科目。

借:原材料/在途物资等科目
　　应交税费——应交增值税(进项税额)
　　贷:应付账款——××

② 支付货款时,冲减"应付账款"。

借:应付账款——××
　　贷:银行存款

【例2-39】 2×19年12月16日,小企业华夏公司从东风公司赊购一批原材料。东风公司开具的增值税专用发票上注明价款100 000元,增值税额13 000元,另外东风公司代垫仓储费合计3 180元,已收到仓储费增值税专用发票。根据购货合同规定,东风公司给予华夏的信用期限为1个月,华夏公司于2×20年1月16日支付全部款项。

① 2×19年12月16日,赊购原材料。

原材料的成本 = 100 000 + 3 180 ÷ (1 + 6%) = 100 000 + 3 000 = 103 000(元)

进项税额 = 13 000 + 3 000 × 6% = 13 000 + 180 = 13 180(元)

借:原材料　　【价款+仓储费】　　　　　　　　　　　103 000
　　应交税费——应交增值税(进项税额)　　　　　　　　13 180
　　贷:应付账款——东风公司　　　　　　　　　　　　　116 180

② 2×20年1月16日支付货款。

借:应付账款——东风公司　　　　　　　　　　　　　116 180
　　贷:银行存款　　　　　　　　　　　　　　　　　　116 180

含现金折扣的赊购业务。如果销货方在赊销商品时为了尽快回笼资金,给予购货方现金折扣条件,则账务处理有总价法和净价法两种方法,我国企业会计准则要求采用总价法。

在总价法下应付账款按实际交易金额入账,如果购货方在现金折扣期限内付款,则购货方取得的现金折扣(少付金额)作为一项理财收入,冲减当期的"财务费用",即贷记"财务费用"科目。

现金折扣的表达方式如"2/10,1/20,n/30",其表示"如能在10日内付款,可按价款的2%

享受现金折扣;如超过 10 日并在 20 日内付款,可按价款的 1％享受现金折扣;如超过 20 天付款,则不享受现金折扣,信用期限为 30 天。"

通常情况下享受现金折扣的价款为不含增值税的价款。在实务操作中应以合同规定为准。

【例 2-40】 2×19 年 8 月 1 日,小企业华夏公司从海马公司赊购一批原材料,并验收入库。海马公司开具的增值税专用发票上注明价款 60 000 元,增值税额 7 800 元。海马公司为了鼓励华夏公司提前付款,根据购货合同规定,给华夏公司开出的现金折扣条件为"2/10,1/20,n/30",假设现金折扣不考虑增值税。

① 8 月 1 日,华夏公司收到原材料。

借:原材料   60 000
   应交税费——应交增值税(进项税额)   7 800
    贷:应付账款——海马公司   67 800

② 华夏公司支付款项。

假设在 2×19 年 8 月 9 日支付货款。

$$现金折扣 = 60\ 000 \times 2\% = 1\ 200(元)$$
$$实际付款金额 = 67\ 800 - 1\ 200 = 66\ 600(元)$$

借:应付账款——海天公司 【结算,全额转销】   67 800
   贷:银行存款 【实际支付的金额】   66 600
    财务费用 【计算的数据】   1 200

假设在 2×19 年 8 月 17 日支付货款。

$$现金折扣 = 60\ 000 \times 1\% = 600(元)$$
$$实际付款金额 = 67\ 800 - 600 = 67\ 200(元)$$

借:应付账款——海马公司   67 800
   贷:银行存款   67 200
    财务费用   600

假设在 2×19 年 8 月 26 日支付货款。

由于超过了 20 日,因此不享受现金折扣,全额支付。

借:应付账款——海马公司   67 800
   贷:银行存款   67 800

4. 工业企业外购存货的账务处理(计划成本法)

计划成本法,是一种简化的存货核算方法。指存货的日常收入、发出和结存均按预先制定的计划成本计价,并设置"材料成本差异"科目登记实际成本与计划成本之间的差异;月末,再通过对存货成本差异的分摊,将发出存货和结存存货的计划成本调整为实际成本进行反映的一种核算方法。

1)科目的设置

(1)设置"材料成本差异"科目。

"材料成本差异"科目。该科目登记存货实际成本与计划成本之间的差异。

材料成本差异＝实际成本－计划成本

差为正数,表示实际成本大于计划成本,称作"超支差";差为负数,表示实际成本小于计划成本,称作"节约差"。

本科目期末借方余额,反映企业库存原材料等的实际成本大于计划成本的差异;贷方余额反映企业库存原材料等的实际成本小于计划成本的差异。

"材料成本差异"的主要账务处理。

a. 入库材料发生的材料成本差异,实际成本大于计划成本的差异,借记本科目,贷记"材料采购"科目;实际成本小于计划成本的差异作相反的会计分录。

b. 结转发出材料应负担的材料成本差异,应从本科目的贷方转入各有关科目,即借记"生产成本""管理费用""销售费用""委托加工物资""其他业务支出"等科目,贷记本科目;超支额用蓝字结转,节约额用红字结转,即借贷方的科目不变,金额用蓝字或红字书写,通常手工登账采用这种方法。

使用财务软件的企业,节约额转出采用做相反会计分录的方法,即借记"材料成本差异——××"科目,贷记"生产成本""制造费用"等科目。

（2）设置"材料采购"科目。本科目的借方登记购入存货的实际成本,贷方登记购入存货的计划成本,存货验收入库时将计算的实际成本与计划成本的差额,转入"材料成本差异"科目。

2）存货的取得及成本差异的形成

企业购进存货时的实际成本登记在"材料采购"科目的借方;存货验收入库时,将计划成本登记在"材料采购"科目的贷方,"材料采购"科目借方与贷方的差额,即实际成本与计划成本的差额,由"材料采购"科目转入"材料成本差异"科目,此时"材料成本差异"产生,即材料成本差异产生的时点是存货验收入库时。

材料成本差异 ＝ 实际成本 － 计划成本

【例2-41】 东盛公司的存货采用计划成本法核算。2×19年2月6日,购入一批原材料,增值税专用发票上注明的价款为30 000元,增值税额3 900元。货款已通过银行转账支付。2月8日,材料验收入库。该批原材料的计划成本为32 000元。

① 2×19年2月6日,采购原材料,按实际成本。

借:材料采购 　【实际成本】	30 000
应交税费——应交增值税（进项税额）	3 900
贷:银行存款	33 900

② 2×19年2月8日,验收入库。

a. 原材料验收入库,按计划成本。

借:原材料 　【计划成本】	32 000
贷:材料采购 　【计划成本】	32 000

b. "材料采购"科目借贷方进行对比,材料成本差异产生。

借:材料采购	2 000
贷:材料成本差异	2 000

以上 a、b 分录也可合并为：

借:原材料　　　　　【计划成本】　　　　　　　　　　　　　　32 000
　贷:材料采购　　　　【实际成本】　　　　　　　　　　　30 000
　　材料成本差异　　【差异额,节约差】　　　　　　　　　　　2 000

本题原材料的计划成本为 32 000 元,实际采购成本为 30 000 元,节约 2 000 元,所以"材料成本差异"产生在贷方,为节约差额。

3) 计划成本法下存货的发出

计划成本法下,发出存货应按计划成本计价。

【例 2-42】 顺兴公司的存货采用计划成本法核算,2×19 年 3 月领用原材料的计划成本为 600 000 元,其中二车间 A 产品基本生产领用 520 000 元,供电车间辅助生产领用 50 000 元,二车间一般耗用 10 000 元,管理部门领用 5 000 元,对外销售 15 000 元。

按计划成本发出原材料：

借:生产成本——基本生产成本——二车间——A 产品——原材料　　520 000
　　　　　　——辅助生产成本——供电车间——原材料　　　　　　50 000
　制造费用——二车间——原材料　　　　　　　　　　　　　　10 000
　管理费用——原材料　　　　　　　　　　　　　　　　　　　5 000
　其他业务成本　　　　【对外销售原材料】　　　　　　　　　15 000
　贷:原材料　　　　　　　　　　　　　　　　　　　　　600 000

4) 发出存货,成本差异的分摊

(1) 发出存货成本差异分摊的相关规定:①存货成本差异是随着存货的入库而形成的,在存货出库时进行分摊。月初结存存货的成本差异和本月取得存货形成的成本差异,最终应由本月发出存货和期末结存存货来共同分摊,本月发出存货时,应根据发出存货的受益对象,将应由已消耗存货应负担的成本差异,从"材料成本差异"科目转入有关科目。②发出存货应负担的成本差异必须按月分摊,不得在季末或年末一次计算分摊。

(2) 材料成本差异率及成本差异的分摊:企业为了方便存货成本差异的分摊,通常以材料成本差异率,作为分摊存货成本差异的依据。

企业应当分别原材料、周转材料等,按照类别或品种对存货成本差异进行明细核算,并计算相应的材料成本差异率,不能使用一个综合差异率。在计算发出存货应负担的成本差异时,除委托外部加工发出的存货可按月初材料成本差异率计算外,其他情况发出的存货均应使用本月材料成本差异率。

$$本月材料成本差异率 = \frac{月初结存材料的成本差异 + 本月验收入库材料的成本差异}{月初结存材料的计划成本 + 本月验收入库材料的计划成本} \times 100\%$$

$$月初材料成本差异率 = \frac{月初结存材料的成本差异}{月初结存材料的计划成本} \times 100\%$$

本月发出存货应负担的成本差异 = 发出存货的计划成本 × 本月材料成本差异率

在计算本月材料成本差异率时,本月收入存货的计划成本金额不应包括已验收入库但发票等结算凭证月末时尚未到达、企业按计划成本估价入账的原材料金额。

企业在分摊发出存货应负担的成本差异时,由于实务中账务处理的手段不同,方法也有所不同：

在手工登记账簿时，实际成本大于计划成本的超支差异，用蓝字登记；实际成本小于计划成本的节约差异，用红字登记。即：

① 超支差异分摊时：

借：生产成本等科目　　　　【按受益对象】　　　　　　　　　　×××
　　贷：材料成本差异　　　　　　　　　　　　　　　　　　　　　×××

② 节约差异分摊时：

借：生产成本等科目　　　　【按受益对象】　　　　　　　　　　☐×××☐
　　贷：材料成本差异　　　　　　　　　　　　　　　　　　　　　☐×××☐

企业使用财务软件的情况下，对于节约差异分摊时一般采用借贷相反的方法。

① 超支差异分摊时，同手工账方法：

借：生产成本等科目　　　　【按受益对象】　　　　　　　　　　×××
　　贷：材料成本差异　　　　　　　　　　　　　　　　　　　　　×××

② 节约差异分摊时，采用借贷方向相反的方法：

借：材料成本差异　　　　　　　　　　　　　　　　　　　　　　×××
　　贷：生产成本等科目　　　【按受益对象】　　　　　　　　　　×××

【例2-43】 接[例2-42]，顺兴公司2×19年3月1日，结存原材料的计划成本为40 000元，"材料成本差异——原材料"科目贷方余额为3 000元。3月验收入库并收到发票等结算凭证的原材料计划成本700 000元，实际成本720 000元，材料成本差异为超支20 000元。

要求作出发出存货时，材料成本差异分摊的账务处理。

① 计算本月材料成本差异率：

$$本月材料成本差异率 \frac{-3\,000+20\,000}{40\,000+700\,000} \times 100\% = 2.3\%$$

② 分摊材料成本差异：

生产成本（基本生产成本）= 520 000 × 2.3% = 11 960(元)
生产成本（辅助生产成本）= 50 000 × 2.3% = 1 150(元)
制造费用 = 10 000 × 2.3% = 230(元)
管理费用 = 5 000 × 2.3% = 115(元)
其他业务成本 = 15 000 × 2.3% = 345(元)

借：生产成本——基本生产成本——二车间——A产品——原材料　　　11 960
　　　　——辅助生产成本——供电车间——原材料　　　　　　　　1 150
　　制造费用——二车间——原材料　　　　　　　　　　　　　　　230
　　管理费用——原材料　　　　　　　　　　　　　　　　　　　　115
　　其他业务成本　　　　【对外销售原材料】　　　　　　　　　　345
　　贷：材料成本差异　　　　　　　　　　　　　　　　　　　　　13 800

通过以上发出存货成本差异的分摊，将发出存货由计划成本调整为实际成本。例如，3月因领用原材料产生的管理费用的实际成本＝5 000(计划成本)＋115(超支调增)＝5 115(元)。

5)月末计算存货的实际成本

企业采用计划成本法对存货进行日常核算,发出存货时先按计划成本计价;月末,再将月初结存存货的成本差异和本月取得存货形成的成本差异,在本月发出存货和期末结存存货之间进行分摊,将本月发出存货和期末结存存货的计划成本调整为实际成本。

月初结存存货的成本差异和本月取得存货形成的成本差异,由本月发出存货分摊之后的差异余额,实际就成为应由期末结存存货分摊的差异额。其金额为:

"材料成本差异"科目月末余额 ＝ 本科目期初余额＋本期验收入库产生的成本差异额－
发出存货分摊的差异额

也就是说,期末结存存货原为计划成本,或加或减"材料成本差异""产品成本差异"科目后,将材料或产成品的计划成本调整为实际成本。

月末结存存货的实际成本 ＝ 结存存货的计划成本＋结存存货应负担的超支差异

或: 月末结存存货的实际成本 ＝ 结存存货的计划成本－结存存货应负担的节约差异

即资产负债表中存货的期末余额体现的是实际成本,而非计划成本。

【例 2-44】 接[例 2-42]和[例 2-43],要求计算结存原材料的实际成本,据以编制资产负债表。

① "原材料"科目期末余额(计划成本)＝40 000＋700 000－600 000＝140 000(元)

② "材料成本差异"科目期末余额＝－3 000＋20 000－13 800＝3 200(元),期末余额为正数,表示超支。

③ 结存原材料的实际成本＝140 000＋3 200＝143 200(元)

3 月月末编制资产负债表时,存货项目中的原材料存货,应当按原材料的实际成本143 200元参与计算。

5.商品流通企业(小企业)外购存货的账务处理

1)进价法

商品流通企业(小企业)的外购存货主要是指商品采购,其进价法类似于工业企业(小企业)的实际成本法,即按照存货的实际成本(进价)入账。

如果企业已经取得商品的法定所有权,且已验收入库,应借记"库存商品"科目;如果企业取得了法定所有权,但商品尚未验收入库,则通过"在途物资"科目进行核算。

2)售价法

商品流通企业(小企业)的售价法类似于工业企业的计划成本法,当小企业支付价款和运杂费时,应根据实际发生取得的成本(即进价)借记"在途物资"科目;商品验收入库时,按照售价借记"库存商品"科目,按照进价贷记"在途物资"科目,两者的差额计入"商品进销差价"。

月末,分摊已销商品的进销差价:

借:商品进销差价

　贷:主营业务成本

销售商品应分摊的商品进销差价,按以下公式计算:

$$商品进销差价率 = \frac{月末分摊前"商品进销差价"科目贷方余额}{"库存商品"科目月末借方余额 + 本月"主营业务收入"科目贷方发生额} \times 100\%$$

$$本月销售商品应分摊的商品进销差价 = 本月"主营业务收入"科目贷方发生额 \times 商品进销差价率$$

小企业的商品进销差价率各月之间比较均衡的,也可以采用上月商品进销差价率计算分摊本月的商品进销差价。年度终了,应对商品进销差价进行复核调整。

(二)加工取得的存货

1. 加工取得存货的成本内容

通过进一步加工取得存货的成本包括:直接材料、直接人工以及按照一定方法分配的制造费用。

(1)直接材料。直接材料是指直接由材料存货转移来的价值。

(2)直接人工。直接人工是指企业在生产产品过程中直接从事产品生产的工人的职工薪酬。直接人工和间接人工的划分依据通常是生产工人是否与所生产的产品直接相关(即可否直接确定其服务的产品对象)。

(3)制造费用。制造费用是指企业为生产产品和提供劳务而发生的各项间接费用。制造费用是一种间接生产成本,包括企业生产部门(如生产车间)管理人员的职工薪酬、折旧费、办公费、水电费、机物料消耗、劳动保护费、季节性和修理期间的停工损失等。

经过1年期以上的制造才能达到预定可销售状态的存货发生的借款费用,也计入存货的成本。这里所指的借款费用,是指小企业因借款而发生的利息及其他相关成本,包括借款利息、辅助费用以及因外币借款而发生的汇兑差额等。

小企业应当根据生产特点和成本管理的要求,选择适合于本企业的成本核算对象、成本项目和成本计算方法。小企业发生的各项生产费用,应当按照成本核算对象和成本项目分别归集。

2. 加工取得存货的科目设置

(1)设置"生产成本"科目。"生产成本"科目核算小企业进行工业性生产发生的各项生产成本。包括生产各种产品(产成品、自制半成品等)、自制材料、自制工具等。

小企业对外提供劳务的成本,可将本科目改为"劳务成本"科目,或单独设置"劳务成本"科目进行核算。

在生产过程中所发生的各项生产费用,并据以确定产品实际生产成本。它的借方登记月份内发生的全部生产费用;贷方登记应结转的完工产品的实际生产成本。月末的借方余额,表示生产过程中尚未完工的在产品实际生产成本。

企业可以根据本身生产的特点和管理要求,将"生产成本"科目设置"基本生产成本"和"辅助生产成本"两个明细科目。

(2)"制造费用"科目。"制造费用"科目用来归集和分配小企业生产车间(部门)为了生产产品和提供劳务而发生的各项间接费用。

小企业经过1年期以上的制造才能达到预定可销售状态的存货发生的借款费用,也在本科目核算。

"制造费用"科目的借方登记月份内发生的各种制造费用;贷方登记分配结转应由各种产品负担的制造费用。月末,一般无余额。

为了考核不同车间(分厂)的经费开支情况,以及不同产品的制造费用分配标准和数额,该账户应按不同车间、部门设置明细分类账,并按费用的经济用途和经济性质设置专栏。

"生产成本"与"制造费用"科目的具体账务处理将在"费用"一章进行详细讲解。

3. 存货加工完毕,验收入库

存货加工完毕并验收入库时,将存货的加工成本一并转入"库存商品"等科目。

借:库存商品等科目
　　贷:生产成本

【例 2-45】 2×19 年 3 月 30 日,小企业华夏公司的基本生产车间二车间制造完成一批丙产品,实际生产成本为 450 000 元,当日丙产品验收入库。

借:库存商品——丙产品　　　　　　　　　　　　　　　　　　　　　　　450 000
　　贷:生产成本——基本生产成本——二车间——丙产品　　　　　　　　　450 000

(三) 投资者投入的存货

投资者投入存货的成本应当按照评估价值作为其入账价值。

【例 2-46】 2×19 年 2 月 12 日,小企业华夏公司接受 D 公司以一批库存商品进行投资,该商品的评估价值为 500 000 元,增值税税率为 13%,双方认可此商品的公允价值。

借:库存商品　　　　　　　　　　　　　　　　　　　　　　　　　　　500 000
　　应交税费——应交增值税(进项税额)　　　　　　　　　　　　　　　65 000
　　贷:实收资本——D 公司　　　　　　　　　　　　　　　　　　　　　565 000

三、发出存货的计量

(一) 确定发出存货成本的方法

小企业应当采用先进先出法、加权平均法或者个别计价法确定发出存货的实际成本。计价方法一经选用,不得随意变更。

企业应当根据各类存货的实物流转方式、企业管理的要求、存货的性质等实际情况,合理地选择发出存货成本的计量方法,以合理确定当期发出存货的实际成本。

对于性质和用途相似的存货,应当采用相同的成本计算方法确定发出存货的成本。

企业不得采用后进先出法确定发出存货的成本。

1. 先进先出法

1) 定义

先进先出法,是指以先购入的存货应先发出(销售或耗用)这样一种存货实物流动假设为前提,对发出存货进行计价。采用这种方法,先购入的存货成本在后购入存货成本之前转出,即先购入存货的成本先转出,据此确定发出存货和期末存货的成本。

2) 核算

【例 2-47】 2×19 年 4 月,小企业华夏公司 A 商品的期初结存和本期购销情况,如表 2-13 所示。

表 2-13 存货明细账

数量单位:件

存货名称及规格:A 商品

金额单位:元

2×19年		凭证编号	摘要	收 入			发 出			结 存		
月	日			数量	单价	金额	数量	单价	金额	数量	单价	金额
04	01		期初余额							200	30	6 000
04	02	转字04	销售				80					
04	10	银付05	购进	180	32	5 760						
04	13	转字07	销售				120					
04	16	转字16	销售				100					
04	21	银付15	购进	230	31	7 130						
04	26	转字22	销售				160					
04	30		本月合计	410		12 890	460			150		

要求:采用先进先出法计算 A 商品本月发出和月末结存成本。

分析:先进先出法假定"先入库的存货先发出去",根据这一前提,即先入库存货的成本先转出,计入销售或耗用存货的成本应按照收入存货批次的先后顺序进行计算,如表 2-14 所示。

表 2-14 存货明细账

数量单位:件

存货名称及规格:A 商品

金额单位:元

2×19年		凭证编号	摘 要	收 入			发 出			结 存		
月	日			数量	单价	金额	数量	单价	金额	数量	单价	金额
04	01		期初余额							200	30	6 000
04	02	转字04	销售				80	30	2 400	120	30	3 600
04	10	银付05	购进	180	32	5 760				120 180	30 32	9 360
04	13	转字07	销售				120	30	3 600	180	32	5 760
04	16	转字16	销售				100	32	3 200	80	32	2 560
04	21	银付15	购进	230	31	7 130				80 230	32 31	9 690
04	26	转字22	销售				80 80	32 31	5 040	150	31	4 650
04	30		本月合计	410		12 890	460		14 240	150	31	4 650

本月每次发出存货的成本、本月发出存货总成本和月末结存成本如下:

(1) 本月每次发出存货的成本:

$$4 月 02 日发出 A 商品的成本 = 80 \times 30 = 2\,400(元)$$
$$4 月 13 日发出 A 商品的成本 = 120 \times 30 = 3\,600(元)$$
$$4 月 16 日发出 A 商品的成本 = 100 \times 32 = 3\,200(元)$$
$$4 月 26 日发出 A 商品的成本 = 80 \times 32 + 80 \times 31 = 5\,040(元)$$

(2) 本月发出存货总成本 = $2\,400 + 3\,600 + 3\,200 + 5\,040 = 14\,240(元)$

(3) 月末结存成本 = $6\,000 + 12\,890 - 14\,240 = 4\,650(元)$

或者:
$$月末 A 商品结存成本 = 150 \times 31 = 4\,650(元)$$

(说明:为了体现发出及结存存货金额的构成,以便于理解,因此将表 2-14 中的"数量"按不同的单价填写,实务账簿只填写数量总额。)

根据本例题可知:存货的计价方法仅是为了核算发出及结存存货的成本,与物品实际入库或发出的次序并无直接关系。

3) 优缺点

先进先出法的优点在于它的期末存货成本接近市场成本。因为先进先出法假设最先购入的商品最先发出,因此期末存货金额中包含的是最近的购货成本。

先进先出法的缺点是无法实现收入与成本的配比,与当期收入相对应的是以前的成本,这就有可能扭曲利润。特别是当发生通货膨胀时,先进先出法将会低估发出存货的成本,从而虚增利润,加重企业的税务负担。

先进先出法对财务报告的影响:在物价上涨期间,会高估当期利润和期末存货的价值;在物价下跌期间,会低估当期利润和期末存货价值。

2. 加权平均法

1) 定义

加权平均法,亦称全月一次加权平均法,是指以当月全部进货数量加上月初存货数量作为权数,去除当月全部进货成本加上月初存货成本,计算出存货的加权平均单位成本,以此为基础计算当月发出存货的成本和期末存货的成本的一种方法。

2) 核算

(1) 计算加权平均单位成本。

$$加权平均单位成本 = \frac{月初库存存货的实际成本 + 本月各批进货的实际成本之和}{月初库存存货数量 + 本月各批进货数量之和}$$

(2) 计算月末结存存货的成本。由于在计算加权平均单位成本时往往不能除尽,为了保证月末结存存货的数量、单位成本与总成本相一致,在实务中,应先按加权平均单位成本计算出月末结存存货的成本,然后倒挤本月发出存货的成本,并将计算的尾差倒挤到发出存货的成本中,这种方法叫**倒挤法**。

$$月末结存存货的成本 = 加权平均单位成本 \times 月末结存存货的数量$$

(3) 计算本月发出存货的成本。

$$\underset{\text{存货的成本}}{\text{本月发出}}=\underset{\text{实际成本}}{\text{月初库存存货的}}+\underset{\text{实际成本之和}}{\text{本月各批进货的}}-\underset{\text{存货的成本}}{\text{月末结存}}$$

【例 2-48】 2×19 年 4 月,小企业华夏公司 A 商品的期初结存和本期购销情况如表 2-13 所示,要求采用加权平均法计算 A 商品本月发出成本及月末结存成本。

① 加权平均单位成本 $=\dfrac{6\ 000+12\ 890}{200+410}=30.97$(元/件)

② 月末结存存货的成本 $=150\times30.97=4\ 645.50$(元)

③ 本月发出存货的成本 $=6\ 000+12\ 890-4\ 645.50=14\ 244.50$(元)

存货明细账如表 2-15 所示。

表 2-15　存货明细账

数量单位:件
金额单位:元

存货名称及规格:A 商品

2×19年		凭证编号	摘　要	收　入			发　出			结　存		
月	日			数量	单价	金额	数量	单价	金额	数量	单价	金额
04	01		期初余额							200	30	6 000
04	02	转字 04	销售				80					
04	10	银付 05	购进	180	32	5 760						
04	13	转字 07	销售				120					
04	16	转字 16	销售				100					
04	21	银付 15	购进	230	31	7 130						
04	26	转字 22	销售				160					
04	30		本月合计	410		12 890	460		14 244.50	150	30.97	4 645.50

3)优缺点

采用月末一次加权平均法,只有月末一次计算加权平均单位成本并结转发出存货的成本,平时不对发出存货进行计价,因此其优点是核算工作量小,简便易行,适合于存货收发比较频繁的企业。其缺点是平时无法提供发出存货和结存存货的成本,不利于企业存货的管理。

3. 个别计价法

1)定义

个别计价法,亦称个别认定法、具体辨认法、分批实际法,其特征是注重所发出存货具体项目的实物流转与成本流转之间的联系,逐一辨认各批发出存货和期末存货所属的购进批别或生产批别,分别按其购入或生产时所确定的单位成本计算各批发出存货和期末存货的成本。

对于不能替代使用的存货、为特定项目专门购入或制造的存货以及提供的劳务,通常采用个别计价法确定发出存货的成本,如房产、船舶、飞机、重型设备以及珠宝、名画等贵重物品。

在实际工作中,越来越多的企业采用计算机信息系统进行账务处理,个别计价法可以广泛应用于发出存货的计价,并且个别计价法确定的存货成本最为准确。

由于个别计价法把每一种存货的实际成本作为计算发出存货成本和期末存货成本的基础,因此,个别计价法达到了存货的成本流转与实物流转完全一致。

2）核算

某批发出存货的成本＝该批存货发出数量×该批存货实际的单位成本

【例2-49】 2×19年4月,小企业华夏公司A商品的期初结存和本期购销情况如表2-13所示,26日销售的160件存货中有50件属于期初结存商品,有70件属于10日购入的商品中,有40件属于21日购入的商品,要求采用个别计价法计算A商品本月发出成本及月末结存成本。

4月26日发出A商品的成本 ＝50×30＋70×32＋40×31＝4 980(元)

3）优缺点

其优点是存货的成本流转与实物流转完全一致,因而能准确地反映本期发出存货和期末结存存货的成本。

其缺点是采用这种方法必须具备详细的存货收、发、结存记录,日常核算繁琐,存货实物流转的操作程序也很复杂。

（二）发出存货的账务处理

企业持有存货有两个基本的目的,即持有以备出售和持有以备继续加工或耗用。因此,企业应当根据各类存货的特点及用途,对发出存货进行相应的账务处理。

1. 生产经营领用原材料

原材料在生产经营过程中被领用,其原有实物形态会发生改变乃至消失,其成本也随之形成产品成本或直接转化为费用。企业应根据原材料的消耗特点,按发出原材料的用途,进行相应的账务处理。

【例2-50】 小企业华夏公司2×19年1月领用B原材料的实际成本为1 000 000元。其中二车间甲产品基本生产领用460 000元,三车间丙产品基本生产领用480 000元,供水车间辅助生产领用45 000元,三车间一般耗用10 000元,管理部门领用5 000元。

```
借:生产成本——基本生产成本——二车间——甲产品——原材料        460 000
                        ——三车间——丙产品——原材料        480 000
            ——辅助生产成本——供水车间——原材料            45 000
    制造费用——三车间——原材料                           10 000
    管理费用——原材料                                    5 000
    贷:原材料——B材料                                             1 000 000
```

2. 生产经营领用周转材料

对于周转材料,采用一次转销法进行会计处理,在领用时按其成本计入生产成本或当期损益;金额较大的周转材料,也可以采用分次摊销法进行会计处理。

（1）一次转销法:为简化核算,对于符合存货定义和确认条件且金额较小的周转材料,可以在领用时一次计入成本费用,但为加强实物管理,应当在备查簿上进行登记。

（2）分次摊销法:对于符合存货定义和确认条件且金额较大的周转材料,按照使用次数分次计入成本费用。

出租或出借周转材料,不需要结转其成本,但应当进行备查登记。生产经营领用周转材料的处理,如表2-16所示。

表 2-16　生产经营领用周转材料的处理

领用部门	用途	涉及收入类科目	相关成本费用类科目
生产部门	构成产品实体一部分		生产成本
车间	一般性物料消耗		制造费用
销售部门	随同商品出售不单独计价的		销售费用
	随同商品出售并单独计价的	其他业务收入	其他业务成本
管理部门	自用		管理费用

相关思考 2-11

《企业会计准则》对于出租出借周转材料的会计处理是如何规定的

《企业会计准则》规定,出借周转材料的成本记入"销售费用"科目;出租周转材料的成本记入"其他业务成本"科目。

3. 销售存货

小企业销售存货,应当将已售存货的成本结转为当期损益,计入营业成本。这就是说,企业在确认存货销售收入的当期,应当将已经销售存货的成本结转为当期营业成本。

1) 销售库存商品、产成品

(1)科目的设置。销售库存商品、产成品收入应记入"主营业务收入"科目,计算的增值税额,应贷记"应交税费——应交增值税(销项税额)"科目,成本结转至"主营业务成本"科目。

(2)核算。

【例 2-51】　2×19 年 2 月,华夏公司向顺风公司销售一批甲商品,售价 40 000 元,收到顺风公司开来的银行承兑汇票。该批甲商品的成本为 28 000 元。

① 确认收入:

借:应收票据——顺风公司　　　　【银行承兑汇票】　　　　　　　　45 200
　　贷:主营业务收入　　　　　　　　　　　　　　　　　　　　　　40 000
　　　　应交税费——应交增值税(销项税额)　　　　　　　　　　　5 200

② 结转成本:

借:主营业务成本　　　　　　　　　　　　　　　　　　　　　　　　28 000
　　贷:库存商品——甲商品　　　　　　　　　　　　　　　　　　　28 000

2) 销售原材料

(1)科目的设置。销售原材料时,收入应记入"其他业务收入"科目,计算的增值税额,应贷记"应交税费——应交增值税(销项税额)"科目,成本结转至"其他业务成本"科目。

(2)核算。存货为非商品存货的,如材料等,应将已出售材料的实际成本予以结转,记入当期"其他业务成本"科目。这里所讲的材料销售不构成企业的主营业务。

【例 2-52】　2×19 年 3 月,华夏公司向东盛公司销售一批不再使用的原材料,售价 20 000元,价款银行已收。该批原材料的成本为 15 000 元。

① 确认收入：

借：银行存款   22 600

  贷：其他业务收入   20 000

    应交税费——应交增值税（销项税额）   2 600

② 结转成本：

借：其他业务成本   15 000

  贷：原材料   15 000

四、存货毁损、盘盈、盘亏的会计处理

1. 会计处理原则

因存货的毁损、盘盈和盘亏而产生的收益和损失应当计入当期损益。

（1）毁损：存货发生毁损，其处置收入、可收回责任人和保险赔款，扣除其成本、相关税费后的净额，应当记入"营业外收入"或"营业外支出"科目。

（2）盘盈：盘盈存货的成本，应当按照同类或类似存货的市场价格或评估价值确定，盘盈存货实现的收益，应当记入"营业外收入"科目。

（3）盘亏：盘亏存货发生的损失，应当记入"营业外支出"科目。

? 相关思考 2-12 ....

《企业会计准则》对于存货盘盈的会计处理是如何规定的

《企业会计准则》规定：盘盈的存货，应冲减"管理费用"科目。

2. 会计处理

【例 2-53】 小企业华夏公司在 2×19 年 1 月 31 日的存货清查中发现盘亏一批 D 材料，成本为 2 000 元。

（1）发现盘亏：

借：待处理财产损溢——待处理流动资产损溢   2 000

  贷：原材料——D 材料   2 000

（2）经批准，进行账务处理为：

借：营业外支出   2 000

  贷：待处理财产损溢——待处理流动资产损溢   2 000

【例 2-54】 小企业华夏公司在 2×19 年 3 月 31 日的存货清查中发现盘盈一批 A 材料，其市场价值为 1 800 元。

（1）发现盘盈：

借：原材料——A 材料   1 800

  贷：待处理财产损溢——待处理流动资产损溢   1 800

（2）经批准，进行账务处理为：

借:待处理财产损溢——待处理流动资产损溢　　　　　　　　　　　　1 800
　　贷:营业外收入　　　　　　　　　　　　　　　　　　　　　　　　1 800

五、消耗性生物资产

(一) 生物资产的概念及特征

生物资产,是指与农业生产相关的有生命的(即活的)动物和植物。

生物资产与企业的存货、固定资产等一般资产一样,都是小企业对其进行经营管理,谋求资金增值的手段,所不同的是,生物资产具有特殊的自然增殖性,因此导致其在会计确认、计量和相关信息披露等方面凸显出一定的特殊性。对于农业企业而言,生物资产通常是其资产的重要组成部分。生物资产具有以下特征。

1. 生物资产是有生命的动物或植物

有生命的动物和植物具有能够进行生物转化的能力。**生物转化**,是指导致生物资产质量或数量发生变化的生长、蜕化、生产和繁殖的过程。

"有生命的动物或植物",意味着一旦原有动植物停止其生命活动就不再是"生物资产"。这一界定对生物资产和农产品进行了本质的区分。

农产品与生物资产密不可分,当其附着在生物资产上时,作为生物资产的一部分,不需要单独进行会计处理,而当其从生物资产上被收获时开始离开生物资产这一母体。它一般具有鲜活、易腐的特点,因此应该区别于工业企业一般意义上的产成品单独核算。

2. 生物资产与农业生产密切相关

生物资产准则所称"农业"是广义的范畴,即"农、林、牧、渔",包括种植业、畜牧养殖业、林业和水产业等行业。企业从事农业生产就是要增强生物转化能力,最终获得更多的符合市场需要的农产品。

农业生产与收获时点的农产品相关,但与对收获后的农产品进行加工的活动必须严格加以区分。农业生产活动针对的是有生命的生物资产,而加工活动针对的是收获后的农产品,如将绵羊产出的羊毛加工成地毯、将收获的甘蔗加工成蔗糖、将奶牛产出的牛奶加工成奶酪、将从果树采摘的水果加工成水果罐头、将用材林采伐下的原木用于生产家具等。因此,加工活动并不包括在农业生产的范畴之内。

3. 生物资产具有转化性和自然增殖性

生物资产最基本的体征是具有生物转化性和自然增殖性。

4. 生物资产具有阶段性

生物资产在生长过程中,都会经历繁育、成长、成熟、蜕化、消亡几个阶段,这是生物资产自身的生长规律。其中每一个阶段都是必不可少的。并且每个阶段都会对应不同的特性。

5. 生物资产具有双重资产特性

生物资产具有流动资产和长期资产的双重特性,而且可以相互转化。消耗性生物资产是一次性消耗的存货,具有流动资产的性质;生产性生物资产可以多次利用,具有长期资产的性质。

(二) 生物资产的分类

小企业可以根据分类标准不同,对生物资产进行不同的分类。通常按照价值转移方式的不同可以将生物资产分为以下两类。

1. 消耗性生物资产

消耗性生物资产,是指为出售而持有的、或在将来收获为农产品的生物资产。

消耗性生物资产通常是一次性消耗并终止其服务能力或未来经济利益,因此在一定程度上具有存货特征,应当作为存货在资产负债表中列报。

2. 生产性生物资产

生产性生物资产,是指为产出农产品、提供劳务或出租等目的而持有的生物资产。

与消耗性生物资产相比,生产性生物资产的最大不同在于,生产性生物资产具有能够在生产经营中长期、反复使用,从而不断地产出农产品或者是长期役用的特征。

消耗性生物资产收获农产品之后,就不复存在;而生产性生物资产产出农产品之后,仍然存在,并可以在未来期间继续产出农产品,如薪炭林收获柴薪但仍保留树干等。因此,通常认为生产性生物资产在一定程度上具有固定资产的特征,如果果树每年产出水果、奶牛每年产奶等。

（三）消耗性生物资产的会计处理

1. 消耗性生物资产的初始计量

1）外购的消耗性生物资产

（1）成本内容。外购消耗性生物资产的成本包括购买价款、相关税费、运输费、保险费,以及可直接归属于购买该资产的其他支出,但不包括按规定可以抵扣的增值税进项税额。其中,可直接归属于购买该资产的其他支出包括场地整理费、装卸费、栽植费、专业人员服务费等。

（2）科目设置。设置"消耗性生物资产"科目,核算消耗性生物资产的成本金额。

（3）会计处理。企业外购消耗性生物资产,按应计入生物资产成本的金额,借记"消耗性生物资产"科目,贷记"银行存款""应付账款"等科目。即:

借:消耗性生物资产　　　　　　　　【按成本】
　　应交税费——应交增值税(进项税额)　【可以抵扣的进项税额】
　　贷:银行存款/应付账款等科目

【例2-55】 2×19年8月6日,小企业东盛公司(为小规模纳税人)从市场购入仔猪备养成育肥猪后对外销售,共购入300头,单价为200元,此外发生运杂费4 000元,装卸费1 600元,全部款项以银行存款支付。

借:消耗性生物资产　　　　【成本:300×200+4 000+1 600】　　　　65 600
　　贷:银行存款　　　　　　　　　　　　　　　　　　　　　　　65 600

如果企业一笔款项一次性购入多项消耗性生物资产时,购买过程中发生的相关税费、运输费、保险费等,应当按照各项生物资产的价款比例进行分配,分别确定各项消耗性生物资产的成本。

【例2-56】 2×19年9月17日,小企业东盛公司(为小规模纳税人)从市场上一次购买了200头西门塔尔牛牛苗,单价1 100元;200头黑山羊羊苗,单价340元;猪苗300头,单价250元,支付价款共计363 000元。此外,发生运输费用9 000元,保险费4 350元,装卸费4 800元,款项全部以银行存款支付。

① 确定应分摊的运输费、保险费和装卸费。

分摊比例 = (9 000 + 4 350 + 4 800) ÷ 363 000 × 100% = 5%

因此,200 头牛苗应分摊的金额 = 200 × 1 100 × 5% = 11 000(元)

200 头羊苗应分摊的金额 = 200 × 340 × 5% = 3 400(元)

300 头猪苗应分摊的金额 = 300 × 250 × 5% = 3 750(元)

② 确定牛苗、羊苗、猪苗的入账价值。

200 头牛苗的入账价值 = 200 × 1 100 + 11 000 = 231 000(元)

200 头羊苗的入账价值 = 200 × 340 + 3 400 = 71 400(元)

300 头猪苗的入账价值 = 300 × 250 + 3 750 = 78 750(元)

③ 账务处理为:

借:消耗性生物资产——西门塔尔牛牛苗 231 000

——黑山羊羊苗 71 400

——猪苗 78 750

贷:银行存款 381 150

2) 自行繁殖、营造的消耗性生物资产

(1) 成本内容。对于自行繁殖、营造的消耗性生物资产,其成本应按照自行繁殖或营造(即培育)过程中发生的必要支出确定,即包括直接材料、直接人工、其他直接费用,也包括应分摊的间接费用。

(2) 会计处理。不同种类消耗性生物资产的成本构成及会计处理为:

① 自行栽培的大田作物和蔬菜的成本,包括在收获前耗用的种子、肥料、农药等材料费、人工费和应分摊的间接费用等必要支出。

【例 2-57】 2×19 年 10 月,小企业东盛公司使用一台拖拉机翻耕土地 100 公顷用于玉米和高粱的种植,其中种植玉米 70 公顷、种植高粱 30 公顷。该拖拉机原值为 105 000 元,净残值为 5 000 元,按照工作量法计提折旧,预计可翻耕土地 10 000 公顷。

A. 计算当月应计提的折旧额:

$$当月应计提折旧额 = \frac{105\ 000 - 5\ 000}{10\ 000} × 100 = 1\ 000(元)$$

B. 分摊折旧额:

$$玉米应分摊的折旧额 = 1\ 000 × \frac{70}{70 + 30} = 700(元)$$

$$高粱应分摊的折旧额 = 1\ 000 × \frac{30}{70 + 30} = 300(元)$$

C. 账务处理为:

借:消耗性生物资产——玉米 700

——高粱 300

贷:累计折旧 1 000

② 自行营造的林木类消耗性生物资产的成本,包括郁闭前发生的造林费、抚育费、营林设施费、良种试验费、调查设计费和应分摊的间接费用等必要的支出。

【例 2-58】 2×19 年 10 月,小企业昌茂林业企业下属的甲林班统一组织培植管护一片森林,其中种植作为用材林的杨树 5 000 株,每株购入成本为 6 元,运输费用 800 元,以银行存款支付;种植人员工资 6 000 元,尚未支付;使用库存肥料 1 700 元;种植后森林管护费用共计 3 800 元,其中人员工资 2 000,尚未支付,管护设备折旧 1 800 元。

借:消耗性生物资产——用材林——杨树	42 300
贷:银行存款	30 800
应付职工薪酬	8 000
原材料	1 700
累计折旧	1 800

③ 自行繁殖的育肥畜的成本,包括出售前发生的饲料费、人工费和应分摊的间接费用等必要支出。

【例 2-59】 2×19 年 9 月 1 日,小企业东盛公司饲养的种猪产下 100 只猪苗,计入该批猪苗的农产品的单位成本为 90 元。截止到 2×19 年 12 月 6 日,该批育肥猪出售前,共支出饲料费 68 000 元,支付人工费 26 000 元,应分摊的养殖场折旧为每月 1 800 元。

借:消耗性生物资产——育肥猪	108 400
贷:农产品	9 000
原材料	68 000
应付职工薪酬	26 000
累计折旧(1 800×3)	5 400

④ 水产养殖的动物和植物的成本,包括在出售或入库前耗用的苗种、饲料、肥料等材料费、人工费和应分摊的间接费用等必要支出。

2. 消耗性生物资产的后续计量

(1)消耗性生物资产郁闭或达到预定生产经营目的后的管护费用。消耗性生物资产在郁闭后,为了维护或提高其使用效能,需要对其进行管护、饲养等,由于此时的消耗性生物资产不能够带来现实的经济利益,因此所发生的这类后续支出应当予以费用化,计入当期损益,借记"管理费用"科目。

(2)林木类消耗性生物资产郁闭前的相关支出应予资本化,郁闭后的相关支出计入当期费用,借记"管理费用"科目。

(3)林木类生物资产补植。在林木类生物资产的生长过程中,为了使其更好地生长,往往需要进行择伐、间伐或抚育更新性质的采伐(这些采伐并不影响林木的郁闭状态),并且在采伐之后进行相应的补植。在这种情况下发生的后续支出,应当予以资本化,计入林木类生物资产的成本。借记"消耗性生物资产"科目,贷记"银行存款""其他应付款"等科目。

【例 2-60】 2×19 年 5 月,小企业昌茂林业企业对丙林班用材林进行择伐以更新造林,应支付人员工资 23 000 元,领用材料 18 000 元。

借:消耗性生物资产——用材料	41 000
贷:应付职工薪酬	23 000
原材料	18 000

3. 消耗性生物资产的收获与处置

1）消耗性生物资产收获农产品

消耗性生物资产的收获,是指消耗性生物资产生长过程的结束,如收割小麦、采伐用材林等。从收获农产品成本核算的截至时点来看,由于种植业产品和林产品一般具有季节性强、生产周期长、经济再生产与自然再生产相交织的特点,种植业产品和林产品成本计算期因不同产品的特点而异。因此,企业在确定收获农产品的成本时,应特别注意成本计算的截至时点。

（1）成本计算的截止时点。①种植业产品:粮豆的成本算至入库或能够销售;棉花算至皮棉;纤维作物、香料作物、人参、啤酒花等算至纤维等初级产品;草成本算至干草;不入库的鲜活产品算至销售;入库的鲜活产品算至入库;年底尚未脱粒的作物,其产品成本算至预提脱粒费用等。②林产品:育苗的成本计算截至出圃;采割阶段,林木采伐算至原木产品;橡胶算至加工成干胶或浓缩胶乳;茶的成本计算截至各种毛茶;水果等其他收获活动计算至产品能够销售等。

从消耗性生物资产上收获农产品后,消耗性生物资产自身完全转为农产品而不复存在,如肉猪宰杀后的猪肉、收获后的蔬菜、用材林采伐后的木材等,企业应当将收获点消耗性生物资产的账面价值转为农产品的成本:

借:农产品
　　贷:消耗性生物资产

对于不通过入库直接销售的鲜活产品等,按实际成本:

借:主营业务成本
　　贷:消耗性生物资产

【例2-61】 2×19年2月,小企业东方水产养殖公司共出产鲤鱼2 000余条,其养殖成本为30 000元。

借:主营业务成本——鲤鱼　　　　　　　　　　　　　　　　　　　　　　　　　　　30 000
　　贷:消耗性生物资产——鲤鱼　　　　　　　　　　　　　　　　　　　　　　　　　　30 000

（2）农产品收获过程中发生的费用摊销。

① 直接费用摊销:

农产品收获过程中发生的直接材料、直接人工等直接费用,直接计入相关成本核算对象:

借:生产成本——农业生产成本——农产品
　　贷:银行存款/原材料/应付职工薪酬等

② 农产品收获过程中发生的间接费用摊销:

农产品收获过程中发生的间接费用,如材料费、人工费等应分摊的共同费用,应当按生产成本归集:

借:农业生产成本——共同费用
　　贷:银行存款/原材料/应付职工薪酬等

在会计期末按一定的分配标准,分配计入有关的成本核算对象:

借:农业生产成本——农产品
　　贷:农业生产成本——共同费用

实务中,常用的间接费用分配方法通常以直接费用或直接人工为基础,直接费用比例法以生物资产或农产品相关的直接费用为分配标准,直接人工比例法以直接从事生产的工人工资为分配标准。

$$间接费用分配率 = \frac{间接费用总额}{分配标准(即直接费用总额或直接人工总额)} \times 100\%$$

$$\begin{array}{c}某项生物资产或农产品\\应分配的间接费用\end{array} = \begin{array}{c}该项资产相关的\\直接费用或直接人工\end{array} \times \begin{array}{c}间接费用\\分配率\end{array}$$

除此以外,还可以直接材料、生产工时等为基础进行分配,企业可以根据实际情况加以选用。

③ 成本结转方法:

在收获时点,企业应当将该时点归属于某农产品生产成本的账面价值结转为农产品的成本:

借:农产品

　　贷:农业生产成本——农产品

具体成本结转方法包括加权平均法、个别计价法、蓄积量比例法、轮伐期年限法等。企业可以根据实际情况选用合适的成本结转方法,一经确定,不得随意变更。

2)消耗性生物资产出售

消耗性生物资产出售时:

① 确认收入:

借:应收账款/银行存款等

　　贷:主营业务收入

② 结转成本:

借:主营业务成本

　　贷:消耗性生物资产

3)消耗性生物资产盘亏或死亡、毁损

消耗性生物资产盘亏或死亡、毁损时,应当将处置收入扣除其账面价值和相关税费后的余额先记入"待处理财产损溢"科目,待查明原因后,根据企业的管理权限,经股东大会、董事会、经理会议或类似机构批准后,在期末结账前处理完毕。生物资产因盘亏或死亡、毁损造成的损失,在减去过失人或者保险公司等的赔款和残余价值之后,记入"营业外支出"科目。

【例2-62】 2×19年3月23日,小企业东盛公司丢失4头隆林山羊,账面原值为4 000元;3月29日经查实,应由饲养员王兵赔偿1 000元,由平安保险公司赔偿2 000元,经公司批准进行账务处理。

① 发现丢失:

借:待处理财产损溢 4 000

　　贷:消耗性生物资产 4 000

② 落实原因,经批准:

借:其他应收款——王兵		1 000
——平安保险公司		2 000
营业外支出		1 000
贷:待处理财产损溢		4 000

4)消耗性生物资产转换

消耗性生物资产改变用途后的成本应当按照改变用途时的账面价值确定,即将转出生物资产的账面价值作为转入资产的实际成本。通常包括如下情况:

(1)产畜或役畜淘汰转为育肥畜,或者林木类生产性生物资产转为林木类消耗性生物资产时:

借:消耗性生物资产	【转群或转变用途时的账面价值】
生产性生物资产累计折旧	【已计提的累计折旧】
贷:生产性生物资产	【账面余额】

(2)育肥畜转为产畜或役畜,或林木类消耗性生物资产转为林木类生产性生物资产时:

借:生产性生物资产	【账面余额】
贷:消耗性生物资产	【账面余额】

【例2-63】 2×19年2月,小企业东盛公司自行繁殖的40头种猪转为育肥猪,此批种猪的账面原价为240 000元,已计提累计折旧96 000元。

借:消耗性生物资产——育肥猪	【账面价值】	144 000
生产性生物资产累计折旧	【已计提的累计折旧】	96 000
贷:生产性生物资产——种猪	【账面余额】	240 000

账 簿 格 式

1. 库存现金日记账:详见表2-1

2. 银行存款日记账:详见表2-5

3. 其他货币资金明细账:详见表2-17

表 2-17　其他货币资金明细账

公司名称:华夏公司

科目名称:其他货币资金——外埠存款——中国农业银行哈尔滨分行金星支行　　　　　　单位:元

2×19年		凭证号数	摘　要	借　方	贷　方	余　额
月	日					
01	01		上年结转			50 000.00
01	08	银付6	划款至哈尔滨农行	300 000.00		350 000.00
01	10	币付1	支付货款		349 830.00	170.00
01	18	币付2	退回多余款		170.00	0.00
01	31		本月合计	300 000.00	350 000.00	0.00

4. 原材料明细账:详见表2-18

表2-18　原材料——B材料

公司名称:华夏公司　　　　　　　　　　　　　　　　　　计量单位:件
科目名称:原材料——F材料　　　　　　　　　　　　　　　库存地点:第三材料库

2×19年		凭证号数	摘　要	借　方			贷　方			余　额		
月	日			数量	单价	金额	数量	单价	金额	数量	单价	金额
02	01		期初余额							50	50	2 500
02	07	银付9	购买材料	80	50	4 000				130	50	6 500
02	09	转字7	领用材料				70	50	3 500	60	50	3 000
02	11	银付16	购买材料	100	50	5 000				160	50	8 000
02	28		本月合计	180		9 000	70		3 500	160		8 000

5. 应收账款明细账:详见表2-19

表2-19　应收账款明细账

单位名称:华夏公司
科目名称:应收账款——顺德公司　　　　　　　　　　　　　　　　　　单位:元

2×19年		凭证号数	摘　要	借　方	贷　方	方向	余　额
月	日						
3	01		期初余额			借	30 000.00
3	07	转12	销售甲产品	234 000.00		借	264 000.00
3	10	银收5	收回货款		100 000.00	借	164 000.00
3	12	银收10	收回货款		164 000.00	平	0.00
3	31		本月合计	234 000.00	264 000.00	平	0.00

6. 预付账款明细账:详见表2-20

表2-20　预付账款明细账

单位名称:华夏公司
科目名称:预付账款——旭东公司　　　　　　　　　　　　　　　　　　单位:元

2×19年		凭证号数	摘　要	借　方	贷　方	方向	余　额
月	日						
01	01		上年结转			借	40 000.00
01	08	银付6	预付材料款	50 000.00		借	90 000.00
01	12	转20	收到材料		93 600.00	贷	3 600.00
01	15	银付20	补付材料款	3 600.00		平	0.00
01	31		本月合计	53 600.00	93 600.00	平	0.00

7. 其他应收款明细账：详见表 2-21

表 2-21 其他应收款明细账

单位名称：华夏公司

科目名称：其他应收款——王萍
单位：元

2×19年		凭证号数	摘　要	借　方	贷　方	方向	余　额
月	日						
04	01		期初余额			借	1 000.00
04	08	现付10	预借差旅费	2 000.00		借	3 000.00
04	10	现付15	垫付医药费	3 500.00		借	6 500.00
04	15	银付23	发放工资，扣下垫付的医药费		3 500.00	借	3 000.00
04	30		本月合计	5 500.00	3 500.00	借	3 000.00

与财务报告的关系

(1) 资产负债表中"货币资金"项目，反映企业库存现金、银行结算账户存款、外埠存款、银行汇票存款、银行本票存款、信用卡存款、信用证保证金存款、存出投资款的合计数。

本项目应根据"库存现金""银行存款""其他货币资金"总账科目期末余额的合计数填列。

【例 2-64】 小企业华夏公司编制 2×19 年 12 月 31 日的资产负债表，"库存现金"总账科目余额为 36 700 元、"银行存款"总账科目余额为 787 216 元、"其他货币资金"总账科目余额为 160 000 元。问"货币资金"项目的期末余额应填列的金额是多少？

"货币资金"项目期末余额 = 36 700 + 787 216 + 160 000 = 983 916（元）

(2) 资产负债表中"存货"项目，反映企业期末在库、在途和在加工中的各种存货的成本或可变现净值。

本项目应根据"材料采购""在途物资""原材料""周转材料""低值易耗品""包装物""委托加工物资""生产成本""库存商品""消耗性生物"等科目的期末余额填列。

如果材料采用计划成本核算，以及库存商品采用计划成本核算或售价核算的企业，还应按加或减"材料成本差异""商品进销差价"科目后的金额填列。

【例 2-65】 小企业顺美公司存货采用计划成本法进行核算，编制 2×19 年 12 月 31 日的资产负债表，"原材料"总账科目余额为 800 000 元、"周转材料"总账科目余额为 50 000 元、"材料成本差异"科目贷方余额为 15 000 元。

问"存货"项目的期末余额应填列的金额是多少？

由于"材料成本差异"科目为贷方余额，为节约差，因此：

"存货"项目期末余额 = 800 000 + 50 000 − 15 000 = 835 000（元）

(3) 资产负债表中"应收票据及应收账款"项目，反映资产负债表日以摊余成本计量的、企业因销售商品、提供服务等经营活动应收取的款项，以及收到的商业汇票，包括银行承兑汇票。

本项目应根据"应收账款"和"预收账款"所属各明细账户的期末借方余额合计数,减去"坏账准备"账户中相关坏账准备期末余额后的金额填列。如"应收账款"账户所属明细账户期末有贷方余额的,应在资产负债表"预收款项"项目内填列。

【例2-66】 小企业凯盛公司2×19年12月31日结账后有关科目所属明细科目借贷方余额,如表2-22所示。

表2-22 科目余额表 单位:元

科目名称	所属明细科目借方余额	所属明细科目贷方余额
应收账款	80 000.00	25 000.00
预收账款	69 000.00	54 000.00
应收票据	100 000.00	

该企业2×15年12月31日资产负债表中相关项目的金额为:

① "应收账款"项目金额＝80 000＋69 000＋100 000＝249 000(元)

② "预收款项"项目金额＝25 000＋54 000＝79 000(元)

本章小结

现金的使用范围、现金与银行存款的核算、现金清查的核算、银行存款余额调节表的编制;应收账款、应收票据、预付账款、其他应收款的核算;存货的初始计量、发出存货的计量、存货的期末计量、存货的盘盈盘亏核算以及计划成本法是本章的重点。其中现金与银行存款的核算、应收账款、应收票据、预付账款、其他应收款的核算、存货的初始计量、发出存货等均属于会计实务中较基础的部分。应重点掌握备用金核算、银行存款余额调节表的编制、应收账款、应收票据的核算、生产经营领用原材料的核算、生产经营领用周转材料的核算、销售库存商品的核算、销售原材料等核算。

本章重要概念

货币资金 库存现金 备用金 银行存款 银行存款余额调节表 其他货币资金 短期投资 应收账款 应收票据 预付账款 其他应收款 存货 原材料 库存商品 周转材料 在途物资 存货成本 采购成本 加工成本 材料采购 委托加工物资 计划成本法 材料成本差异 材料成本差异率 存货毁损 存货盘盈 存货盘亏 消耗性生物资产

思 考 题

1. 货币资金的内容包括哪些?

2. 什么是未达账项?

3. 商业折扣与现金折扣有何区别?

4. 小企业的存货通常包括哪些?

5.什么是消耗性生物资产？请举例说明。

推荐阅读资料

[1] 中华人民共和国财政部.小企业会计准则.2013.

[2] 李敏.小企业会计——小企业会计准则[M].上海:上海财经大学出版社,2013.

[3] 卢建国.小企业会计[M].北京:高等教育出版社,2017.

[4] 小企业会计准则编审委员会.小企业会计准则讲解[M].上海:立信会计出版社,2015.

[5] 中国注册会计师协会.税法[M].北京:中国财政经济出版社,2018.

[6] 企业会计准则应用指南,2015.

[7] 刘永泽,陈立军.中级财务会计[M].大连:东北财经大学出版社,2018.

[8] 企业会计准则编审委员会.小企业会计准则解读[M].上海:立信会计出版社,2018.

第三章　非流动资产

内容简介

本章主要讲述长期投资(包括长期债券投资和长期股权投资)、固定资产、生产性生物资产、无形资产以及长期待摊费用的核算。

本章重要内容为固定资产和无形资产的核算,固定资产内容包括固定资产的定义和确认条件、固定资产的初始计量、固定资产的后续计量、固定资产的清查及其处置的核算;无形资产内容包括无形资产的确认和初始计量、无形资产的后续计量与其处置的核算。另外,长期投资包括长期债券投资和长期股权投资的核算;生产性生物资产的核算包括初始计量、后续计量、收获与处置;长期待摊费用包括长期待摊费用的定义、摊销方法及其核算。

学习目的和要求

通过本章学习,学生应了解长期投资的核算、生产性生物资产及长期待摊费用核算。应掌握固定资产和无形资产的核算,其中固定资产的核算包括初始计量、后续计量、清查与处置的核算;无形资产的核算包括初始计量、后续计量与处置的核算。

引例　非流动资产核算

《小企业会计准则》第 16 条规定:小企业的非流动资产,是指流动资产以外的资产。

小企业的非流动资产包括:长期债券投资、长期股权投资、固定资产、生产性生物资产、无形资产、长期待摊费用等。

与《企业会计准则》相比,《小企业会计准则》所规范的非流动资产中没有包括可供出售金融资产,没有设置持有至到期投资,而设置了长期债券投资。

本章将对《小企业会计准则》所包括的非流动资产进行逐一讲解,在学习完本章后,你将对小企业中的非流动资产的确认与计量等相关知识有一定的认识和把握。

下面是关于小企业中固定资产的实际业务,学习完本章,你能对其进行正确的会计处理吗?

小企业华夏公司于 2010 年 12 月购入需安装的生产经营用的大型机器设备 1 台,价款200 000 元、发生包装费 2 000 元、运费 3 000 元,另外本月发生安装费 6 000 元,该机器设备于当月安装完毕并投入使用。以上款项均以银行存款支付,关于所涉及的增值税税率,均以当前执行税率为准。

华夏公司对该项固定资产采用年限平均法计提折旧,预计使用年限为 5 年,预计净残值为 7 000 元。

2014 年 5 月,该机器设备出现故障,发生修理费 4 000 元,用银行存款支付。

2015 年 12 月,该机器设备正常报废,残料 3 700 元作为原材料计价入库,报废过程中发生清理费用 1 200 元。

希望通过本章相关知识的学习,你能够顺利地进行非流动资产中关于固定资产的业务处理。

第一节 长期投资

长期投资,是指不满足短期投资条件的投资,即不准备在 1 年或长于 1 年的经营周期之内转变为现金的投资。

企业管理层取得长期投资的目的在于持有而不在于出售,这是长期投资与短期投资的一个重要区别。

长期投资按其性质分为长期债券投资、长期股权投资和其他长期投资。

一、长期债券投资

(一)长期债券投资的定义及特点

1. 长期债券投资的定义

长期债券投资,是指小企业准备长期(在 1 年以上)持有的在 1 年内不能变现或者不准备随时变现的债券投资。企业进行长期债券投资的目的主要是为了获得稳定的收益。

2. 长期债券投资的特点

长期债券投资有如下特点:

(1)投资对象是债券。债券是政府、金融机构、工商企业等直接向社会借债筹措资金时,向投资者发行,承诺按一定利率支付利息并按约定条件偿还本金的债权债务凭证。由于债券的利息通常是事先确定的,所以债券是固定利息证券(定息证券)的一种。债券虽有不同种类,但基本要素是相同的,主要包括债券面值、债券价格、债券还本期限与方式和债券利率四个要素。

(2)投资目的是为了获取高于银行储蓄存款利率的利息,并保证到期收回本金和利息。其投资目的不是为了获得另一企业的剩余资产。

(3)持有期限超过 1 年。根据持有期限是否超过 1 年,可以将债券投资划分为短期债券投资和长期债券投资。债券按照持有期限可以划分为短期债券、中期债券和长期债券。我国短期债券的偿还期在 1 年以内,偿还期限在 1 年以上 5 年以下的为中期债券,偿还期限在 5 年以上的为长期债券。因此,为保证持有期限超过 1 年,长期债券投资的投资对象应为中期债券或长期债券。

(二)长期债券投资的核算

1. 科目设置

为了核算小企业长期债券投资的取得、收到利息、处置等业务,企业应当设置如下科目,如表 3-1 所示。

表 3-1　与长期债券投资核算有关的会计科目

核算科目		性质	核算内容
长期债券投资	长期债券投资——面值	资产类	核算企业持有的债券面值
	长期债券投资——溢折价	资产类	(1) 核算长期债券投资初始计量产生的溢折价金额（包括相关税费） (2) 后续计量溢折价的摊销
	长期债券投资——应计利息	资产类	核算持有的到期一次还本付息长期债券应收取的利息
应收利息		资产类	(1) 实际支付的购买价款中包含已到付息期但尚未领取的利息 (2) 核算持有的分期付息长期债券应收取的利息
投资收益		损益类	核算企业持有长期债券期间取得的投资收益以及处置长期债券实现的损益

2. 长期债券投资的初始计量

小企业购入债券作为长期债券投资,应按购买价款和相关税费作为成本进行计量。

按照债券的票面价值,借记"长期债券投资——面值"科目,如果实际支付的购买价款中包含已到付息期但尚未领取的债券利息,借记"应收利息"科目,溢价或折价发行产生的溢折价金额,借记或贷记"长期债券投资——溢折价"科目。

债券的溢折价是由于企业购入债券时票面利率和市场利率不同引起的:若票面利率高于市场利率,投资者未来可以获得更多的利息,则现时只能按高于票面价值的价格购入,作为以后多收取利息的代价,这时称为溢价购入;若票面利率低于市场利率,投资者未来将获得更少的利息,则现时必须按低于票面价值的价格购入,作为以后少收取利息的补偿,这时称为折价购入;若票面利率与市场利率相等,则现时购入债券的价格与票面价值相等,即平价购入,如表 3-2 所示。

表 3-2　长期债券投资的溢折价

票面利率与市场利率的关系	债券购入价格与面值的关系	溢价或折价	"长期债券投资——溢折价"的方向	"长期债券投资——溢折价"摊销的方向
票面利率＞市场利率	买价＞面值	溢价	借方	贷方
票面利率＝市场利率	买价＝面值	平价	无(不考虑交易费用)	无
票面利率＜市场利率	买价＜面值	折价	贷方	借方

1) 平价购入

【例 3-1】 2×19 年 1 月 1 日,小企业华夏公司用银行存款从证券市场上购入甲公司 2×18 年 1 月 1 日发行的债券,面值 100 000 元、期限 5 年、票面利率 7%、每年 1 月 8 日付息、到期日归还本金和最后一次利息。实际支付的购买价款为 107 000 元,假设不考虑支付的相关手续费。

借:长期债券投资——面值	【面值】	100 000
应收利息	【已到付息期尚未领取的利息】	7 000
贷:银行存款	【实付金额】	107 000

2）溢价购入

【例3-2】 2×19年1月1日,小企业华夏公司支付价款205 680元(包含相关税费)购入当日发行的面值为200 000元、期限为3年、票面利率为7%、每年12月31日付息、到期还本的A公司债券。华夏公司在取得债券时确定的实际利率为5%。

在本例中,债券初始确认金额为205 680元,华夏公司在取得A公司债券时的账务处理为:

借:长期债券投资——面值 【面值】 200 000
  ——溢折价 【溢价+相关税费】 5 680
 贷:银行存款 【实付金额】 205 680

(说明:其中“长期债券投资——溢折价”5 680元为倒挤金额,即购入该债券实际支付金额205 680元减去债券面值200 000元后的差额,为溢价与相关税费的金额。)

? 相关思考3-1

本例中“长期债券投资”初始入账价值是多少

本例中,“长期债券投资”的初始入账价值,实际是“长期债券投资”总账科目的余额,即两个明细科目之和:“面值”+“溢折价”＝200 000+5 680＝205 680(元)。

3）折价购入

【例3-3】 2×19年1月1日,小企业华夏公司以每张900元的价格购入甲公司当日发行的5年期债券1 000张,票面利率4%,债券面值1 000元,另支付有关税费5 000元。

借:长期债券投资——面值 【面值】 1 000 000
 贷:长期债券投资——溢折价 【溢价+相关税费】 95 000
  银行存款 【实付金额】 905 000

? 相关思考3-2

本例中“长期债券投资”初始入账价值是多少

本例中,“长期债券投资”的初始入账价值,实际是“长期债券投资”总账科目的余额,即两个明细科目之和:“面值”－“溢折价”(贷方)＝10 000 000－95 000＝905 000(元)。

3. 长期债券投资的后续计量

小企业长期债券投资在持有期间,后续计量的内容主要是计量应收利息和分摊长期债券投资的溢折价。将应收利息与溢折价的摊销额之差(或之和)记入“投资收益”科目。

需要注意的是科目的运用:

(1) 核算分期付息、一次还本的长期债券应收取的利息,记入“应收利息”科目;

(2) 核算到期一次还本付息的长期债券应收取的利息,记入“长期债券投资——应计利息”科目。

【例3-4】 2×16年1月1日,小企业华夏公司购入乙公司该年度1月1日发行的3年期债券,面值200 000元,年利率5%,每年1月1日付息,到期还本。企业实际支付价款为197 000元。

（1）购入时：

借：长期债券投资——面值　　　【面值】　　　　　　　　　　　　200 000
　　贷：长期债券投资——溢折价　【溢价＋相关税费】　　　　　　　　3 000
　　　　银行存款　　　　　　　　【实付金额】　　　　　　　　　197 000

（2）持有期间：

$$每年的利息 = 200\,000 \times 5\% = 10\,000(元)$$
$$每年折价摊销额 = 3\,000 \div 3 = 1\,000(元)$$

借：应收利息　　　　　　　　　【分期付息，到期还本】　　　　　10 000
　　长期债券投资——溢折价　　【折价摊销】　　　　　　　　　　1 000
　　贷：投资收益　　　　　　　　【倒挤，借方之和】　　　　　　　11 000

（3）实际收到利息时：

借：银行存款　　　　　　　　　　　　　　　　　　　　　　　　10 000
　　贷：应收利息　　　　　　　　　　　　　　　　　　　　　　10 000

（4）如果本例题付息方式为到期一次还本付息，则需注意科目的运用：
A. 持有期间：

借：长期债券投资——应计利息　【到期一次还本付息】　　　　　10 000
　　　　　　　　　——溢折价　　【折价摊销】　　　　　　　　　1 000
　　贷：投资收益　　　　　　　　【倒挤，借方之和】　　　　　　　11 000

B. 债券到期，收回本息：

借：银行存款　　　　　　　　　　【实收金额】　　　　　　　　230 000
　　贷：长期债券投资——面值　　【面值】　　　　　　　　　　200 000
　　　　　　　　　——应计利息　【实付金额】　　　　　　　　30 000

4. 长期债券投资的处置
长期债券投资的处置，主要是指长期债券到期之前出售或到期收回长期债券。
处置长期债券投资，处置价款扣除其账面余额、相关税费后的净额，应当记入“投资收益”科目。债券投资到期，小企业收回长期债券投资，应当冲减其账面余额。
（1）长期债券投资到期，收回长期债券投资。

借：银行存款　　　　　　　　　　【实收金额，本金或本息】
　　贷：长期债券投资——面值　　【面值】
　　　　　　　　　——应计利息　【到期一次还本付息】/应收利息【分期付息】

【例3-5】　2×19 年 12 月 31 日，小企业华夏公司持有的 F 公司债券到期，收回金额 360 000元，该债券的账面余额为 345 000 元（面值 300 000 元，应计利息45 000 元）。

借：银行存款　　　　　　　　　　【实收金额】　　　　　　　　360 000
　　贷：长期债券投资——面值　　【面值】　　　　　　　　　　300 000
　　　　　　　　　——应计利息　【已知】　　　　　　　　　　45 000
　　　　投资收益　　　　　　　　【差】　　　　　　　　　　　15 000

(2) 长期债券到期之前,处置长期债券投资。

售价与账面价值的差额记入"投资收益"科目。

【例3-6】 2×19年1月1日,小企业华夏公司因资金紧张,将已持有3年的G公司债券出售,售价660 000元,该债券的账面余额为690 000元(面值600 000元,应计利息90 000元)。

借:银行存款	【实收金额】	660 000
投资收益	【差】	30 000
贷:长期债券投资——面值	【面值】	600 000
——应计利息	【已知】	90 000

(3) 减除可收回的金额后确认的无法收回的长期债券投资。

小企业长期债券投资减除可收回的金额后确认的无法收回的长期债券投资,作为长期债券投资损失,应当于实际发生时记入"营业外支出"科目。

 延伸阅读3-1

关于小企业长期债券投资坏账损失的规定

根据《小企业会计准则》第10条规定:小企业应收及预付款项符合下列条件之一的,减除可收回的金额后确认的无法收回的应收及预付款项,作为坏账损失:

① 债务人依法宣告破产、关闭、解散、被撤销,或者被依法注销、吊销营业执照,其清算财产不足清偿的。

② 债务人死亡,或者依法被宣告失踪、死亡,其财产或者遗产不足清偿的。

③ 债务人逾期3年以上未清偿,且有确凿证据证明已无力清偿债务的。

④ 与债务人达成债务重组协议或法院批准破产重整计划后,无法追偿的。

⑤ 因自然灾害、战争等不可抗力导致无法收回的。

⑥ 国务院财政、税务主管部门规定的其他条件。

【例3-7】 2×19年12月31日,小企业华夏公司持有的M公司3年期债券到期,该债券面值1 000 000元,票面利率7%,到期一次还本付息。到期日,该债券账面余额为1 210 000元(面值1 000 000元,应计利息210 000元)。由于M公司于2×19年10月遭遇台风致使其无法全额支付到期债券金额,只能支付900 000元。

借:银行存款	【实收金额】	900 000
营业外支出	【差】	310 000
贷:长期债券投资——面值	【面值】	1 000 000
——应计利息	【已知】	210 000

二、长期股权投资

(一) 长期股权投资的定义、类型及特点

1. 长期股权投资的定义

长期股权投资,是指小企业准备长期持有的权益性投资。

2. 长期股权投资的特点

(1) 长期持有。

(2) 利益风险并存,可以获取经济利益但须承担相应的风险。

（3）通常不能随时出售。

（4）投资风险较大。

（二）长期股权投资的核算

根据小企业会计准则,长期股权投资应当按照成本进行计量。

1. 长期股权投资的初始计量

（1）小企业以支付现金取得的长期股权投资。应当按照购买价款和相关税费作为成本进行计量,记入"长期股权投资"科目;实际购买价款中包含已宣告但尚未发放的现金股利,应记入"应收股利"科目。

借:长期股权投资　　【差,含购买价款＋相关税费】

　　应收股利　　　　【价款中包含的已宣告但尚未发放的现金股利】

　　贷:银行存款　　　【实付金额】

【例 3-8】　2×19 年 8 月 1 日,小企业华夏公司购入 B 股份公司普通股股票 100 000 股,每股 9.2 元,其中包含已宣告但尚未发放的现金股利,每股 0.2 元,另支付相关税费 18 000 元,均以银行存款支付。

借:长期股权投资　　【差,含购买价款＋相关税费】　　　　　918 000

　　应收股利　　　　【含未发放的现金股利】　　　　　　　　20 000

　　贷:银行存款　　　【实付金额】　　　　　　　　　　　　938 000

（2）小企业通过非货币性资产交换取得的长期股权投资:

① 按照非货币性资产的评估价值与相关税费之和,借记"长期股权投资"科目。

② 按照换出资产的账面价值,贷记"固定资产清理""无形资产"等科目。

③ 按照相关税费,贷记"应交税费"等科目。

④ 按照其差额,记入"营业外收入"或"营业外支出"科目。

借:长期股权投资　　　　　　【评估价值＋相关税费】

　　累计摊销等　　　　　　　【账面余额】

　　贷:无形资产/固定资产清理等　【账面余额】

　　应交税费　　　　　　　　【相关税费】

　　营业外收入　　　　　　　【差,如在借方,则为"营业外支出"】

【例 3-9】　2×19 年 3 月 1 日,小企业华夏公司以一项专利技术换入 D 股份公司普通股股票 100 000 股,不含已宣告但尚未发放的现金股利。华夏公司该项专利技术账面价值为640 000元(其中"无形资产"科目余额 800 000 元,"累计摊销"科目余额 160 000 元),经专业机构评估,该专利技术的评估价值为 680 000 元,应交相关税费 7 000 元。

借:长期股权投资　　　　【评估价值＋相关税费】　　　　687 000

　　累计摊销　　　　　　【账面余额】　　　　　　　　160 000

　　贷:无形资产　　　　　【账面余额】　　　　　　　　800 000

　　应交税费　　　　　　【相关税费】　　　　　　　　　 7 000

　　营业外收入　　　　　【差】　　　　　　　　　　　　40 000

2. 长期股权投资的后续计量

在长期股权投资持有期间,被投资单位宣告分派的现金股利或利润,应当按照应分得的金

额确认为投资收益,即:

借:应收股利

　　贷:投资收益

【例 3-10】　2×19 年 3 月 6 日,J 公司宣告分派现金股利,每股 0.3 元,小企业华夏公司共持有 80 000 股;3 月 22 日,收到 J 公司分派的现金股利。

（1）3 月 6 日,J 公司宣告分派现金股利。

　　　　　应收股利 ＝ 80 000×0.3 ＝ 24 000（元）

借:应收股利　　　　　　　　　　　　　　　　　　　　　　　　　24 000

　　贷:投资收益　　　　　　　　　　　　　　　　　　　　　　　　24 000

（2）3 月 22 日,收到现金股利。

借:银行存款　　　　　　　　　　　　　　　　　　　　　　　　　24 000

　　贷:应收股利　　　　　　　　　　　　　　　　　　　　　　　　24 000

3. 长期股权投资损失的计量

小企业长期股权投资减除可收回的金额后确认的无法收回的长期股权投资,作为长期股权投资损失,记入"营业外支出"科目。

 延伸阅读3-2 ···

关于小企业长期股权投资损失的规定

根据《小企业会计准则》规定:小企业长期股权投资符合下列条件之一的,减除可收回的金额后确认的无法收回的长期股权投资,作为长期股权投资损失:

① 被投资单位依法宣告破产、关闭、解散、被撤销,或者被依法注销、吊销营业执照。

② 被投资单位财务状况严重恶化,累计发生巨额亏损,已连续停止经营 3 年以上,且没有重新恢复经营改组计划的。

③ 对被投资单位不具有控制权,投资期限届满或者投资期限已超过 10 年,且被投资单位因连续 3 年经营亏损导致资不抵债的。

④ 被投资单位财务状况严重恶化,累计发生巨额亏损,已完成清算或清算期超过 3 年以上的。

⑤ 国务院财政、税务主管部门规定的其他条件。

【例 3-11】　W 股份公司财务状况严重恶化,累计发生巨额亏损,已连续停止经营 3 年以上,且没有重新恢复经营改组计划。2×19 年 3 月 31 日,小企业华夏公司估计持有 W 股份公司的 20 000 股股票全部不能收回,该长期股权投资的账面余额为 140 000 元。

借:营业外支出　　　　　　　　　　　　　　　　　　　　　　　　140 000

　　贷:长期股权投资——W 公司　　　　　　　　　　　　　　　　140 000

第二节　固 定 资 产

一、固定资产的含义、特征及确认条件

（一）固定资产的含义

固定资产,是指小企业为生产产品、提供劳务、出租或经营管理而持有的,使用寿命超过 1

年的有形资产。小企业的固定资产包括：房屋、建筑物、机器、机械、运输工具、设备、器具、工具等。

（二）固定资产的特征

固定资产具有以下三个特征：

（1）为生产商品、提供劳务、出租或经营管理而持有的。其中"出租"的固定资产，指用于出租的机器设备类固定资产，不包括以经营租赁方式出租的建筑物，后者属于小企业的投资性房地产，不属于固定资产。

（2）固定资产使用寿命超过一个会计年度。

（3）固定资产为有形资产。固定资产具有实物特征，这一特征将固定资产与无形资产区别开来。

（三）固定资产的确认条件

固定资产在符合定义的前提下，还要同时满足以下两个条件。

1. 与该固定资产有关的经济利益很可能（$50\% < W \leqslant 95\%$）流入企业

这一条件要求企业必须要有一定的证据对所确认固定资产未来经济利益流入企业的确定程度作出可靠的估计，只有在企业确认通过该项资产很可能获得报酬时才确认为企业的固定资产。

实务中，主要是通过判断与该固定资产相关的风险和报酬是否发生了转移，如果企业能够控制该项固定资产带来的经济利益，使之能够流入企业，则该项固定资产应作为企业的固定资产予以确认。

通常情况下，取得固定资产所有权是判断与固定资产所有权有关的风险和报酬是否转移到企业的一个重要标志。但有些情况下，某项固定资产的所有权虽然不属于企业，但是，与该项固定资产相关的风险和报酬发生了转移，企业能够控制该项资产带来的经济利益，使之流入企业，在这种情况下，则该项固定资产应作为企业的固定资产予以确认。例如，融资租赁方式租入的固定资产，企业（承租人）虽然不拥有该项固定资产的所有权，但与该固定资产相关的风险和报酬实质上已转移到了企业，因此，符合固定资产确认的条件。

2. 该固定资产的成本能够可靠地计量

成本能够可靠地计量是资产确认的一项基本条件。小企业在确定固定资产成本时必须取得确凿证据，但是，有时需要根据所获得的最新资料，对固定资产的成本进行合理的估计。比如，小企业对于已达到预定使用状态但尚未办理竣工结算的固定资产，需要根据工程预算、工程造价或者工程实际发生的成本等资料，按估计价值确定成本，办理竣工结算后，再按照实际成本调整原来的暂估价值。

二、固定资产的初始计量

固定资产的初始计量，是指确定固定资产的取得成本。固定资产应当按照成本进行初始计量。

成本包括小企业为构建某项固定资产竣工决算前所发生的一切合理的、必要的支出。

实务中，小企业取得固定资产的方式是多种多样的，包括外购、自行建造、投资者投入以及融资租入等。取得的方式不同，其成本的具体构成内容及确定方法也不尽相同。下面按照固定资产取得的不同方式进行初始计量的讲解。

（一）外购的固定资产

外购固定资产是企业取得固定资产的重要方式。

企业外购固定资产的成本，包括购买价款、相关税费、运输费、装卸费、安装费等，但不包括按照税法规定可以抵扣的增值税进项税额。

外购固定资产是否达到预定可使用状态，需要根据具体情况进行分析判断。如果购入不需安装的固定资产，购入后即可发挥作用，因此，购入后即可达到预定可使用状态。如果购入需安装的固定资产，只有安装调试后达到设计要求或合同规定的标准，该项固定资产才可发挥作用，达到预定可使用状态。

以下分别按外购不需安装固定资产及外购需安装固定资产进行讲解。

1. 外购不需安装的固定资产

（1）科目设置。企业应设置"固定资产"科目，并按固定资产的类别及名称进行明细核算。

如企业购入一台 M 设备，符合固定资产的定义，则记入"固定资产——机器设备——M 设备"明细科目，如购入一幢 B 办公楼，则记入"固定资产——房屋建筑物——B 办公楼"明细科目。

（2）外购不需安装固定资产的会计核算。企业购入不需安装的固定资产时，按其入账价值借记"固定资产"科目，根据可以抵扣的增值税进项税额借记"应交税费——应交增值税（进项税额）"科目，贷记"银行存款"等科目。

具体会计分录为：

借：固定资产
　　应交税费——应交增值税（进项税额）　【可以抵扣的进项税额】
　　贷：银行存款等科目

或：借：固定资产　　　　　　　　　　　　【进项税额不可以抵扣时，计入成本】
　　　　贷：银行存款等科目

【例 3-12】　小企业华夏公司购入一台不需要安装即可投入使用的戴尔电脑，取得的增值税专用发票上注明的设备价款为 8 000 元，增值税额为 1 040 元，款项以银行存款支付。

① 如果华夏公司为增值税的一般纳税人，则增值税可以抵扣。

借：固定资产——电子设备——戴尔电脑　　　　　　　　　　　　　　　　　8 000
　　应交税费——应交增值税（进项税额）　　　　　　　　　　　　　　　　1 040
　　贷：银行存款　　　　　　　　　　　　　　　　　　　　　　　　　　9 040

② 如果华夏公司为小规模纳税人，则增值税进项税额不可以抵扣，需计入固定资产的初始入账成本。

借：固定资产　　　　　　　　　　　　　　　　　　　　　　　　　　　　9 040
　　贷：银行存款　　　　　　　　　　　　　　　　　　　　　　　　　　9 040

（3）采用一揽子购买方式进行购买。在实务中，小企业可能以一笔款项购入多项没有单独标价的固定资产。即采用一揽子购买方式进行购买。由于各项固定资产的作用、价值额以及后续计量等问题的账务处理方法不同，这就需对每一项资产的价值额分别进行确认。确认的方法是，将购买的总成本按每项资产的公允价值占各项资产市场价格总和的比例进行分配，分别确定各项固定资产的入账价值。

$$单项资产的实际成本 = \frac{单项资产的公允价值}{各项资产公允价值总和} \times 实际支付的总金额$$

【例 3-13】 小企业华夏公司为降低采购成本,于 2×19 年 12 月向华风公司一次购入不同型号的 A、B 和 C 三辆小轿车备部门经理使用。华夏公司共支付货款 1 000 000 元,增值税进项税额 130 000 元,以银行存款支付。

假定 A、B 和 C 小轿车的公允价值分别为 300 000 元、400 000 元和 500 000 元;华夏公司实际支付的货款等于计税价格,不考虑其他相关税费。

甲公司的账务处理为:

① 确定应计入固定资产轿车成本的总金额,即:1 000 000 元。

② 确定 A、B 和 C 的价值分配比例。

A 轿车应分配的固定资产价值比例为:

$$300\ 000 \div (300\ 000 + 400\ 000 + 500\ 000) \times 100\% = 25.00\%$$

B 轿车应分配的固定资产价值比例为:

$$400\ 000 \div (300\ 000 + 400\ 000 + 500\ 000) \times 100\% = 33.33\%$$

C 轿车应分配的固定资产价值比例为:

$$500\ 000 \div (300\ 000 + 400\ 000 + 500\ 000) \times 100\% = 41.67\%$$

③ 确定 A、B 和 C 轿车各自的成本:

$$A\ 轿车的成本 = 1\ 000\ 000 \times 25.00\% = 250\ 000.00(元)$$
$$B\ 轿车的成本 = 1\ 000\ 000 \times 33.33\% = 333\ 300.00(元)$$
$$C\ 轿车的成本 = 1\ 000\ 000 \times 41.67\% = 416\ 700.00(元)$$

④ 进行如下账务处理:

借:固定资产——运输工具——A 轿车	250 000.00
——运输工具——B 轿车	333 300.00
——运输工具——C 轿车	416 700.00
应交税费——应交增值税(进项税额)	130 000.00
贷:银行存款	1 130 000.00

2. 外购需要安装的固定资产

外购需安装的固定资产时,从固定资产运抵企业到交付使用,尚需经过安装和调试过程,并会发生安装调试成本。因此,外购需安装固定资产的成本除了包括购买价款、相关税费、运输费、装卸费等,还包括安装费和专业人员服务费等,即固定资产达到预定可使用状态前的合理的支出均应计入固定资产的初始成本中。

(1)科目设置。企业应设置"在建工程"科目,需要安装的固定资产在安装完毕前其取得的成本、安装费等应在此科目进行核算,如"在建工程——在安装设备——A 设备"。

（2）外购需安装固定资产的会计核算。外购需要安装的固定资产先通过"在建工程"科目核算购置固定资产所支付的价款、运输费和安装成本等，待固定资产安装完毕，再将"在建工程"科目归集的成本一次转入"固定资产"科目。

分录为：

① 购入需要安装的固定资产。

借：在建工程
　　应交税费——应交增值税（进项税额）【可抵扣的增值额】
　　贷：银行存款

② 在安装的过程中发生的安装调试等费用。

借：在建工程
　　贷：银行存款

③ 安装结束，固定资产达到预定使用状态，将"在建工程"转入"固定资产"科目。

借：固定资产
　　贷：在建工程

【例 3-14】 小企业华夏公司于 2×19 年 11 月 8 日购入一台需要安装的专用设备，发票上注明设备价款 200 000 元，增值税额 26 000 元（可以抵扣）；运输费 5 000 元，增值税税率 10%，装卸费 2 000 元，仓储费 800 元，增值税税率均为 6%。11 月 30 日支付专业技术安装服务费 3 000 元，增值税税率为 6%。上列款项均通过银行支付。12 月 10 日，该专用设备达到预定可使用状态。其账务处理为：

① 11 月 8 日，购入时：

$$应计入"在建工程"成本的金额 = 200\,000 + 5\,000 + 2\,000 + 800 = 207\,800（元）$$
$$应计入"应交税费——应交增值税（进项税额）"的金额 = 26\,000 + 5\,000 \times 9\% + 2\,000 \times 6\% + 800 \times 6\%$$
$$= 26\,000 + 450 + 120 + 48 = 26\,618（元）$$

借：在建工程　　　　　　　　　　　　　　　　　　207 800
　　应交税费——应交增值税（进项税额）　　　　　26 618
　　贷：银行存款　　　　　　　　　　　　　　　　234 418

② 11 月 30 日，支付专业技术安装服务费：

借：在建工程　　　　　　　　　　　　　　　　　　3 000
　　应交税费——应交增值税（进项税额）　　　　　180
　　贷：银行存款　　　　　　　　　　　　　　　　3 180

③ 12 月 10 日，该专用设备达到预定可使用状态：

借：固定资产　　　　　　　　　　　　　　　　　　210 800
　　贷：在建工程　　　　　　　　　　　　　　　　210 800

核算流程如图 3-1 所示。

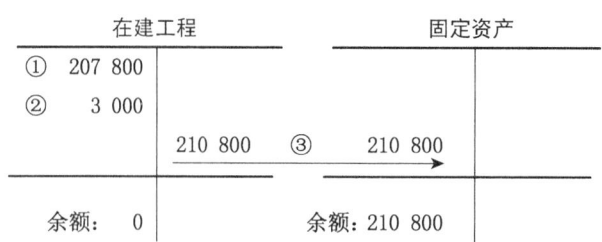

图 3-1　购入需安装固定资产

（二）自行建造的固定资产

自行建造固定资产的成本，由建造该项资产在竣工决算前发生的支出（含相关借款利息）构成，包括工程物资成本、人工成本、缴纳的相关税费、应予资本化的借款费用以及应分摊的间接费用等。

小企业自行建造固定资产包括自营建造和出包建造两种方式。无论采用何种方式，所建工程都应当按照实际发生的支出确定其工程成本并单独核算。

由于自行建造固定资产采用的方式不同，其账务处理也有所不同。

1. 自营方式建造固定资产

自营方式建造固定资产，是指小企业自行组织工程物资采购、自行组织施工人员从事工程施工完成固定资产建造。

实务中，企业较少采用自营方式建造固定资产，多数情况下采用出包方式。如果采用自营方式建造固定资产，也多指自制专用设备等有形动产。

企业如以自营方式建造固定资产，其成本应当按照直接材料、直接人工、直接机械施工费等计量。

（1）科目设置：

① 设置"工程物资"科目，核算工程物资的采购成本，属资产类科目。企业为建造固定资产准备的各种物资应当按照实际支付的买价、运输费、保险费等相关税费作为实际成本，并按照各种专项物资的种类进行明细核算。期末余额填入资产负债表中的"在建工程"项目。

② 设置"在建工程"科目，发生的工程成本应通过"在建工程"科目核算，工程完工达到预定可使用状态时，从"在建工程"科目转入"固定资产"科目。

（2）在确定自营工程成本时需注意的问题：

① 企业为建造固定资产准备的各种物资应当按照实际支付的买价、运输费、保险费等相关税费作为实际成本，并按照各种专项物资的种类进行明细核算。

② 建造固定资产领用工程物资、原材料或库存商品，应按其实际成本转入所建工程成本。

③ 自营方式建造固定资产应负担的职工薪酬、辅助生产部门为之提供的水、电、修理、运输等劳务，以及其他必要支出等也应计入所建工程项目的成本。

④ 符合资本化条件的借款费用，应计入所建造固定资产成本。

⑤ 建设期间发生的工程物资盘亏、报废及毁损，减去残料价值以及保险公司、过失人等赔款后的净损失，计入所建工程项目的成本。

⑥ 小企业在建工程在试运转过程中形成的产品、副产品或试车收入，盘盈的工程物资或处置净收益，冲减所建工程项目的成本。

⑦ 工程完工后,剩余的工程物资转为本企业存货的,按其实际成本或计划成本进行结转。

⑧ 工程完工后,发生的工程物资盘盈、盘亏、报废、毁损,记入当期"营业外收入"或"营业外支出"科目。

⑨ 工程完工后,对于已领出的未用完的工程物资办理退库手续时,应借记"工程物资"科目,贷记"在建工程"科目。

(3) 自营方式建造固定资产的账务处理。

【例 3-15】 小企业华夏公司利用剩余生产能力自行制造一台设备。在建造过程中主要发生下列支出:

(1) 2×19 年 10 月 9 日,购入工程物资 70 000 元,增值税额 9 100 元,工程物资验收入库,银行存款支付。

(2) 10 月 12 日,工程开始,当日实际领用工程物资 60 000 元。

(3) 10 月 19 日,领用库存材料一批,实际成本 5 000 元。

(4) 10 月 22 日,领用库存产成品的实际成本 6 000 元。

(5) 10 月 31 日,辅助生产部门为工程提供水、电费共计 2 000 元,工程应负担直接人工费 9 000 元。

(6) 11 月 6 日,工程完工,并办理竣工决算。

账务处理为:

(1) 10 月 9 日,购入工程物资、验收入库。

借:工程物资　　　　　　　　　　　　　　　　　　　　　　70 000
　　应交税费——应交增值税(进项税额)　　　　　　　　　　9 100
　　贷:银行存款　　　　　　　　　　　　　　　　　　　　　　79 100

(2) 10 月 12 日,领用工程物资,投入自营工程。

借:在建工程　　　　　　　　　　　　　　　　　　　　　　60 000
　　贷:工程物资　　　　　　　　　　　　　　　　　　　　　60 000

(3) 10 月 19 日,领用库存材料。

借:在建工程　　　　　　　　　　　　　　　　　　　　　　5 000
　　贷:原材料　　　　　　　　　　　　　　　　　　　　　　5 000

(4) 10 月 22 日,领用库存产成品。

借:在建工程　　　　　　　　　　　　　　　　　　　　　　6 000
　　贷:库存商品　　　　　　　　　　　　　　　　　　　　　6 000

(5) 10 月 31 日,辅助生产部门为工程提供水、电费共计 2 000 元,工程应负担直接人工费 9 000 元。

借:在建工程　　　　　　　　　　　　　　　　　　　　　　11 000
　　贷:生产成本——辅助生产成本　　　　　　　　　　　　　2 000
　　　　应付职工薪酬——工资　　　　　　　　　　　　　　　9 000

（6）2×19 年 11 月 6 日，工程完工，并达到预定可使用状态时，计算并结转工程成本。

设备制造成本＝60 000＋5 000＋6 000＋11 000＝82 000（元）

借:固定资产　　　　　　　　　　　　　　　　　　　　　　　　　　　　　　82 000

　　贷:在建工程　　　　　　　　　　　　　　　　　　　　　　　　　　　　　　82 000

核算流程如图 3-2 所示。

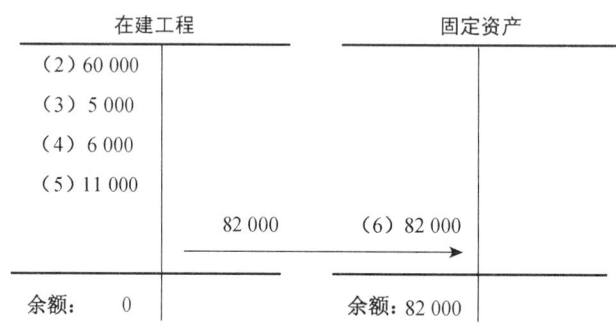

图 3-2　自营方式建造固定资产

2. 出包方式建造固定资产

出包工程,是指小企业通过招标方式将工程项目发包给建造承包商,由建造承包商组织工程项目施工。企业的新建、改建、扩建等建设项目,通常均采用出包方式,即多指不动产的建设。

（1）出包工程的成本构成。企业以出包方式建造固定资产,其成本由建造该项固定资产达到预定可使用状态前所发生的必要支出构成,包括发生的建筑工程支出、安装工程支出以及需分摊计入各固定资产价值的待摊支出。

① 建筑工程、安装工程支出。由于建筑工程、安装工程采用出包方式发包给建造承包商承建,因此,工程的具体支出,如人工费、材料费、机械使用费等由建造承包商核算。对于发包企业而言,建筑工程支出、安装工程支出是构成在建工程成本的重要内容,结算的工程价款计入在建工程成本。

② 待摊支出。**待摊支出**,是指在建设期间发生的,不能直接计入某项固定资产价值、而应由所建造固定资产共同负担的相关费用,包括为建造工程发生的管理费、可行性研究费、临时设施费、公证费、监理费、应负担的税金、符合资本化条件的借款费用、建设期间发生的工程物资盘亏、报废及毁损净损失,以及负荷联合试车费等。其中,**征地费**,是指企业通过划拨方式取得建设用地发生的青苗补偿费、地上建筑物、附着物补偿费等。企业为建造固定资产通过出让方式取得土地使用权而支付的土地出让金不计入在建工程成本,应确认为无形资产(土地使用权)。

（2）出包工程的账务处理。企业应设置"在建工程"科目,核算企业与建造承包商办理工程价款的结算业务。

具体业务如下:

① 企业支付给建造承包商的工程价款作为工程成本。企业应按合理估计的工程进度和合同规定支付进度款时,借记"在建工程——建筑工程——××工程""在建工程——安装工程——××工程"等科目,贷记"银行存款"等科目。

② 工程完成时,按合同规定补付工程款时,借记"在建工程"科目,贷记"银行存款"等科目。

③ 当企业将需安装设备运抵现场安装时,借记"在建工程——在安装设备——××"科目,贷记"工程物资——××设备"科目。

④ 企业为建造固定资产发生的待摊支出,借记"在建工程——待摊支出"科目,贷记"银行存款""应付职工薪酬""长期借款"等科目。

⑤ 在建工程达到预定可使用状态时,首先计算分配待摊支出,待摊支出的分配率可按下列公式计算:

$$待摊支出分配率 = \frac{累计发生的待摊费用}{建筑工程支出 + 安装工程支出 + 在安装设备支出} \times 100\%$$

$$某项工程应分摊的待摊支出 = 该项工程支出 \times 待摊支出分配率$$

⑥ 计算确定已完工的固定资产成本:

$$房屋、建筑物等固定资产成本 = 建筑工程支出 + 应分摊的待摊支出$$

$$需要安装设备的成本 = 设备成本 + 为设备安装发生的基础、支座等建筑工程支出 +$$
$$安装工程支出 + 应分摊的待摊支出$$

⑦ 工程达到预定可使用状态时,结转出包工程的成本,借记"固定资产"科目,贷记"在建工程——建筑工程""在建工程——安装工程""在建工程——待摊支出"等科目。

【例 3-16】 小企业华夏公司将 A 办公楼的建造工程出包给盛源公司承建,2×19 年 4 月 9 日,以银行存款预付工程款 700 000 元,11 月 16 日,工程完工后,收到盛源公司有关工程结算单据,补付工程款 120 000 元,11 月 26 日,工程完工并达到预定可使用状态。该企业应作如下账务处理:

(1) 4 月 9 日,预付工程款:

借:在建工程 700 000
　贷:银行存款 700 000

(2) 11 月 16 日,补付工程款时:

借:在建工程 120 000
　贷:银行存款 120 000

(3) 11 月 26 日,工程完工并达到预定可使用状态时:

借:固定资产 820 000
　贷:在建工程 820 000

核算流程如图 3-3 所示。

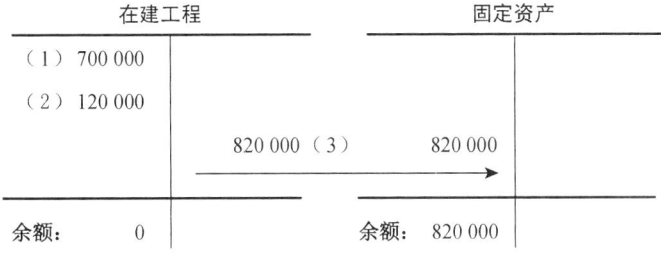

图 3-3 出包方式下建造固定资产

(三) 投资者投入固定资产

投资者投入固定资产的成本,应当按照评估价值和相关税费确定。

1. 科目设置

(1) 设置"实收资本"或"股本"科目,按投入资本在注册资本或股本中所占的份额计入。一般企业(指除股份有限公司以外的企业)接受投资,记入"实收资本"科目;股份有限公司接受投资,记入"股本"科目。为所有者权益类科目。接受投资方按投资人或股东设明细科目核算,如"实收资本——A 公司""股本——B 股东"。

(2) 设置"资本公积"科目,核算"固定资产"的入账价值与"实收资本/股本"之间的差额。一般企业将差额记入"资本公积——资本溢价"科目;股份有限公司将差额记入"资本公积——股本溢价"科目。

2. 会计核算

会计核算时,小企业在办理固定资产移交手续之后,按投资合同或协议约定的价值作为固定资产的入账价值,借记"固定资产"科目;按投资各方确认的价值在其注册资本中所占的份额,确认为"实收资本"或"股本";两者差额确认为资本公积,贷记"资本公积——资本溢价"或"资本公积——股本溢价"科目。

借:固定资产 【合同或协议的价值＋相关税费】
　　应交税费——应交增值税(进项税额) 【可抵扣的进项税额】
　　贷:实收资本/股本 【份额】
　　　　资本公积——资本溢价/股本溢价 【差额】

【例 3-17】 小企业华夏公司为非股份有限公司,收到盛鑫公司投入设备一台,该设备价款 500 000 元,增值税额 65 000 元,盛鑫公司享有华夏公司注册资本的份额为 460 000 元。

借:固定资产 500 000
　　应交税费——应交增值税(进项税额) 65 000
　　贷:实收资本 【份额】 460 000
　　　　资本公积——资本溢价 【差额】 105 000

三、固定资产的后续计量

后续计量主要包括固定资产折旧的计提以及固定资产的后续支出的计量。

(一) 固定资产折旧

1. 固定资产折旧的定义

固定资产折旧,是指在固定资产使用寿命内,按照确定的方法对应计折旧额进行系统分摊。

应计提折旧,是指应计提折旧的固定资产的原价(成本)扣除其预计净残值后的金额。

小企业会计准则规定,小企业不计提减值准备,所以无需考虑固定资产的减值准备。

2. 影响固定资产折旧计算的因素

影响固定资产折旧的因素主要有以下几个方面:

(1) **固定资产原值**,指固定资产的成本。

（2）预计净残值。**预计净残值**，是指假定固定资产预计使用寿命已满，小企业从该项固定资产处置中获得的扣除预计处置费用后的净额。

（3）固定资产的使用寿命。**固定资产的使用寿命**，是指企业使用固定资产的预计期间，或者该固定资产所能生产产品或提供劳务的数量。

固定资产的使用寿命取决于固定资产的预计经济使用年限，也称折旧年限，它通常短于固定资产的物质使用年限。企业在确定固定资产的使用寿命时，应当考虑的因素为：① 预计的生产能力或实物产量。② 预计有形损耗和无形损耗。有形损耗，如设备使用中的磨损、房屋建筑物受到自然侵蚀等。无形损耗，如市场需求变化使所生产的产品过时等。③ 法律或者类似规定对该项资产使用的限制。

相关思考 3-3

《企业会计准则》对影响固定资产折旧计算的因素是如何规定的

《企业会计准则》规定，影响固定资产折旧计算的因素共有 4 个：具体包括固定资产原值、预计净残值、固定资产的使用寿命和固定资产减值准备。

3. 固定资产折旧的范围、年限

除以下情况外，小企业应该对所有固定资产计提折旧：

（1）房屋、建筑物以外未投入使用的固定资产。

（2）以经营租赁方式租入的固定资产。

（3）已提足折旧仍继续使用的固定资产。

在确定计提折旧的范围时还应注意以下几点：

（1）固定资产应当按月计提折旧，并根据固定资产的受益对象计入相关资产成本或者当期损益。固定资产应自达到预定可使用状态时开始计提折旧，终止确认时或划分为持有待售非流动资产时停止计提折旧。为了简化核算，当月增加的固定资产，当月不计提折旧，从下月起计提折旧；当月减少的固定资产，当月仍计提折旧，从下月起不计提折旧。

（2）固定资产提足折旧后，不论能否继续使用，均不再计提折旧，提前报废的固定资产也不再补提折旧。所谓提足折旧是指已经提足该项固定资产的应计提折旧额。

（3）已达到预定可使用状态但尚未办理竣工决算的固定资产，应当按照估计价值确定其成本，并计提折旧；待办理竣工决算后再按实际成本调整原来的暂估价值，但不需要调整原已计提的折旧额。

延伸阅读 3-3

关于固定资产计提折旧最低年限的规定

除国务院财政、税务主管部门另有规定外，固定资产计提折旧的最低年限如下：

① 房屋、建筑物，为 20 年。

② 飞机、火车、轮船、机器、机械和其他生产设备，为 10 年。

③ 与生产经营活动有关的器具、工具、家具等，为 5 年。

④ 飞机、火车、轮船以外的运输工具，为 4 年。

⑤ 电子设备，为 3 年。

4. 固定资产折旧方法

固定资产折旧方法,是指将应计提折旧总额在固定资产各使用期间进行分配所采用的具体计算方法。

企业应当根据与固定资产有关的经济利益的预期实现方式合理选择折旧方法。

小企业应当按照年限平均法(即直线法)计提折旧。小企业的固定资产由于技术进步等原因,确需加速折旧的,可以采用双倍余额递减法和年数总和法。

企业选用不同的固定资产折旧方法,将影响固定资产使用寿命期间内不同时期的折旧费用,因此,固定资产的折旧方法一经确定,不得随意变更。

(1) 年限平均法。**年限平均法**,又称直线法,是指将固定资产的应计折旧额均衡地分摊到固定资产预计使用寿命内的一种方法。

采用这种方法计算的每期折旧额均相等。

采用年限平均法,可按以下两种思路进行计算:

第一种思路计算步骤:

①
$$年折旧额 = \frac{固定资产原值 - 预计净残值}{预计折旧年限} = \frac{固定资产原值 \times (1 - 预计净残值率)}{预计折旧年限}$$

②
$$月折旧额 = 年折旧额 \div 12$$

第二种思路计算步骤:

①
$$年折旧率 = \frac{1 - 预计净残值率}{预计折旧年限} \times 100\%$$

$$月折旧率 = 年折旧率 \div 12$$

②
$$年折旧额 = 固定资产原价 \times 年折旧率$$

$$月折旧额 = 年折旧额 \div 12 (或固定资产原价 \times 月折旧率)$$

【例 3-18】 小企业华夏公司外购一台设备,原值为 400 000 元,预计可使用 10 年,预计净残值率为 4%,采用年限平均法计算月折旧额。

(1) 采用第一种思路。

①
$$年折旧额 = 400\,000 \times (1 - 4\%) \div 10 = 38\,400(元)$$

②
$$月折旧额 = 38\,400 \div 12 = 3\,200(元)$$

(2) 采用第二种思路。

①
$$年折旧率 = (1 - 4\%) \div 10 = 9.6\%$$

$$月折旧率 = 9.6\% \div 12 = 0.8\%$$

②
$$年折旧额 = 400\,000 \times 9.6\% = 38\,400(元)$$

$$月折旧额 = 38\,400 \div 12 = 3\,200(元)$$

或:
$$月折旧额 = 400\,000 \times 0.8\% = 3\,200(元)$$

通过本例的计算过程,体现出各期的折旧额相等,同时不难看出年限平均法的优缺点:

优点是:计算简便、容易理解,在实务中应用较为广泛。

缺点是:只注重固定资产的使用时间,忽视了使用状况,使无论固定资产使用强度如何,各期都计提相同的折旧,难以达到收入与费用的正确配比。

适用范围:适用于各个时期使用程度和使用效率大致相同的固定资产。

（2）双倍余额递减法。**双倍余额递减法**，是指在不考虑固定资产预计净残值的情况下，根据每期期初固定资产原价减去累计折旧后的金额和双倍的直线法折旧率计算固定资产折旧的一种方法。"双倍"是指双倍的直线折旧率，即每期的折旧率不变；"余额"是指每期期初固定资产的账面净值（折余价值：原值减累计折旧），此数据是变化的，且逐年递减。因此双倍余额递减法每期计提的折旧额是递减的趋势。应用这种方法计算折旧额时，由于每年年初固定资产净值没有扣除预计净残值，所以在计算固定资产折旧额时，应在其折旧年限到期前两年内，将固定资产净值扣除预计净残值后的余额平均摊销。

双倍余额递减法的计算步骤如下：

①
$$年折旧率 = \frac{1}{预计使用寿命} \times 2 \times 100\% = \frac{2}{预计使用寿命} \times 100\%$$

$$月折旧率 = 年折旧率 \div 12$$

②
$$某年年折旧额 = 该年年初固定资产账面净值 \times 年折旧率$$

$$月折旧额 = 每月月初固定资产账面净值 \times 月折旧率$$

③ 最后 2 年的折旧额：

$$最后 2 年每 1 年的折旧额 = (倒数第 2 年年初固定资产账面净值 - 预计净残值) \div 2$$

$$最后 2 年每个月的折旧额 = 最后两年每 1 年的折旧额 \div 12$$

【例 3-19】 华夏公司购入的生产经营用总经理的办公家具，原价为 120 000 元，预计使用年限为 5 年，预计净残值 4%，按双倍余额递减法计提折旧，每年的折旧额计算如下：

① 年折旧率 $= 2 \div 5 \times 100\% = 40\%$

预计净残值 $= 120\ 000 \times 4\% = 4\ 800$（元）

② 第 1 年应计提的折旧额 $= 120\ 000 \times 40\% = 48\ 000$（元）

第 2 年应计提的折旧额 $= (120\ 000 - 48\ 000) \times 40\% = 28\ 800$（元）

第 3 年应计提的折旧额 $= (120\ 000 - 48\ 000 - 28\ 800) \times 40\% = 17\ 280$（元）

③ 最后 2 年的折旧额：

从第 4 年起改用年限平均法（直线法）计提折旧。

第 4 年、第 5 年的年折旧额 $= [(120\ 000 - 48\ 000 - 28\ 800 - 17\ 280) - 4\ 800] \div 2 = 10\ 560$（元）

具体如表 3-3 所示。

表 3-3　双倍余额递减法各年折旧额计算表　　　　　　　　单位：元

使用年次	折旧率	年折旧额		累计折旧额	账面净值（原值－累计折旧）
		计算过程	折旧额		
购置时					120 000
1	40%	120 000×40%	48 000	48 000	72 000
2	40%	72 000×40%	28 800	76 800	43 200
3	40%	43 200×40%	17 280	94 080	25 920
4		(25 920－4 800)÷2	10 560	104 640	15 360
5			10 560	115 200	4 800
合计			115 200		

（3）年数总和法。**年数总和法**，又称年限合计法，是指将固定资产的原价减去预计净残值后的余额，乘以一个以固定资产尚可使用寿命为分子、以预计使用寿命逐年数字之和为分母的逐年递减的分数计算每年的折旧额。

年数总和法计算公式如下：

① 年折旧率 ＝ 尚可使用年限 ÷ 预计使用寿命的年数总和

$$= [(n-t)+1] \div [n(n+1) \div 2]$$

（其中，n 代表预计使用年限，t 代表计提折旧的那1年，年折旧率通常用分数表示）

$$月折旧率 ＝ 年折旧率 \div 12$$

② 某年的折旧额 ＝ 应计提折旧总额 × 年折旧率

＝ （固定资产原价 － 预计净残值）× 年折旧率

某月的折旧额 ＝ 应计提折旧总额 × 月折旧率

＝ （固定资产原价 － 预计净残值）× 月折旧

【例 3-20】 承［例 3-19］，假如采用年数总和法，计算各年折旧额。

① 第 1 年的折旧率 ＝ 5/15

第 2 年的折旧率 ＝ 4/15

第 3 年的折旧率 ＝ 3/15

第 4 年的折旧率 ＝ 2/15

第 5 年的折旧率 ＝ 1/15

② 应计提折旧总额 ＝ 原价 － 预计净残值 ＝ 120 000 × (1 － 4%) ＝ 115 200(元)

第 1 年的折旧额 ＝ 115 200 × 5/15 ＝ 38 400(元)

第 2 年的折旧额 ＝ 115 200 × 4/15 ＝ 30 720(元)

第 3 年的折旧额 ＝ 115 200 × 3/15 ＝ 23 040(元)

第 4 年的折旧额 ＝ 115 200 × 2/15 ＝ 15 360(元)

第 5 年的折旧额 ＝ 115 200 × 1/15 ＝ 7 680(元)

具体如表 3-4 所示。

表 3-4　年数总和法各年折旧额计算表　　　　　　　　　　　单位：元

使用年次	尚可使用年限	应计提折旧总额（原价－净残值）	各年折旧率	年折旧额	累计折旧额
购置时		①	②	③＝①×②	
1	5		5/15	38 400	38 400
2	4		4/15	30 720	69 120
3	3	115 200	3/15	23 040	92 160
4	2		2/15	15 360	107 520
5	1		1/15	7 680	115 200
合计				115 200	

通过此例题，可见采用年数总和法计提折旧，各年的折旧额呈现逐年递减的趋势。

双倍余额递减法和年数总和法都是加速折旧法，其特点是在固定资产使用的早期多提折旧,后期少提折旧,其递减的速度逐年加快,从而相对加快折旧速度,目的是使固定资产成本在预计使用寿命内加快得到补偿。

5. 固定资产折旧的会计处理

(1) 科目设置。企业应设置"累计折旧"科目核算企业固定资产的累计折旧,为"固定资产"的备抵科目。贷方登记企业按月计提的固定资产折旧额,借方登记因各种原因转出的固定资产折旧额,期末贷方余额反映固定资产的累计折旧额。

(2) 会计处理。企业根据固定资产的受益对象按月计提折旧,计入相关资产的成本或者当期损益,贷记"累计折旧"科目,借记相关科目,如表3-5所示。

表3-5 固定资产折旧的账务处理

属用部门	借记科目	备 注
管理部门	管理费用	
内设销售机构		
基本生产车间	制造费用	如生产设备、厂房的折旧
专设销售机构	销售费用	如售后服务网点、销售网点的固定资产折旧
经营性出租	其他业务成本	如经营性出租设备的折旧
用于自行建造其他固定资产	在建工程	如用于自行建造办公楼的货车折旧
用于内部研发其他无形资产,开发阶段符合资本化条件的	研发支出——资本化支出	如用于B专利权研发的A设备的折旧

会计分录为:

借:管理费用/销售费用/制造费用等
　　贷:累计折旧

【例3-21】 小企业华夏公司2×19年1月固定资产计提折旧情况如下:甲车间机器设备计提折旧9 000元、乙车间厂房计提折旧10 000元、管理部门房屋建筑物计提折旧13 000元、专设销售机构固定资产折旧4 000元、经营性出租固定资产计提折旧800元、用于自行建造厂房的货车计提折旧1 200元。

借:制造费用——甲车间——折旧费　　　　　　　　　　　　　　　9 000
　　　　　　　——乙车间——折旧费　　　　　　　　　　　　　　10 000
　　管理费用——折旧费　　　　　　　　　　　　　　　　　　　　13 000
　　销售费用——折旧费　　　　　　　　　　　　　　　　　　　　　4 000
　　其他业务成本　　　　　　　　　　　　　　　　　　　　　　　　　800
　　在建工程　　　　　　　　　　　　　　　　　　　　　　　　　　1 200
　　贷:累计折旧　　　　　　　　　　　　　　　　　　　　　　　　38 000

(二) 固定资产后续支出

1. 固定资产后续支出的定义、处理原则及内容

1) 固定资产后续支出的定义

固定资产的后续支出,是指固定资产使用过程中发生的更新改造支出、修理费用等。

2）固定资产后续支出的处理原则

（1）符合固定资产确认条件的，应当计入固定资产成本，同时将被替换部分的账面价值扣除。

（2）不符合固定资产确认条件的，应当计入当期损益。

3）固定资产后续支出的内容

固定资产的后续支出通常包括固定资产在使用过程中发生的日常修理费、大修理费用、改建支出、房屋的装修费用等。

2．固定资产后续支出的核算

1）改建支出

根据小企业会计准则的规定，固定资产在使用过程中进行改建的，固定资产的改建支出，应当计入固定资产的成本。

固定资产的改建支出，是指改变房屋或者建筑物结构、延长使用年限等发生的支出。

改建后的固定资产作为一项新的固定资产进行管理，因此，改建时应将改建前的固定资产账面价值（原值、累计折旧）全部转销，转入"在建工程"，同时停止计提折旧。

改建后固定资产的价值是在原有固定资产价值的基础上，加上由于改建而发生的支出，减去改建过程中拆除部分残料的变价收入后的金额来确定。

会计核算分为以下步骤：

（1）转入扩建，注销原固定资产的账面价值（原值、累计折旧），转入"在建工程"科目。

借：在建工程　　　　　　　　　　　【账面价值】
　　累计折旧
　　贷：固定资产

（2）改建过程。

① 支付改建支出，增加扩建工程成本。

借：在建工程
　　贷：银行存款

② 残料变价收入或作价入库，冲减扩建工程成本。

借：银行存款/原材料等
　　贷：在建工程

③ 改建完工，固定资产达到预定可使用状态，由"在建工程"转入"固定资产"。

借：固定资产
　　贷：在建工程

【例3-22】 小企业华夏公司的第二生产车间，原值800 000元，已提折旧320 000元，由于产品适销对路，现有生产能力不能满足市场需求，企业决定对其进行改扩建，以提高生产能力。2×19年3月1日，将第二车间投入改扩建。经过4个月的改扩建，第二车间完工，在改扩建过程中共发生支出250 000元，均以银行存款支付；另外，车间拆除部分残料作价30 000元，以原材料入库。

账务处理为:

(1) 转入扩建,注销原固定资产的账面价值(原值、累计折旧),转入"在建工程"科目。

借:在建工程 【账面价值】 480 000

累计折旧 320 000

贷:固定资产 800 000

(2) 扩建过程。

① 支付扩建支出,增加扩建工程成本。

借:在建工程 250 000

贷:银行存款 250 000

② 残料作价入库,冲减扩建工程成本。

借:原材料 30 000

贷:在建工程 30 000

(3) 扩建完工,固定资产达到预定可使用状态,由"在建工程"转入"固定资产"。

借:固定资产 700 000

贷:在建工程 700 000

具体如图 3-4 所示。

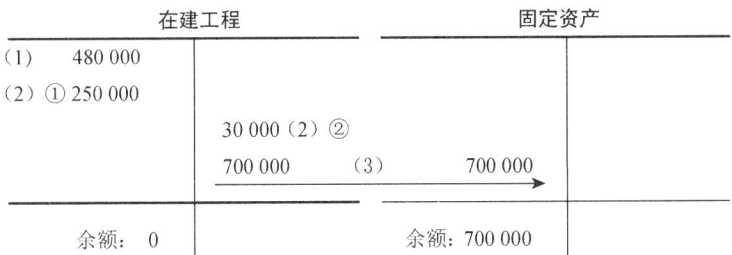

图 3-4 固定资产改扩建成本计算图

2) 日常修理支出

一般情况下,固定资产投入使用之后,由于固定资产磨损、各组成部分耐用程度不同,可能导致固定资产的局部损坏,为了维护固定资产的正常运转和使用,充分发挥其使用效能,企业将对固定资产进行必要的维护。

固定资产的日常修理费,应当在发生时根据固定资产的受益对象计入相关资产成本或者当期损益。小企业生产车间(部门)发生的固定资产修理费等后续支出,记入"制造费用"科目,行政管理部门等发生的固定资产修理费用等后续支出,记入"管理费用"科目。

 延伸阅读3-4 ....

《企业会计准则》关于生产车间(部门)发生的固定资产修理费用的会计处理

《企业会计准则》规定:企业生产车间(部门)和行政管理部门等发生的固定资产修理费用等后续支出记入"管理费用"。之所以记入"管理费用",是因为如果记入"制造费用",最终将影响存货的单位生产成本,不利于企业产品定价等经营决策的制定。

【例3-23】 2×19年1月16日,小企业华夏公司管理用轿车日常修理费支出30 000元,增值税进项税额4 800元,以银行存款支付。

借:管理费用　　　　　　　　　　　　　　　　　　　　　　　　30 000

　　应交税费——应交增值税(进项税额)　　　　　　　　　　　　4 800

　　贷:银行存款　　　　　　　　　　　　　　　　　　　　　　　　34 800

3)与固定资产后续支出有关的长期待摊费用

长期待摊费用核算小企业已经发生但应由本期和以后各期负担的分摊期限在1年以上的各项费用,主要包括:

(1)已提足折旧的固定资产的改建支出,按照固定资产预计尚可使用年限分期摊销。

① 改建过程发生支出时:

借:长期待摊费用

　　贷:原材料/银行存款/应付职工薪酬等

② 对改建支出进行摊销时:

借:生产成本等

　　贷:长期待摊费用

(2)经营租入固定资产的改建支出,按照合同约定的剩余租赁期限分期摊销。

① 改建过程发生支出时:

借:在建工程

　　贷:原材料/银行存款/应付职工薪酬等

② 改建完成,达到预定可使用状态交付时:

借:长期待摊费用

　　贷:在建工程

③ 长期待摊费用分摊时:

借:生产成本等

　　贷:长期待摊费用

(3)符合税法规定的固定资产的大修理支出,按照固定资产预计尚可使用年限分期摊销。

相关思考3-4

确认为符合税法规定的固定资产大修理支出,需满足哪些条件

固定资产的大修理支出,是指同时符合下列条件的支出:

A. 修理支出达到取得固定资产时的计税基础50%以上。

B. 修理后固定资产的使用寿命延长2年以上。

① 符合以上两项条件的大修理支出,在发生时:

借:长期待摊费用

　　贷:原材料/银行存款/应付职工薪酬等

② 长期待摊费用分摊时:

借:生产成本/管理费用等
　　贷:长期待摊费用

四、固定资产的处置

(一) 固定资产终止确认的条件

固定资产满足下列条件之一的,应当予以终止确认:

(1) 该固定资产处于处置状态。固定资产处置包括固定资产的出售、转让、报废或毁损、对外投资、非货币性资产交换、债务重组等。处于处置状态的固定资产不再用于生产商品、提供劳务、出租或经营管理,因此不再符合固定资产的定义,应予终止确认。

(2) 该固定资产预期通过使用或处置不能产生经济利益。固定资产的确认条件之一是"与该固定资产有关的经济利益很可能流入企业",如果一项固定资产预期通过使用或处置不能产生经济利益,就不再符合固定资产的定义和确认条件,应予终止确认。

可见,**固定资产的处置**,是指由于各种原因使企业的固定资产退出生产经营过程,并予以终止确认的处理活动。

(二) 固定资产处置的处理步骤

企业出售、转让、报废固定资产或发生固定资产毁损,应当按处置收入扣除其账面价值、相关税费和清理费用后的净额,记入"营业外收入""资产处置损益"或"营业外支出"科目。其中,固定资产毁损的净损失是指毁损的固定资产的账面价值,加上发生的清理费用,扣除残料变价收入以及保险赔偿、责任人赔偿后的净额。

1. 科目设置

企业应设置"固定资产清理"科目,核算企业因出售、报废、毁损、对外投资、非货币性资产交换、债务重组等原因转入清理的固定资产账面价值,以及清理过程发生的清理税费和清理收入。固定资产处置一般通过"固定资产清理"科目进行核算。

2. 账务处理步骤

企业因出售、报废或毁损、对外投资、非货币性资产交换、债务重组等处置固定资产,其账务处理一般经过以下几个步骤:

1) 固定资产转入清理,注销固定资产的账面价值

固定资产转入清理时,按固定资产账面价值,借记"固定资产清理"科目,按已计提的累计折旧,借记"累计折旧"科目,按固定资产账面余额,贷记"固定资产"科目。

借:固定资产清理　　　　　　　　　　【账面价值】
　　累计折旧
　　贷:固定资产

2) 清理过程

(1) 发生清理税费。固定资产清理过程中发生的有关费用以及应支付的相关税费,借记"固定资产清理"科目,贷记"银行存款""应交税费"等科目。

借:固定资产清理
　　贷:银行存款/应付职工薪酬/应交税费等

(2) 出售收入、残料、保险或过失人赔偿等。企业收回出售固定资产的价款、残料价值和

变价收入、企业计算或收到的应由保险公司或过失人赔偿的损失等,应冲减清理支出。按实际收到的出售价款、残料变价收入、赔偿损失等,借记"银行存款""原材料""其他应收款"等科目,贷记"固定资产清理"科目。

> 借:银行存款/原材料/其他应收款等
>   贷:固定资产清理

通常情况下,出售固定资产会涉及相关税费,如出售有形动产(设备等)及不动产(房屋、建筑物)的固定资产会涉及增值税,因此当收到出售收入时,应同时计算应纳税额,分录如下:

> 借:银行存款
>   贷:固定资产清理
>   应交税费

3)清理净损益的处理

(1)清理完毕,"固定资产清理"科目余额如为借方,则表示固定资产处置的净损失,则由"固定资产清理"的贷方转出,转入"营业外支出"的借方。

① 属于生产经营期间正常的处理损失,借记"营业外支出——处置非流动资产损失"科目,贷记"固定资产清理"科目。

> 借:营业外支出——处置非流动资产损失
>   贷:固定资产清理

② 属于生产经营期间由于自然灾害等非正常原因造成的,借记"营业外支出——非常损失"科目,贷记"固定资产清理"科目。

> 借:营业外支出——非常损失
>   贷:固定资产清理

(2)清理完毕,"固定资产清理"科目余额如为贷方,则表示固定资产处置的净收益,则由"固定资产清理"的借方转出,转入"营业外收入——处置非流动资产利得"的贷方或转入"资产处置损益"(继续有使用功能)。

> 借:固定资产清理
>   贷:营业外收入——处置非流动资产利得

【例3-24】 2×19年3月7日,小企业华夏公司因生产经营管理的需要,将一台2×15年2月4日购买的设备出售,出售的价款为150 000元。被出售设备的原值300 000元,已计提累计折旧114 000元。出售时发生清理费用2 000元。

本例中出售已使用过的有形动产,需按16%税率计算缴纳增值税,应交增值税＝150 000×13%＝19 500(元)。

账务处理为:

(1)将设备转入清理,注销设备的账面价值:

借:固定资产清理	【账面价值】	186 000
累计折旧		114 000
贷:固定资产		300 000

（2）清理过程：

① 发生清理费用：

借：固定资产清理 2 000
　贷：银行存款 2 000

② 收到出售价款：

$$应交增值税＝150\ 000×13\%＝19\ 500（元）$$

借：银行存款 169 500
　贷：固定资产清理 150 000
　　应交税费——应交增值税（销项税额） 19 500

（3）结转净损益，如图 3-5 所示。

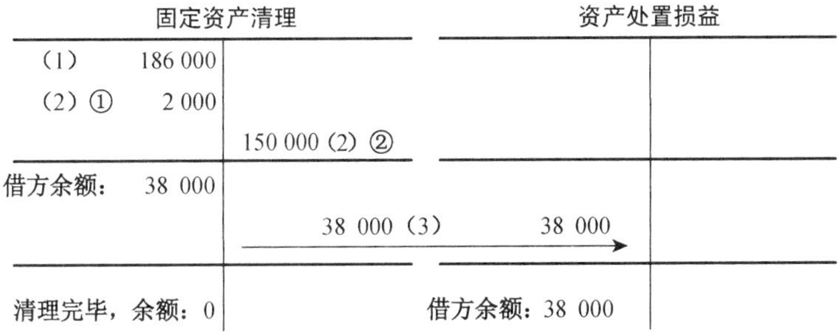

图 3-5　出售固定资产净损益结转

借：资产处置损益 38 000
　贷：固定资产清理 38 000

五、固定资产的清查

固定资产是一种单位价值较高、使用期限较长的有形资产，小企业应定期或者至少于每年年末对固定资产进行清查盘点，以保证固定资产核算的真实性。在固定资产清查过程中，如发现盘盈、盘亏的固定资产，应当填制固定资产盘盈盘亏报告表，清查固定资产的损益，应及时查明原因，并按照规定程序报批处理。

（一）固定资产盘盈

盘盈的固定资产，按市场价格记入"营业外收入"科目。具体会计处理步骤如下：

（1）按照同类或者类似固定资产的市场价格扣除按新旧程度估计的折旧后的余额，即按照市场价格：

借：固定资产
　贷：待处理财产损溢——待处理固定资产损溢

（2）经批准后：

借：待处理财产损溢——待处理固定资产损溢
　贷：营业外收入

❓相关思考 3-5 ···

《企业会计准则》对盘盈固定资产的账务处理是如何规定的

《企业会计准则》规定:企业在财产清查中发现盘盈的固定资产,作为前期差错处理。通过"以前年度损益调整"科目核算。

【例 3-25】 2×19 年 12 月,小企业华夏公司在年末财产清查过程中,发现盘盈一台电脑,按照相同新旧程度电脑的市场价格估计为 6 500 元。

(1)盘盈固定资产时:

借:固定资产   【重置成本】   6 500
　贷:待处理财产损溢——待处理固定资产损溢   6 500

(2)报经批准后:

借:待处理财产损溢——待处理固定资产损溢   6 500
　贷:营业外收入   6 500

(二)固定资产盘亏

盘亏的固定资产,按盘亏净损失,记入"营业外支出"科目。具体会计处理步骤如下:

(1)发现盘亏的固定资产,在未报批准处理前:

先将其账面价值(原值、累计折旧)注销,同时将账面价值借记"待处理财产损溢——待处理固定资产损溢"科目。

借:待处理财产损溢——待处理固定资产损溢 【账面价值】
　累计折旧
　贷:固定资产

(2)经批准后,按可收回的保险赔款或过失人赔款,借记"其他应收款""银行存款"等科目,按盘亏造成的净损失,借记"营业外支出——盘亏损失"科目,贷记"待处理财产损溢——待处理固定资产损溢"科目。

借:其他应收款/银行存款等科目
　营业外支出——盘亏损失   【盘亏损失】
　贷:待处理财产损溢——待处理固定资产损溢

账务处理完毕后,"待处理财产损溢——待处理固定资产损溢"科目无余额。

【例 3-26】 小企业华夏公司在进行固定资产盘点时,发现盘亏一台设备,固定资产账簿上记录其原价为 160 000 元,已计提折旧 60 800 元,收到保险公司赔偿 30 000 元。

(1)在未报批准处理前,注销电脑的账面价值:

借:待处理财产损溢——待处理固定资产损溢 【账面价值】   99 200
　累计折旧   60 800
　贷:固定资产   160 000

(2)经批准后:

借:银行存款   30 000
　营业外支出——盘亏损失 【差】   69 200
　贷:待处理财产损溢——待处理固定资产损溢   99 200

第三节 | 生产性生物资产

一、生产性生物资产的定义、特征与确认条件

(一)生产性生物资产的定义

生产性生物资产,是指小企业(农、林、牧、渔业)为生产农产品、提供劳务或出租等目的而持有的生物资产,包括:经济林、薪炭林、产畜和役畜等。

生产性生物资产具备自我生长性,能够在持续的基础上予以消耗并在未来的一段时间内保持其服务能力或未来经济利益,属于劳动手段。

(二)生产性生物资产的特征

生产性生物资产具有以下两个特征。

1. 为生产农产品、提供劳务或出租等目的而持有。

小企业持有的生产性生物资产是企业劳动工具或手段,而不是直接用于出售的产品。

 延伸阅读3-5

生产性生物资产与消耗性生物资产在持有目的等方面有何不同

与消耗性生物资产相比较,生产性生物资产的最大不同在于,生产性生物资产具有能够在生产经营中长期、反复使用,从而不断产出农产品或是长期役用的特征。消耗性生物资产收获农产品之后,就不复存在;而生产性生物资产产出农产品之后,仍然存在,并可以在未来期间继续产出农产品。

因此,通常认为生产性生物资产在一定程度上具有固定资产的特征,如果果树每年产出水果、奶牛每年产出奶等。

2. 生产性生物资产具有生物资产的特殊性

生物资产最大的特征是具有生物转化性和自然增殖性。**生物转化**,是指导致生物资产质量或数量发生变化的生长、蜕化、生产和繁殖的过程。在生物转化过程中,生物自身的价值往往又会增加。此外,生物资产具有阶段性、周期性、多样性、双重资产特性、未来经济利益不确定性以及在存续期间需要连续不断地投入的特点。

(三)生产性生物资产的确认条件

生产性生物资产在符合定义的前提下,应当同时满足以下两个条件,才能加以确认。

1. 与该生产性生物资产有关的经济利益很可能流入企业

在实务中,判断与生产性生物资产有关的经济利益是否很可能流入小企业,主要判断与该生产性生物资产相关的风险和报酬是否转移到了小企业。

2. 该生产性生物资产的成本能够可靠地计量

小企业在确定生产性生物资产成本时必须取得确凿的证据,但是,有时需要根据所获得的最新资料,对生产性生物资产的成本进行合理的估计。

二、生产性生物资产的初始计量

生产性生物资产的初始计量指确定生产性生物资产的取得成本。生产性生物资产应当按照成本进行初始计量。

在实务中,小企业取得生产性生物资产的方式多种多样,包括外购、自行营造或繁殖、育肥畜转为产畜或役畜等,取得的方式不同,其成本的具体构成内容及确定方法也不同。

(一)外购生产性生物资产

1. 成本内容

外购生产性生物资产的成本,包括购买价款、相关税费、运输费、保险费,以及可以直接归属于购买该资产的其他支出。

2. 会计处理

借:生产性生物资产　　　　　　　　　　【按照应计入生产性生物资产的成本金额】

　　贷:银行存款/应付账款等　　　　　　【结算方式】

在实务中,企业可能以一笔款项购入多项没有单独标价的生产性生物资产,购买过程中发生的相关税费、运输费、保险费,以及不能直接归属于购买某资产的其他支出,应当按各项生产性生物资产的价款比例对总成本进行分配,分别确定生产性生物资产的成本。

【例 3-27】 2×19 年 3 月,小企业牧欣公司从市场上一次性购买了 30 头种猪和 20 头种牛,单价分别是 1 500 元和 4 500 元,支付价款共计 135 000 元。此外,发生运输费 7 000 元,保险费 4 000 元,装卸费 3 000 元,款项全部以银行存款支付。

(1)确定应分摊的运输费、保险费、装卸费。

$$分摊比例 = (7\,000 + 4\,000 + 3\,000) \div 135\,000 \times 100\% = 10.37\%$$

因此,

$$种猪分摊的运输费、保险费、装卸费 = 30 \times 1\,500 \times 10.37\% = 4\,666.5(元)$$
$$种牛分摊的运输费、保险费、装卸费 = 20 \times 4\,500 \times 10.37\% = 9\,333.5(元)$$

(2)确定种猪、种牛的入账价值:

$$种猪的入账价值 = 30 \times 1\,500 + 4\,666.5 = 49\,666.5(元)$$
$$种牛的入账价值 = 20 \times 4\,500 + 9\,333.5 = 99\,333.5(元)$$

会计处理为:

借:生产性生物资产——种猪　　　　　　　　　　　　　　　　　　　49 666.5

　　　　　　　　　——种牛　　　　　　　　　　　　　　　　　　　99 333.5

　　贷:银行存款　　　　　　　　　　　　　　　　　　　　　　　　149 000.0

(二)自行营造或繁殖的生产性生物资产

1. 成本确定的原则

对自行营造、繁殖的生产性生物资产,如企业自己繁育的奶牛、种猪,自行营造的橡胶树、果树、茶树等,其成本确定的一般原则是按照其达到预定生产经营目的前发生的必要支出进行确定,包括直接材料、直接人工、其他直接费用和应分摊的间接费用。

2. 成本确定的相关规定

(1)自行营造的林木类生产性生物资产的成本包括:达到预定生产经营目的前发生的造林费、抚育费、营林设施费、良种试验费、调查设计费和应分摊的间接费用等必要支出。

(2)自行繁殖的产畜和役畜的成本包括:达到预定生产经营目的前发生的饲料费、人工费和应分摊的间接费用等必要支出。在达到预定生产经营目的后发生的管护、饲养费用等后续支出,应当计入当期损益,不能计入成本。

达到预定生产经营目的,是指生产性生物资产进入正常生产期,可以多年连续稳定产出农产品、提供劳务或出租。达到预定生产经营目的是区分生产性生物资产成熟和未成熟的分界点,同时也是判断其相关费用停止资本化的时点,是区分其是否具备生产能力,从而是否计提折旧的分界点,企业应当根据具体情况结合正常生产期的确定,对生产性生物资产是否达到预定生产经营目的进行判断。

3. 会计处理

(1) 自行繁殖的产畜和役畜,按照产畜和役畜的成本,借记"生产性生物资产(未成熟生产性生物资产)"科目,贷记"原材料""银行存款"等科目。

借:生产性生物资产——未成熟生产性生物资产
　　贷:银行存款/原材料等

(2) 当未成熟生产性生物资产达到预定生产经营目的时,按其账面余额,借记"生产性生物资产——成熟生产性生物资产"科目,贷记"生产性生物资产——未成熟生产性生物资产"科目。

借:生产性生物资产——成熟生产性生物资产
　　贷:生产性生物资产——未成熟生产性生物资产

【例3-28】 2×16年年初,小企业木阳公司自行营造100亩苹果树(苹果树3年后挂果)。当年发生以下费用:

种苗费200 000元、肥料费100 000元、农药费10 000元、人工费70 000元、平整土地所需机械作业费30 000元、管护费20 000元,其中管护费由银行存款支付。

2×17年及2×18年,每年抚育发生如下费用:

肥料费80 000元、农药费16 000元、人工费30 000元、管护费15 000元,其中管护费由银行存款支付。

2×19年,该苹果树开始挂果,即达到预期经营目的。

(1) 2×16年的账务处理:

借:生产性生物资产——未成熟生产性生物资产	430 000
贷:原材料——种苗	200 000
——化肥	100 000
——农药	10 000
应付职工薪酬	70 000
累计折旧	30 000
银行存款	20 000

(2) 2×17年及2×18年的账务处理:

借:生产性生物资产——未成熟生产性生物资产	141 000
贷:原材料——化肥	80 000
——农药	16 000
应付职工薪酬	30 000
银行存款	15 000

（3）2×19 年的账务处理：

2×19 年达到预期经营目的，"未成熟生产性生物资产成本"＝430 000＋141 000×2＝712 000（元）。

借：生产性生物资产——成熟生产性生物资产   712 000

  贷：生产性生物资产——未成熟生产性生物资产   712 000

（三）育肥畜转为产畜或役畜

育肥畜转为产畜或役畜，应当按其账面价值，借记"生产性生物资产"科目，贷记"消耗性生物资产"科目，即：

借：生产性生物资产   【账面价值】

  贷：消耗性生物资产   【账面价值】

【例 3-29】 2×19 年 2 月，小企业牧鑫公司购入 500 只黑山羊羊苗，单价 200 元，共支付价款 100 000 元，因种羊市场供不应求，且这批黑山羊羊苗属于优良品种，与此同时企业分析这批黑山羊羊苗长成成年肉羊后，市场价格存在风险，所以企业决定将其中的 400 只羊苗变成种羊。在变成种羊之前，这 500 只黑山羊羊苗的账面价值是 120 000 元。

变成种羊的 400 只黑山羊的账面价值 ＝ 120 000÷500×400 ＝ 96 000（元）

借：生产性生物资产——产畜——黑山羊种羊   96 000

  贷：消耗性生物资产——育肥畜——黑山羊   96 000

三、生产性生物资产的后续计量

生产性生物资产的后续计量主要包括生产性生物资产折旧的计提以及后续支出的计量。

（一）生产性生物资产的折旧

1. 生产性生物资产折旧的含义

成熟的生产性生物资产进入正常生产期，可以多年连续稳定产出农产品、提供劳务或出租。因此，应当按期计提折旧，以其给企业带来的经济利益流入相配比。

生产性生物资产的折旧，是指在生产性生物资产的折旧年限内，按照确定的方法对应计折旧额进行系统分摊。其中，**应计折旧额**，是指应当计提折旧的生产性生物资产的原价扣除预计净残值后的余额。**预计净残值**，是指预计生产性生物资产使用寿命结束时，在处置过程中取得的处置收入扣除发生的处置费用后的余额。

小企业应当按照对达到预定生产经营目的的生产性生物资产计提折旧，并根据受益对象分别计入收获的农产品成本、劳务成本、出租费用等。对成熟生产性生物资产按期计提折旧时，借记"生产成本""管理费用"等科目，贷记"生产性生物资产累计折旧"科目。

2. 影响生产性生物资产折旧的因素

（1）生产性生物资产原值，是指生产性生物资产的成本。

（2）预计净残值。

3. 生产性生物资产的折旧范围、折旧方法

（1）折旧范围。小企业应当结合本企业的具体情况，根据生产性生物资产的类型，制定适合本企业的生产性生物资产目录和分类方法。对于达到预定经营目的的生产性生物资产，还应根据生产性生物资产的性质、使用情况和有关经济利益的预期实现方式，合理确定生产性生

物资产的使用寿命、预计净残值和折旧方法,作为进行生产性生物资产核算的依据。

(2)折旧方法。小企业(农、林、牧、渔业)应当自生产性生物资产投入使用月份的下月起按月计提折旧;停止使用的生产性生物资产,应当自停止使用月份的下月起停止计提折旧。当期增加的成熟生产性生物资产应当于下月起计提折旧,一旦提足折旧,不论能否继续使用,均不再计提折旧。

需要注意的是,以融资租入的生产性生物资产和以经营租赁方式租出的生产性生物资产,应当计提折旧,以融资租赁租出的生产性生物资产和以经营租赁方式租入的生产性生物资产,不应计提折旧。

生产性生物资产的使用寿命和折旧方法一经确定,不得随意变更。

4. 生产性生物资产的使用寿命

小企业会计准则规定,生产性生物资产应当按照年限平均法计提折旧,生产性生物资产折旧的最低年限如下:

(1)林木类生产性生物资产为 10 年。

(2)畜产类生产性生物资产为 3 年。

【例3-30】 2×19 年年末,小企业木欣公司对生产性生物资产计提折旧,已知已到成熟期的苹果树 80 株,每株苹果树到成熟、挂果大约需要 1 700 元。公司果木林按 10 年计提折旧。假设木欣公司按年计提折旧。

$$当年应计提折旧额 = 80 \times 1\,700 \div 10 = 13\,600(元)$$

借:生产成本——农业生产成本   13 600
  贷:生产性生物资产累计折旧——苹果树   13 600

(二)生产性生物资产的后续支出

生产性生物资产的后续支出一般包括以下方面。

1. 林木类生物资产补植

择伐、间伐或抚育更新等生产性采伐而补植林木类生产性生物资产发生的后续支出:

借:生产性生物资产
  贷:银行存款等

2. 生产性生物资产发生的管护、饲养费用

生产性生物资产发生的管护、饲养费用等后续支出:

借:管理费用
  贷:银行存款等

四、生产性生物资产的收获与处置

(一)生产性生物资产的收获

生产性生物资产的收获,是指农产品从生产性生物资产上分离,如从苹果树上采摘下苹果、奶牛产出牛奶、绵羊产出羊毛等。

1. 收获农产品核算的一般要求

农产品按照所处行业,一般可以分为种植业产品(如小麦、水稻、玉米、棉花、糖料、烟叶

等)、畜牧养殖业产品(如牛奶、羊毛、肉类、禽蛋类)、林产品(如苗木、原木、水果等)和水产品(如鱼、虾、贝类等)。从收获农产品成本核算的截至时点来看,由于种植业产品和林业产品一般具有季节性强、生产周期长、经济再生产与自然再生产相交织的特点,种植业产品和林业产品成本计算期因不同产品的特点而异。因此,企业在确定收获农产品的成本时,应特别注意成本计算的截至时点。例如,不入库的鲜活产品算至销售;育苗的成本计算截至出圃;采割阶段,林木采伐算至原木产品;橡胶算至加工成干胶或浓缩胶乳;茶的成本计算截至各种毛茶;水果等其他收获活动计算至产品能够销售等。

2. 生产性生物资产收获农产品

生产性生物资产具备自我生长性,能够在生产经营中长期、反复使用,从而不断地产出农产品。从生产性生物资产上收获农产品后,生产性生物资产这一母体仍然存在,如奶牛产出牛奶、从果树上采摘下水果等。农业生产过程中发生的各项生产费用,按照经济用途可以分为直接材料、直接人工等直接费用以及间接费用,企业应当区别处理。

(1)农产品收获过程中发生的直接材料、直接人工等直接费用,直接计入相关成本核算对象,借记"农业生产成本——农产品"科目,贷记"库存现金""银行存款""原材料""应付职工薪酬""生产性生物资产累计折旧"等科目。

【例3-31】 2×19年1月月末,小企业牧鑫奶牛养殖企业发生奶牛"已进入产奶期"的饲养费用如下:饲料8 000千克,计10 000元,应付饲养人员工资6 000元,以银行存款支付防疫费800元。

借:农业生产成本——牛奶	16 800
贷:原材料	10 000
应付职工薪酬	6 000
银行存款	800

(2)农产品收获过程中发生的间接费用,如材料费、人工费、生产性生物资产的折旧费等应分摊的共同费用,应当在生产成本归集:

借:农业生产成本——共同费用
　贷:银行存款/原材料/应付职工薪酬等

在会计期末按一定的分配标准,分配计入有关的成本核算对象:

借:农业生产成本——农产品
　贷:农业生产成本——共同费用

核算方法同消耗性生物资产。

(二)生产性生物资产的出售

生产性生物资产出售时,应当按照其账面价值结转成本。售价与账面价值的差额记入"营业外收入"或"营业外支出"科目。

借:银行存款	【实收金额】
生产性生物资产累计折旧	【已计提的累计折旧】
贷:生产性生物资产	【账面余额】
营业外收入——处置非流动资产收益	【差。如为借差,则为"营业外支出——处置非流动资产损失"】

（三）生产性生物资产的盘亏、死亡或毁损

生产性生物资产盘亏、死亡或毁损时，应当将处置收入扣除其账面价值和相关税费后的余额记入"待处理财产损溢"科目，待查明原因后，根据企业的管理权限，经批准后，在期末结账前处理完毕。生产性生物资产因盘亏、死亡或毁损造成的损失，在减去过失人或者保险公司等的赔款和残余价值后，记入"营业外支出"科目。

【例 3-32】 2×19 年 2 月 3 日，小企业牧鑫公司发现死亡 2 头 3 个月左右的种猪，其账面余额为 800 元，2 月 10 日，经查明，是因为体弱而被其他种猪踩踏而死。

（1）2 月 3 日：

借：待处理财产损溢   800

 贷：生产性生物资产   800

（2）2 月 10 日：

借：营业外支出   800

 贷：待处理财产损溢   800

（四）生产性生物资产转换

生产性生物资产改变用途后的成本应当按照改变用途时的账面价值确定，也就是说，将转出生物资产的账面价值作为转入资产的实际成本。

（1）产畜或役畜淘汰转为育肥畜，或者林木类生产性生物资产转为林木类消耗性生物资产时，按照转群或转变用途时的账面价值，借记"消耗性生物资产"科目，按已计提的累计折旧，借记"生产性生物资产累计折旧"科目，按其账面余额，贷记"生产性生物资产"科目。

【例 3-33】 2×19 年 2 月 8 日，小企业牧鑫公司将自行繁殖的 100 头种猪转为育肥猪，此批种猪的账面原值为 200 000 元，已计提的累计折旧余额为 8 000 元。

借：消耗性生物资产——育肥猪   192 000

 生产性生物资产累计折旧   8 000

 贷：生产性生物资产——种猪   200 000

（2）育肥转为产畜或役畜，或者林木类消耗性生物资产转为林木类生产性生物资产时，按其账面余额，借记"生产性生物资产"科目，贷记"消耗性生物资产"科目。

借：生产性生物资产

 贷：消耗性生物资产

第四节 ┃ 无 形 资 产

一、无形资产的定义及特征

（一）无形资产的定义

无形资产，是指小企业为生产产品、提供劳务、出租或经营管理而持有的、没有实物形态的可辨认非货币性资产。

（二）无形资产的基本特征

相对于其他资产，无形资产具有以下特征。

1. 由企业拥有或者控制，并能为其带来经济利益的资源

预计能为小企业带来未来经济利益是作为一项资产的本质特征，无形资产也不例外。通常情况下，小企业拥有或者控制的无形资产应当是拥有其所有权并且能为企业带来未来经济利益的。但是某些情况下并不需要小企业拥有其所有权，如果小企业有权获得某项无形资产产生的经济利益，同时又能约束其他人获得这些经济利益，则说明小企业控制了该项无形资产，或者说控制了该项无形资产产生的经济利益，具体表现为小企业拥有该项无形资产的法定所有权或者使用权，并受到法律的保护。比如，小企业与其他企业签订合约转让商标权，由于合约的签订，使商标使用权转让的相关权利受到法律的保护。

2. 无形资产不具有实物形态

无形资产通常表现为某种权利、某项技术或是某种获取超额利润的综合能力，它们不具有实物形态，比如，土地使用权、非专利技术等。小企业的无形资产很大程度上是通过自身所具有的技术等优势为企业带来未来经济利益。

某些无形资产的存在有赖于实物载体。比如，计算机软件需要存储在磁盘中。但这并不改变无形资产本身不具实物形态的特性。在确定一项包含无形和有形要素的资产是属于固定资产，还是属于无形资产时，需要通过判断来加以确定，通常以哪个要素更重要作为判断的依据。例如，计算机控制的机械工具没有特定计算机软件就不能运行时，说明该软件是构成相关硬件不可缺少的组成部分，该软件应作为固定资产处理；如果计算机软件不是相关硬件不可缺少的组成部分，则该软件应作为无形资产核算。

3. 无形资产具有可辨认性

符合以下条件之一的，则认为其具有可辨认性：

（1）能够从小企业中分离或者划分出来，并能单独用于出售或转让等，而不需要同时处置在同一获利活动中的其他资产，表明无形资产可以辨认。某些情况下无形资产可能需要与有关的合同一起用于出售转让等，这种情况下也视为可辨认无形资产。

（2）产生于合同性权利或其他法定权利，无论这些权利是否可以从企业或其他权利和义务中转移或者分离，如一方通过与另一方签订特许权合同而获得的特许使用权通过法律程序申请获得的商标权、专利权等。

如果企业有权获得一项无形资产产生的未来经济利益，并能约束其他方获取这些利益，则表明企业控制了该项无形资产。例如，对于会产生经济利益的技术知识，若其受到版权、贸易协议约束（如果允许）等或雇员保密法定职责的保护，那么说明该小企业控制了相关利益。

客户关系、人力资源等，由于企业无法控制其带来的未来经济利益，不符合无形资产的定义，不应将其确认为无形资产。

内部产生的品牌、报刊名、刊头、客户名单和实质上类似的项目支出，由于不能与整个业务开发成本区分开来。因此，这类项目不应确认为无形资产。

另外，商誉由于其存在无法与企业自身相分离而不具有可辨认性，因此商誉不属于无形资产。

4. 无形资产属于非货币性资产

非货币性资产，是指企业持有的货币资金和将以固定或可确定的金额收取的资产以外的

其他资产。无形资产由于没有发达的交易市场,一般不容易转化成现金,在持有过程中为企业带来未来经济利益的情况不确定,不属于以固定或可确定的金额收取的资产,属于非货币性资产。

二、无形资产的分类

(一) 按经济内容分类

小企业的无形资产按其反映的经济内容,可以分为:专利权、非专利技术、商标权、著作权、特许权、土地使用权等。

1. 专利权

专利权,是指国家专利主管机关依法授予发明创造专利申请人,对其发明创造在法定期限内所享有的专有权利,包括发明专利权、实用新型专利权和外观设计专利权。根据我国专利法的规定,发明专利的保护期限为 20 年,实用新型、外观设计专利为 10 年,均自申请日算起,即从向知识产权局递交"专利申请书"并且从申请日起就已起到相应的保护作用。

2. 非专利技术

非专利技术,也称专有技术。它是指不为外界所知、在生产经营活动中已采用了的、不享有法律保护的、可以带来经济效益的各种技术和诀窍。非专利技术一般包括工业专有技术、商业贸易专有技术、管理专有技术等。非专利技术因为未经法定机关按法律程序批准和认可,所以不受法律的保护。非专利技术没有法律上的有效期限,只有经济上的有效期限。其独占性的维持及获取超额收益时间的长短取决于企业自我保密的方式。

3. 商标权

商标权,指专门在某类指定的商品或产品上使用特定的名称或图案的权利,依法注册登记后取得的,受法律保护的独家使用权。商标是用来辨认特定的商品或劳务的标记,代表着企业的一种信誉,从而具有相应的经济价值。根据我国商标法的规定,商标注册的有效期为 10 年,自核准注册之日起计算。注册商标有效期满,需继续使用的,应当在期满前 6 个月内申请续展注册,每次续展注册的有效期为 10 年,在此期间未能提出申请的,可以给予 6 个月的宽展期。宽展期满仍未提出申请的,注销其注册商标。

4. 著作权

著作权,又称版权,指作者对其创作的文学、科学和艺术作品依法享有的某些特殊权利。著作权包括作品署名权、发表权、修改权和保护作品完整权,还包括复制权、发行权、出租权、展览权、表演权、放映权、广播权、信息网络传播权、摄制权、改编权、翻译权、汇编权以及应当由著作权人享有的其他权利。

5. 特许权

特许权,又称经营特许权、专营权,指企业在某一地区经营或销售某种特定商品的权利或是一家企业接受另一家企业使用其商标、商号、技术秘密等的权利。

特许权通常有两种形式:

(1) 由政府机构授权,准许企业使用或在一定地区享有经营某种业务的特权,如水、电、邮电通信等专营权、烟草专卖权等等。

(2) 企业间依照签订的合同,有限期或无限期使用另一家企业的某些权利,如连锁店分店使用总店的名称等。

6. 土地使用权

土地使用权,是指国家准许某企业在一定期间内对国有土地享有开发、利用、经营的权利。根据我国《土地管理法》的规定,我国土地实行公有制,任何单位和个人不得侵占、买卖或者以其他形式非法转让。国家和集体可以依照法定程序对土地使用权实行有偿出让,企业也可以依照法定程序取得土地使用权,或将已取得的土地使用权依法转让。企业取得土地使用权的方式大致有以下几种:行政划拨取得、外购取得及投资者投资取得。

(二)按来源途径分类

无形资产按其来源途径,可以分为外来无形资产和自创无形资产。

外来无形资产,是指企业通过从国内外科研单位及其他企业购进、接受投资等方式从企业外部取得的无形资产。

自创无形资产,是指企业自行开发、研制的无形资产。

三、无形资产的初始计量

无形资产通常是按实际成本计量,即以取得无形资产并使之达到预定用途而发生的全部支出作为无形资产的成本。对于不同来源取得的无形资产,其成本构成不尽相同。

(一)外购无形资产

1. 外购无形资产的成本

1)属于外购无形资产的成本

外购的无形资产,其成本包括购买价款、相关税费以及直接归属于使该项资产达到预定用途所发生的其他支出。其中,直接归属于使该项资产达到预定用途所发生的其他支出包括使无形资产达到预定用途所发生的专业服务费用、测试无形资产是否能够正常发挥作用的费用等。

2)不属于外购无形资产的成本

(1)为引入新产品进行宣传发生的广告费、管理费用及其他间接费用。

(2)无形资产已经达到预定用途以后发生的费用。

2. 外购无形资产的核算

1)科目的设置

企业应设置"无形资产"科目进行无形资产的总分类核算,并在"无形资产"总账科目下按其内容及无形资产的具体名称分设明细科目,如"无形资产——特许权——C 特许权""无形资产——商标权——甲商标权"。

"无形资产"账户核算企业持有无形资产的成本。借方记录取得无形资产的成本,贷方记录减少无形资产的成本,余额在借方,反映企业持有的无形资产的成本。

2)外购无形资产的核算

企业外购取得无形资产,应按实际支付的价款,借记"无形资产"科目,贷记"银行存款"等科目。

外购房产所支付的价款中包括土地使用权和建筑物价值的,所支付的价款应当在建筑物与土地使用权之间按照合理的方法进行分配,其中属于土地使用权的部分,借记"无形资产"科目,贷记"银行存款"等科目。

【例3-34】 2×19 年 2 月 8 日,小企业华夏公司因生产产品的需要,购入 C 非专利技术,支付价款 120 000 元,增值税 7 200 元,发生测试费 5 000 元,均以银行存款支付。

```
借:无形资产——非专利技术——C非专利技术                        125 000
    应交税费——应交增值税(进项税额)                            7 200
    贷:银行存款                                              132 200
```

【例 3-35】 2×19 年 3 月 4 日,小企业华夏公司购入一项土地使用权,价款 7 000 000 元
增值税 630 000 元。经相关机构评估,该办公楼与土地使用权价值的比例为 3：2。

```
借:无形资产——土地使用权                                    7 000 000
    应交税费——应交增值税(进项税额)                           630 000
    贷:银行存款                                            7 630 000
```

(二) 投资者投入的无形资产

投资者投入的无形资产的成本,应当按照评估价值和相关税费确定。

无形资产的入账价值与折合资本额之间的差额,作为资本溢价,计入"资本公积"科目。

【例 3-36】 2×19 年 1 月 8 日,小企业华夏公司接受乙公司以一项 B 专利权进行投资。
根据专业机构的评估,B 专利权的评估价值为 360 000 元,增值税进项税额 21 600 元,占华夏
公司注册资本的份额为 320 000 元。

```
借:无形资产——专利权——B专利权 【评估价格】                    360 000
    应交税费——应交增值税(进项税额)                           21 600
    贷:实收资本——乙公司                                     320 000
        资本公积——资本溢价            【差】                   40 000
```

(三) 内部开发的无形资产

1. 开发阶段有关支出资本化的条件

小企业自行开发无形资产发生的支出,同时满足下列条件的,才能确认为无形资产。

(1) 完成该无形资产以使其能够使用或出售在技术上具有可行性。

(2) 具有完成该无形资产并使用或出售的意图。

(3) 能够证明运用该无形资产生产的产品存在市场或无形资产自身存在市场,无形资产
将在内部使用的,应当证明其有用性。

(4) 有足够的技术、财务资源和其他资源支持,以完成该无形资产的开发,并有能力使用
或出售该无形资产。

(5) 归属于该无形资产开发阶段的支出能够可靠地计量。

2. 内部开发的无形资产的计量

内部开发活动形成的无形资产,其成本由可直接归属于该无形资产的创造、生产并使该资
产能够以管理层预定的方式运作的所有必要支出组成。

1) 可直接归属于该资产的成本

(1) 开发该无形资产时耗用的材料、劳务成本、注册费。

(2) 在开发该无形资产过程中使用的其他专利权和特许权的摊销。

(3) 按照借款费用的处理原则可以资本化的利息支出。

(4) 为使该无形资产达到预定用途前所发生的其他费用。

2）以下支出不构成无形资产的开发成本

（1）在开发无形资产过程中发生的除上述可直接归属于无形资产开发活动的其他销售费用、管理费用等间接费用。

（2）无形资产达到预定用途前发生的可辨认的无效和初始运作损失。

（3）为运行该无形资产发生的培训支出等。

3．内部开发费用的会计处理

1）核算原则

无形资产准则规定，小企业开发阶段的支出符合资本化条件的才能资本化，不符合资本化条件的计入当期损益（管理费用）。只有同时满足无形资产准则规定的各项条件的，才能确认为无形资产，否则计入当期损益。

2）科目设置

（1）设置"研发支出——费用化支出"科目，用于核算企业自行研发无形资产发生的研发支出中未满足资本化条件的支出。期末（月末）将"研发支出——费用化支出"的借方余额转入"管理费用"，该明细科目结转后无余额。

（2）设置"研发支出——资本化支出"科目，用于核算企业自行研发无形资产发生的研发支出中满足资本化条件的支出。待研发项目达到预定用途形成无形资产时，应在达到预定用途的当期，将此明细科目的余额转入"无形资产"科目，即：借记"无形资产"科目，贷记"研发支出——资本化支出"科目。本明细科目期末（月末）借方余额，反映企业正在进行中的研发项目中符合资产化条件的支出。在资产负债表中，应填列在"开发支出"项目。

企业购买正在进行中的研究开发项目，应按确定的金额，借记"研发支出——资本化支出"科目，以后发生的研发支出应先判断其是否满足资本化条件，进而记入相应的科目中。

3）账务处理

① 开发阶段的支出不符合资本化条件的：

借：研发支出——费用化支出
　　贷：原材料/银行存款/应付职工薪酬等

② 开发阶段的支出符合资本化条件的：

借：研发支出——资本化支出
　　贷：原材料/银行存款/应付职工薪酬等

③ 研究开发项目达到预定用途时：

应按"研发支出——资本化支出"科目余额，借记"无形资产"科目，贷记"研发支出——资本化支出"科目。

借：无形资产
　　贷：研发支出——资本化支出

4）内部研究开发费用账务处理流程（见图3-6）

5）需要注意的问题

（1）月末，"研发支出——费用化支出"科目无余额；

（2）月末，如果"研发支出——资本化支出"有余额，则填列在资产负债表"开发支出"项目的期末余额中。

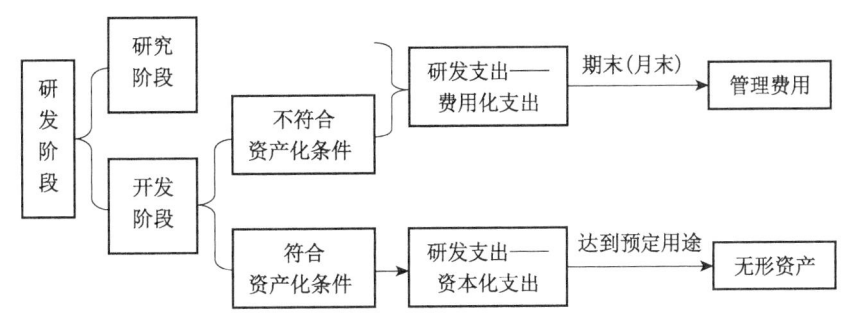

图 3-6　内部研究开发费用账务处理流程

（3）月末，"研发支出"总账科目的余额实际上是"研发支出——资本化支出"明细科目的余额。因为另一个明细科目"研发支出——费用化支出"的余额转入"管理费用"后已无余额。

【例 3-37】　2×19 年 1 月 1 日，小企业华夏公司经董事会批准研发一项新产品的专利技术，该公司董事会认为，研发该项目具有可靠的技术和财务等资源的支持，并且一旦研发成功将降低该公司生产产品的生产成本。

2×19 年 1 月发生研究阶段相关支出 35 000 元，以银行存款支付。

2×19 年 3 月开发阶段发生材料费 128 000 元、人工工资 62 000 元，其中符合资本化条件的支出为 150 000 元。

2×19 年 4 月 15 日，该专利技术已经达到预定用途。

请编制相关会计分录：

（1）2×19 年 1 月：

① 发生时：

借：研发支出——费用化支出　　　　　　　　　　　　　　　　　　　　35 000

　　贷：银行存款　　　　　　　　　　　　　　　　　　　　　　　　　　35 000

② 1 月月末：

借：管理费用　　　　　　　　　　　　　　　　　　　　　　　　　　　35 000

　　贷：研发支出——费用化支出　　　　　　　　　　　　　　　　　　　35 000

（2）2×19 年 3 月：

① 发生时：

借：研发支出——费用化支出　　　　　　　　　　　　　　　　　　　　40 000

　　研发支出——资本化支出　　　　　　　　　　　　　　　　　　　150 000

　　贷：原材料　　　　　　　　　　　　　　　　　　　　　　　　　　128 000

　　　　应付职工薪酬——工资　　　　　　　　　　　　　　　　　　　62 000

② 3 月月末：

借：管理费用　　　　　　　　　　　　　　　　　　　　　　　　　　　40 000

　　贷：研发支出——费用化支出　　　　　　　　　　　　　　　　　　　40 000

（3）2×19 年 4 月 15 日，达到预定用途：

借：无形资产——专利权　　　　　　　　　　　　　　　　　　　　　150 000

　　贷：研发支出——资本化支出　　　　　　　　　　　　　　　　　　150 000

四、无形资产的后续计量

(一)无形资产后续计量的原则

(1)无形资产应当在其使用寿命内采用年限平均法进行摊销,计入相关资产的成本或管理费用。

(2)摊销期自其可供使用时开始至停止使用或出售时止。有关法律规定或合同约定了使用年限的,可以按照规定或约定的使用年限分期摊销。企业不能可靠估计无形资产使用寿命的,摊销期不短于10年。

(3)小企业一般按月进行账务处理,因此,企业应当按月对无形资产进行摊销,自无形资产可供使用(即达到预定用途)当月起开始摊销,处置当月不再摊销。即:当月增加的无形资产,当月进行摊销;当月减少的无形资产,当月不再进行摊销。

? 相关思考 3-6

固定资产计提折旧的时点是如何规定的

固定资产计提折旧的时点为:当月增加的固定资产,当月不计提折旧,从下月起计提折旧;当月减少的固定资产,当月仍计提折旧,从下月起不计提折旧。

(4)无形资产的摊销的处理原则:

首先,无形资产的摊销额一般应当计入当期损益,企业自用的无形资产,其摊销额记入"管理费用"科目;出租的无形资产,其摊销额记入"其他业务成本"科目。

其次,某项无形资产包含的经济利益通过所生产的产品或其他资产实现的,其摊销额应当记入相关资产成本,即记入"在建工程""研发支出——资产化支出""生产成本"等科目。

(二)无形资产后续计量的账务处理

1. 摊销期和摊销方法

无形资产的摊销期自其可供使用时(即其达到预定用途)开始至终止确认时止。

在无形资产的使用寿命内系统地分摊其应摊销金额,应采用年限平均法。应摊销金额是指无形资产的成本扣除残值后的金额。

2. 残值的确定

无形资产的残值一般为零,除非有第三方承诺在无形资产使用寿命结束时愿意以一定的价格购买该项无形资产,或者存在活跃的市场,通过市场可以得到无形资产使用寿命结束时的残值信息,并且从目前情况看,在无形资产使用寿命结束时,该市场还可能存在的情况下,可以预计无形资产的残值。

3. 无形资产摊销的账务处理

1)科目的设置

企业应设置"累计摊销"科目,本科目为资产负债表"无形资产"项目的备抵科目。反映因摊销而减少的无形资产价值。企业按月计提无形资产摊销额时,借记"管理费用""其他业务成本""在建工程"等科目,贷记"累计摊销"科目,本科目期末贷方余额表示企业无形资产的累计摊销额。

2)无形资产摊销的账务处理

【例3-38】 2×19年7月1日,小企业华夏公司购入A专利权,购买成本为240 000元,合同规定受益年限为 10 年。请作出华夏公司当月 A 专利权摊销的会计分录。

需要注意的是,本题的无形资产未指定特定用途,因此摊销金额应记入"管理费用"科目。

2×19 年 7 月 31 日,对 A 专利权进行摊销:

A 专利权当月应摊销额＝240 000÷10÷12＝2 000(元)

借:管理费用　　　　　　　　　　　　　　　　　　　　　　　　　　　2 000
　贷:累计摊销　　　　　　　　　　　　　　　　　　　　　　　　　　　2 000

【例 3-39】　2×19 年 3 月 1 日,小企业华夏公司将 G 专利权出租给莱凯公司,G 专利权的成本 480 000 元,双方约定租赁期限为 5 年。请作出华夏公司当月 G 专利权摊销的会计分录。

需要注意的是,本题的无形资产为对外租赁,因此摊销金额应记入"其他业务成本"科目。

G 专利权月摊销额＝480 000÷5÷12＝8 000(元)

借:其他业务成本　　　　　　　　　　　　　　　　　　　　　　　　　8 000
　贷:累计摊销　　　　　　　　　　　　　　　　　　　　　　　　　　　8 000

【例 3-40】　2×19 年 2 月 9 日,小企业东顺公司将甲专利权用于本公司办公楼的建造,甲专利权的成本 120 000 元,使用期限为 8 年。请作出华夏公司当月甲专利权摊销的会计分录。

需要注意的是,本题的无形资产用于本公司办公楼的建造,因此摊销金额应计入办公楼的成本,即记入"在建工程"科目。

甲专利权月摊销额＝120 000÷8÷12＝1 250(元)

借:在建工程——办公楼　　　　　　　　　　　　　　　　　　　　　　1 250
　贷:累计摊销　　　　　　　　　　　　　　　　　　　　　　　　　　　1 250

五、无形资产的处置

无形资产的处置,主要是指无形资产出售、对外出租、对外捐赠,或者是无法为企业带来未来经济利益时,应予终止确认并转销。

(一) 无形资产处置的账务处理原则
处置无形资产所得的处置收入扣除其账面价值、相关税费等后的净额,应当记入"营业外收入""营业外支出"科目,或"资产处置损益"(继续有使用价值时)。

无形资产的账面价值,是指无形资产的成本扣减累计摊销后的金额。
(二) 无形资产处置的账务处理
小企业处置某项无形资产,表明企业放弃无形资产的所有权,处置时:
(1) 应按照实际收到的价款,借记"银行存款"等科目。
(2) 按照已计提的累计摊销金额,借记"累计摊销"科目。
(3) 按照应支付的相关税费及其他费用,贷记"应交税费""银行存款"等科目。
(4) 按照其账面余额,贷记"无形资产"科目。
(5) 按其差额,贷记"营业外收入"或借记"营业外支出"科目。如无形资产继续有使用价值,则按其差额,记入"资产处置损益"科目。

借:银行存款　　　　【实收价款】
　累计摊销　　　　【已计提的累计摊销金额】
　贷:应交税费/银行存款　【应支付的相关税费及其他费用】

无形资产　　　　　　　【无形资产的账面余额】

营业外收入/资产处置损益　　　　　　　【差。如为借方差,则为净损失】

【例 3-41】　2×19 年 3 月 16 日,小企业华夏公司将拥有的一项非专利技术 M 出售,取得不含税收入 100 000 元。该非专利技术的账面余额为 80 000 元,累计摊销额为 48 000 元。请作出华夏公司出售非专利技术 M 的账务处理:

本题中,销售无形资产(转让土地使用权除外),应计算缴纳 6% 的增值税,因此:

增值税销项税额＝100 000×6%＝6 000(元)

借:银行存款　　　　　　　　　　　　　　　　　　　　　106 000

累计摊销　　　　　　　　　　　　　　　　　　　　　 48 000

贷:无形资产——非专利技术——非专利技术 M　　　　　　　　 80 000

应交税费——应交增值税(销项税额)　　　　　　　　　　 6 000

资产处置损益　　　　　　　【差】　　　　　　　　　　 68 000

【例 3-42】　小企业华夏公司拥有一项 A 专利权,其所生产的产品已经没有市场,于是华夏公司于 2×19 年 3 月 12 日决定将其注销,A 专利权注销时的资料如下:账面余额 400 000 元,已累计摊销 280 000 元。不考虑其他相关情况。

请作出 2×19 年 3 月 12 日华夏公司注销 A 专利权的会计分录:

借:营业外支出　【净损失/账面价值】　　　　　　　　　　　 120 000

累计摊销　　　【累计摊销金额】　　　　　　　　　　　　 280 000

贷:无形资产　　【"无形资产"账面余额】　　　　　　　　　 400 000

第五节 | 长期待摊费用

一、长期待摊费用的定义及核算内容

(一)长期待摊费用的定义

长期待摊费用,是指小企业已经支出,但摊销期限在 1 年以上(不含 1 年)的各项费用。

(二)长期待摊费用的核算内容

小企业长期待摊费用主要包括:已提足折旧固定资产的改建支出、经营租入固定资产的改建支出、固定资产的大修理支出以及其他长期待摊费用。

二、长期待摊费用的摊销方法及摊销期限的确定

(一)长期待摊费用的摊销方法

小企业会计准则规定,长期待摊费用应当在其摊销期限内采用年限平均法进行摊销,根据其受益对象计入相关资产的成本或者管理费用,并冲减长期待摊费用。即,如果用于生产产品或自行开发无形资产,其摊销额应计入该产品的成本或无形资产的成本,否则摊销额全部计入管理费用。

(二)长期待摊费用摊销期限的确定

长期待摊费用应从发生月份的下月起开始摊销,其计算方法同固定资产。不同的长期待摊费用摊销期限的确定具体如下:

（1）已提足折旧的固定资产的改建支出，按照固定资产预计尚可使用年限分期摊销。

（2）经营租入固定资产的改建支出，按照合同约定的剩余租赁期限分期摊销。

（3）固定资产的大修理支出，按照固定资产预计尚可使用年限分期摊销。

（4）其他长期待摊费用，自支出发生月份的下月起分期摊销，摊销期不得低于3年。

三、长期待摊费用的会计处理

1.科目设置

小企业应设置"长期待摊费用"科目。

（1）发生长期待摊费用时：

借：长期待摊费用
    贷：原材料/银行存款/应付职工薪酬等

（2）按月采用年限平均法摊销长期待摊费用时，应当按照受益对象：

借：生产成本/制造费用/管理费用等
    贷：长期待摊费用

期末余额，反映小企业尚未摊销的长期待摊费用。

2.长期待摊费用的会计处理

（1）已提足折旧的固定资产的改建支出，按照固定资产预计尚可使用年限分期摊销。

① 改建过程发生支出时：

借：长期待摊费用
    贷：原材料/银行存款/应付职工薪酬等

② 对改建支出进行摊销时：

借：生产成本等
    贷：长期待摊费用

（2）经营租入固定资产的改建支出，按照合同约定的剩余租赁期限分期摊销。

① 改建过程发生支出时：

借：在建工程
    贷：原材料/银行存款/应付职工薪酬等

② 改建完成，达到预定可使用状态，交付时：

借：长期待摊费用
    贷：在建工程

③ 长期待摊费用分摊时：

借：生产成本等
    贷：长期待摊费用

（3）符合税法规定的固定资产的大修理支出，按照固定资产预计尚可使用年限分期摊销。

固定资产大修理支出是指同时符合下列两个条件的支出：①修理支出达到取得固定资产时的计税基础50%以上。②修理后固定资产的使用寿命延长2年以上。

以上两个条件必须同时满足，缺一不可。不符合大修理条件的修理支出作为日常修理支出,应在发生时直接计入当期损益。

A. 符合以上两项条件的大修理支出,在发生时:

借:长期待摊费用

　贷:原材料/银行存款/应付职工薪酬等

B. 长期待摊费用分摊时:

借:生产成本/管理费用等

　贷:长期待摊费用

(4) 其他长期待摊费用。其他长期待摊费用是指小企业除了以上三种情况以外的其他情况发生的长期待摊费用。应当在其摊销期限内采用年限平均法进行摊销,根据其受益对象计入相关资产的成本或者管理费用等,并冲减长期待摊费用。

【例3-43】 2×19年2月,小企业华夏公司经过5个月的时间完成了以经营租赁方式新租入的办公楼的装修。共发生装修费360 000元,按合同约定租赁期为6年。请作出2×19年3月,华夏公司长期待摊费用摊销的会计分录。

$$长期待摊费用月摊销额 = 360\,000 \div 6 \div 12 = 5\,000(元)$$

借:管理费用　　　　　　　　　　　　　　　　　　　　　　　　　　5 000

　贷:长期待摊费用　　　　　　　　　　　　　　　　　　　　　　　　5 000

本章涉及账簿及其格式如表3-6至表3-9所示。

账 簿 格 式

表3-6　长期债券投资明细账

公司名称:华夏公司

科目名称:长期债券投资——甲公司债券——面值　　　　　　　　　　　　单位:元

2×19年		凭证号数	摘要	借方	贷方	余额
月	日					
11	2	银付4	购入债券	200 000.00		200 000.00
11	30		本月合计	200 000.00		200 000.00

表3-7　固定资产——机器设备——烤花炉设备明细账

公司名称:华夏公司

科目名称:固定资产——机器设备——烤花炉设备

计量单位:台　　　　　　　　　　　　　　　　　　　　　　库存地点:二车间

2×19年		凭证号数	摘要	借方	贷方	余额
月	日					
3	8	银付4	购买烤花炉设备	160 000.00		160 000.00
3	31		本月合计	160 000.00		160 000.00

表 3-8　无形资产——专利权——M专利权明细账

公司名称:华夏公司

科目名称:无形资产——专利权——M专利权　　　　　　　　　　　　　　　单位:元

2×19年		凭证号数	摘要	借方	贷方	余额
月	日					
12	8	银付16	购入M专利权	600 000.00		600 000.00
12	31		本月合计	600 000.00		600 000.00

明细账:见下表。

表 3-9　长期待摊费用明细账

公司名称:华夏公司

科目名称:长期待摊费用　　　　　　　　　　　　　　　　　　　　　　　单位:元

2×19年		凭证号数	摘要	借方	贷方	余额
月	日					
9	1		期初余额			120 000.00
9	8	银付19	经营租入厂房的改建支出	400 000.00		520 000.00
9	30	转61	本期摊销		4333.33	515 666.67
9	30		本月合计	400 000.00	4333.33	515 666.67

与财务报告的关系

1. "长期债券投资"项目,反映小企业准备长期持有的债券投资的本息。本项目应根据"长期债券投资"科目的期末余额分析填列。

2. "长期股权投资"项目,反映小企业准备长期持有的权益性投资的成本。本项目应根据"长期股权投资"科目的期末余额填列。

3. "固定资产"项目,反映资产负债表日企业固定资产的期末账面价值和企业尚未清理完毕的固定资产清理净损益。该项目应根据"固定资产"账户的期末余额,减去"累计折旧"和"固定资产减值准备"账户的期末余额后的金额,以及"固定资产清理"账户的期末余额填列。

4. "在建工程"项目,反映资产负债表日企业尚未达到预定可使用状态的在建工程的期末账面价值和企业为在建工程准备的各种物资的期末账面价值。该项目应根据"在建工程"账户的期末余额,减去"在建工程减值准备"账户的期末余额后的金额,以及"工程物资"账户的期末余额,减去"工程物资减值准备"账户的期末余额后的金额填列。

5. "生产性生物资产"项目,反映小企业生产性生物资产的账面价值。本项目应根据"生产性生物资产"科目的期末余额减去"生产性生物资产累计折旧"科目的期末余额后的金额填列。

6. "无形资产"项目,反映小企业无形资产的账面价值。本项目应根据"无形资产"科目的期末余额减去"累计摊销"后的金额填列。

7. "开发支出"项目,反映小企业正在进行的无形资产研究开发项目满足资本化条件的支出。本项目应根据"研发支出"科目的期末余额填列。

8."长期待摊费用"项目,反映小企业尚未摊销完毕的已提足折旧的固定资产的改建支出、经营租入固定资产的改建支出、固定资产的大修理支出和其他长期待摊费用。本项目应根据"长期待摊费用"科目的期末余额分析填列。

【例 3-44】 小企业华夏公司编制 2×19 年 12 月 31 日的资产负债表,"无形资产"总账科目余额为 900 000 元,"累计摊销"总账科目余额为 270 000 元,"研发支出——资本化支出"明细科目的余额为 180 000 元。问资产负债表中"无形资产"及"开发支出"项目的期末余额分别是多少?

$$"无形资产"项目期末余额 = 900\ 000 - 270\ 000 = 630\ 000(元)$$

"开发支出"项目期末余额 = 180 000(元),因为研发支出总账科目的余额就是"研发支出——资本化支出"明细科目的余额("研发支出——费用化支出"明细科目的余额在月末已转入"管理费用",因此无余额)。

本 章 小 结

本章主要学习了长期投资(包括长期债券投资和长期股权投资)、固定资产、生产性生物资产、无形资产以及长期待摊费用的核算。重点讲解了固定资产的初始计量、固定资产的后续计量、固定资产的清查及其处置的核算、无形资产的确认和初始计量、无形资产的后续计量与其处置的核算,所涉及的重点内容需掌握。另外,长期债券投资和长期股权投资的核算、生产性生物资产的核算包括初始计量、后续计量、收获与处置、长期待摊费用的摊销方法及其核算也需在理解的基础上进行学习。

本章重要概念

长期股权投资 长期债券投资 固定资产 原始价值 重置完全价值 净值 固定资产折旧 预计净残值 固定资产后续支出 固定资产处置 固定资产清查 生产性生物资产 无形资产 累计摊销 无形资产的处置 长期待摊费用

思 考 题

1. 长期投资业务涉及哪些会计科目?
2. 外购固定资产的成本包括哪些内容?
3. 哪些资产属于小企业的无形资产?
4. 长期待摊费用的核算内容?

推荐阅读资料

[1] 中华人民共和国财政部.小企业会计准则.2013.
[2] 李敏.小企业会计——小企业会计准则[M].上海:上海财经大学出版社,2013.

［3］卢建国.小企业会计［M］.北京:高等教育出版社,2017.

［4］小企业会计准则编审委员会.小企业会计准则讲解［M］.上海:立信出版社,2015.

［5］中国注册会计师协会.税法［M］.北京:中国财政经济出版社,2018.

［6］企业会计准则应用指南.2015.

［7］刘永泽,陈立军.中级财务会计［M］.大连:东北财经大学出版社,2018.

［8］企业会计准则编审委中会.小企业会计准则解读［M］.上海:立信会计出版社,2018.

第四章　负　　债

内容简介

　　本章主要讲解负债会计要素的基本内容,包括流动负债及非流动负债的核算方法等,并分八节进行讲解。本章重点内容为短期借款、应付票据、应付账款、预收账款、应付职工薪酬、应交税费、应付利润、长期借款的核算及相关账务处理;难点为非货币性职工薪酬、各项应交税费及长期借款等的会计核算。

学习目的和要求

　　通过本章学习,学生应掌握短期借款、应付票据、应付账款、预收账款、应付职工薪酬、应交税费、应付利润等流动负债的核算内容及相关账务处理;熟悉非流动负债中的长期借款、长期应付款的相关账务处理;了解负债的定义、特征及其分类。

引例　负债的形成

　　创新百货公司为增值税一般纳税人,从事百货的批发和零售业务。2×19 年 11 月发生如下经济业务:

　　(1)柜台零售货物销售额 232 000 元,未开具发票;柜台零售货物销售额 116 000 元,开具普通发票;销售团购商品,开具的增值税专用发票上注明价款 300 000 元,增值税额 48 000 元,价税合计 348 000 元。

　　(2)将不含增值税价值为 20 000 元的库存商品发放给职工个人作为福利。

　　(3)当月购进货物一批,取得的增值税专用发票上注明价款 320 000 元,增值税额 51 200 元,价税合计 371 200 元,货款尚未支付。

　　请问:以上经济业务涉及哪些负债? 创新百货公司 11 月是否需缴纳增值税? 如果需要缴纳,应该如何计算增值税应纳税额?

第一节 │ 负 债 概 述

一、负债的定义及特征

我国小企业会计准则中对负债的定义是："**负债**,是指小企业过去的交易或者事项形成的,预期会导致经济利益流出小企业的现时义务。"它是企业资产总额中属于债权人的那部分权益。根据负债的定义,负债具有以下几个方面的特征。

(一) 负债是由过去的交易或者事项形成的

过去的交易或者事项是指已经发生或完成的经济业务。例如,小企业向银行取得借款、小企业向销货单位赊购商品等,这些经济业务的发生会导致小企业负债的增加。对于今后将要发生的交易或事项,不能确认为负债。例如,小企业与销货单位签订购销合同,在交易或事项尚未发生前,这种预期可能发生的负债不能成立。

(二) 负债是企业承担的现时义务

现时义务是指小企业在现行条件下已经承担的义务。负债属于具有约束力的合同、协议的法定要求,因而不能履行义务时,在法律上可以强制执行,具有一定的强制性,如小企业向销货方赊购商品,购买方只有在付款后负债才可能消失,支付货款是一项强制性义务。

(三) 履行现实义务会导致经济利益的流出

负债的实质就是企业将来可能要放弃的经济利益,负债一般以现金偿还或以实物资产形式偿还、以提供劳务形式偿还等,这些方式最终都会导致企业经济利益的流出。

二、负债的确认与分类

(一) 负债的确认

企业要将一项现时义务确认为负债,需要符合负债的定义,必须同时满足两个条件。

1. 与该义务有关的经济利益很可能流出企业

从负债的定义来看,预期会导致经济利益流出是负债的一个本质特征。如果有确凿证据表明,一项现时义务在预期清偿债务时经济利益很可能流出小企业,就应当确认为小企业的一项负债;反之,对于预期导致经济利益流出小企业的可能性很小的现时义务,则不应确认为负债。

2. 未来经济利益流出的金额能够可靠地计量

负债的确认在考虑经济利益流出小企业的同时,对于未来流出经济利益的金额应当能够可靠的计量。《小企业会计准则》第 47 条规定,各项流动负债应当按照其实际发生额入账。同时,第 52 条规定,非流动负债应当按照其实际发生额入账。

(二) 负债的分类

我国《小企业会计准则》第 45 条规定,小企业的负债按照其流动性,可分为流动负债和非流动负债。

1. 流动负债

小企业的**流动负债**,是指预计在 1 年内(含 1 年)或者超过 1 年的一个正常营业周期内清偿的债务。小企业的流动负债包括:短期借款、应付及预收款项、应付职工薪酬、应交税费、应付利息等。

2. 非流动负债

小企业的**非流动负债**,是指流动负债以外的负债,即预计在 1 年以上或者超过 1 年的一个正常营业周期以上清偿的债务。小企业的非流动负债包括:长期借款、长期应付款等。

第二节 │ 短期借款与应付利息

一、短期借款的定义

短期借款,是指小企业从银行或其他金融机构等借入的期限在 1 年以内(含 1 年)的各种借款。短期借款一般是企业为了维持正常的生产经营活动或者是为了抵偿某项债务而借入的款项。

短期借款应当按照借款本金和确定的银行借款利率按期计提利息,计入当期损益。短期借款期限较短,企业往往需要按月或者是按季度支付一定的利息,即使利息是在借款到期时一次性偿还,按照权责发生制的原则,企业也应按月计提利息费用。

二、科目的设置

为了核算小企业借入的各种短期借款(本金)的增减变动及其结余情况,企业应当设置"短期借款"科目。本科目贷方反映取得的短期借款(短期借款的增加),借方反映短期借款的偿还(短期借款的减少),期末余额在贷方,反映企业尚未偿还的短期借款的本金结存额。"短期借款"科目应按照借款种类、贷款人和币种进行明细核算。

需要注意的是,"短期借款"科目仅限用于核算借款本金的增减情况,不用于核算利息的增减。应付未付的利息应通过"应付利息"科目核算。"应付利息"科目核算小企业按照合同约定应支付的利息费用,贷方反映按照合同利率计算确定的应付未付利息费用,借方反映实际支付的利息,期末余额在贷方,反映小企业应付未付的利息费用。"应付利息"科目按照贷款人等进行明细核算。

三、短期借款与应付利息的会计核算

(一) 借入短期借款的会计核算

在取得借款时,一般以取得借款的凭证为依据,按实际借款金额(本金),借记"银行存款"科目,贷记"短期借款"科目。

借:银行存款
  贷:短期借款

(二) 短期借款利息的会计核算

我国《小企业会计准则》第 48 条规定,短期借款应当按照借款本金和借款合同利率在应付利息日计提利息费用,计入财务费用。企业因短期借款而产生的利息费用,是企业理财活动中为筹集资金而发生的耗费,应作为财务费用计入当期损益。按照权责发生制的原则,不论借款合同中对利息支出是如何规定的,企业应按月计提利息费用。

(1) 应付利息日,应当按照借款合同利率计算确定的利息费用,借记"财务费用"科目,贷记"应付利息"等科目。

借:财务费用
　　贷:应付利息

（2）实际支付利息时,借记"应付利息"科目,贷记"银行存款"科目。

借:应付利息
　　贷:银行存款

（三）偿还短期借款的会计核算

企业应于到期日偿还短期借款的本金,借记"短期借款"科目,贷记"银行存款"科目。

借:短期借款
　　贷:银行存款

【例4-1】　2×19年7月1日,小企业华夏公司从银行贷款200 000元,年利率6%,期限为6个月,要求到期时一次性还本付息。12月31日,华夏公司按照借款协议偿还短期借款的本金和利息。

（1）7月1日,华夏公司取得借款200 000元。

借:银行存款	200 000
贷:短期借款	200 000

（2）7月、8月、9月、10月、11月、12月,每月月末计提借款利息费用。

$$每月利息费用＝200 000×6\%÷12＝1 000（元）$$

借:财务费用	1 000
贷:应付利息	1 000

（3）12月31日,华夏公司偿还到期短期借款本金及利息。

借:短期借款	200 000
应付利息	6 000
贷:银行存款	206 000

第三节　应付及预收款项

一、应付票据

（一）应付票据的定义

应付票据,是指小企业因购买材料、商品或接受劳务等日常生产经营活动开出、承兑的商业汇票。目前,我国商业汇票的付款期限最长不超过6个月,因此,将商业汇票列入流动负债进行管理和核算。

延伸阅读4-1

"商业汇票"的科目设置

在我国,应收票据、应付票据仅指"商业汇票",包括"银行承兑汇票"和"商业承兑汇票"两种。商业汇票属于远期票据,付款期一般在 1 个月以上,6 个月以内。

其他银行票据如支票、银行本票、银行汇票,属于即期票据,都是作为货币资金进行核算的,而不作为应收、应付票据。

(二)科目的设置

为了核算应付票据的增减变动情况,小企业应当设置"应付票据"科目。本科目贷方反映小企业开出、承兑商业汇票的金额,借方反映商业汇票到期而支付的款项或票据到期无力支付而转为应付账款的款项等,期末余额在贷方,反映小企业开出、承兑的尚未到期商业汇票的账面价值。本科目应按照债权人进行明细核算。

此外,小企业应当设置"应付票据备查簿",详细登记商业汇票的种类、号数和出票日期、到期日、票面金额、交易合同号、收款单位名称、付款日期和金额等信息,商业汇票到期结清票款后,在备查簿中应予注销。

(三)应付票据的会计核算

1. 开出、承兑商业汇票的会计核算

小企业开出、承兑商业汇票或以商业汇票抵付货款、应付账款时,借记"材料采购""在途物资""库存商品"等科目,贷记"应付票据"科目,涉及增值税进项税额的,还应进行相应的账务处理。

如果开出的是银行承兑汇票,还应支付银行承兑汇票的手续费,借记"财务费用"科目,贷记"银行存款"科目。

(1)因购买物资而开出商业汇票。

借:原材料/库存商品等
　　应交税费——应交增值税(进项税额)
　　贷:应付票据

(2)开出商业汇票抵付应付账款。

借:应付账款
　　贷:应付票据

(3)支付银行承兑汇票的手续费。

借:财务费用
　　贷:银行存款

2. 商业汇票到期,支付票款的会计核算

商业汇票到期,小企业支付票款时,借记"应付票据"科目,贷记"银行存款"科目。

借:应付票据
　　贷:银行存款

3. 商业汇票到期,小企业无力支付票款的会计核算

(1)银行承兑汇票到期,若小企业无力支付票款,承兑银行仍须无条件向持票人全额付款,同时对出票人尚未支付的汇票金额作逾期贷款处理。所以,小企业应借记"应付票据"科目,贷记"短期借款"科目。对于银行计收的利息,按短期借款利息的处理方法处理。

借:应付票据
　　贷:短期借款

（2）商业承兑汇票到期，小企业无力支付票款的，按"应付票据"账面价值转入"应付账款"科目，待协商后再行处理。

借：应付票据
　　贷：应付账款

【例 4-2】　2×19 年 9 月 1 日，小企业华夏公司从乙公司购买一批原材料，取得的增值税专用发票上注明货物价款为 40 000 元，增值税税率 13%，增值税额为 5 200 元，材料已验收入库。同日，华夏公司开出一张面值为 45 200 元的不带息商业承兑汇票，期限为 3 个月，用于支付上述款项。

（1）9 月 1 日，华夏公司开出商业承兑汇票 45 200 元。

借：原材料　　　　　　　　　　　　　　　　　　　　　　40 000
　　应交税费——应交增值税（进项税额）　　　　　　　　5 200
　　贷：应付票据——乙公司　　　　　　　　　　　　　　　　45 200

（2）12 月 1 日，商业承兑汇票到期，华夏公司支付票款 45 200 元。

借：应付票据——乙公司　　　　　　　　　　　　　　　　45 200
　　贷：银行存款　　　　　　　　　　　　　　　　　　　　　45 200

（3）12 月 1 日，商业承兑汇票到期，若华夏公司无力支付票款。

借：应付票据——乙公司　　　　　　　　　　　　　　　　46 400
　　贷：应付账款——乙公司　　　　　　　　　　　　　　　　46 400

【例 4-3】　2×19 年 9 月 1 日，小企业华夏公司从甲公司购买一批原材料，取得的增值税专用发票上注明货物价款为 100 000 元，增值税税率 13%，增值税额为 13 000 元，材料已验收入库。同日，华夏公司开出一张面值为 113 000 元的带息银行承兑汇票用于支付上述款项，期限为 3 个月，年利率 6%，到期一次付息。此外，华夏公司支付了银行承兑汇票的手续费 60 元，增值税额 3.6 元。

（1）9 月 1 日，华夏公司开出银行承兑汇票 113 000 元。

借：原材料　　　　　　　　　　　　　　　　　　　　　　100 000
　　应交税费——应交增值税（进项税额）　　　　　　　　13 000
　　贷：应付票据——甲公司　　　　　　　　　　　　　　　　113 000
借：财务费用　　　　　　　　　　　　　　　　　　　　　60
　　应交税费——应交增值税（进项税额）　　　　　　　　3.6
　　贷：银行存款　　　　　　　　　　　　　　　　　　　　　63.6

（2）9 月、10 月、11 月，每月月末计提银行承兑汇票利息费用。

每月利息费用＝113 000×6%÷12＝565（元）

借：财务费用　　　　　　　　　　　　　　　　　　　　　565
　　贷：应付票据——甲公司　　　　　　　　　　　　　　　　565

（3）12 月 1 日，银行承兑汇票到期，华夏公司按面值及利息支付票款 114 695 元。

借：应付票据——甲公司　　　　　　　　　　　　　　　　114 695
　　贷：银行存款　　　　　　　　　　　　　　　　　　　　　114 695

(4) 12月1日,银行承兑汇票到期,若华夏公司无力支付票款。

借:应付票据——甲公司   114 695

  贷:短期借款   114 695

二、应付账款

(一) 应付账款的定义

应付账款,是指小企业因购买材料、商品或接受劳务等日常生产经营活动应支付的款项。

应付账款是由于购货方取得物资或劳务与支付货款在时间上不一致而产生的负债。在实际工作中,应付账款入账时间的确定,一般区分以下两种情况:

(1) 在物资和账单同时到达的情况下,一般待物资验收入库后,才按发票账单登记入账,记入“应付账款”科目。以免因先入账而在验收入库时发现购入物资有错、漏、破损等问题再行调账。

(2) 物资已验收入库,但发票账单尚未到达。由于应付账款需根据发票账单登记入账,有时货物已收到,发票账单还未收到,由于这笔负债已经成立,应作为一项负债反映。在实际工作中,采用在月份终了将所购物资和应付债务估计入账,待下月初再用红字予以冲回的办法。

(二) 科目的设置

为了核算和监督应付账款的形成及其偿还情况,应当设置“应付账款”科目。本科目贷方反映小企业因购买材料、商品或接受劳务等所形成的应付未付款项,借方反映小企业偿还的应付账款或开出商业汇票抵付应付账款的款项,期末余额一般在贷方,反映小企业尚未支付的应付账款。本科目应按照对方单位(或个人)进行明细核算。

相关思考 4-1

“应付账款”科目可能有借方余额吗

乙公司是华夏公司的固定供应商,一般情况华夏公司向其购买材料都是采用先收货、后付款的形式,所以华夏公司设置了“应付账款——乙公司”科目对应付未付乙公司账款的形成和偿还情况进行明细核算;但是,向乙公司购买特殊材料时,乙公司要求华夏公司先预付部分货款,才能办理购买、收货手续,这种情况是比较少发生的,所以华夏公司并未设置“预付账款——乙公司”科目,而是也通过“应付账款——乙公司”科目对预先支付给乙公司的账款进行明细核算。所以,“应付账款——乙公司”科目既核算应付未付乙公司的款项,又对预付给乙公司的货款进行核算。

请问:“应付账款”科目可能有借方余额吗?如果有借方余额,其反映的内容是什么?

(三) 应付账款的会计核算

1. 购买物资或接受劳务,货款尚未支付的会计核算

应付账款一般按实际发生额入账,其入账金额应以发票金额为依据。小企业应根据发票账单,借记“原材料”“库存商品”“在途物资”“应交税费——应交增值税(进项税额)”等科目,贷记“应付账款”科目。

借:原材料/库存商品等

    应交税费——应交增值税(进项税额)

  贷:应付账款

2. 偿付应付账款的会计核算

如果不考虑有现金折扣的情形,小企业偿付应付账款时,应借记"应付账款"科目,贷记"银行存款"等科目。

借:应付账款
　　贷:银行存款等

3. 确实无法偿付应付账款的会计核算

我国《小企业会计准则》第 47 条规定,小企业确实无法偿付的应付款项,应当计入营业外收入。小企业确实无法偿付的应付账款,应借记"应付账款"科目,贷记"营业外收入"科目。

借:应付账款
　　贷:营业外收入

【例 4-4】　2×19 年 8 月 28 日,小企业华夏公司从乙公司购买一批原材料,取得的增值税专用发票上注明货物价款为 10 000 元,增值税税率 13%,增值税额为 1 300 元,材料尚未收到,货款尚未支付。直到 9 月 2 日,华夏公司用银行存款偿付了所欠乙公司的货款。

(1) 8 月 28 日,华夏公司根据增值税专用发票,确认应付账款。

借:在途物资　　　　　　　　　　　　　　　　　　　　　　　　　　　10 000
　　应交税费——应交增值税(进项税额)　　　　　　　　　　　　　　 1 300
　　贷:应付账款——乙公司　　　　　　　　　　　　　　　　　　　　 11 300

(2) 9 月 2 日,华夏公司偿付所欠乙公司的货款。

借:应付账款——乙公司　　　　　　　　　　　　　　　　　　　　　　11 300
　　贷:银行存款　　　　　　　　　　　　　　　　　　　　　　　　　 11 300

三、预收账款

(一) 预收账款的定义

预收账款,是指小企业按合同规定预收的款项,包括预收的销货款、工程款等。

预收账款虽然表现为小企业货币资金的增加,但它并不是小企业的收入,其实质是一项负债,要求小企业在短期内以某种商品或提供劳务、服务来补偿。

(二) 科目的设置

如果小企业的预收账款比较多,应当设置"预收账款"科目进行核算。本科目贷方反映预收货款的金额和购货方补付的金额,借方反映小企业向购货方发货后应冲销的预收货款金额和退回购货方的多付货款金额;期末余额在贷方,反映小企业预收的款项,期末余额如在借方,反映小企业尚未转销的款项。本科目应按照对方单位(或个人)进行明细核算。

预收账款业务不多的小企业,也可不设置"预收账款"科目,将预收的款项直接记入"应收账款"科目贷方。

(三) 预收账款的会计核算

1. 收到预收账款的会计核算

小企业向购货方预收的款项,借记"银行存款"等科目,贷记"预收账款"科目。

借:银行存款
　　贷:预收账款

2. 销售收入实现时的会计核算

小企业销售收入实现时,按应收金额借记"预收账款"科目,贷记"主营业务收入"科目。涉及增值税销项税额的还应进行相应的处理。

借:预收账款
　　贷:主营业务收入
　　　　应交税费——应交增值税(销项税额)

3. 收到购货方补付或退回我方多收款项时的会计核算

(1) 收到购货方补付的款项时,应借记"银行存款"等科目,贷记"预收账款"科目。

借:银行存款
　　贷:预收账款

(2) 向购货方退回我方多收的款项时,应借记"预收账款"科目,贷记"银行存款"科目。

借:预收账款
　　贷:银行存款

【例 4-5】 2×19 年 9 月 20 日,小企业华夏公司与丙公司签订货物购销合同,向其销售一批商品,货物价款共计 100 000 元。9 月 22 日,华夏公司收到丙公司预付的货款 50 000 元,按合同约定剩余货款在交货后付清。9 月 25 日,华夏公司向丙公司发送货物,开具的增值税专用发票上注明货款 100 000 元,增值税税率 13%,增值税额为 13 000 元;丙公司验货后于 9 月 26 日付清了剩余货款。

(1) 9 月 22 日,华夏公司收到丙公司预付的货款 50 000 元。

借:银行存款　　　　　　　　　　　　　　　　　　　　　　　　　50 000
　　贷:预收账款——丙公司　　　　　　　　　　　　　　　　　　　　　50 000

(2) 9 月 25 日,华夏公司向丙公司发送货物,并开具增值税专用发票,销售收入实现。

借:预收账款——丙公司　　　　　　　　　　　　　　　　　　　　　113 000
　　贷:主营业务收入　　　　　　　　　　　　　　　　　　　　　　　100 000
　　　　应交税费——应交增值税(销项税额)　　　　　　　　　　　　　13 000

(3) 9 月 26 日,收到丙公司补付的货款。

借:银行存款　　　　　　　　　　　　　　　　　　　　　　　　　63 000
　　贷:预收账款——丙公司　　　　　　　　　　　　　　　　　　　　　63 000

四、其他应付款

(一) 其他应付款的定义

其他应付款,是指小企业除应付票据、应付账款、预收账款、应付职工薪酬、应交税费、应付利息、应付利润等以外的其他各项应付、暂收款项,如应付租入固定资产和包装物的租金、存入保证金、职工未按期领取的工资等。

(二) 科目的设置

小企业应当设置"其他应付款"科目,本科目贷方反映小企业发生的各种其他应付款项,借方反映小企业支付或转销的各种其他应付款,期末余额在贷方,反映小企业应付未付的其他应付款项。本科目应按照其他应付款的项目和对方单位(或个人)进行明细核算。

(三)其他应付款的会计核算

1. 发生其他各种应付、暂收款项的会计核算

小企业发生其他各种应付、暂收款项时,借记"管理费用"等科目,贷记"其他应付款"科目。

借:管理费用等

　　贷:其他应付款

2. 支付其他各种应付、暂收款项的会计核算

小企业支付其他各种应付、暂收款项时,借记"其他应付款"科目,贷记"银行存款"等科目。

借:其他应付款

　　贷:银行存款等

【例4-6】　2×19年9月25日,小企业华夏公司销售给丙公司商品时,出借给丙公司一批包装物,收到丙公司支付的押金2 000元,以银行存款收讫。10月2日,丙公司归还了包装物,华夏公司也及时退还了押金,以银行存款付讫。

(1) 9月25日,华夏公司收到包装物押金2 000元。

借:银行存款　　　　　　　　　　　　　　　　　　　　　　　　　　　　　　2 000

　　贷:其他应付款——丙公司　　　　　　　　　　　　　　　　　　　　　　　　　　2 000

(2) 10月2日,华夏公司向丙公司退还包装物押金2 000元。

借:其他应付款——丙公司　　　　　　　　　　　　　　　　　　　　　　　　2 000

　　贷:银行存款　　　　　　　　　　　　　　　　　　　　　　　　　　　　　　　2 000

第四节　应付职工薪酬

一、应付职工薪酬的定义

应付职工薪酬,是指小企业为获得职工提供的服务而应付给职工的各种形式的报酬以及其他相关支出。这里所称的"职工"比较宽泛,主要包括三类人员:一是与小企业订立劳动合同的所有人员,含全职、兼职和临时职工;二是未与小企业订立劳动合同但由企业正式任命的人员,如董事会、监事会成员等,尽管有些董事会、监事会成员不是本企业员工,未与小企业订立劳动合同,但对其发放的津贴、补贴等仍属于职工薪酬;三是在小企业的计划和控制下,虽未与小企业订立劳动合同或未由其正式任命,但向小企业所提供服务与职工所提供服务类似的人员,如通过中介机构签订用工合同,为小企业提供与本企业职工类似服务的人员。

《企业会计准则第9号——职工薪酬》第2条规定,**职工薪酬**,是指企业为获得职工提供的服务或解除劳动关系而给予的各种形式的报酬或补偿。职工薪酬包括短期薪酬、离职后福利、辞退福利和其他长期职工福利。企业提供给职工配偶、子女、受赡养人、已故员工遗属及其他受益人等的福利,也属于职工薪酬。

1. 短期薪酬

短期薪酬,是指企业在职工提供有关服务的年度报告期间结束后12个月内需要全部予以

支付的职工薪酬,因解除与职工的劳动关系给予的补偿除外。短期薪酬具体包括:职工工资、奖金、津贴和补贴,职工福利费,医疗保险费、工伤保险费和生育保险费等社会保险费,住房公积金,工会经费和职工教育经费,短期带薪缺勤,短期利润分享计划,非货币性福利以及其他短期薪酬。

(1)职工工资、奖金、津贴和补贴。**职工工资、奖金、津贴和补贴**,是指构成工资总额的计时工资、计件工资、支付给职工的超额劳动报酬和增收节支的劳动报酬、为了补偿职工特殊或额外的劳动消耗和因其他特殊原因支付给职工的津贴,以及为了保证职工工资水平不受物价影响支付给职工的物价补贴等。职工工资是职工劳动收入的主体部分,具有相对固定性和综合性的特点。

(2)职工福利费。职工福利费主要是指尚未实行医疗统筹企业职工的医疗费用、职工因公负伤赴外地就医路费、职工生活困难补助,以及按照国家规定开支的其他职工福利支出。

(3)医疗保险费含生育保险、工伤保险费和生育保险费等社会保险费。医疗保险费、工伤保险费和生育保险费等社会保险费是指企业按照国务院、各地方政府规定的基准和比例计算,向社会保险经办机构缴纳的医疗保险费、工伤保险费。

(4)住房公积金。住房公积金是指单位为其在职职工缴存的长期住房储金,是住房分配货币化、社会化和法制化的主要形式。住房公积金应当按照国家规定的基准和比例计算,向住房公积金管理机构缴存。

(5)工会经费和职工教育经费。工会经费和职工教育经费是指企业为了改善职工文化生活、为职工学习先进技术和提高文化水平和素质,用于开展工会活动和职工教育及职工技能培训等的相关支出。

(6)短期带薪缺勤。短期带薪缺勤是指企业支付工资或提供补偿的职工缺勤,包括年休假、病假、短期伤残、婚假、产假、丧假、探亲假等。

(7)短期利润分享计划。短期利润分享计划是指因职工提供服务而与职工达成的基于利润或其他经营成果提供薪酬的协议。

(8)非货币性福利。非货币性福利是指企业以自产产品或外购商品发放给职工作为福利、将企业拥有的资产无偿提供给职工使用、为职工无偿提供医疗保健服务等。

2. 离职后福利

离职后福利,是指企业为获得职工提供的服务而在职工退休或与企业解除劳动关系后,提供的各种形式的报酬和福利,短期薪酬和辞退福利除外,如养老保险,失业保险。

3. 辞退福利

辞退福利,是指企业在职工劳动合同到期之前解除与职工的劳动关系,或者为鼓励职工自愿接受裁减而给予职工的补偿。

4. 其他长期职工福利

其他长期职工福利,是指除短期薪酬、离职后福利、辞退福利之外所有的职工薪酬,包括长期带薪缺勤、长期残疾福利、长期利润分享计划等。

二、科目的设置

为了核算小企业根据有关规定应付给职工的各种薪酬,企业应当设置"应付职工薪酬"科目。本科目贷方反映本月实际发生的应付职工薪酬总额,借方反映本月实际支付的各种应付职工薪酬,期末余额在贷方,反映小企业应付未付的职工薪酬。小企业(外商投资)按照规定从净利润中提取的职工奖励及福利基金,也通过本科目核算。

"应付职工薪酬"应按照"工资""职工福利""社会保险费""住房公积金""工会经费""职工教育经费""非货币性福利""辞退福利"等进行明细核算。

三、应付职工薪酬的会计核算

在实际工作中,小企业首先应按照劳动工资制度的规定,根据考勤记录、工资标准等,编制"工资单"(也称工资结算单、工资表、工资计算表等),计算各种职工薪酬;然后,由财会部门将"工资单"进行汇总,编制"工资汇总表",并对企业当月发生的应付职工薪酬按其用途进行分配;同时,应按规定办理发放工资手续。

(一)计提职工薪酬的会计核算

我国《小企业会计准则》第 50 条规定,小企业应当在职工为其提供服务的会计期间,将应付的职工薪酬确认为负债,并根据职工提供服务的受益对象,分别下列情况进行会计处理:应由生产产品、提供劳务负担的职工薪酬,计入产品成本或劳务成本;应由在建工程、无形资产开发项目负担的职工薪酬,计入固定资产成本或无形资产成本;其他职工薪酬(含因解除与职工的劳动关系给予的补偿),计入当期损益。

(1)生产部门(提供劳务)人员的职工薪酬,借记"生产成本""制造费用"等科目,贷记"应付职工薪酬"科目。

借:生产成本/制造费用等
　　贷:应付职工薪酬

(2)应由在建工程、无形资产开发项目负担的职工薪酬,借记"在建工程""研发支出"等科目,贷记"应付职工薪酬"科目。

借:在建工程/研发支出等
　　贷:应付职工薪酬

(3)管理部门人员的职工薪酬和因解除与职工的劳动关系给予的补偿(即辞退福利),借记"管理费用"科目,贷记"应付职工薪酬"科目。

借:管理费用
　　贷:应付职工薪酬

(4)销售人员的职工薪酬,借记"销售费用"科目,贷记"应付职工薪酬"科目。

借:销售费用
　　贷:应付职工薪酬

【例 4-7】　2×19 年 9 月,小企业华夏公司本月的应付工资总额、医疗保险、养老保险、住房公积金、工会经费及职工教育经费的明细表,如表 4-1 所示。假定医疗保险、养老保险、住房公积金、工会经费和职工教育经费分别按照工资总额的 10％、20％、12％、2％和 8％提取(注意:社会保险费由医疗保险费、工伤保险费和生育保险费等组成,同时企业基于离职后福利计划为职工提供养老保险费、失业保险费等,本例题中仅以医疗保险费和养老保险费为例)。

表 4-1 华夏公司职工薪酬明细表

2×19 年 9 月   单位:元

部门 \ 薪酬	工资总额	医疗保险(10%)	养老保险(20%)	住房公积金(12%)	工会经费(2%)	职工教育经费(8%)	合计
基本生产车间	50 000	5 000	10 000	6 000	1 000	4 000	76 000
车间管理部门	20 000	2 000	4 000	2 400	400	1 600	30 400
行政管理部门	40 000	4 000	8 000	4 800	800	3 200	60 800
销售部门	30 000	3 000	6 000	3 600	600	2 400	45 600
合计	140 000	14 000	28 000	16 800	2 800	11 200	212 800

月末,华夏公司计提职工薪酬时:

借:生产成本   76 000
　　制造费用   30 400
　　管理费用   60 800
　　销售费用   45 600
　　贷:应付职工薪酬——工资   140 000
　　　　　　　　　——社会保险费   42 000
　　　　　　　　　——住房公积金   16 800
　　　　　　　　　——工会经费   2 800
　　　　　　　　　——职工教育经费   11 200

(二)发放职工薪酬的会计核算

(1)向职工支付工资、奖金、津贴、福利费等,应从应付职工薪酬中扣除各种款项(代扣的应由职工个人承担的社会保险费和住房公积金、个人所得税等)。借记"应付职工薪酬"科目,贷记"库存现金""银行存款""其他应付款""应交税费——应交个人所得税"等科目。

借:应付职工薪酬
　　贷:其他应付款——个人承担的社会保险费
　　　　　　　　　——个人承担的住房公积金
　　　　应交税费——应交个人所得税
　　　　库存现金/银行存款等

【例 4-8】 承[例 4-7],2×19 年 10 月 12 日,小企业华夏公司实际发放工资时,应付工资总额为 140 000 元。其中,代扣代缴的个人所得税为 2 000 元,代扣代缴的应由职工个人承担的各种社会保险费 15 400 元、住房公积金 16 800 元。实际支付部分以银行存款转账支付。

借:应付职工薪酬——工资   140 000
　　贷:其他应付款——个人承担的社会保险费   15 400
　　　　　　　　　——个人承担的住房公积金   16 800
　　　　应交税费——应交个人所得税   2 000
　　　　银行存款   105 800

(2)支付工会经费和职工教育经费用于工会活动和职工培训,借记"应付职工薪酬"科目,贷记"银行存款"等科目。

借:应付职工薪酬——职工教育经费

　　贷:银行存款等

（3）按照国家有关规定缴纳的社会保险费和住房公积金,借记"应付职工薪酬""其他应付款"等科目,贷记"银行存款"等科目。

① 缴纳社会保险费。

借:应付职工薪酬——社会保险费　　　　　　　　　　　　　　　【单位承担部分】

　　其他应付款——个人承担的社会保险费　　　　　　　　　　　【职工个人承担部分】

　　贷:银行存款等

② 缴纳住房公积金。

借:应付职工薪酬——住房公积金　　　　　　　　　　　　　　　【单位承担部分】

　　其他应付款——个人承担的住房公积金　　　　　　　　　　　【职工个人承担部分】

　　贷:银行存款等

（4）以其自产产品发放给职工的,按照其含税价格,借记"应付职工薪酬"科目,贷记"主营业务收入"科目;同时,还应结转产品的成本。涉及增值税销项税额的,还应进行相应的账务处理。

借:应付职工薪酬

　　贷:主营业务收入

　　　　应交税费——应交增值税（销项税额）

同时结转产品成本:

借:主营业务成本

　　贷:库存商品

【例 4-9】　2×19 年 9 月 20 日,小企业华夏公司将自产产品 40 件发放给职工。公司现有职工 40 名,其中基本生产车间职工 15 名、车间管理人员 5 名、行政管理人员 10 名、销售人员 10 名。该产品的市场不含税售价为每台 1 000 元,成本价 800 元。公司适用的增值税税率为 16%。

分析:本例中,华夏公司将自产产品作为福利发放给职工个人,属于非货币性职工薪酬,应按自产产品售价加上增值税销项税额作为应付职工薪酬核算,同时确认视同销售的销售收入、销项税额,结转自产产品的销售成本。

① 华夏公司计提非货币性福利。

　　　　　该批产品售价总额与增值税销项税额合计 $= 1\,000 \times (1 + 13\%) \times 40 = 45\,200$(元)

　　　　　计入生产成本的非货币性薪酬 $= 45\,200 \times 15 \div 40 = 16\,950$(元)

　　　　　计入制造费用的非货币性薪酬 $= 45\,200 \times 5 \div 40 = 5\,650$(元)

　　　　　计入管理费用的非货币性薪酬 $= 45\,200 \times 10 \div 40 = 11\,300$(元)

　　　　　计入销售费用的非货币性薪酬 $= 45\,200 \times 10 \div 40 = 11\,300$(元)

借:生产成本　　　　　　　　　　　　　　　　　　　　　　　　　　16 950

　　制造费用　　　　　　　　　　　　　　　　　　　　　　　　　　 5 650

　　管理费用　　　　　　　　　　　　　　　　　　　　　　　　　　11 300

　　销售费用　　　　　　　　　　　　　　　　　　　　　　　　　　11 300

　　贷:应付职工薪酬——非货币性福利　　　　　　　　　　　　　　45 200

② 华夏公司实际发放非货币性福利。

$$该批产品的计税收入 = 1\,000 \times 40 = 40\,000(元)$$
$$该批产品的成本 = 800 \times 40 = 32\,000(元)$$

借:应付职工薪酬——非货币性福利   45 200

 贷:主营业务收入   40 000

  应交税费——应交增值税(销项税额)   5 200

同时结转产品成本:

借:主营业务成本   32 000

 贷:库存商品   32 000

（5）支付的因解除与职工的劳动关系给予职工的补偿(即辞退福利),借记"应付职工薪酬"科目,贷记"库存现金"或"银行存款"等科目。

借:应付职工薪酬

 贷:银行存款等

第五节｜应 交 税 费

一、应交税费概述

(一) 应交税费的定义

应交税费是指小企业按照税法等规定计算的应缴纳的各种税费,包括增值税、消费税、企业所得税、城市维护建设税和教育费附加、资源税、土地增值税、城镇土地使用税、房产税、车船税、矿产资源补偿费、排污费等。

企业在一定时期内取得的营业收入、实现的利润或发生特定行为,需按照规定向国家缴纳各种税费,这些应交税费,应按照权责发生制的原则确认,在尚未缴纳之前,形成企业的一项负债。

(二) 科目的设置

为了核算小企业应交税费的形成及其缴纳情况,企业应当设置"应交税费"科目。本科目贷方反映应缴纳的各项税费等,借方反映小企业实际缴纳的税费,以及出口退税、税务机关退回多交的税费等;期末余额在贷方,反映小企业尚未缴纳的税费,期末余额若在借方,反映小企业多交或尚未抵扣的税费。小企业代扣代缴的个人所得税等,也通过本科目核算。

"应交税费"按照应交税费项目进行明细核算。一般纳税人还应当在"应交税费——应交增值税"二级科目下设置"进项税额""销项税额""出口退税""进项税额转出""已交税金""销项税额抵减""转出未交增值税""转出多交增值税"等专栏。

需要注意的是,小企业缴纳的印花税、耕地占用税等不需要提前预计应交税金,不需要通过"应交税费"科目核算。

二、应交增值税的核算

增值税是对纳税人生产经营活动的增值额征收的一种间接税。从计税原理上说,增值税是对商品生产、流通、劳务服务中多个环节的新增价值或商品附加值征收的一种流转税。按照纳税人的经营规模和会计核算的健全程度,增值税的纳税义务人分为一般纳税人和小规模纳税人两种。一般纳税人和小规模纳税人的账务处理是不同的,一般纳税人的账务处理比较复杂。

(一) 小规模纳税人应交增值税的会计核算

1. 增值税小规模纳税人的特点

(1) 小规模纳税人销售货物或提供应税劳务时,只能开具普通发票,不能开具增值税专用发票。

(2) 小规模纳税人使用简易办法计算应交增值税,按照销售额的一定比例(现行税法规定的小规模纳税人的增值税征收率为 3%)计算。

(3) 小规模纳税人的销售额一般不包括其应纳税额。其采用销售额和应纳税额合并定价方法的,应将含税销售额还原为不含税销售额。

小规模纳税人增值税应纳税额的计算公式为:

$$应纳税额＝不含税销售额×征收率$$
$$不含税销售额＝含税销售额÷(1＋征收率)$$

2. 小规模纳税人应交增值税的科目设置

小规模纳税人只需在"应交税费"科目下设置"应交增值税"明细科目,不需要在"应交增值税"明细科目下设置专栏。"应交税费——应交增值税"科目贷方反映应缴纳的增值税,借方反映实际缴纳的增值税;期末贷方余额反映尚未缴纳的增值税,期末若有借方余额反映多缴纳的增值税。

3. 小规模纳税人应交增值税的会计核算

(1) 销售商品或提供劳务时,应借记"银行存款""应收账款"等科目,贷记"主营业务收入""应交税费——应交增值税"科目。

借:银行存款/应收账款等
　　贷:主营业务收入
　　　　应交税费——应交增值税

在实际工作中,若小企业本月销售额未超过起征点的,免征增值税。同时,应借记"应交税费——应交增值税"科目,贷记"营业外收入——政府补助"科目。

 延伸阅读4-2 ···

关于小规模纳税人增值税普惠性税收减免政策

按照《财政部 税务总局关于实施小微企业普惠性税收减免政策的通知》(财税[2019]13 号)的规定,现将小规模纳税人月销售额 10 万元以下(含本数)免征增值税政策若干征管问题公告如下:

1. 小规模纳税人发生增值税应税销售行为,合计月销售额未超过 10 万元(以 1 个季度为 1 个纳税期的,季度销售额未超过 30 万元,下同)的,免征增值税。

小规模纳税人发生增值税应税销售行为,合计月销售额超过 10 万元,但扣除本期发生的销售不动产的销售额后未超过 10 万元的,其销售货物、劳务、服务、无形资产取得的销售额免征增值税。

2. 适用增值税差额征税政策的小规模纳税人,以差额后的销售额确定是否可以享受本公告规定的免征增值税政策。

《增值税纳税申报表(小规模纳税人适用)》中的"免税销售额"相关栏次,填写差额后的销售额。

3. 按固定期限纳税的小规模纳税人可以选择以1个月或1个季度为纳税期限,一经选择,一个会计年度内不得变更。

4.《中华人民共和国增值税暂行条例实施细则》第九条所称的其他个人,采取一次性收取租金形式出租不动产取得的租金收入,可在对应的租赁期内平均分摊,分摊后的月租金收入未超过10万元的,免征增值税。

5. 转登记日前连续12个月(以1个月为1个纳税期)或者连续4个季度(以1个季度为1个纳税期)累计销售额未超过500万元的一般纳税人,在2019年12月31日前,可选择转登记为小规模纳税人。

本公告自2019年1月1日起施行。

(2) 缴纳增值税时,应借记"应交税费——应交增值税"科目,贷记"银行存款"科目。

借:应交税费——应交增值税

　　贷:银行存款

【例4-10】 小企业A公司为增值税小规模纳税人,2×19年9月共销售商品一批60 000元,开具普通发票,货款尚未收到。

不含税销售额＝含税销售额÷(1＋3%)＝60 000÷(1＋3%)＝58 252.43(元)

应纳税额＝不含税销售额×3%＝58 252.43×3%＝1 747.57(元)

借:应收账款   60 000.00

　　贷:主营业务收入   58 252.43

　　　应交税费——应交增值税   1 747.57

【例4-11】 10月10日,小企业A公司用银行存款缴纳9月增值税应纳税额。

借:应交税费——应交增值税   1 747.57

　　贷:银行存款   1 747.57

会计职业道德 4-1

加强专业学习,提高服务质量

2×19年7月至9月期间,A公司的前任会计刘一在计算增值税应纳税额时,直接按开具的普通发票金额(含税销售额)100 000元的3%计算,总共缴纳增值税额3 000元。

由于小规模纳税人在销售货物或提供应税劳务时,一般只能开具普通发票,因此取得的销售收入均为含税销售额,应先换算成不含税销售额,才能计算应纳税额。正确的做法是,应先计算不含税销售额,再计算增值税应纳税额:

不含税销售额 100 000÷(1＋3%)＝97 087.38(元)

增值税应纳税额 97 087.38×3%＝2 912.62(元)

本案例中,会计刘一因计算错误,给A公司造成了损失。会计人员应加强专业学习,从而提高服务质量。

(二) 一般纳税人应交增值税的会计核算

1. 增值税一般纳税人的特点

(1) 一般纳税人可以领购、使用增值税专用发票,销售货物或提供应税劳务时可以开具增值税专用发票。

（2）一般纳税人实行购进扣税法计算增值税应纳税额，其购进商品取得的增值税专用发票上注明的增值税额可以用销项税额抵扣。

（3）一般纳税人销售货物或提供应税劳务时实行价税分离，如开具的增值税专用发票上分别注明了销售额、增值税额及价税合计。如果一般纳税人采用销售额和增值税额合并定价方法的，应将含税销售额还原为不含税销售额计算销项税额。

通常情况下，一般纳税人增值税应纳税额的计算公式如下：

$$应纳税额＝当期销项税额－（当期进项税额－进项税额转出）－上期留抵进项税额$$

2. 一般纳税人应交增值税的科目设置

一般纳税人应在"应交税费"科目下设置"应交增值税""未交增值税""预交增值税""待抵扣进项税额""待认证进项税额""待转销项税额"等明细科目进行核算。以下针对其中的两个明细科目进行简要说明。

（1）"应交税费——应交增值税"科目借方反映小企业购进货物或接受应税劳务的进项税额、实际已缴纳的增值税额和月终转出的应交未交增值税额等，贷方反映销售货物或提供劳务的销项税额、出口货物退税、进项税额转出和转出多交增值税等；若有期末借方余额，反映尚未抵扣的增值税进项税额。

同时，一般纳税人还应当在"应交税费——应交增值税"二级科目下设置"进项税额""已交税金""减免税款""转出未交增值税""销项税额""出口退税""进项税额转出""转出多交增值税""销项税额抵减"等专栏。

（2）"应交税费——未交增值税"科目贷方反映月终转入的应交未交增值税，借方反映月终转入的多交增值税或实际缴纳的上期增值税；期末余额在贷方，反映小企业尚未缴纳的增值税税额。

3. 一般纳税人应交增值税的会计核算

（1）小企业采购物资时，按照记入采购成本的金额，借记"在途物资""材料采购""原材料""库存商品"等科目，按照税法规定可抵扣的增值税进项税额，借记"应交税费——应交增值税（进项税额）"科目，贷记"银行存款""应付账款"等科目。

借：在途物资/原材料等
　　应交税费——应交增值税（进项税额）
　　贷：银行存款/应付账款等

【例 4-12】 2×19 年 9 月 25 日，小企业华夏公司购买原材料一批，取得的增值税专用发票上注明价款 100 000 元，增值税额为 13 000 元，货物已收到并验收入库，货款以银行存款支付。

借：原材料　　　　　　　　　　　　　　　　　　　　　　　　　100 000
　　应交税费—— 应交增值税（进项税额）　　　　　　　　　　　　13 000
　　贷：银行存款　　　　　　　　　　　　　　　　　　　　　　　113 000

需要注意的是，购入材料等按照税法规定不得从增值税销项税额中抵扣的进项税额，应记入材料等的成本，借记"原材料""在途物资"等科目，贷记"银行存款"等科目。

（2）销售商品或提供劳务时，按照收入金额和应收取的增值税销项税额，借记"银行存款""应收账款"等科目，按照确认的营业收入金额，贷记"主营业务收入""其他业务收入"等科目，按照税法规定应缴纳的增值税销项税额，贷记"应交税费——应交增值税（销项税额）"科目。

借:银行存款/应收账款等
　　贷:主营业务收入等
　　　应交税费——应交增值税(销项税额)

【例 4-13】 2×19 年 9 月 18 日,小企业华夏公司销售产品一批,开具的增值税专用发票上注明价款 300 000 元,增值税额为 39 000 元。该批产品的成本为 180 000 元,提货单和增值税专用发票已交给购买方,款项尚未收到。

(1) 9 月 18 日,华夏公司销售产品。

借:应收账款　　　　　　　　　　　　　　　　　　　　　　　339 000
　　贷:主营业务收入　　　　　　　　　　　　　　　　　　　　　300 000
　　　应交税费——应交增值税(销项税额)　　　　　　　　　　　　39 000

(2) 同时,结转产品销售成本。

借:主营业务成本　　　　　　　　　　　　　　　　　　　　　180 000
　　贷:库存商品　　　　　　　　　　　　　　　　　　　　　　180 000

随同商品出售但单独计价的包装物,应当按照实际收到或应收的金额,借记"银行存款""应收账款"等科目,按照包装物销售收入,贷记"其他业务收入"科目,按照税法规定应缴纳的增值税销项税额,贷记"应交税费——应交增值税(销项税额)"科目。

(3) 将自产的产品等用作福利发放给职工,应视同产品销售计算应交增值税,借记"应付职工薪酬"科目,贷记"主营业务收入""应交税费——应交增值税(销项税额)"科目。

借:应付职工薪酬——非货币性福利
　　贷:主营业务收入
　　　应交税费——应交增值税(销项税额)

(4) 购进的物资、在产品、产成品因盘亏、毁损、报废、被盗,以及购进物资改变用途等原因,按照税法规定不得从增值税销项税额中抵扣的进项税额,其进项税额应转入有关科目,借记"待处理财产损溢"等科目,贷记"应交税费——应交增值税(进项税额转出)"科目。

借:待处理财产损溢
　　贷:应交税费——应交增值税(进项税额转出)

【例 4-14】 2×19 年 9 月 20 日,因管理不善,小企业华夏公司存放材料的仓库遭受大火,损失了一批材料,实际成本为 5 000 元,增值税进项税额为 650 元。

① 损失原材料:

借:待处理财产损溢　　　　　　　　　　　　　　　　　　　　　5 650
　　贷:原材料　　　　　　　　　　　　　　　　　　　　　　　　5 000
　　　应交税费——应交增值税(进项税额转出)　　　　　　　　　　650

② 经批准进行账务处理:

借:营业外支出　　　　　　　　　　　　　　　　　　　　　　　5 650
　　贷:待处理财产损溢　　　　　　　　　　　　　　　　　　　　5 650

(5) 实行"免、抵、退"管理办法的小企业,按照税法规定计算的当期出口产品不予免征、抵扣和退税的增值税额,借记"主营业务成本"科目,贷记"应交税费——应交增值税(进项税额转出)"科目。按照规定计算的当期应予抵扣的增值税额,借记"应交税费——应交增值税(出口抵减内销产品应纳税额)"科目,贷记"应交税费——应交增值税(出口退税)"科目。出口产品按照税法规定应予退回的增值税款,借记"其他应收款"科目,贷记"应交税费——应交增值税(出口退税)"科目。

借:主营业务成本
　　贷:应交税费——应交增值税(进项税额转出)
借:应交税费——应交增值税(出口抵减内销产品应纳税额)
　　其他应收款
　　贷:应交税费——应交增值税(出口退税)

(6)缴纳的本期增值税,借记"应交税费——应交增值税(已交税金)"科目,贷记"银行存款"科目。

借:应交税费——应交增值税(已交税金)
　　贷:银行存款

(7)应该注意的是,在实际工作中,本期增值税应纳税额一般在次月15日前缴纳。所以,月终计算本期增值税应纳税额时,若本期有应交未交增值税,需转出未交增值税,借记"应交税费——应交增值税(转出未交增值税)"科目,贷记"应交税费——未交增值税"科目。

借:应交税费——应交增值税(转出未交增值税)
　　贷:应交税费——未交增值税

次月初,缴纳上月增值税时,借记"应交税费——未交增值税"科目,贷记"银行存款"科目。

借:应交税费——未交增值税
　　贷:银行存款

若本期进项税额大于本期销项税额,期末有留抵的进项税额(应交增值税借方余额),则无需作账务处理。

【例4-15】 2×19年9月30日,小企业华夏公司计算本月增值税应纳税额为12 000元。10月12日,华夏公司用银行存款缴纳9月增值税应纳税额。

(1)9月30日,结转9月未交增值税。

借:应交税费——应交增值税(转出未交增值税)　　　　　　　12 000
　　贷:应交税费——未交增值税　　　　　　　　　　　　　　　　12 000

(2)10月12日,缴纳9月增值税应纳税额。

借:应交税费——未交增值税　　　　　　　　　　　　　　　　12 000
　　贷:银行存款　　　　　　　　　　　　　　　　　　　　　　　12 000

相关案例4-1

增值税一般纳税人"应交增值税"的确认

承引例,创新百货公司为增值税一般纳税人,其增值税计算采用购进扣税法,发生的经济业务应分别确认增值税进项税额和销项税额。具体规定为:①零售货物不管有无开具发票,均应计算增值税销项税额。其中,未开具发票和开具普通发票的销售额为含税销售额,开具增值税专用发票的销售额为不含税销售额。②将购进的库存商品发放给职工作为福利,不属于视同销售计算增值税销项税额,而应作为增值税进项税额转出。③当月购进货物取得增值税专用发票,其进项税额予以抵扣。

三、应交消费税的核算

消费税,是指对生产、委托加工及进口应税消费品(主要指烟、酒、化妆品、高档次及高能耗的消费品等)征收的一种税。

消费税的计税方法主要有从价定率、从量定额和复合计征,其计算公式如下:

应纳税额＝销售额×比例税率		【从价定率】
应纳税额＝销售数量×定额税率		【从量定额】
应纳税额＝应税销售额×比例税率＋应税销售数量×定额税率		【复合计征】

(一)科目的设置

小企业应在"应交税费"科目下设置"应交消费税"明细科目,核算应缴的消费税。本科目贷方反映小企业按规定应缴纳的消费税,借方反映小企业实际缴纳的消费税和抵扣的消费税;期末贷方余额反映尚未缴纳的消费税,若为借方余额,反映小企业多交或待抵扣的消费税。

消费税作为价内税,还应通过"税金及附加"科目进行核算。

(二)消费税的会计核算

1. 销售应税消费品的会计核算

销售需要缴纳消费税的物资应交的消费税,借记"税金及附加"等科目,贷记"应交税费——应交消费税"科目。

借:税金及附加等
　贷:应交税费——应交消费税

【例 4-16】 某小企业为增值税一般纳税人,其销售自产的应税消费品一批,增值税专用发票上注明的价款为 200 000 元,增值税额为 32 000 元,适用的消费税税率为 10%,该批产品的成本为 120 000 元。产品已发出,款项尚未收到。

(1)某公司销售应税消费品。

借:应收账款	232 000
贷:主营业务收入	200 000
应交税费——应交增值税(销项税额)	32 000

同时,结转产品销售成本:

借:主营业务成本	120 000
贷:库存商品	120 000

(2)计算应交消费税。

$$应纳税额＝200\,000×10\%＝20\,000(元)$$

借:税金及附加	20 000
贷:应交税费——应交消费税	20 000

2. 自产自用应税消费品的会计核算

以自产的产品用于集体福利等,按照税法规定应缴纳的消费税,借记"应付职工薪酬"等科目,贷记"应交税费——应交消费税"科目。

借:应付职工薪酬等

　　贷:主营业务收入

　　　　应交税费——应交增值税(销项税额)

　　　　应交税费——应交消费税

随同商品出售但单独计价的包装物,按照税法规定应缴纳的消费税,借记"税金及附加"科目,贷记"应交税费——应交消费税"科目。出租、出借包装物逾期未收回没收的押金应交的消费税,借记"税金及附加"科目,贷记"应交税费——应交消费税"科目。

另外,委托加工应税消费品、金银首饰零售业务、进口应税消费品等,也涉及应交消费税的会计核算。

3. 缴纳消费税的会计核算

缴纳的消费税,借记"应交税费——应交消费税"科目,贷记"银行存款"科目。

借:应交税费——应交消费税

　　贷:银行存款

四、应交城市维护建设税和教育费附加的核算

城市维护建设税,是指以增值税、消费税为计税依据征收的一种税。其纳税人为缴纳增值税、消费税的单位和个人,税率因纳税人所在地不同分别有7%(市区)、5%(县城、镇)、1%(不在市区、县城或镇)。其计算公式如下:

$$应纳税额＝(应交增值税＋应交消费税)×适用税率$$

教育费附加是为了发展教育事业而向企业征收的附加费用,企业按应交流转税的一定比例计算缴纳。其计算公式如下:

$$应纳税额＝(应交增值税＋应交消费税)×适用税率$$

小企业按照税法规定应交的城市维护建设税、教育费附加,借记"税金及附加"等科目,贷记"应交税费——应交城市维护建设税""应交税费——应交教育费附加"科目。

缴纳的城市维护建设税、教育费附加,借记"应交税费——应交城市维护建设税""应交税费——应交教育费附加"科目,贷记"银行存款"科目。

【例4-17】 2×19年9月,小企业华夏公司本月增值税应纳税额为12 000元、消费税应纳税额为1 000元。华夏公司适用的城市维护建设税税率为7%,教育费附加的税率为3%。

$$应纳城市维护建设税税额＝(12\,000＋1\,000)×7\%＝910(元)$$

$$应纳教育费附加＝(12\,000＋1\,000)×3\%＝390(元)$$

借:税金及附加　　　　　　　　　　　　　　　　　　　　　　　　　　　　　　1 300

　　贷:应交税费——应交城市维护建设税　　　　　　　　　　　　　　　　　910

　　　　应交税费——应交教育费附加　　　　　　　　　　　　　　　　　　　390

五、其他应交税费的核算

其他应交税费,是指除上述应交税费以外的应交税费,包括应交资源税、应交土地增值税、应交企业所得税、应交代扣个人所得税、应交房产税、应交城镇土地使用税、应交车船税、应交矿产资源补偿费等。

（一）应交资源税的核算

资源税，是对在我国境内开采矿产品或者生产盐的单位和个人征收的税。资源税按照应税产品的课税数量和规定的单位税额计算。

开采或生产应税产品对外销售的，以销售数量为课税数量；开采或生产应税产品自用的，以自用数量为课税数量。

（1）小企业销售应税产品按税法规定应缴纳的资源税，借记"税金及附加"科目，贷记"应交税费——应交资源税"科目。

借：税金及附加
　贷：应交税费——应交资源税

（2）自产自用的物资应缴纳的资源税，借记"生产成本"等科目，贷记"应交税费——应交资源税"科目。

借：生产成本等
　贷：应交税费——应交资源税

（3）缴纳的资源税，借记"应交税费——应交资源税"科目，贷记"银行存款"科目。

借：应交税费——应交资源税
　贷：银行存款

【例4-18】 某小企业销售自产的煤炭一批，计算的应交资源税为40 000元。

借：税金及附加　　　　　　　　　　　　　　　　　　　　　　40 000
　贷：应交税费——应交资源税　　　　　　　　　　　　　　　　40 000

（二）应交城镇土地使用税、房产税、车船税、矿产资源补偿费、排污费的核算

（1）小企业按照规定应缴纳的城镇土地使用税、房产税、车船税、矿产资源补偿费、排污费，借记"税金及附加"等科目，贷记"应交税费——应交城镇土地使用税""应交税费——应交房产税"等科目。

借：税金及附加
　贷：应交税费——应交城镇土地使用税等

（2）缴纳的城镇土地使用税、房产税、车船税、矿产资源补偿费、排污费，借记"应交税费——应交城镇土地使用税""应交税费——应交房产税"等科目，贷记"银行存款"科目。

借：应交税费——应交城镇土地使用税等
　贷：银行存款

第六节　应付利润

一、应付利润的含义

应付利润，是指小企业在接受投资或联营、合作期间，按协议或合同规定应支付给投资者或合作伙伴的利润。

应付利润反映了小企业与投资者之间分配与取得投资回报的关系。小企业根据相关法律、法规的规定或根据投资协议或合同约定应向投资者分配利润,在未支付给投资者之前,形成小企业的一项负债。

二、应付利润的核算

(一) 科目设置

为了核算小企业应付给投资者的利润分配及实际支付情况,应单独设置"应付利润"科目进行核算。其贷方登记应支付的利润,借方登记实际支付的利润,期末贷方余额反映小企业应付未付的利润。本科目按照投资者进行明细核算。

(二) 账务处理

小企业根据规定或协议确定的应分配给投资者的利润,借记"利润分配"科目,贷记"应付利润"科目。向投资者实际支付利润时,借记"应付利润"科目,贷记"库存现金""银行存款"科目。

【例4-19】　小企业华夏公司2×18年度实现净利润100 000元,2×19年4月15日,经股东会审议,决定按照2×18年度净利润的30%分配利润30 000元,5月20日,分配的利润已用银行存款支付。华夏公司的有关账务处理为:

① 4月15日,宣告分配利润时:

借:利润分配——应付利润　　　　　　　　　　　　　　　　　　　　　　30 000
　贷:应付利润　　　　　　　　　　　　　　　　　　　　　　　　　　　　　30 000

② 5月20日,实际发放利润时:

借:应付利润　　　　　　　　　　　　　　　　　　　　　　　　　　　　　30 000
　贷:银行存款　　　　　　　　　　　　　　　　　　　　　　　　　　　　　30 000

 延伸阅读4-3

"应付股利"与"应付利润"两个会计科目的联系与区别

"应付股利"科目是根据企业会计准则的要求设置的,用于核算企业根据股东大会或类似机构审议批准的利润分配方案确定分配给投资者的现金股利或利润。因为企业会计准则发布时是要求在上市公司执行的,鼓励非上市公司执行,所以对于上市公司而言,应付的利润就是股利,所以在企业会计准则附录——会计科目和主要账务处理中,设置"应付股利"科目。

在2013年生效的小企业会计准则附录——会计科目和主要账务处理中并没有"应付股利"科目,而是设置"应付利润"科目,核算小企业分配给投资者的利润。因为执行小企业会计准则的都是小公司,小公司是肯定没有上市的,故将该科目称为"应付利润",若小企业一旦上市,则参照企业会计准则执行。

第七节　长　期　借　款

一、长期借款的含义及特征

(一) 长期借款的含义

长期借款,是指小企业向银行或其他金融机构借入的期限在1年以上(不含1年)的各种借款。

小企业的长期借款一般用于固定资产的购建、改扩建工程、大修理工程、对外投资以及为了保持长期经营能力等方面。它是企业长期负债的重要组成部分,必须对其加强管理与核算。

(二) 长期借款的基本特征

小企业的长期借款具有以下基本特征:

(1) 债权人不仅包括银行,还包括小额贷款公司等其他金融机构。如果小企业向第三方(如个人)借入期限在1年以上并且负担利息费用也作为长期借款核算。

(2) 借款期限较长,为1年以上(不含1年)。

(3) 不仅偿还本金,还应支付相应的利息费用。

(4) 不仅包括人民币借款,还包括外币借款。

由于长期借款的使用关系小企业的生产经营规模和效益,故小企业除了要遵守有关的贷款规定、编制借款计划并要有不同形式的担保外,还应监督借款的使用、按期支付长期借款的利息以及按规定的期限归还借款本金等。因此,要加强对长期借款的借入、借款利息的结算、借款本息的归还等情况的管理,促使小企业遵守信贷纪律、提高信用等级,并确保长期借款发挥效益。

二、长期借款的核算

(一) 科目设置

小企业应当设置"长期借款"科目,用来核算小企业向银行或其他金融机构借入的期限在1年以上(不含1年)的各种借款本金。本科目按照借款种类、贷款人和币种进行明细核算,其贷方登记长期借款本金的增加额,借方登记长期借款本金的减少额,期末贷方余额反映小企业尚未偿还的长期借款本金。本科目应按照借款种类、贷款人和币种进行明细核算。

(二) 账务处理

1. 取得长期借款

小企业借入长期借款,应按实际收到的金额,借记"银行存款"科目,贷记"长期借款"科目。

【例 4-20】 2×19 年 1 月 1 日,小企业华夏公司从交通银行借入资金 1 000 000 元存入银行,借款期限为 3 年,年利率 8%,每年年末付息一次,到期一次还本。华夏公司借入款项用于厂房购建,2×20 年 12 月 31 日办理竣工决算。华夏公司取得长期借款时的账务处理为:

借:银行存款   1 000 000

  贷:长期借款——交通银行   1 000 000

2. 长期借款利息的核算

小企业长期借款利息费用的计提时点为借款合同所约定的应付利息日,即长期借款利息费用的计提时点既不是资产负债表日,也不是实际支付利息日。如果长期借款没有合同或协议约定的付息日期,则不需要计提利息费用。

借款费用,是指小企业因借入资金所付出的代价,包括小企业向银行或其他金融机构等借入资金发生的利息、在借款过程中发生的诸如手续费、佣金等辅助费用,以及因外币借款而发生的汇兑损失等。

小企业为购置或建造固定资产、无形资产和经过1年以上才能达到可销售状态的存货发生借款费用的,在有关资产购置或建造期间发生的合理的借款费用,应当作为资本性支出计入有关资产的成本。其他借款费用应当在发生时根据其实际发生额确认为当期损益,计入财务费用。相关借款所发生的存款利息,停止资本化之前,应冲减资产成本。

在应付利息日,小企业应当按照借款本金和借款合同利率计提利息费用,借记"财务费用""在建工程"等科目,贷记"应付利息"科目。

【例 4-21】 承[例 4-20],华夏公司在每年应付利息日的账务处理为:

① 2×19 年 12 月 31 日,计提利息时:

借:在建工程	80 000
贷:应付利息	80 000

以银行存款支付利息时:

借:应付利息	80 000
贷:银行存款	80 000

② 2×20 年 12 月 31 日华夏公司在应付利息日的账务处理同上。

③ 2×21 年 12 月 31 日华夏公司在应付利息日的账务处理为:

借:财务费用	80 000
贷:应付利息	80 000

以银行存款支付利息时:

借:应付利息	80 000
贷:银行存款	80 000

3. 偿还长期借款本金的核算

小企业偿还长期借款本金,借记"长期借款"科目,贷记"银行存款"科目。

【例 4-22】 承[例 4-20]、[例 4-21],2×21 年 12 月 31 日小企业华夏公司以银行存款偿还长期借款本金 1 000 000 元。

借:长期借款——交通银行	1 000 000
贷:银行存款	1 000 000

相关思考 4-2

小企业的借款费用开始及停止资本化的时点

借款费用资本化期间,是指借款费用开始发生时至停止资本化时点的期间。开始资本化时点为:取得借款支付的辅助费用、应付利息日支付的利息、期末汇兑损失、符合资本化条件后。停止资本化时点为:竣工决算前、达到预定用途、达到预定可销售状态前。

第八节　长 期 应 付 款

一、长期应付款的含义

长期应付款,是指小企业除长期借款以外的其他各种长期应付款项,包括应付融资租入固定资产的租赁费、以分期付款方式购入固定资产和无形资产发生的应付款项等。

二、长期应付款的核算

小企业应设置"长期应付款"科目核算小企业的各种长期应付款。本科目的贷方登记长期应付款的增加额,借方登记分期归还的长期应付款,期末贷方余额反映小企业应付未付的长期应付款项。本科目按照长期应付款的种类和债权人进行明细核算。

(一)应付融资租入固定资产租赁费

小企业融资租入固定资产,应当在租赁开始日,按租赁协议或者合同约定的付款总额以及运输费、途中保险费、安装调试费以及融资租入固定资产竣工决算前发生的利息支出和汇兑损失等,借记"固定资产——融资租入固定资产"科目,按租赁协议或者合同确定的付款总额,贷记"长期应付款"科目,按应支付的其他相关税费,贷记"银行存款""应付账款"等科目。按期支付融资租赁费时,借记"长期应付款"科目,贷记"银行存款"科目。租赁期满,如合同规定将固定资产所有权转归承租企业,应当进行转账,将固定资产从"融资租入固定资产"明细科目转入有关明细科目。

【例 4-23】 小企业华夏公司采用融资租赁方式租入一台需要安装的生产设备,按照租赁合同约定的付款总额为 3 000 000 元,租赁期限为 5 年,最低租赁付款额为 3 000 000 元,首付 600 000 元,其余 2 400 000 分 4 次于每年年末支付。小企业支付了生产设备的运输费、保险费、安装调试费等共计 100 000 元。租赁期满设备所有权划归华夏公司所有。

华夏公司账务处理为:

① 租赁开始日:

借:在建工程	3 000 000
贷:长期应付款——应付融资租入固定资产租赁费	2 400 000
银行存款	600 000

② 支付运输费、保险费和安装调试费:

借:在建工程	100 000
贷:银行存款	100 000

③ 设备安装完毕后投入使用时:

借:固定资产——融资租入固定资产	3 100 000
贷:在建工程	3 100 000

④ 每年年末支付租金:

借:长期应付款——应付融资租入固定资产租赁费	600 000
贷:银行存款	600 000

⑤ 租赁期满华夏公司取得设备所有权:

借:固定资产——生产经营用固定资产	3 100 000
贷:固定资产——融资租入固定资产	3 100 000

（二）分期付款购入固定资产应付款

小企业以分期付款方式购入固定资产,应当按照实际支付的购买价款和相关税费(不包括按照税法规定可抵扣的增值税进项税额),借记"固定资产"或"在建工程"科目,按照税法规定可抵扣的增值税进项税额,借记"应交税费——应交增值税(进项税额)"科目,贷记"长期应付款"科目。

【例 4-24】 小企业华夏公司采用分期付款方式购入一台需要安装的生产设备,增值税专用发票列明的设备价款为 100 000 元,增值税进项税额 13 000 元。合同约定增值税税款一次性支付,设备价款分四次等额支付。华夏公司另支付设备的运输费、保险费、安装调试费等共计 1 000 元,设备安装完毕已投入使用。华夏公司账务处理为:

① 购入时:

借:在建工程　　　　　　　　　　　　　　　　　　　　　　　　　100 000
　　应交税费——应交增值税(进项税额)　　　　　　　　　　　　　13 000
　　贷:长期应付款——分期付款购入固定资产应付款　　　　　　　　100 000
　　　　银行存款　　　　　　　　　　　　　　　　　　　　　　　　13 000

② 支付运输费、保险费和安装调试费:

借:在建工程　　　　　　　　　　　　　　　　　　　　　　　　　1 000
　　贷:银行存款　　　　　　　　　　　　　　　　　　　　　　　　1 000

③ 设备安装完毕后投入使用时:

借:固定资产　　　　　　　　　　　　　　　　　　　　　　　　　101 000
　　贷:在建工程　　　　　　　　　　　　　　　　　　　　　　　　101 000

④ 分期支付设备价款每期分录为:

借:长期应付款——分期付款购入固定资产应付款　　　　　　　　　25 000
　　贷:银行存款　　　　　　　　　　　　　　　　　　　　　　　　25 000

账 簿 格 式

1. 短期借款明细账

"短期借款"科目应按债权人设置三栏式明细账,并按借款种类进行明细分类核算。具体账页格式如表 4-2 所示。

表 4-2　短期借款——交通银行明细账

公司名称:华夏公司

科目名称:短期借款——交通银行　　　　　　　　　　　　　　　　　　　单位:元

2×19年		凭证号数	摘要	借方	贷方	借或贷	余额
月	日						
12	1		期初余额			贷	300 000.00
12	1	银收 1	借入短期借款		200 000.00	贷	500 000.00
12	31	银付 4	偿还前期借款	300 000.00		贷	200 000.00
12	31		本月合计	300 000.00	200 000.00	贷	200 000.00

2. 应付票据明细账

"应付票据"科目应按债权人名称设置三栏式明细账,进行明细分类核算。具体账页格式如表4-3所示。

表4-3　应付票据——甲公司明细账

公司名称:华夏公司

科目名称:应付票据——甲公司　　　　　　　　　　　　　　　　　　单位:元

2×19年		凭证号数	摘要	借方	贷方	借或贷	余额
月	日						
12	1		期初余额			贷	20 000.00
12	1	转1	赊购原材料		11 600	贷	31 600
12	31		本月合计		11 600	贷	31 600

3. 应付账款明细账

"应付账款"科目应按债权人名称设置三栏式明细账,进行明细分类核算。具体账页格式如表4-4所示。

表4-4　应付账款——A公司明细账

公司名称:华夏公司

科目名称:应付账款——A公司　　　　　　　　　　　　　　　　　　单位:元

2×19年		凭证号数	摘要	借方	贷方	借或贷	余额
月	日						
12	1		期初余额			贷	300 000.00
12	1	转1	赊购原材料		200 000.00	贷	500 000.00
12	31	银付4	支付货款	100 000.00		贷	400 000.00
12	31		本月合计	100 000.00	200 000.00	贷	400 000.00

4. 应付职工薪酬明细账

应付职工薪酬科目采用三栏式明细账,应设置"工资""职工福利""社会保险费""住房公积金""工会经费""职工教育经费""非货币性福利"等明细科目,进行明细核算。具体明细账格式如表4-5所示。

表4-5　应付职工薪酬——工资明细账

公司名称:华夏公司

科目名称:应付职工薪酬——工资　　　　　　　　　　　　　　　　　单位:元

2×19年		凭证号数	摘要	借方	贷方	借或贷	余额
月	日						
12	1		期初余额			贷	700 000.00
12	10	银付5	发放上期工资	700 000.00		平	0.00
12	31	转30	计提本期工资		600 000.00	贷	600 000.00
12	31		本月合计	700 000.00	600 000.00	贷	600 000.00

5. 应交税费明细账

采用手工记账方式下,小企业为一般纳税人的,"应交税费——应交增值税"应采用多栏式明细账格式,科目借方反映企业购进货物或接受应税劳务支付的进项税额、实际已缴纳税额等;贷方反映企业应缴纳的销项税额、出口退税、不能抵扣的进项税额转出等;期末借方余额反映企业尚未抵扣的增值税进项税额。采用财务软件记账方式下,"应交税费——应交增值税"一般采用三栏式明细账格式。多栏式账页格式如表4-6所示。

表 4-6　应交税费——应交增值税明细账

公司名称:华夏公司

科目名称:应交税费——应交增值税　　　　　　　　　　　　　　　　　　　单位:元

2×19年		摘　要	进项税额	已交税金	借方合计	销项税额	出口退税	进项税额转出	出口抵减内销产品应纳税额	贷方合计	借或贷	余额
月	日											
12	1	期初余额									借	3 000.00
12	1	销售商品				80 000.00				80 000.00	贷	77 000.00
12	10	购入材料	50 000.00		50 000.00						贷	27 000.00
12	31	购防伪开票系统	540.00		540.00						贷	26 460.00
12	31	本月合计	50 540.00		50 540.00	80 000.00				80 000.00	贷	26 460.00

6. 长期借款明细账

"长期借款"科目应按债权人设置三栏式明细账,并按借款种类进行明细分类核算。具体账页格式如表4-7所示。

表 4-7　长期借款——工商银行明细账

公司名称:华夏公司

科目名称:长期借款——工商银行　　　　　　　　　　　　　　　　　　　单位:元

2×19年		凭证号数	摘要	借方	贷方	借或贷	余额
月	日						
12	1		期初余额			平	0.00
12	1	银收1	借入长期借款		1 000 000.00	贷	1 000 000.00
12	31		本月合计		1 000 000.00	贷	1 000 000.00

与财务报告的关系

(一)短期借款在财务报告中的列报

在资产负债表中,"短期借款"项目反映小企业从银行或其他金融机构借入的期限在1年以内(含1年)的各种借款。该项目应根据"短期借款"科目总分类账的期末余额填列。

(二)"应付账款"项目在财务报表中的列示

在资产负债表中,"应付票据及应付账款"项目,反映资产负债表日企业因购买材料、商品和接受服务等经营活动应支付的款项。该项目应根据"应付账款"和"预付账款"科目所属的相关明细科目的期末贷方余额合计数填列。

(三)预收账款在财务报告中的列示

在资产负债表中,"预收款项"项目反映小企业预收购货单位的款。该项目应根据"预收账款"明细科目的期末贷方余额以及"应收账款"所属明细科目期末贷方余额合计填列。若预收账款科目所属有关明细科目期末有借方余额时,应包括在"应收账款"项目的借方填列。

【例4-25】 小企业华夏公司2×19年12月31日结账后有关科目所属明细科目借贷方余额,如表4-8所示。

表4-8 往来款项明细科目余额表

2×19年12月31日 单位:元

科目名称	明细科目借方余额合计	明细科目贷方余额合计
应收账款	1 000 000	100 000
预付账款	700 000	50 000
应付账款	300 000	1 200 000
预收账款	500 000	1 500 000

小企业华夏公司2×19年12月31日资产负债表中相关项目的金额是多少?

分析:本例中,应收账款项目,应当根据"应收账款"科目所属明细科目借方余额1 000 000元和"预收账款"科目所属明细科目借方余额500 000元加总,作为资产负债表中"应收账款"的项目金额,即1 500 000元。

预付款项项目,应当根据"预付账款"科目所属明细科目借方余额700 000元和"应付账款"科目所属明细科目借方余额300 000元加总,作为资产负债表中"预付款项"的项目金额,即1 000 000元。

应付账款项目,应当根据"应付账款"科目所属明细科目贷方余额1 200 000元和"预付账款"科目所属明细科目贷方余额50 000元加总,作为资产负债表中"应付账款"的项目金额,即1 250 000元。

预收款项项目,应当根据"预收账款"科目所属明细科目贷方余额1 500 000元和"应收账款"科目所属明细科目贷方余额100 000元加总,作为资产负债表中"预收款项"的项目金额,即1 600 000元。

因此,华夏公司2×19年12月31日资产负债表中相关项目的金额为:

① "应收账款"项目金额为:1 000 000+500 000=1 500 000(元)

② "预付款项"项目金额为:700 000+300 000=1 000 000(元)

③ "应付账款"项目金额为:1 200 000+50 000=1 250 000(元)

④ "预收款项"项目金额为:1 500 000+100 000=1 600 000(元)

(四)应付职工薪酬在财务报告中的列示

在资产负债表中,"应付职工薪酬"项目反映小企业应付未付的职工薪酬。该项目应根据"应付职工薪酬"科目总分类账期末贷方余额填列,如"应付职工薪酬"科目期末为借方余额,则以"-"号填列。

（五）应交税费在财务报告中的列示

在资产负债表中，"应交税费"项目反映小企业期末未交、多交或未抵扣的各种税费。该项目应根据"应交税费"科目的期末贷方余额填列；如"应交税费"科目期末为借方余额，以"－"号填列。

（六）"其他应付款"项目在财务报表中的列示

"其他应付款"项目，应根据"应付利息""应付利润"和"其他应付款"科目的期末余额合计数填列。

（七）长期借款在财务报告中的列示

在资产负债表中，"长期借款"项目，反映小企业向银行或其他金融机构借入的期限在 1 年以上（不含 1 年）的各项借款。本项目应根据"长期借款"科目的期末余额扣除"长期借款"账户所属明细账户中将在资产负债表日起 1 年内到期、且企业不能自主地将清偿义务展期的长期借款后的金额计算填列。

（八）长期应付款在财务报告中的列示

在资产负债表中，"长期应付款"项目反映小企业除长期借款以外的其他各种长期应付款项。包括应付融资租入固定资产的租赁费、以分期付款方式购入固定资产发生的应付款项等。本项目应根据"长期应付款"科目的期末余额减去相关的"未确认融资费用"科目的期末余额后的金额，以及"专项应付款"科目的期末余额填列。

本 章 小 结

本章主要学习小企业短期借款、应付及预收款项、应付职工薪酬、应交税费等流动负债以及长期借款、长期应付款等非流动负债的核算。通过本章的学习，应了解小企业负债的特征及构成；掌握小企业短期借款、应付票据、应付账款、预收账款、应付职工薪酬、应交税费、应付利润等的核算；了解小企业长期借款、长期应付款的核算。

本章重要概念

负债　流动负债　非流动负债　短期借款　应付账款　应付票据　预收账款　应付职工薪酬　应交税费　应付利润　长期借款　长期应付款

思 考 题

1. 小企业的流动负债主要包括哪些项目？
2. 简述小企业应付职工薪酬的内容。
3. 简述小企业长期借款的特征。

推荐阅读资料

［1］卢新国.小企业会计［M］.北京:高等教育出版社,2017.

［2］黄贤明,吴海霞,郎东梅.小企业会计实务［M］.北京:中国人民大学出版社,2015.

［3］小企业会计准则编审委员会.小企业会计准则讲解［M］.上海:立信会计出版社,2015.

第五章　所有者权益

内容简介

　　本章主要讲解了所有者权益的含义、特征、构成;实收资本的含义、计量和核算;资本公积的含义和核算;留存收益的含义及构成;盈余公积的含义、用途和核算;未分配利润的含义和核算。本章重点为实收资本增减变动的核算、资本公积的核算、盈余公积的核算、未分配利润的核算。

学习目的和要求

　　通过本章学习,学生应掌握实收资本增减变动的核算、资本公积的核算、盈余公积的核算、未分配利润的核算。了解所有者权益的含义、构成及各组成部分的含义。

引例　盈余公积的用途

　　2×17年李四、王五、赵六三人共同出资创立一家公司,公司注册资本为500 000元,三人持股比例分别为40%、40%、20%,其中李四以银行汇票200 000元出资;王五以一栋房屋作价出资,经评估师评定作价220 000元;赵六以专利技术(专利证书)出资,经评估价值为100 000元。

　　公司经过3年的勤劳经营,连年利润丰厚,逐年向国家缴纳企业所得税后未分红,积累的法定公积大增,商誉高扬,符合《公司法》关于法定公积在增资时不得少于注册资本25%的规定。公司股东会决议通过,为了本公司的兴旺发展,必须增资扩股,吸收新股,因为老股已为公司创立优良业绩,树立商誉,加入的新股东,自愿加倍出资,以求份额数量平衡。次年,为了鼓舞士气,活跃情绪,公司股东会决议通过,公司从高额的盈余公积中提取100 000元增资扩股,按原各投资人的份额,予以增资。

　　2×20年不幸突发天灾,洪水造成的泥石流冲毁公司仓库,物资损失严重,致使公司当年发生亏损达170 000元。经股东大会决议通过,以多年积累的盈余公积余额弥补。

　　根据上述案例,通过本章学习,你应该了解:什么是所有者权益? 什么是留存收益及其用途?

第一节　所有者权益概述

一、所有者权益的含义和特征

(一) 所有者权益的含义

所有者权益,是指小企业的资产扣除负债后由所有者享有的剩余权益,所有者权益又称为股东权益。任何小企业,其资产占用的资金来源主要有两种:一种是债权人提供(对企业而言,即为负债),另一种是所有者提供(对企业而言,即为所有者权益)。所有者权益是所有者对企业资产的剩余索取权,表示企业资产中扣除债权人权益之后应由所有者享有的部分。所有者权益不像负债需要偿还,除非小企业发生减资、清算,否则小企业不需要将所有者权益返还给其投资者。小企业清算时,优先偿还负债,所有者权益只有在负债得到偿还后才能偿还。

(二)所有者权益的特征

所有者权益与债权人相比,一般具有以下四个基本特征:

(1)所有者权益在企业经营期间内可供企业长期、持续地使用,企业不必向投资者返还资本金。而负债则须按期返还给债权人,成为企业的负担。

(2)企业所有者凭其对企业投入的资本,享受税后分配利润的权利。所有者权益是企业分配税后净利润的主要依据,而债权人除按期取得利息外,无权分配企业的盈利。

(3)企业所有者有权行使企业的经营管理权,或者授权管理人员行使经营管理权。但债权人并没有经营管理权。

(4)企业的所有者对企业的债务和亏损负有无限的责任或有限的责任,而债权人与企业的其他债务没有关系,一般也不承担企业的亏损。

二、所有者权益的构成

小企业的所有者权益按其来源,可分为投入资本和留存收益等。通常由实收资本(或股本,下同)、资本公积、盈余公积和未分配利润构成。其中,盈余公积和未分配利润统称为留存收益,如图5-1所示。

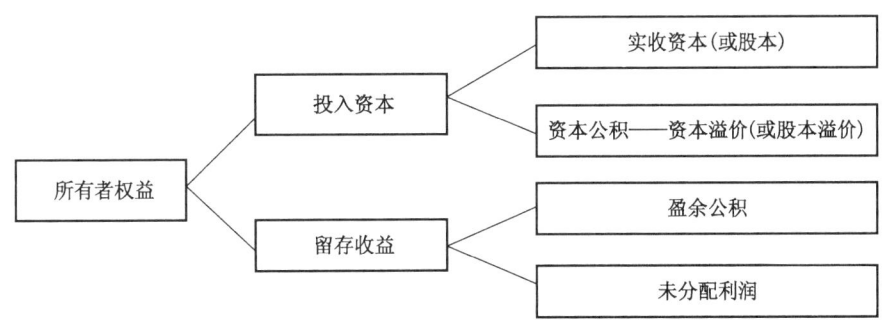

图5-1 所有者权益的构成示意图

所有者投入资本是指所有者投入企业的资本部分,它既包括构成企业注册资本或者股本部分的金额,即为实收资本,也包括投入资本超过注册资本或股本部分的金额,即资本溢价或股本溢价,这部分投入资本计为资本公积,并在资产负债表中的"资本公积"项目下反映。

留存收益是指企业从历年实现的利润中提取或留存于企业的内部积累,它来源于企业的生产经营活动所实现的净利润,包括企业的盈余公积和未分配利润两部分。

相关思考5-1

所有者权益与负债的区别与联系

任何小企业,其资产占用的资金来源是由债权人提供(即负债)和所有者提供(即所有者权益)。所有者权益和负债同属于"权益"。"权益"是指对企业资产的求偿权,包括投资人的求偿权和债权人的求偿权,但两者又有区别。

请问：所有者权益与负债有何区别？

 延伸阅读 5-1

企业组织形式

随着我国市场经济的逐步发展,已形成多种企业组织形式并存的格局。按照国际通行的划分方式,针对企业资产经营的不同法律责任,将企业划分为非公司型企业和公司型企业。

非公司型企业主要分为个人独资企业和合伙企业。个人独资企业是指依法在中国境内设立,由一个自然人投资,财产为投资人个人所有,投资人以其个人财产对企业债务承担无限责任的经营实体。合伙企业是指依法在中国境内设立,由各合伙人订立合伙协议,共同出资,合伙经营,共享收益,共担风险,并对合伙企业债务承担无限连带责任的营利组织。

公司型企业主要分为有限责任公司和股份有限公司。有限责任公司是依法设立,股东以其认缴的出资额为限对公司承担责任,公司以其全部资产对公司的债务承担责任的企业法人。有限责任公司不得对外发行股票,股权不得任意转让,是适合于中小企业的一种有效组织形式。股份有限公司是依法设立,其全部股本分为等额股份,股东以其认购的股份为限对公司承担责任,公司以其全部资产对公司的债务承担责任的企业法人。股份有限公司的股份可以自由转让,其股票可以在社会上公开出售。

对所有者权益性质的认定依赖于人们对会计主体性质的认定,即基于不同的企业组织形式,企业的所有者应承担的风险及其享有的利益也不同。大中型企业的企业组织形式一般是以股份有限公司为主的,而小型微型企业的企业组织形式一般是以非股份有限公司为主的。

第二节 实收资本与资本公积

一、实收资本

(一) 实收资本的含义

实收资本,是指投资者按照合同协议约定或相关规定投入小企业、构成小企业注册资本的部分。所有者向小企业投入的资本,是企业进行经营活动的初始资金来源,在一般情况下无须偿还,可以长期周转使用。实收资本的构成比例是小企业据以向投资者进行利润或股利分配的主要依据,除了符合规定条件的增资和减资外,企业的实收资本一般不得随意变动。

(二) 实收资本的计量

实收资本的计量取决于投资者的出资方式。

(1) 投资者以现金方式出资的,应当按照其在小企业注册资本或股本中所占的份额确认实收资本,实际收到或存入小企业开户银行的金额超过实收资本的部分,确定为资本公积。如果小企业接受外币现金出资,应当按照收到外币出资额当日的即期汇率(中间价)折算为人民币,不产生外币折算差额。

(2) 投资者以非货币性资产方式出资,实收资本的金额按照投资合同协议或者公司章程的约定在小企业注册资本或股本中所占的份额确认,超过小企业实收资本的部分,确认为资本公积。至于非货币性资产的金额应当按照评估价值确定。

(三) 实收资本的核算

1. 科目设置

小企业应设置"实收资本"科目,核算其收到投资者按照合同协议约定或相关规定投入的、构成注册资本的部分。小企业(股份有限公司)应将该科目改为"股本"。"实收资本"科目可按投资者进行明细核算。本科目属于所有者权益性质,贷方登记企业实际收到投资者投入的各种资产价值及按规定从资本公积和盈余公积中转增的资本,借方登记按规定程序减少注册资本的数额;期末余额在贷方,反映企业实收资本总额。

2. 实收资本增加的核算

一般情况下,小企业的实收资本应相对固定不变,但在某些特定情况下(符合增资条件),实收资本也可能发生变化。小企业增加资本的途径主要有三种:

(1) 所有者(包括小企业原有投资者和新投资者)投入。在会计上应借记"银行存款""固定资产""无形资产"等科目,按照其在注册资本中所占的份额,贷记"实收资本"科目,按照其差额,贷记"资本公积——资本溢价"科目。

(2) 将资本公积转为实收资本。在会计上应借记"资本公积——资本溢价"科目,贷记"实收资本"科目。

(3) 将盈余公积转为实收资本。在会计上应借记"盈余公积——法定盈余公积/任意盈余公积"科目,贷记"实收资本"科目。

【例 5-1】 A 投资者为了占有小企业华夏公司注册资本(100 万元)20% 的份额,向其投入 10 万元现金和一台生产设备,该生产设备的评估价值为 50 万元,增值税额为 6.5 万元。小企业华夏公司已将现金收存银行,并已收到生产设备。

借:银行存款	100 000
固定资产	500 000
应交税费——应交增值税(进项税额)	65 000
贷:实收资本——A	200 000
资本公积——资本溢价	465 000

【例 5-2】 小企业华夏公司经股东会决议,将资本公积的 10 万元、法定盈余公积的 50 万元转增资本。该小企业由 A、B、C 三个股东出资组建,股权比例分别为 20%、50%、30%。

借:资本公积——资本溢价	100 000
盈余公积——法定盈余公积	500 000
贷:实收资本——A	120 000
——B	300 000
——C	180 000

3. 实收资本减少的核算

《公司法》规定,公司成立后,股东不得抽逃出资,所以小企业的实收资本一般情况下不能随意减少。实收资本减少的原因主要有两种:一是资本过剩,二是小企业发生重大亏损在短期内无力弥补而需要减少实收资本。

小企业资本减少应符合相关条件,如减资应事先通知债权人,债权人无异议方允许减资;减资需经股东会议同意,并经有关部分批准。投资者按规定转让出资的,应在有关的转让手续办理完毕时,将出让方所转让的投资,在投资者科目有关明细及备查记录中转为受让方。

按照法定程序报经批准减少注册资本的,借记"实收资本"科目,贷记"银行存款""库存现金"等科目。

【例 5-3】 小企业华夏公司注册资本为 100 万元,由 A、B、C 三个股东出资组建,股权比例分别为 20％、50％、30％。由于小企业转变发展方向,为了缩小生产经营规模,决定按照相关规定减资 20 万元,全部用银行存款支付。

借:实收资本——A   40 000
　　　　　　——B   100 000
　　　　　　——C   60 000
　　贷:银行存款   200 000

延伸阅读5-2

注册资本、实收资本、投入资本的关系

注册资本和实收资本不是同一个概念。注册资本是企业在工商登记机关登记的投资者认缴的出资额,实收资本是指投资者按照合同协议约定或相关规定投入小企业、构成小企业注册资本的部分。由于投资者投入企业的资本是根据投资方式和投资期限一次或分批逐步投入的,如果资本全总额分几次投入,在未投足前,实收资本会小于注册资本;如果投入资本超过注册资本,其差额就形成资本公积。因而企业的实收资本只有在投资者的投资足额后,才等于注册资本。

投入资本是投资者作为资本实际投入企业的资金数额。一般情况下,投资者的投入资本即构成企业的实收资本,也正好等于其在登记机关的注册资本;但是,在一些特殊情况下,投资者也会因种种原因而超额投入(如溢价出资等),从而使其投入资本超过企业的注册资本,在这种情况下,企业进行会计核算时,就不应将投入资本超过注册资本的部分作为实收资本进行核算,而应单独核算,计入资本公积。

会计职业道德5-1

诚实守信,严禁抽逃注册资本

抽逃注册资本是指公司股东或发起人依法履行了出资义务,即向公司交付了货币、实物或转移了财产权,在公司成立后,又抽回其出资的行为。公司作为独立的企业法人必须拥有财产,公司成立后,必须实际保有与其注册资本或资本金相当的资本。其目的在于维持公司的资本,保护债权人的利益和交易的安全。

根据《公司法》第 200 条的规定,公司的发起人、股东在公司成立后,抽逃其出资的,由公司登记机关责令改正,处以所抽逃出资金额 5％以上 15％以下的罚款。《中华人民共和国刑法》第 159 条规定,公司发起人、股东违反公司法的规定未交付货币、实物或者未转移财产权,虚假出资,或者在公司成立后抽逃其出资,数额巨大、后果严重或者有其他严重情节的,处 5 年以下有期徒刑或者拘役,并处虚假出资金额或者抽逃出资金额 2％以上 10％以下罚金。单位犯前款罪的,对单位判处罚金,并对其直接负债的主管人员和其他直接责任人员,处 5 年以下有期徒刑或拘役。其他抽逃资金行为构不成犯罪的,除依法应当承担民事责任外,还可以给予行政处分或者罚款。

二、资本公积

(一) 资本公积的含义

资本公积,是指小企业收到的投资者出资额超过其在注册资本或股本中所占份额的部分。小企业资本公积的内容主要包括资本溢价(或股本溢价)等。资本公积是由投资者投入但不构成实收资本,由所有者享有的资金,它属于所有者权益的范畴。资本公积由全体投资人享有,在转增资本时,按各个股东在实收资本中所占的投资比例计算的金额,分别转增各个股东的投资金额。资本公积与盈余公积不同,盈余公积是从净利润中取得的,而资本公积的形成有其特定的来源,与小企业的净利润无关。

小企业的资本公积主要用于转增资本,但资本公积不得用于弥补亏损。

(二)资本公积的核算

1. 科目设置

为了全面反映资本公积的来源和使用情况,小企业应设置"资本公积"科目,并下设"资本溢价(或股本溢价)"明细科目进行核算。本科目贷方登记增加数,反映各项资本公积的来源;借方登记减少数,反映按规定用途转出的资本公积;期末余额在贷方,反映资本公积的实有数。

2. 资本公积的核算

(1)小企业收到投资者的出资,借记"银行存款""固定资产""无形资产"等科目,按照其在注册资本中所占的份额,贷记"实收资本"科目,按照其差额,贷记"资本公积——资本溢价"科目。

(2)根据有关规定用资本公积转增资本,借记"资本公积——资本溢价"科目,贷记"实收资本"科目。

(3)根据有关规定减少注册资本,借记"实收资本""资本公积——资本溢价"等科目,贷记"银行存款""库存现金"等科目。

【例5-4】 小企业华夏公司注册资本为 100 万元,由 A、B、C 三个股东出资组建,股权比例分别为 20%、50%、30%。1 年后,为了扩大经营规模,经批准,小企业华夏公司注册资本增加到 150 万元,并引入第四位投资者 D 加入。按照投资协议,D 投资者需缴入现金 80 万元,同时享有公司 1/3 的股权,小企业华夏公司已收到该投资现金并存入银行。

借:银行存款 800 000
　　贷:实收资本——D 500 000
　　　资本公积——资本溢价 300 000

❓ **相关思考5-2** ···

《小企业会计准则》与《企业会计准则》有关资本公积的区别

《企业会计准则》中规定,资本公积是指企业收到的投资者出资额超过其在注册资本或股本中所占份额的部分,以及直接计入所有者权益的利得和损失等。企业资本公积主要包括资本溢价(或股本溢价)、直接计入所有者权益的利得和损失等。

请问:《小企业会计准则》与《企业会计准则》有关资本公积有何区别?

第三节 │ 留 存 收 益

留存收益,是指企业从历年实现的利润中提取或留存于企业的内部积累,它来源于企业的生产经营活动所实现的净利润,包括企业的盈余公积和未分配利润两部分。留存收益的目的是保证企业实现的净利润有一部分留存在企业,不全部分配给投资者。这样,一方面可以满足企业维持或扩大再生产经营活动的资金需求,保持或提高企业的获利能力;另一方面可以保证企业有足够的资金用于偿还债务,保证债权人的权益。

一、盈余公积

(一)盈余公积的含义

盈余公积,是指小企业按照法律规定在税后利润中提取的法定公积金和任意公积金。法定公积金和任意公积金的区别在于各自计提的依据不同。法定公积金是以国家的法律或行政规章为依据提取的,一般按照当年税后利润的 10％提取,当法定公积金累计达到注册资本的50％时,可不再提取。任意公积金则由股东会决议提取,提取的具体比例由小企业自行确定。

(二)盈余公积的用途

1. 用于弥补亏损

企业发生亏损时,应由企业自行弥补。弥补亏损的渠道主要有三种:一是用以后年度税前利润弥补。按照有关规定,税前利润弥补亏损的期间为 5 年。二是用以后年度税后利润弥补。企业发生的亏损经过 5 年期间未弥补足额的,尚未弥补的亏损应用税后利润弥补。三是以盈余公积弥补亏损。企业以提取的盈余公积弥补亏损时,应当由公司董事会提议,并经股东会或股东大会批准。

2. 转增资本

小企业经股东会批准,可以按照股东原有持股比例用盈余公积转增资本。但法定公积金转为资本时,所留存的法定公积金不得低于转增前公司注册资本的 25％。

3. 扩大企业生产经营

盈余公积是小企业所有者权益的重要组成部分,也是小企业生产经营的重要资金来源。小企业用盈余公积来扩大企业生产经营,不需要进行专门的账务处理。

(三)盈余公积的核算

1. 科目设置

小企业应设置"盈余公积"科目核算按照法律规定在税后利润中提取的法定公积金和任意公积金,并分别设置"法定盈余公积""任意盈余公积"明细科目进行明细核算。小企业(外商投资)按照法律规定在税后利润中提取储备基金和企业发展基金,在"盈余公积"科目下分别设置"储备基金""企业发展基金"明细科目进行明细核算。小企业(中外合作经营)根据合同规定在合作期间归还投资者的投资,在"盈余公积"科目下设置"利润归还投资"明细科目进行明细核算。"盈余公积"科目期末在贷方,反映小企业的法定公积金和任意公积金总额,小企业(外商投资)的储备基金和企业发展基金总额。

2. 盈余公积的核算

盈余公积的核算如图 5-2 所示。

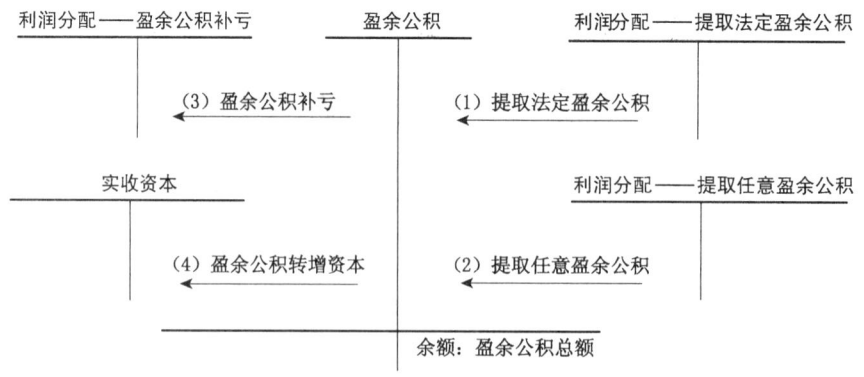

图 5-2　盈余公积的核算示意图

(1) 提取盈余公积的核算。小企业按照规定提取的法定公积和任意公积,借记"利润分配——提取法定盈余公积/提取任意盈余公积"科目,贷记"盈余公积——法定盈余公积/任意盈余公积"科目。

【例 5-5】 小企业华夏公司 2×19 年实现净利润 10 万元,经股东会决议批准,按照 10% 的比例提取法定盈余公积金,按照 5% 的比例提取任意盈余公积金。

借:利润分配——提取法定盈余公积	10 000
——提取任意盈余公积	5 000
贷:盈余公积——法定盈余公积	10 000
——法定盈余公积	5 000

(2) 使用盈余公积的核算:

① 小企业用盈余公积弥补亏损,借记"盈余公积——法定盈余公积/任意盈余公积"科目, 贷记"利润分配——盈余公积补亏"科目。

【例 5-6】 小企业华夏公司以前年度累计未弥补亏损 4 万元,按照规定,已超过以税前利 润弥补的期限。本年经小企业股东会批准,以法定盈余公积全额弥补以前年度亏损。小企业 华夏公司已办理好了相关的手续。

借:盈余公积——法定盈余公积	40 000
贷:利润分配——盈余公积补亏	40 000

② 小企业用盈余公积转增资本,借记"盈余公积——法定盈余公积/任意盈余公积"科目, 贷记"实收资本"科目。

【例 5-7】 小企业华夏公司经股东会决议批准,决定将法定盈余公积 10 万元转增资本。 小企业华夏公司由 A、B、C 三个股东出资组建,股权比例分别为 20%、50%、30%。小企业华 夏公司已办理好了相关的手续。

借:盈余公积——法定盈余公积	100 000
贷:实收资本——A	20 000
——B	50 000
——C	30 000

二、未分配利润

(一) 未分配利润的含义

未分配利润,是指小企业实现的净利润,经过弥补亏损、提取法定公积和任意公积、向投资 者分配利润后,留存在本企业的、历年结存的利润。未分配利润是企业未作分配的利润,是小 企业留待以后年度进行分配的结存利润,它在以后年度可继续进行分配,在未进行分配之前, 属于所有者权益的组成部分。相对于所有者权益的其他部分来说,小企业对于未分配利润的 使用有较大的自主权。从数量上看,未分配利润是期初未分配利润,加上本期实现的净利润, 减去提取的各种盈余公积和分出的利润后的余额。

(二) 未分配利润的核算

1. 科目设置

在会计处理上,未分配利润是通过"利润分配"科目进行核算的,核算小企业利润的分配 (或亏损的弥补)和历年分配(或弥补)后的余额。"利润分配"科目应按照"提取法定盈余公积" "提取任意盈余公积""盈余公积补亏""应付利润""未分配利润"等明细科目进行明细核算。

2. 未分配利润的核算

(1) 小企业根据有关规定分配给投资者的利润,借记"利润分配——应付利润"科目,贷记

"应付利润"科目。

（2）用盈余公积弥补亏损，借记"盈余公积——法定盈余公积/任意盈余公积"科目，贷记"利润分配——盈余公积补亏"科目。

（3）年度终了，小企业应当将本年实现的净利润，自"本年利润"科目转入本科目，借记"本年利润"科目，贷记"利润分配——未分配利润"科目；若为净亏损，作相反的会计分录。同时，将"利润分配"科目所属明细科目（提取法定盈余公积、提取任意盈余公积、盈余公积补亏、应付利润）的余额，转入"未分配利润"明细科目。结转后，"利润分配"科目除"未分配利润"明细科目外，其他明细科目应无余额。"未分配利润"明细科目的贷方余额，就是未分配利润的数额；如出现借方余额，则表示未弥补亏损的数额。

【例 5-8】 小企业华夏公司 2×19 年年初未分配利润为 0，2×19 年实现净利润 10 万元，本年提取法定盈余公积 1 万元，宣告分配利润 4 万元。小企业华夏公司已办理好了相关的手续。

① 结转本年利润：

借：本年利润   100 000

贷：利润分配——未分配利润   100 000

② 提取法定公积、宣告分配利润：

借：利润分配——提取法定盈余公积   10 000

——应付利润   40 000

贷：盈余公积——法定盈余公积   10 000

应付利润   40 000

同时：

借：利润分配——未分配利润   50 000

贷：利润分配——提取法定盈余公积   10 000

——应付利润   40 000

账 簿 格 式

1. 实收资本明细账

"实收资本"明细账具体账页格式如表 5-1 所示。

表 5-1 实收资本明细账

公司名称：华夏公司

科目名称：实收资本——A   单位：元

2×19 年		凭证号数	摘　要	借方	贷方	借或贷	余　额
月	日						
12	1		期初余额			贷	0.00
12	1	银收 1	投资者投入注册资本		100 000.00	贷	100 000.00
12	1	转 1	投资者投入固定资产		100 000.00	贷	200 000.00
12	31		本月合计		200 000.00	贷	200 000.00

2. 资本公积明细账

"资本公积"明细账具体账页格式如表5-2所示。

表5-2　资本公积明细账

公司名称:华夏公司

科目名称:资本公积——资本溢价　　　　　　　　　　　　　　　　　　单位:元

2×19年		凭证号数	摘　要	借方	贷方	借或贷	余　额
月	日						
12	1		期初余额			贷	0.00
12	1	转1	投资者投入固定资产		400 000.00	贷	400 000.00
12	31		本月合计		400 000.00	贷	400 000.00

3. 盈余公积明细账

"盈余公积"明细账具体账页格式如表5-3所示。

表5-3　盈余公积明细账

公司名称:华夏公司

科目名称:盈余公积——法定盈余公积　　　　　　　　　　　　　　　　单位:元

2×19年		凭证号数	摘　要	借方	贷方	借或贷	余　额
月	日						
12	1		期初余额			贷	100 000.00
12	31	转20	提取法定盈余公积		10 000.00	贷	110 000.00
12	31		本月合计		10 000.00	贷	110 000.00

4. 利润分配明细账

"利润分配"明细账具体账页格式如表5-4所示。

表5-4　利润分配明细账

公司名称:华夏公司

科目名称:利润分配——未分配利润　　　　　　　　　　　　　　　　　单位:元

2×19年		凭证号数	摘　要	借方	贷方	借或贷	余　额
月	日						
12	1		期初余额			贷	400 000.00
12	31	转19	结转本年实现净利润		100 000.00	贷	500 000.00
12	31	转21	结转利润分配其他明细	50 000.00		贷	450 000.00
12	31		本月合计	50 000.00	100 000.00	贷	450 000.00

与财务报告的关系

资产负债表中"实收资本(或股本)"项目,反映小企业收到投资者按照合同协议约定或相关规定投入的、构成小企业注册资本的部分。本项目应根据"实收资本(或股本)"科目的期末余额分析填列。

资产负债表中"资本公积"项目,反映小企业收到投资者投入资本超出其在注册资本中所占份额的部分。本项目应根据"资本公积"科目的期末余额分析填列。

资产负债表中"盈余公积"项目,反映小企业(公司制)的法定公积和任意公积,小企业(外商投资)的储备基金和企业发展基金。本项目应根据"盈余公积"科目的期末余额分析填列。

资产负债表中的"未分配利润"项目,反映小企业尚未分配的历年结存的利润。本项目应根据"本年利润"和"利润分配"科目的期末余额计算填列,未弥补的亏损在本项目内以"一"号填列。

本 章 小 结

本章主要学习了所有者权益的含义、特征、构成;实收资本的含义、计量和核算;资本公积的含义和核算;留存收益的含义及构成;盈余公积的含义、用途和核算;未分配利润的含义和核算。

本章重要概念

所有者权益 实收资本 投入资本 资本公积 盈余公积 法定盈余公积 任意盈余公积 未分配利润 应付利润

思 考 题

1. 什么是所有者权益? 所有者权益应包括哪些内容?

2. 简述注册资本、实收资本和资本公积的异同。

3. 为什么说未分配利润是企业所有者权益的组成内容之一?

4. 简述所有者权益与负债之间的区别与联系。

推荐阅读资料

[1] 中华人民共和国财政部.《小企业会计准则》(2013).

[2] 小企业会计准则编审委员会.小企业会计准则讲解[M].上海:立信出版社,2015.

[3] 卢建国.小企业会计[M].北京:高等教育出版社,2017.

[4] 中国注册会计师协会.经济法[M].北京:中国财政经济出版社,2018.

第六章 收　　入

内容简介

本章主要讲解了收入的定义和特征,掌握销售商品收入的确认条件、不同销售方式下销售商品收入的确认时点、一般销售业务和特殊销售业务的核算。重点掌握一般销售业务和特殊销售业务中采取预收款方式销售商品、采用分期收款方式销售商品、采用支付手续费方式委托代销商品、现金折扣、商业折扣、销售折让的核算。讲解了劳务收入的确认、计量及账务处理。

学习目的和要求

通过本章的学习,学生应了解收入的定义和特征,掌握销售商品收入的确认条件、不同销售方式下销售商品收入的确认时点、一般销售业务和特殊销售业务的核算。特殊销售业务包括:采取预收款方式销售商品、采用分期收款方式销售商品、采用支付手续费方式委托代销商品、现金折扣、商业折扣、销售折让等。理解劳务收入的确认、计量及账务处理。

引例　小企业会计准则关于收入确认时点的规定

小企业的收入按照从事日常活动的性质分为销售商品收入和提供劳务收入,其中销售商品收入在不同的销售方式下其收入确认的时点有所不同。

通常情况下,小企业应当在发出商品且收到货款或取得收款权利时确认销售商品收入,但存在特殊销售业务时,收入确认的时点会有所不同,如:采用托收承付结算方式,收入确认的时点为根据购销合同发出商品并办妥托收手续时;采用预收款方式销售商品时,收入确认的时点为发出商品时;采用支付手续费方式委托代销商品时,收入确认的时点为收到代销清单,当然还会存在附有销货退回条件、以旧换新等销售方式,那么在这些情况下收入又是如何确认的呢? 另外《小企业会计准则》与《企业会计准则》在不同情况下收入确认的时点是否一致呢? 如分期收款方式销售商品。

通过本章的学习,对于以上的问题,你一定会找到答案。

第一节 收入概述

一、收入的定义

根据《小企业会计准则》第58条的规定:收入,是指小企业在日常生产经营活动中形成的、会导致所有者权益增加、与所有者投入资本无关的经济利益的总流入。包括销售商品收入和提供劳务收入。

二、收入的特征

(一) 收入是小企业在日常经营活动中形成的

(1) 小企业收入是从日常经营活动中产生的,而不是从偶发的交易或事项中产生的。工业小企业对外出售不需要的原材料、对外转让无形资产使用权等活动,虽不属于小企业的经常性活动,但属于与经常性活动相关的其他活动,因此形成的经济利益的流入也构成收入。

(2) 农业小企业生产和销售农产品、工业和商业小企业销售产品和商品、咨询小企业提供咨询服务、软件开发小企业为客户开发软件、安装小企业提供安装服务、存储小企业提供货物存储服务、餐饮小企业提供餐饮服务、租赁小企业出租资产、物业管理小企业向业主提供物业服务等活动,由此形成的经济利益的总流入构成收入。

(3) 收入形成于小企业日常活动的特征使其与产生于非日常活动的利得相区分。例如,小企业处置固定资产、无形资产、因其他企业违约收取罚款等源于日常活动以外的活动所形成的收益,通常称作利得。利得是小企业边缘性或偶发性交易或事项的结果。

(二) 收入能导致所有者权益的增加

与收入相关的经济利益的流入应当会导致所有者权益的增加,不会导致所有者权益增加的经济利益的流入不符合收入的定义,不应确认为收入。例如,企业向银行借入款项,尽管也导致了企业经济利益的流入,但该流入并不导致所有者权益的增加,反而使企业承担了一项现实业务。企业对于因借入款项所导致的经济利益的增加,不应将其确认为收入,应当确认为一项负债。

另外,收入只包括本小企业经济利益的流入,不包括为第三方或客户代收的款项,如旅行社代客户购买门票、飞机票而收取的票款等。代收的款项,一方面增加企业的资产,一方面增加企业的负债,但是未增加企业的所有者权益,因此不属于小企业经济利益的流入,不能作为本企业的收入。

三、收入的分类

小企业根据不同的标准对收入有如下分类。按照小企业从事日常活动的性质,可以分为销售商品收入和提供劳务收入。按小企业经营业务的主次,可分为主营业务收入和其他业务收入两类。

不同行业的主营业务收入所包括的内容不同。例如,工业企业的主营业务收入主要包括销售商品、自制半成品、代制品、代修品、提供工业性劳务等取得的收入;商品流通企业的主营业务收入主要包括销售商品所取得的收入。主营业务收入一般占企业收入的比重较大,对企业的经济利益产生较大的影响。其他业务收入一般占企业收入的比重较小。在会计核算中，对经常性、主要业务所产生的收入应单独设置"主营业务收入"科目核算，对非经常性、兼营业务交易所产生的收入应单独设置"其他业务收入"科目核算。

 相关思考 6-1

小企业其他业务收入

某小企业销售材料收入 20 000 元、出租无形资产收入 10 000 元。

请问：该小企业 30 000 元的应记入什么科目？

延伸阅读 6-1

《中华人民共和国企业所得税法》中关于收入的规定

《中华人民共和国企业所得税法》第 6 条规定，企业以货币形式和非货币形式从各种来源取得的收入，为收入总额。包括：销售货物收入；提供劳务收入；转让财产收入；股息、红利等权益性投资收益；利息收入；租金收入；特许权使用费收入；接受捐赠收入；其他收入。《中华人民共和国企业所得税法实施条例》(第 14 条至第 22 条)规定，销售货物收入，是指企业销售商品、产品、原材料、包装物、低值易耗品以及其他存货取得的收入。提供劳务收入，是指企业从事建筑安装、修理修配、交通运输、仓储租赁、金融保险、邮电通信、咨询经纪、文化体育、科学研究、技术服务、教育培训、餐饮住宿、中介代理、卫生保健、社区服务、旅游、娱乐、加工以及其他劳务服务活动取得的收入。转让财产收入，是指企业转让固定资产、生物资产、无形资产、股权、债权等财产取得的收入。股息、红利等权益性投资收益，是指企业因权益性投资从被投资方取得的收入。利息收入，是指企业将资金提供他人使用但不构成权益性投资而取得的收入，或者因他人占用本企业资金取得的收入，包括存款利息、贷款利息、债券利息、欠款利息等收入。租金收入，是指企业提供固定资产、包装物或者其他有形资产的使用权取得的收入。特许权使用费收入，是指企业提供专利权、非专利技术、商标权、著作权以及其他特许权的使用权取得的收入。接受捐赠收入，是指企业接受的来自其他企业、组织或者个人无偿给予的货币性资产、非货币性资产。其他收入，是指企业取得的除《中华人民共和国企业所得税法》第 6 条第(一)项至第(八)项规定的收入外的其他收入，包括企业资产溢余收入、逾期未退包装物押金收入、确实无法偿付的应付款项、已作坏账损失处理后又收回的应收款项、债务重组收入、补贴收入、违约金收入、汇兑收益等。

《中华人民共和国企业所得税法》第 7 条、第 26 条规定，收入总额中的下列收入为不征税收入：财政拨款；依法收取并纳入财政管理的行政事业性收费、政府性基金；国务院规定的其他不征税收入。企业的下列收入为免税收入：国债利息收入；符合条件的居民企业之间的股息、红利等权益性投资收益；在中国境内设立机构、场所的非居民企业从居民企业取得与该机构、场所有实际联系的股息、红利等权益性投资收益；符合条件的非营利组织的收入。

第二节 | 销售商品收入

根据《小企业会计准则》第 59 条规定，**销售商品收入**，是指小企业销售商品(或产成品、材料)取得的收入。这里的"商品"是一个宽泛的概念，既包括流通企业销售的商品，也包括工业企业生产和销售的产成品、代制品、代修品以及小企业销售的其他构成存货的资产，如原材料、周转材料(包装物、低值易耗品)、消耗性生物资产。这里"销售商品收入"与企业所得税法中的"销售货物收入"在构成上一致。

一、销售商品收入的确认条件

根据《小企业会计准则》第59条规定,通常情况下,小企业应当在发出商品且收到货款或取得收款权利时,确认销售商品收入。这一确认条件,表明小企业销售商品收入的确认应同时符合两个条件,发出商品(物权转移)和收到货款或取得收款权利(财权转移)。发出商品通常指小企业将所售商品交付给购买方,但所售商品是否离开企业并不是发出商品的必要条件,如果小企业已经完成销售手续,发票已经开出,货款已经收到,提货单已经交给购买方,不管商品是否被购买方提取,都应作为发出商品处理。

二、不同销售方式下销售商品收入的确认时点

小企业会计准则与企业所得税法的规定相同,销售商品收入均按照交易活动发生地确认。这里所谓的交易活动发生地,主要指销售货物行为发生的场所,通常是销售企业的营业机构,在送货上门的情况下为购货单位或个人的所在地,还可以是买卖双方约定的其他地点。

根据小企业会计准则规定,不同销售和结算方式下收入确认时点如表6-1所示。

表6-1　不同销售和结算方式下收入确认时点

类　　型	收入确认时点
通常情况	在发出商品且收到货款或取得收款权利时
现金、支票、汇兑、信用证等	发出商品时
托收承付	办妥托收手续
预收货款	发出商品时
分期收款	合同约定的收款日
需要安装检验的销售	购买方接受商品以及安装和检验完毕时
	安装简单的,发出商品时
支付手续费委托代销	收到代销清单
以旧换新	新:作为商品销售;　旧:作为购进商品
以产品分成方式	分得产品之日
附有销售退回条件	能合理估计:发出商品
	不能合理估计:退货期满时

三、销售商品收入的计量及账务处理

小企业应当按照从购买方已收或应收的合同或协议价款,确认销售商品收入金额。小企业在销售商品过程中,有时会代第三方或客户收取一些款项,如旅行社代客户购买门票、飞机票收取票款等。这些代收款应作为暂收款记入相关的负债科目,不作为小企业的收入处理。

(一)一般销售业务的核算

一般销售业务主要是小企业经常发生的销售业务,如采用现金、支票、汇兑、信用证等方式

销售商品,由于不存在承付问题,因此在商品办完发出手续时(即发出商品时)确认收入实现。应按照《小企业会计准则》规定的时点确认收入,并结转成本。

【例 6-1】　小企业华夏公司向甲小企业销售产品 20 件,每件售价 500 元(不含增值税),单位成本 300 元。小企业华夏公司已按合同发货,并以银行存款代垫运杂费 400 元。货款尚未收到。该产品的增值税税率为 16%。小企业华夏公司已开出增值税专用发票。假如小企业华夏公司和甲小企业均为增值税一般纳税人。则小企业华夏公司应作如下账务处理:

(1)实现主营业务收入:

借:应收账款——甲公司　　　　　　　　　　　　　　　　　　　　　　　　11 700

　　贷:主营业务收入　　　　　　　　　　　　　　　　　　　　　　　　　10 000

　　　　应交税费——应交增值税(销项税额)　　　　　　　　　　　　　　　1 300

　　　　银行存款　　　　　　　　　　　　　　　　　　　　　　　　　　　　400

(2)结转主营业务成本:

借:主营业务成本　　　　　　　　　　　　　　　　　　　　　　　　　　　6 000

　　贷:库存商品　　　　　　　　　　　　　　　　　　　　　　　　　　　6 000

(二)特殊销售业务的核算

1. 采用托收承付方式销售商品

托收承付结算方式,是指收款人根据购销合同发货后,委托银行向异地的付款人收取款项,购买人根据合同验单或验货后由购买人(付款人)向银行承认付款的结算方式。这种方式下,根据购销合同发出商品并办妥托收手续时,表明小企业已经取得收款的权利,此时可以确认收入。根据《小企业会计准则》第 59 条的规定,销售商品采用托收承付方式的,在办妥托收手续时确认收入。

2. 采取预收款方式销售商品

预收款销售方式,是指购买方在商品尚未收到前按合同或协议约定分期付款,销售方在收到最后一笔款项时才交货的销售方式。在这种方式下,销售方直到收到最后一笔款项才将商品交付购货方,表明商品所有权在收到最后一笔款项时已转移给购货方,因此小企业通常应在发出商品时确认收入,在此之前预收的货款应确认为负债(预收账款)。根据《小企业会计准则》第 59 条规定,销售商品采取预收款方式的,在发出商品时确认收入。

【例 6-2】　小企业华夏公司为增值税一般纳税人,适应的增值税税率为 13%。2×19 年 5 月 3 日,小企业华夏公司与甲小企业签订协议,采用预收款方式销售一批商品给甲小企业,该批商品的销售价格为 100 000 元(不含增值税额)。协议规定,甲小企业应于协议签订之日预付 60%的货款(按销售价格计算),剩下的部分于 7 月 31 日付清。请作出相应账务处理。

(1)5 月 3 日,小企业华夏公司已收到甲小企业预付的款项;

(2)7 月 31 日,小企业华夏公司收到甲小企业支付的剩余货款及增值税额,并将该批商品交付给了甲小企业;

(3)该批商品的实际成本为 70 000 元。

小企业华夏公司应做的会计分录为:

(1)5 月 3 日,收到甲小企业的预付款。

借:银行存款　　　　　　　　　　　　　　　　　　　　　　　　　　　　60 000

　　贷:预收账款——甲企业　　　　　　　　　　　　　　　　　　　　　60 000

（2）7 月 31 日,收到剩余的货款及增值税额。

借:预收账款——甲企业	60 000
银行存款	53 000
贷:主营业务收入	100 000
应交税费——应交增值税(销项税额)	13 000

（3）结转商品成本。

借:主营业务成本	70 000
贷:库存商品	70 000

3. 采用分期收款方式销售商品

分期收款销售,是指商品已经交付,但货款分期收回的销售方式。准则考虑到在整个回收期内企业确认的收入总额是一致的,同时考虑到与增值税政策的衔接,根据《小企业会计准则》第 59 条规定,销售商品采取分期收款方式的,在合同约定的收款日期确认收入。

【例 6-3】 小企业华夏公司为增值税一般纳税人,适应的增值税税率为 13％。2×19 年 8 月 1 日采用分期收款销售方式对外销售 A 设备一台。合同规定,设备售价为 50 000 元,分 5 次等额收取,合同约定每年的付款日期为当年 8 月 1 日,并在设备发出支付第一期货款。货已发出,第一期货款已收存银行。该设备的实际生产成本为 30 000 元。

小企业华夏公司应做的会计分录为:

8 月 1 日,发出商品时在备查簿登记库存商品减少 30 000 元。或者在"库存商品"科目下设置"库存""发出"等明细科目核算。

每年 8 月 1 日:

借:银行存款(或应收账款)	11 300
贷:主营业务收入	10 000
应交税费——应交增值税(销项税额)	1 300

同时结转商品成本:

借:主营业务成本	6 000
贷:库存商品	6 000

4. 需要安装和检验的商品销售

销售需要安装和检验的商品,如果小企业尚未完成售出商品的安装和检验工作,且安装或检验工作是销售合同或协议的重要组成部分,在商品实物交付时不确认收入,待购买方接受商品以及安装和检验完毕时确认收入。如果安装程序比较简单或检验是为了最终确定合同或协议价格而必须进行的程序,小企业可以在发出商品时确认收入。根据《小企业会计准则》第 59 条规定,销售商品需要安装和检验的,在购买方接受商品以及安装和检验完毕时确认收入。安装程序比较简单的,可在发出商品时确认收入。

5. 采用支付手续费方式委托代销商品

采用支付手续费方式委托代销商品是指委托方和受托方签订合同或协议,委托方根据代销商品数量或金额向受托方支付手续费的销售方式。在这种方式下,受托方不确认商品销售收入,只按照代销数量或金额收取一定的手续费收入。委托方在发出商品时通常不应确认销售商品收入,而应当在收到受托方开出的代销清单时(受托方已经明确销售的数量、金额)确认收入;受托方应在商品销售后,按合同或协议约定的应收取的手续费确认收入。在这种销售方式下,收到受托方开出的代销清单是委托方收入确认的标志。

【例6-4】 小企业华夏公司委托乙公司销售商品200件,商品已经发出,每件成本为60元。合同约定乙公司应按100元对外销售,小企业华夏公司按售价的10%向乙公司支付手续费。乙公司对外实际销售100件,开出的增值税专用发票上注明的销售价格为10 000元,增值税额为1 600元,款项已经收到。小企业华夏公司收到乙公司开具的代销清单时,向乙公司开具一张相同金额的增值税专用发票。假定:小企业华夏公司发出商品时纳税义务尚未发生;小企业华夏公司采用实际成本核算,乙公司采用进价核算代销商品。

(1)委托方小企业华夏公司应做的会计分录为:

① 发出商品时:

借:委托代销商品	12 000
贷:库存商品	12 000

② 收到代销清单时:

借:应收账款——乙公司	11 300
贷:主营业务收入	10 000
应交税费——应交增值税(销项税额)	1 300
借:主营业务成本	6 000
贷:委托代销商品	6 000

代销手续费金额＝10 000×10%＝1 000(元)

借:销售费用	1 000
贷:应收账款——乙公司	1 000

③ 收到乙公司支付的货款时:

借:银行存款	10 300
贷:应收账款——乙公司	10 300

(2)受托方乙公司支付货款并计算代销手续费,确认收入的会计分录为:

借:受托代销商品款	10 000
应付账款——华夏公司	1 300
贷:银行存款	10 300
其他业务收入	1 000

6. 以旧换新销售商品

以旧换新销售商品,是指小企业在销售自己货物的同时,有偿收回与所售商品相同或相似的旧货物的销售方式。在这种方式下,小企业应将销售与回收分别处理:销售的商品按照常规的销售确认收入,回收的商品作为商品(或材料)采购处理。根据《小企业会计准则》第59条规定,销售商品以旧换新的,销售的商品作为商品销售处理,回收的商品作为购进商品处理。

延伸阅读6-2

国税中关于以旧换新的规定

《国家税务总局关于确认企业所得税收入若干问题的通知》（国税函〔2008〕875号）规定,销售商品以旧换新的,销售商品应当按照销售商品收入确认条件确认收入,回收的商品作为购进商品处理。

7. 采用产品分成方式销售商品

根据《小企业会计准则》第60条的规定,小企业应当按照从购买方已收或应收的合同或协议价款,确定销售商品收入金额。

产品分成是多家企业在合作进行生产经营的过程中,合作各方对合作生产出的产品按照约定进行分配,并以此作为生产经营收入的一种方式。由于产品分成是一种以实物代替货币作为收入,而产品的价格又随着市场供求关系而波动,因此只有在分得产品时确认收入的实现,才能够体现生产经营的真实所得。这一确认收入实现的标准,也是对权责发生制原则的一个例外。

 延伸阅读6-3

《中华人民共和国企业所得税法实施条例》关于产品分成方式销售的规定

《中华人民共和国企业所得税法实施条例》第24条规定,采取产品分成方式取得收入的,按照企业分得产品的日期确认收入的实现,其收入额按照产品的公允价值确定。

8. 附有销售退回条件的商品销售

附有销售退回条件的商品销售,是指购买方依照有关协议有权退货的销售方式。在这种销售方式下,如果小企业能够按照以往的经验对退货的可能性作出合理的估计的,应当在发出商品时,将估计不会发生退货的部分确认收入,估计可能发生退货的部分,不确认销售收入也不结转成本,单独设置"1406发出商品"科目反映存货减少;如果小企业不能合理地确定退货的可能性,则在售出商品的退货期满时确认收入。

9. 销售退回

根据《小企业会计准则》第61条规定,**销售退回**,是指小企业售出的商品由于质量、品种不符合要求等原因发生的退货。小企业已经确认销售商品收入的售出商品发生的销售退回(不论属于本年度还是属于以前年度的销售),应当在发生时冲减当期销售商品收入。

小企业对于未确定收入的已发出商品的退回,只需在"库存商品"备查登记簿核销,不进行账务处理。

【例6-5】 2×19年7月小企业华夏公司销售甲产品1 000件,单位售价14元,单位销售成本10元。该批产品于2×19年8月因质量问题发生退货100件,货款已经退回。假设该小企业为增值税一般纳税人,销售退回的增值税已取得有关证明。

(1) 2×19年8月发生销售退回时冲销收入的会计分录为:

借:主营业务收入　　　　　　　　　　　　　　　　　　　　　　1 400
　　应交税费——应交增值税(销项税额)　　　　　　　　　　　　182
　　贷:银行存款　　　　　　　　　　　　　　　　　　　　　　　1 582

(2) 2019年8月冲销主营业务成本的会计分录为:

$$2×19 年 8 月退回产品的实际成本＝100×10＝1 000(元)$$

借:库存商品　　　　　　　　　　　　　　　　　　　　　　　　　　　　　　1 000

　贷:主营业务成本　　　　　　　　　　　　　　　　　　　　　　　　　　　　　1 000

10. 现金折扣、商业折扣与销售折让

根据《小企业会计准则》规定,**现金折扣**,是指债权人为鼓励债务人在规定的期限内付款而向债务人提供的债务扣除。小企业在确定销售商品收入金额时,不考虑各种预计可能发生的现金折扣,即采用总价法。现金折扣应当在实际发生时,计入当期损益,账户为"财务费用"。

商业折扣,是指小企业为促进商品销售而在商品标价上给予的价格扣除。销售商品涉及商业折扣的,应当按照扣除商业折扣后的金额确定销售商品收入金额。

销售折让,是指小企业因售出商品的质量不合格等原因而在售价上给予的减让。小企业已经确认销售商品收入的售出商品发生的销售折让,应当在发生时冲减当期销售商品收入及销项税额。

【例 6-6】　小企业华夏公司在 2×19 年 9 月 1 日向甲公司销售一批商品,增值税专用发票上注明的售价 10 000 元,增值税额 1 300 元。华夏公司为了尽早收回货款,与甲公司约定的现金折扣条件为:"2/10、1/20、n/30"。假定计算折扣时不考虑增值税税额。华夏公司的会计处理为:

(1) 9 月 1 日销售商品时:

借:应收账款——甲公司　　　　　　　　　　　　　　　　　　　　　　　　11 300

　贷:主营业务收入　　　　　　　　　　　　　　　　　　　　　　　　　　　10 000

　　应交税费——应交增值税(销项税额)　　　　　　　　　　　　　　　　　1 300

(2) 收到货款时:

① 如果 9 月 9 日甲方付清货款,则甲方按售价 10 000 元的 2％享受 200 元(10 000×2％)的现金折扣,实际付款 11 100 元(11 300－200),即华夏公司实际收款 11 100 元,应作如下会计分录:

借:银行存款　　　　　　　　　　　　　　　　　　　　　　　　　　　　　11 100

　财务费用　　　　　　　　　　　　　　　　　　　　　　　　　　　　　　　200

　贷:应收账款——甲公司　　　　　　　　　　　　　　　　　　　　　　　11 300

② 如果 9 月 18 日甲方付清货款,则甲方按售价 10 000 元的 1％享受 100 元(10 000×1％)的现金折扣,实际付款 11 200 元(11 300－100),即华夏公司实际收款 11 500 元,应作如下会计分录:

借:银行存款　　　　　　　　　　　　　　　　　　　　　　　　　　　　　11 200

　财务费用　　　　　　　　　　　　　　　　　　　　　　　　　　　　　　　100

　贷:应收账款——甲公司　　　　　　　　　　　　　　　　　　　　　　　11 300

③ 如果 9 月 26 日甲方才付清货款,则按全额付款,即华夏公司全额收款,应作如下会计分录:

借:银行存款　　　　　　　　　　　　　　　　　　　　　　　　　　　　　11 300

　贷:应收账款——甲公司　　　　　　　　　　　　　　　　　　　　　　　11 300

【例6-7】 小企业华夏公司销售一批商品,增值税专用发票上注明的售价6 000元,增值税额780元。货到后买方发现商品质量不合格,要求在价格上给予5%的折让。华夏公司接受折让条件。小企业华夏公司的会计处理为:

(1)销售实现时:

借:应收账款 6 780
　贷:主营业务收入 6 000
　　　应交税费——应交增值税(销项税额) 780

(2)发生销售折让时:

借:主营业务收入 300
　　应交税费——应交增值税(销项税额) 39
　贷:应收账款 339

(3)实际收到货款时:

借:银行存款 6 441
　贷:应收账款 6 441

 **相关案例6-1**

商业折扣

随着节日的到来,各大商场、超市为了扩大销售额,采取了形式多样的促销手段,纷纷推出不同的销售折扣购物卡,如,购物卡的面值为5万元以下的,折扣为9.2折,5万元以上的,折扣为8.5折,以此类推。

请问商场这种销售购物卡属于什么销售方式?

第三节 | 提供劳务收入

根据《小企业会计准则》第62条规定,小企业提供劳务的收入,是指小企业从事建筑安装、修理修配、交通运输、仓储租赁、邮电通信、咨询经纪、文化体育、科学研究、技术服务、教育培训、餐饮住宿、中介代理、卫生保健、社区服务、旅游、娱乐、加工以及其他劳务服务活动取得的收入。

一、劳务收入的确认

根据《小企业会计准则》第63条的规定,同一会计年度内开始并完成的劳务,应当在提供劳务交易完成且收到款项或取得收款权利时,确认提供劳务收入。提供劳务收入的金额为从接受劳务方已收或应收的合同或协议价款。

延伸阅读6-4

《中华人民共和国企业所得税法实施条例》关于劳务收入的规定

《中华人民共和国企业所得税法实施条例》第15条规定,提供劳务收入,是指企业从事建筑安装、修理修配、交通运输、仓储租赁、金融保险、邮件通信、咨询经纪、文化体育、科学研究、技术服务、教育培训、餐饮住宿、中介代理、卫生保健、社区服务、旅游、娱乐、加工以及其他劳务服务活动取得的收入。

（一）在同一会计期间内开始并完成的劳务

同一会计年度内开始并完成的劳务收入的确认需要同时满足两个条件：提供的劳务交易已经完成；收到款项或取得收款的权利。由于不跨会计年度劳务与销售商品非常类似，只是提供商品的形态不同，一个具有实物形态，一个不具有实物形态。因此提供劳务收入的金额与销售商品收入的计量完全相同，即提供劳务收入的金额为从接受劳务方已收或应收的合同或协议价款。

（二）劳务的开始和完成分属不同会计期间

跨会计年度的劳务，通常是指小企业受托加工制造大型机械设备，以及从事建筑、安装、装配工程业务或者提供劳务等，持续时间超过 12 个月。根据《小企业会计准则》第 63 条规定，劳务的开始和完成分属不同会计年度的，应当按照完工进度确认提供劳务收入。年度资产负债表日，按照提供劳务收入总额乘以完工进度扣除以前会计年度累计已确认提供劳务收入后的金额，确认本期的提供劳务收入，同时，按照估计的提供劳务成本总额乘以完工进度扣除以前会计年度累计已确认营业成本后的金额，结转本年度营业成本。

二、劳务收入的计量及账务处理

（一）在同一会计期间内开始并完成的劳务收入的计量及账务处理

对于一次就能完成的劳务，企业应在提供劳务完成时确认收入及相关成本。对于持续一段时间但在同一会计期间内开始并完成的劳务，企业应在为提供劳务发生相关支出时确认劳务成本，劳务完成时再确认劳务收入，并结转相关劳务成本。

【例 6-8】 小企业华夏公司在 2×19 年 3 月 1 日接受一项维修任务，该维修任务可一次完成，合同总价款为 9 000 元，实际发生安装成本 6 000 元。假定维修业务属于小企业华夏公司的主营业务。小企业华夏公司应在维修完成时作如下会计分录：

```
借：银行存款                                        10 170
    贷：主营业务收入                                  9 000
        应交税费——应交增值税（销项税额）            1 170

借：主营业务成本                                     6 000
    贷：银行存款                                      6 000
```

（二）劳务的开始和完成分属不同会计期间的劳务收入的计量及账务处理

1. 小企业确定提供劳务交易的完工进度的方法

（1）已完工工作量的测量。这是一种比较专业的测量法，由专业测量师对已经完成的工作或工程进行测量，并按一定方法计算劳务的完成程度。该方法适用于一些特殊的劳务。需要指出的是，这种技术测量并不是由小企业自行随意测定，而应由专业人员现场进行科学测定。

（2）已经提供的劳务占应提供劳务总量的比例。这种方法主要以劳务量为标准确定劳务的完成程度。用计算公式表示如下：

$$劳务完工进度＝已经完成的劳务工作量÷劳务预计总工作量×100\%$$

（3）已经发生的成本占估计总成本的比例。

2. 完工百分比法

完工百分比法,是指按照劳务交易的完工进度确认收入和成本的方法。用完工百分比法确认收入,当劳务的开始和完成分属不同的会计年度,为准确反映每一会计年度的收入、费用和利润情况,小企业应在年度资产负债表日按劳务的完成进度确认收入和成本。

$$本年度确认的劳务收入金额 = 提供劳务收入的总额 × 完工进度 -$$
$$以前会计年度累计已确认的劳务收入$$
$$本年度确认的营业成本金额 = 估计的提供劳务成本总额 × 完工进度 -$$
$$以前会计年度累计已确认的营业成本$$

【例6-9】 小企业华夏公司于2×19年11月1日接受一项产品安装任务,安装期3个月,合同总收入30 000元,截至年底已预收款项22 000元,实际发生成本14 000元(均为安装人员工资),估计还会发生成本6 000元。按实际发生的成本占估计总成本的比例确定劳务的完成程度。

$$劳务完工进度 = 14\ 000 ÷ (14\ 000 + 6\ 000) × 100\% = 70\%$$
$$2×19年确认的收入 = 30\ 000 × 70\% - 0 = 21\ 000(元)$$
$$2×19年确认的成本 = 20\ 000 × 70\% - 0 = 14\ 000(元)$$

(三)同时销售商品和提供劳务收入的计量及账务处理

根据《小企业会计准则》第64条的规定,小企业与其他企业签订的合同或协议包含销售商品和提供劳务时,销售商品部分和提供劳务部分能够区分且能够单独计量的,应当将销售商品的部分作为销售商品处理,将提供劳务的部分作为提供劳务处理。销售商品部分和提供劳务部分不能够区分,或虽能区分但不能够单独计量的,应当作为销售商品处理。比如销售商品的同时负责运输、销售软件后继续提供技术支持、设计产品同时负责生产产品等。

【例6-10】 小企业华夏公司向甲公司销售一个设备并负责安装。小企业华夏公司开出的增值税专用发票上注明的价款合计为200 000元,其中设备的销售价格为195 000元,安装费为5 000元,增值税额为32 000元。设备的成本为120 000元;设备安装过程中发生安装费3 100元,均为安装人员工资。假定设备已经安装完成并已验收合格,款项尚未收到;安装工作是销售合同的重要组成部分。小企业华夏公司的账务处理为:

(1)设备发出,结转成本时:

借:发出商品	120 000
贷:库存商品	120 000

(2)实际发生安装费用时:

借:劳务成本——安装成本	3 100
贷:应付职工薪酬	3 100

(3)确认销售设备收入和提供劳务收入时:

借:应收账款——甲公司	226 000
贷:主营业务收入——设备	195 000
——安装劳务	5 000
应交税费——应交增值税(销项税额)	26 000

（4）结转销售商品成本和安装成本时：

借：主营业务成本——设备　　　　　　　　　　　　　　　　120 000

　贷：发出商品——设备　　　　　　　　　　　　　　　　　120 000

借：主营业务成本——安装劳务　　　　　　　　　　　　　　3 100

　贷：劳务成本——安装劳务　　　　　　　　　　　　　　　3 100

会计职业道德6-1

诚实守信，坚持准则

　　诚实守信就是要求会计人员做老实人，说老实话，办老实事，执业谨慎，信誉至上，不为利益所诱惑，不弄虚作假，不泄露秘密。坚持准则就是要求会计人员熟悉国家法律、法规和国家统一的会计制度，始终坚持按法律、法规和国家统一的会计制度的要求进行会计核算，实施会计监督。

　　会计小李在总经理的要求下，为了追求企业利益最大化，少缴税款，在成本核算中，千方百计少计收入多计费用。在这个过程中小李违反了八大会计职业道德中的诚实守信和坚持准则。

账 簿 格 式

　　1. 主营业务收入明细账：详见表6-2。

表6-2　主营业务收入明细账

公司名称：华夏公司

科目名称：主营业务收入　　　　　　　　　　　　　　　　　　　　　　　　单位：元

2×19年		凭证号数	摘要	借方	贷方	借或贷	余额
月	日						
12	6	银收1	销售产品		150 000.00	贷	150 000.00
12	9	银收2	提供劳务		50 000.00	贷	200 000.00
12	31	转字10	结转本年利润	200 000.00		平	0.00
12	31		本月合计	200 000.00	200 000.00	平	0.00

与财务报告的关系

　　利润表中"营业收入"项目，反映小企业销售商品和提供劳务所实现的收入总额。本项目应根据"主营业务收入"科目和"其他业务收入"科目的发生额合计填列。

　　【例6-11】　小企业华夏公司编制2×19年12月31日的利润表，"主营业务收入"总账科目发生额为200 000元、"其他业务收入"总账科目发生额为50 000元。问"营业收入"项目应填列的金额是多少？

"营业收入"项目填列金额＝200 000＋50 000＝250 000（元）

本 章 小 结

本章主要学习了收入的定义和特征,讲解了销售商品收入的确认条件、不同销售方式下销售商品收入的确认时点、一般销售业务和特殊销售业务的核算。重点讲解了一般销售业务和特殊销售业务中采取预收款方式销售商品、采用分期收款方式销售商品、采用支付手续费方式委托代销商品、现金折扣、商业折扣、销售折让的计量及账务处理以及劳务收入的确认、计量及账务处理。

本章重要概念

收入　销售商品收入　托收承付结算方式　现金折扣　商业折扣　销售折让　劳务收入

思 考 题

1. 根据《小企业会计准则》规定,不同销售和结算方式下收入确认时点分别是什么?
2. 什么是现金折扣、商业折扣、销售折让与销售退回?
3. 劳务收入应如何计量与核算?

推荐阅读资料

［1］卢新国.小企业会计[M].北京:高等教育出版社,2014.
［2］梁美仪.小企业会计准则从入门到精通[M].北京:清华大学出版社,2014.
［3］企业会计准则编审委员会.小企业会计准则解读[M].上海:立信会计出版社,2018.

第七章　费　　用

内容简介

本章主要讲解了费用的特点、费用包括的内容,即成本费用与期间费用,以及成本费用与期间费用的确认、计量与核算,其中成本费用包括营业成本和营业税金及附加等。本章重点为生产成本以及期间费用的核算内容及会计处理;难点为费用与成本的联系与区别。

学习目的和要求

通过本章学习,学生应了解费用的特点、费用的范围,掌握成本费用中生产成本与制造费用的核算,以及期间费用中销售费用、管理费用及财务费用分别核算的内容及其会计处理。

引例　如何正确对待日常经手的费用报销单据

随着春节火车票的火爆,一些乘客反映尽管在北京的火车站可以买到异地火车票,但是异地售票手续费却在一些单位很难报销。"您的单位如果不能报销,就让他们直接咨询我们。"铁路服务热线12306的一位接线员说异地售票收据就是报销凭证,财会部门应该给员工报销。

律师却认为这种手续费收据与火车票的性质并不一样,不具有发票资格,不能用来进行报销使用。有乘客建议铁路部门应该规范火车票异地手续费收据,"在收据上加印'报销凭证',或者按照标准发票样式或铁路退票费样式进行设计印制,方便乘客和财会人员报销。"

日前,记者以旅客的身份在北京一家火车站购买了一张从天津站到天津北站的火车票,并支付了5元异地票手续费。售票处工作人员在给车票的同时递给记者一张"异地售票手续费收据"。这张收据质地和大小都与公共汽车票相似。纸张为白色,最上方印着"北京铁路局",下面是一个铁路徽章标志,再下方是这个收据的编号"0007200"。编号下面写有"异地售票手续费收据5元"字样。记者询问售票员这收据是否可以用来报销,对方只是回答"不清楚",并建议记者去服务台询问。在服务台,一名工作人员称此收据可以用来报销。当记者问对方既然能够报销,为何没有税务或者财务方面的发票专用章时,对方称没有这方面的印章。记者在北京其他火车站也遇到类似情况,售票员都说,只要购买异地票,只有这个收据,可以报销。

尽管车站售票员对收据能报销持肯定态度,但是记者在调查中发现,不同单位对此的财务制度并不相同。李先生所在的单位是科学院下属的一家合资企业,在咨询过会计后,他告诉记者凭借这种收据是可以在该单位进行报销的。黄先生是一家IT企业的工程师,经常出差,他每次购买异地票时,收据都无法报销。"单位财务人员说这个只是收据不是发票,也没有发票专用章,根本无法入账。"同样的情况也出现在刘女士所在的某国家级事业单位,刘女士负责所在部门的账务管理。她说随着会计管理制度的严格,这种没有财务专用章的凭据无法报销,会计也无法入账。

随后记者以乘客身份拨打了北京税务热线服务电话12366,负责国税的客服人员说手续费问题属于地税负责。地税的客服人员认为这种手续费收据是不能用于报销的,而且报销用的发票必须要有发票专用章。同时她认为手续费与火车票性质不一样,手续费的缴税应该由地税部门来负责,铁路部门应该与地税部门进行沟通协商。可是,北京铁路局客服热线12306的工作人员却与12366说法不同。12306的客服人员说这种收据就是用来报销的,并称铁路有权力单独印制作为报销使用的票据,"如果您单位不给您报销,您让他给我们打电话,我们告诉他。"记者注意到《国家发展和改革委员会、铁道部关于铁路异地售票收费有关问题的通知》中,关于异地购票收据的规定如下:"铁路运输企业收取异地售票手续费时,必须向旅客出具由铁路局(分局)统一印制的'铁路异地售票手续费收据',所收铁路异地售票手续费按铁路客运杂费列缴。"在此文中除了提到"必须要提供异地售票手续费收据"外,并没有提到收据可以作为报销凭证一事。

本例中涉及经手的单据到底能否作为合法的原始凭证进行报销的问题,在实务中我们经常会遇到类似情况,在这种情形发生时,只要坚守原则:费用报销必须要有确凿的原始凭证,以保证支付的有效性,当自己无法辨别确定时,一定要向税务等相关部门咨询确认。那么本例中,假定最终取得了合法的原始凭证,我们进行账务处理时,是记入哪个科目呢?是"销售费用"还是"管理费用",或是其他科目?本章要讲解的就是小企业费用的确认与计量,包括营业成本、营业税金及附加以及销售费用、管理费用、财务费用等的确认与计量,本章学习完毕,我们就会准确地进行各种费用的确认并正确进行会计处理。

第一节 费用概述

一、费用的含义

费用,是指小企业在日常生产经营活动中发生的、会导致所有者权益减少、与向所有者分配利润无关的经济利益的总流出。

费用分为狭义费用和广义费用。本章所涉及的费用为狭义的费用。

 延伸阅读7-1

狭义费用和广义费用

狭义的费用概念将费用限定于获取收入过程中发生的资源耗费;广义的费用概念则同时包括了经营成本和非经营成本。

我国小企业会计准则采用的是狭义的费用概念,即企业为销售商品、提供劳务等日常活动所发生的经济利益的流出,包括计入生产经营成本的费用和计入当期损益的期间费用,即费用是在企业日常的活动中所产生的,而不是在偶发的交易或事项中产生的。费用可能表现为企业负债的增加,或企业资产的减少,或者两者兼而有之,费用最终会减少企业的所有者权益。费用作为获取收入所发生的资产流出或资源牺牲,实质上是已经耗用的资产。广义费用的概念除包括上述内容之外,还包括非日常活动,偶发的交易或事项产生的支出,如处置固定资产的净损失等。

二、费用的特征

1. 费用是小企业在日常活动中发生的经济利益的总流出

日常活动,是指小企业为完成其经营目标所从事的经常性活动以及与之相关的其他活动。费用形成于小企业日常活动的特征使其与产生于非日常活动的损失相区分。

小企业从事或发生的某些活动或事项也能导致经济利益流出小企业,但不属于小企业的日常活动。例如,小企业处置固定资产、无形资产等非流动资产的损失,因违约支付的罚款、对外捐赠等,这些活动或事项也导致小企业经济利益的总流出,但由于其属于非日常事项,因此不属于小企业的费用,而属于小企业的损失。

2. 费用会导致小企业所有者权益的减少

费用既可能表现为资产的减少,如减少银行存款、库存现金等,也可能表现为负债的增加。因此根据会计恒等式,费用一定会导致小企业所有者权益的减少。

小企业经营管理中的某些支出并不减少小企业的所有者权益,也就不构成费用。例如,小企业以银行存款偿还一项负债,只是一项资产和一项负债的等额减少,对所有者权益没有影响,因此,不构成小企业的费用。

3. 费用与向所有者分配利润无关

向所有者分配利润或股利属于小企业利润分配的内容,不构成企业的费用。

三、费用的范围

费用主要指小企业为取得营业收入进行产品销售等营业活动所发生的货币资金流出,具体包括成本费用和期间费用。

1. 成本费用

成本费用包括营业成本、营业税金及附加等。

(1) 营业成本,是指小企业所销售商品的成本和所提供劳力的成本。包括主营业务成本和其他业务成本。

(2) 营业税金及附加,是指小企业开展日常生产经营活动应负担的消费税、城市维护建设税、资源税、土地增值税、城镇土地使用税、房产税、车船税、印花税、教育费附加、矿产资源补偿费、排污费等。

 延伸阅读 7-2

《企业会计准则》规定的应记入"管理费用"科目的税费

《企业会计准则》规定,记入"管理费用"的税费有:房产税、车船税、城镇土地使用税、印花税、矿产资源补偿费。

【例 7-1】 2×19 年 12 月,小企业华夏公司应交消费税 23 700 元,应交城市维护建设税 1 659元,应交教育费附加 711 元。

借:税金及附加	26 070
贷:应交税费——应交消费税	23 700
——应交城市维护建设税	1 659
——应交教育费附加	711

2. 期间费用

期间费用,是指企业日常活动发生的不能计入特定核算对象的成本,而应计入发生当期损益的费用,包括销售费用、管理费用、财务费用。

延伸阅读 7-3

成本和费用的联系与区别

(1)成本和费用的联系:

①成本和费用都是企业除偿债性支出和分配性支出以外的支出的构成部分。

②成本和费用都是企业经济资源的耗费。

③期末应将当期已销产品的成本结转进入当期的费用。

(2)成本和费用的区别:

①成本是对象化的费用,其所针对的是一定的成本计算对象。

②费用则是针对一定的期间而言的。

相关思考 7-1

你能说一下费用与损失的关系吗

从广义上讲,费用包括了损失。但从狭义上讲,费用与损失是有区别的。费用是相对于收入而言的,是日常经营活动中形成的经济利益的总流出,两者在时间和因果上存在着配比关系;损失与利得是相对应的,是非日常经营活动中形成经济利益的总流出,但两者不存在配比关系。

四、费用的分类

(一)费用按其经济内容分类

费用按其经济内容(或性质)可以分为八大类,具体包括:外购材料、外购燃料、外购动力、职工薪酬、折旧费用、利息支出、费用性税金以及其他支出。

(1)外购材料,指企业为进行生产而耗用的从外部购入的原材料及主要材料、半成品、辅助材料、包装物、修理用备件和低值易耗品等。

(2)外购燃料,指企业为进行生产而耗用的从外部购入的各种燃料,包括固体燃料、液体燃料和气体燃料。

(3)外购动力,指企业为进行生产而耗用的从外部购入的各种动力,包括热力、电力和蒸汽等。

(4)职工薪酬,指企业所有应计入成本费用的职工工资、福利费用、社会保险等。

(5)折旧费,指企业所拥有或控制的固定资产按照使用情况计提的折旧费。

(6)利息支出,指企业计入成本费用的负债利息净支出(即利息支出减利息收入后的余额)。

(7)费用性税金,指计入企业成本费用的各种税金,如印花税、房产税、车船税和城镇土地使用税等小企业记入"营业税金及附加"科目。

(8)其他支出,指不属于以上各项的费用。

(二)费用按其经济用途分类

费用按其经济用途可以分为生产费用和期间费用两部分。生产费用按其计入成本方式不同,还可分为直接费用和间接费用,直接费用包括直接材料、直接人工以及其他直接支出,间接费用主要指制造费用。期间费用主要包括销售费用、管理费用、财务费用。

(1)直接材料,指企业在生产产品和提供劳务过程中所消耗的,直接用于产品生产,构成产品实体的原料及主要材料、外购半成品、修理用备件、包装物、有助于产品形成的辅助材料以及其他直接材料。

(2) 直接人工,指企业在生产产品和提供劳务过程中,直接从事产品生产的工人工资及福利费等。

(3) 其他直接费用,指企业发生的除直接材料费用和直接人工费用以外的,与生产商品或提供劳务有直接关系的费用。

(4) 制造费用,指企业为生产产品和提供劳务而发生的各项间接费用,但不包括企业行政管理部门为组织和管理生产经营活动而发生的管理费用。

(5) 期间费用,指企业当期发生的必须从当期收入得到补偿的费用。由于它仅与当期实现的收入相关,必须计入当期损益,所以称其为期间费用。主要包括:销售费用、管理费用、财务费用。

(三) 费用按其同产量的关系

费用按其同产量的关系可以分为固定费用和变动费用。

固定费用,是指在一定产量范围内,不会随着产量的变化而变化的费用,如固定资产的折旧费(年限平均法)、管理人员的工资等。

变动费用,是指会随着产量的变化而变化的费用,如原材料的费用、生产人员的计件工资等。

第二节 生 产 成 本

一、生产成本的概念

生产成本,是指一定期间生产产品所发生的直接费用和间接费用的总和。

直接费用应当根据实际发生数进行核算,并按照成本计算对象进行归集,直接计入产品的生产成本,如直接材料和直接人工。

间接费用实际发生后按一定标准分配计入各成本计算对象,转化为成本,如制造费用。

企业的产品成本项目可以根据企业的具体情况自行设定。一般为直接材料、直接人工、制造费用和燃料及动力。

(1) 直接材料,指企业在生产产品和提供劳务过程中所消耗的,直接用于产品生产,构成产品实体的原料及主要材料、外购半成品(外购件)、修理用备件(备品配件)、包装物、有助于产品形成的辅助材料以及其他直接材料。

(2) 直接人工,指企业在生产产品和提供劳务过程中,直接从事产品生产的工人工资、福利费和按规定比例计提的社会保险、住房公积金、工会经费、职工教育经费等。

(3) 制造费用,指企业为生产产品和提供劳务而发生的各项间接费用,包括职工薪酬、折旧费、办公费、水电费、机物料消耗、劳动保护费、季节性和修理期间的停工损失等。但不包括企业行政管理部门为组织和管理生产经营活动而发生的管理费用。

(4) 燃料及动力,指企业在生产产品和提供劳务过程中外购和自制的固体、液体、气体等燃料以及热力、电力、蒸汽等动力。

二、生产成本的核算

(一)生产成本核算科目的设置

小企业产品生产成本核算的过程实际上是生产费用归集和分配的过程。为了准确地归集和分配生产费用,小企业一般设置以下两个科目。

1. "生产成本"科目

"生产成本"科目用来核算企业生产各种产品(包括产成品、自制半成品、提供劳务等)在生产过程中所发生的各项生产费用,并据以确定产品实际生产成本。它的借方登记月份内发生的全部生产费用;贷方登记结转的完工产品的实际生产成本。月末的借方余额,表示生产过程中尚未完工的在产品的实际生产成本。企业可以根据本身生产的特点和管理要求,将"生产成本"科目设置"基本生产成本"和"辅助生产成本"两个明细科目。并按产品或工序以及成本项目进行明细核算,如"生产成本——基本生产成本——甲产品——直接材料"。

2. "制造费用"科目

"制造费用"科目用来归集和分配企业为生产产品和提供劳务而发生的各项间接费用,包括生产车间发生的机物料消耗、生产车间管理人员的职工薪酬、折旧费、办公费、水电费、劳动保护费、季节性和修理期间的停工损失等。

实际发生时,借记此科目,即将发生的制造费用进行归集;月末,按合理的方法将制造费用进行分配,计入各成本计算对象,分配后,"制造费用"科目一般无余额。

本科目应按车间或部门及费用项目设置明细分类账,如"制造费用——二车间——折旧费"。

(二)生产成本的核算

1. 材料费用的归集和分配

企业在生产活动中耗用的材料费用,根据领退料等各种原始凭证编制"发出材料汇总表"。根据"发出材料汇总表",采用适当的分配方法,将消耗的各项材料费用分配计入各有关产品。

(1)计入原则。对于直接用于制造产品的材料费用,能够直接确定归属对象的,直接计入各产品的生产成本中;对于几种产品共同耗用的间接材料费用,应选择适当的分配标准,分配计入各产品的成本中。

(2)分配标准。常见的分配方法是按各种产品的材料定额耗用量的比例进行分配,或按各种产品的重量比例进行分配。

【例 7-2】 2×19 年 3 月,小企业华夏公司生产甲产品,领用原材料 50 000 元。

借:生产成本——基本生产成本——甲产品——直接材料　　　　　　　　　　50 000
　　贷:原材料　　　　　　　　　　　　　　　　　　　　　　　　　　　　　　50 000

2. 职工薪酬的归集和分配

企业职工薪酬的归集和分配主要通过编制"工薪结算汇总表"和"工薪费用分配表"来完成。根据受益对象进行会计处理。涉及"职工薪酬"的核算内容与方法已在负债相关章节进行讲解。

(1)分配原则。生产产品工人的工资直接计入产品成本,而生产车间管理人员的工资应先按不同的车间进行归集,计入制造费用,然后与其他制造费用汇总以后分配计入产品成本。

（2）分配标准。由于工资形式不同,工资费用的分配方法也各不相同。常用的分配方法是计时工资和计件工资分配法。

（3）相关会计处理:

【例 7-3】　2×19 年 1 月 31 日,小企业华夏公司应付职工薪酬 530 000 元,其中二车间生产甲产品工人的工资 300 000 元、车间管理人员的工资 22 000 元、机修车间人员的工资 18 000元、公司管理人员的工资 80 000 元、专设销售机构的工资 110 000元。

```
借:生产成本——基本生产成本——甲产品——直接人工                         300 000
         ——辅助生产成本——机修车间——职工薪酬                         18 000
    制造费用——二车间——职工薪酬                                        22 000
    管理费用——职工薪酬                                                80 000
    销售费用——职工薪酬                                               110 000
    贷:应付职工薪酬——工资                                            530 000
```

3. 辅助生产费用的归集和分配

辅助生产,是指为基本生产服务而进行的产品生产和劳务供应。为了归集所发生的辅助生产费用,应设置“生产成本——辅助生产成本”明细科目,按辅助生产车间及其生产的产品、劳务的种类进行明细核算。

【例 7-4】　2×19 年 3 月 31 日,小企业华夏公司锅炉和机修两个辅助车间当月分别发生折旧费 6 200 元和 4 600 元。

```
借:生产成本——辅助生产成本——锅炉车间——折旧费                        6 200
                        ——机修车间——折旧费                        4 600
    贷:累计折旧                                                      10 800
```

4. 制造费用的归集和分配

制造费用,是指企业为生产产品和提供劳务而发生的各项间接费用。

制造费用归集应当通过“制造费用”科目进行。月末通过适当的分配方法,根据编制的“制造费用分配表”,将归集的制造费用分配计入生产产品的成本中,即转入“生产成本”科目。

（1）分配原则。生产一种产品的车间中,制造费用可直接计入其产品成本。在生产多种产品的车间中,就要采用合理的分配方法,将制造费用分配计入各种产品成本。制造费用的分配一般应按生产车间或部门进行。企业具体选用哪种分配方法,由企业自行决定。分配方法一经确定,不得随意变更。如需变更,应当在附注中予以说明。

（2）分配标准。制造费用的方法,通常有:生产工人工时比例法、生产工人工资比例法、机器工时比例法、耗用原材料的数量或成本比例法、直接成本(材料、生产工资等职工薪酬之和)比例法和产成品产量比例法等。

（3）相关会计处理:

【例 7-5】　2×19 年 12 月,小企业华夏公司第三车间发生如下业务。

① 计提本月第三车间固定资产折旧费,共计 3 500 元。

```
借:制造费用——第三车间——折旧费                                       3 500
    贷:累计折旧                                                        3 500
```

② 购买车间办公用品 500 元,增值税进项税额 85 元,以银行存款支付。

借:制造费用——第三车间——办公费 　　　　　　　　　　　　　　　　500

　　应交税费——应交增值税(进项税额) 　　　　　　　　　　　　　　65

　　贷:银行存款 　　　　　　　　　　　　　　　　　　　　　　　　565

③ 车间主任王翔报销差旅费 2 500 元,预借 3 000 元。

借:制造费用——第三车间——差旅费 　　　　　　　　　　　　　2 500

　　库存现金 　　　　　　　　　　　　　　　　　　　　　　　　　500

　　贷:其他应收款——王翔 　　　　　　　　　　　　　　　　　　3 000

④ 假定第三车间本月制造费用共计发生 92 000 元,编制的"制造费用分配表",如表 7-1 所示,据该表将制造费用分配计入相关产品成本。

表 7-1　制造费用分配表　　　　　　　　　　　　单位:元

项目	定额工时	制造费用	
		分配率	金额
甲产品	4 200	11.79	49 538.46①
乙产品	3 600	11.79	42 461.54①
合计	7 800		92 000.00

① 由于四舍五入,计算略有出入。

借:生产成本——基本生产成本——甲产品——制造费用 　　　　49 538.46

　　　　　　　　　　　　　　——乙产品——制造费用 　　　　42 461.54

　　贷:制造费用 　　　　　　　　　　　　　　　　　　　　　92 000.00

5. 生产费用在月末在产品和完工产品之间的分配

通过上述各项生产成本的归集和分配,基本生产车间在生产过程中发生的各项成本,已经集中反映在"生产成本——基本生产成本"科目的借方,这些成本都是本月发生的生产成本,并不是本月完工产品的成本。本月发生的生产成本和月初、月末在产品及本月完工产品成本四项成本的关系,如图 7-1 所示。

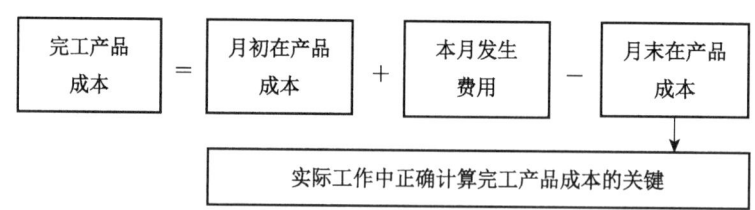

图 7-1　完工产品成本计算示意图

在图 7-1 中,月初在产品成本和本月发生费用是已知数,所以计算月末在产品的成本是计算完工产品成本的关键。

1)在产品成本的计算

(1)在产品的含义。**工业企业的在产品**,是指生产过程中尚未完工的产品。包括正在车间加工中的在产品和已经完成一个或几个生产步骤但还需继续加工的半成品两部分。对外销售的自制半成品,属于商品产品,验收入库后不应列入在产品之内。

（2）在产品成本计算方法：

① 如果在产品数量很少，在产品成本对于完工产品成本的影响很小，可以将某种产品每月发生的生产费用全部作为当月完工产品的成本。

② 如果在产品数量较少，或者在产品数量虽然较多，但各月之间变化不大，因而月初、月末在产品成本的差额对于完工产品成本的影响不大，可以不计算在产品成本，将某种产品每月发生的生产费用全部作为当月完工产品的成本。

③ 如果在产品数量较多，而且各月之间变化也较大的企业，则要根据实际结存的产品数量，计算在产品成本。在产品成本计算的方法主要有以下几种，如图7-2所示。

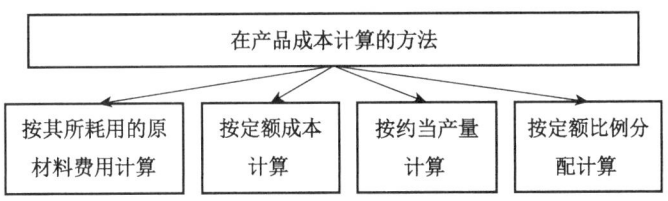

图 7-2　在产品成本计算方法示意图

2）完工产品成本的结转

在计算出当期完工产品成本后，对验收入库的产成品，应结转成本。根据计算的完工产品成本，从有关"产品成本计算单"中转出，编制"完工产品成本汇总计算表"，根据编制的"完工产品成本汇总计算表"，编制会计分录。

3）相关会计处理

【例7-6】　2×19年12月，小企业华夏公司经过核算，甲产品生产成本147 000元，乙产品生产成本168 000元。

月末，结转本期完工产品成本：

借:库存商品——甲产品	147 000
——乙产品	168 000
贷:生产成本——基本生产成本——甲产品——××	147 000
——基本生产成本——乙产品——××	168 000

第三节　期　间　费　用

期间费用，是指企业当期发生的、不能直接归属于某个特定产品成本的费用。由于难以判定其所归属的产品，因而不能列入产品制造成本，在发生的当期直接计入当期损益。

小企业的期间费用包括：销售费用、管理费用、财务费用。

一、销售费用

（一）销售费用的核算内容

1.销售费用的含义

销售费用，是指小企业在销售商品或提供劳务过程中发生的各项费用。

2. 销售费用的核算内容

销售费用包括：销售人员的职工薪酬、商品维修费、运输费、装卸费、包装费、保险费、广告费、业务宣传费、展览费等费用。

小企业（批发业、零售业）在购买商品过程中发生的费用（包括：运输费、装卸费、包装费、保险费、运输途中的合理损耗和入库前的挑选整理费等）也构成销售费用。

（二）销售费用的核算

1. 科目的设置

小企业应通过"销售费用"科目核算销售费用发生和结转的情况。本科目借方登记企业所发生的各项销售费用，贷方登记期末转入"本年利润"科目的销售费用，结转后本科目无余额。

"销售费用"科目应按照费用项目进行明细核算。

2. 会计核算

【例 7-7】 2×19 年 1 月，小企业华夏公司发生如下业务。

（1）发生广告费 40 000 元增值税 2 400 元，以银行存款支付。

借：销售费用——广告费　　　　　　　　　　　　　　　　　　　40 000

　　应交税费——应交增值税（进项税额）　　　　　　　　　　　2 400

　　贷：银行存款　　　　　　　　　　　　　　　　　　　　　　　42 400

（2）产品销售过程发生包装费 3 600 元、保险费 2 200 元、运输费 5 000 元、装卸费 1 000 元，收到普通发票均用银行存款支付。

借：销售费用——包装费　　　　　　　　　　　　　　　　　　　3 600

　　　　　　　——保险费　　　　　　　　　　　　　　　　　　2 200

　　　　　　　——运输费　　　　　　　　　　　　　　　　　　5 000

　　　　　　　——装卸费　　　　　　　　　　　　　　　　　　1 000

　　贷：银行存款　　　　　　　　　　　　　　　　　　　　　　11 800

（3）假定，本月共发生销售费 68 000 元，月末将"销售费用"转入"本年利润"。

借：本年利润　　　　　　　　　　　　　　　　　　　　　　　　68 000

　　贷：销售费用——××　　　　　　　　　　　　　　　　　　68 000

二、管理费用

（一）管理费用的内容

1. 管理费用的含义

管理费用，是指小企业为组织和管理生产经营活动发生的其他费用。

2. 管理费用的核算内容

管理费用包括：小企业在筹建期间内发生的开办费、行政管理部门发生的费用（包括：固定资产折旧费、修理费、办公费、水电费、差旅费、管理人员的职工薪酬等）、业务招待费、研究费用、技术转让费、相关长期待摊费用摊销、财产保险费、聘请中介机构费、咨询费（含顾问费）、诉讼费等费用。

（二）管理费用的核算

1. 科目的设置

企业应设置"管理费用"科目，本科目借方登记企业所发生的各项管理费用，贷方登记期末转入"本年利润"科目的管理费用,结转后本科目无余额。

"管理费用"科目应按照费用项目进行明细核算。

对于管理费用不多的小企业(批发业、零售业),可不设置本科目,可将本科目的核算内容可并入"销售费用"科目核算。

2. 会计核算

【例 7-8】 2×19 年 1 月小企业华夏公司,行政管理部门发生如下费用:

职工薪酬 30 000 元、折旧费 5 000 元、修理费 2 000 元、办公费 2 000 元、水电费 1 000 元、差旅费 5 000 元、业务招待费 15 000 元、聘请中介机构费 4 500 元、其他零星支出 500 元。当期产生的费用均以银行存款支付。

借:管理费用——职工薪酬	30 000
——折旧费	5 000
——修理费	2 000
——办公费	2 000
——水电费	1 000
——差旅费	5 000
——业务招待费	15 000
——中介费	4 500
——其他	500
贷:银行存款	65 000

【例 7-9】 假定小企业华夏公司,2×19 年 1 月共发生管理费用 97 000 元,期末将"管理费用"转入"本年利润"。

借:本年利润	97 000
贷:管理费用——××	97 000

相关思考 7-2

差旅费可以计入销售费用吗

华夏公司 2×19 年 12 月发生差旅费 5 000 元,其中人事行政部门报销差旅费金额为 2 000 元,财务部门报销差旅费金额为 2 000 元,市场营销部门报销差旅费金额为 1 000 元。请问:财务部门进行账务处理时是否需要区别部门将差旅费分别计入管理费用和销售费用?

三、财务费用

(一) 财务费用的内容

1. 财务费用的含义

财务费用,是指小企业为筹集生产经营所需资金发生的筹资费用。

2. 财务费用的核算内容

财务费用包括:利息费用(减利息收入)、汇兑损失、银行相关手续费、小企业给予的现金折扣(减享受的现金折扣)等费用。

(二) 财务费用的核算

1. 科目的设置

小企业应设置"财务费用"科目。

本科目应按照费用项目进行明细核算。

2. 会计核算

财务费用的主要账务处理为：

（1）小企业发生的利息费用、汇兑损失、银行相关手续费、给予的现金折扣等，借记本科目，贷记"应付利息""银行存款"等科目。

（2）持未到期的商业汇票向银行贴现，应当按照实际收到的金额（即减去贴现息后的净额），借记"银行存款"科目，按照贴现息，借记本科目，按照商业汇票的票面金额，贷记"应收票据"科目（银行无追索权情况下）或"短期借款"科目（银行有追索权情况下）。

（3）发生的应冲减财务费用的利息收入、享受的现金折扣等，借记"银行存款"等科目，贷记本科目。

（4）月末，将本科目余额转入"本年利润"科目，结转后本科目无余额。

（5）小企业为购建固定资产、无形资产和经过1年期以上的制造才能达到预定可销售状态的存货发生的借款费用，在"在建工程""研发支出""制造费用"等科目核算，不在本科目核算。小企业发生的汇兑收益，在"营业外收入"科目核算，不在本科目核算。

① 发生财务费用时：

借:财务费用

　贷:银行存款/应付利息等

② 发生的应冲减财务费用的利息收入等：

借:银行存款等

　贷:财务费用

③ 月末结转至"本年利润"科目：

借:本年利润

　贷:财务费用

【例7-10】 2×19年12月，小企业华夏公司发生如下财务费用：

利息费用50 000元、汇兑损失5 000元、银行相关手续费500元，均以银行存款支付。

借:财务费用——利息费用	50 000
——汇兑损益	5 000
——金融机构手续费	500
贷:银行存款	55 500

【例7-11】 2×19年1月，小企业华夏公司发生如下财务费用：

持未到期的商业汇票（银行无追索权情况下）向银行贴现时产生贴现息金额为4 000元，当期银行存款利息收入1 500元，支付采购货款时享受的现金折扣金额为500元。

① 持未到期的商业汇票向银行贴现时：

借:财务费用——金融机构手续费	4 000
贷:应收票据	4 000

② 存款利息收入：

借:银行存款	1 500
贷:财务费用——利息收入	1 500

③ 享受的现金折扣：

| 借:应付账款 | 500 |
| 贷:财务费用——现金折扣 | 500 |

【例7-12】　假定2×19年1月,小企业华夏公司共发生财务费用46 000元,月末将"财务费用"结转到"本年利润"：

| 借:本年利润 | 46 000 |
| 贷:财务费用 | 46 000 |

相关思考 7-3

小企业对汇兑损益该如何账务处理

小企业华夏公司2×19年12月美元存款科目产生的汇兑收益金额为20 000元,能否直接冲减财务费用中的汇兑损失? 如果华夏公司执行的是企业会计准则,又该如何进行账务处理?

相关案例 7-1

发票的审核要点

财务人员监督和审核每一张费用报销票据,确保其合法、真实、准确、完整,这是会计信息质量实行源头控制的重要环节,也是会计基础工作的一项重要内容。那么财务人员收到费用报销票据,应从哪些方面进行审核呢? 财务人员应从以下三方面审核费用报销票据：

① 根据报销票据本身的防伪性能来鉴别真假发票。

② 对票据填制的内容和加盖的印章进行审核。

③ 审核报销票据所附清单及有关审批手续。

总之,报销票据的审核包含着很强的政策性、技术性和责任心,这项工作直接影响着报账单位的会计核算质量以及会计工作的秩序。因此,我们在平时工作中,在建立健全单位内部管理制度和控制制度的同时,还要针对票据使用和管理方面存在的问题,在今后的工作实践中加以分析和研究,寻找治理和改进的办法,以便更好地为经济监督服务。

本章涉及的常用成本及费用明细账格式如表7-2至表7-14所示。

账 簿 格 式

表 7-2　主营业务成本——甲商品明细账

公司名称:华夏公司

科目名称:主营业务成本——甲商品　　　　　　　　　　　　　　　　　　　　　　　　单位:元

2×19年		凭证号数	摘　要	借方	贷方	方向	余额
月	日						
12	31	转字 53	归集本月发生的成本	100 000.00		借	100 000.00
12	31	转字 62	结转至本年利润		100 000.00	平	0.00
12	31		本月合计	100 000.00	100 000.00	平	0.00

表7-3　其他业务成本明细账

公司名称:华夏公司
科目名称:其他业务成本　　　　　　　　　　　　　　　　　　　　　单位:元

| 2×19年 | | 凭证号数 | 摘　要 | 借方 | 贷方 | 方向 | 余额 |
月	日						
12	31	转字54	归集本月发生的其他业务成本	65 000.00		借	65 000.00
12	31	转字62	结转本年利润		65 000.00	平	0.00
12	31		本月合计	65 000.00	65 000.00	平	0.00

表 7-4　营业税金及附加明细账

公司名称:华夏公司
科目名称:营业税金及附加　　　　　　　　　　　　　　　　　　　　单位:元

| 2×19年 | | 凭证号数 | 摘　要 | 借方 | 贷方 | 方向 | 余额 |
月	日						
12	31	转字55	本月营业税金及附加	20 000.00		借	20 000.00
12	31	转字62	结转本年利润		20 000.00	平	0.00
12	31		本月合计	20 000.00	20 000.00	平	0.00

手工账务处理程序下,成本及费用类明细账采用多栏式账页格式。

表 7-5　生产成本——基本生产成本——甲产品明细账

公司名称:华夏公司
产品名称:甲产品　　　　　　　　　　　　　　　　　　　　　　　　单位:元

| 2×19年 | | 凭证号数 | 摘　要 | 成　本　项　目 | | | | |
月	日			直接材料	燃料及动力	直接人工	制造费用	合计
12	1		期初余额	3 200	4 000	1 140	1 180	9 520
12	3	转字1	领用材料	172 500				182 020
12	5	转字6	发生燃料及动力		26 880			208 900
12	9	转字8	发生人工费			80 000		288 900
12	31	转字16	分配制造费用				50 250	339 150
12	31	转字32	结转完工产品成本	50 000	14 000	65 000	35 000	164 000
12	31		期末在产品成本	125 700	16 880	16 140	16 430	175 150

表 7-6　制造费用——二车间明细账

公司名称:华夏公司
车间名称:二车间　　　　　　　　　　　　　　　　　　　　　　　　单位:元

| 2×19年 | | 凭证号数 | 摘　要 | 项　目 | | | | |
月	日			消耗材料	劳保费	动力费	职工薪酬	合计
12	3	转字2	车间一般耗用	9 500				9 500
12	4	转字5	发生修理费		9 360			18 860
12	10	转字9	发生动力费			13 400		32 260
12	19	转字10	车间管理人员工资				30 800	63 060
12	31	转字16	结转制造费用	9 500	9 360	13 400	30 800	63 060

表 7-7　销售费用明细账

公司名称：华夏公司
科目名称：销售费用　　　　　　　　　　　　　　　　　　　　　　　单位：元

| 2×19年 | | 凭证号数 | 摘　要 | 项　目 | | | | |
月	日			广告费	折旧费	工薪	其他	合计
12	3	银付 9	发生广告费	90 000.00				90 000.00
12	31	转字 17	计提折旧费		50 000.00			140 000.00
12	31	转字 22	人员薪酬			10 000.00		150 000.00
12	31	银付 23	其他费用				87 200.00	237 200.00
12	31	转字 40	月末结转	90 000.00	50 000.00	10 000.00	87 200.00	237 200.00

表 7-8　管理费用明细账

公司名称：华夏公司
科目名称：管理费用　　　　　　　　　　　　　　　　　　　　　　　单位：元

| 2×19年 | | 凭证号数 | 摘　要 | 项　目 | | | | |
月	日			招待费	折旧费	工薪	其他	合计
12	3	银付 12	招待费	50 000.00				50 000.00
12	31	转字 17	管理部门折旧		45 000.00			95 000.00
12	31	转字 22	管理人员薪酬			150 000.00		245 000.00
12	31	转字 27	其他费用				68 900.00	313 900.00
12	31	转字 40	月末结转	50 000.00	45 000.00	150 000.00	68 900.00	313 900.00

表 7-9　财务费用明细账

公司名称：华夏公司
科目名称：财务费用　　　　　　　　　　　　　　　　　　　　　　　单位：元

| 2×19年 | | 凭证号数 | 摘　要 | 项　目 | | | |
月	日			利息	手续费	其他	合计
12	3	转字 3	计提利息	1 500.00			1 500.00
12	8	银收 5	利息收入	400.00			1 100.00
12	12	银付 5	手续费		25 000.00		26 100.00
12	31	转字 40	月末转出	1 100.00	25 000.00		26 100.00

　　在实务中，企业使用财务软件时，成本及费用类明细账主要采用三栏式账簿格式。

表 7-10　生产成本——基本生产成本——甲产品——直接材料明细账

公司名称：华夏公司
科目名称：生产成本——基本生产成本——甲产品——直接材料　　　　　单位：元

| 2×19年 | | 凭证号数 | 摘　要 | 借方 | 贷方 | 余额 |
月	日					
12	1		期初余额			3 200.00
12	3	转字 1	领用材料	172 500.00		175 700.00
12	31	转字 32	结转完工产品成本		50 000.00	125 700.00
12	31		本月合计	172 500.00	50 000.00	125 700.00

表 7-11　制造费用——二车间——机物料明细账

公司名称:华夏公司
科目名称:制造费用——二车间——机物料　　　　　　　　　　　　　　　　　　单位:元

2×19年		凭证号数	摘　要	借方	贷方	余额
月	日					
12	3	转字 2	一般耗用	9 500.00		9 500.00
12	31	转字 16	结转制造费用		9 500.00	0
12	31		本月合计	9 500.00	9 500.00	0

表 7-12　销售费用——广告费明细账

公司名称:华夏公司
科目名称:销售费用——广告费　　　　　　　　　　　　　　　　　　　　　　单位:元

2×19年		凭证号数	摘　要	借方	贷方	余额
月	日					
12	3	银付 9	广告费	90 000.00		90 000.00
12	31	转字 40	月末结转至本年利润		90 000.00	0
12	31		本月合计	90 000.00	90 000.00	0

表 7-13　管理费用——业务招待费明细账

公司名称:华夏公司
科目名称:管理费用——业务招待费　　　　　　　　　　　　　　　　　　　　单位:元

2×19年		凭证号数	摘　要	借方	贷方	余额
月	日					
12	3	银付 12	招待费	50 000.00		50 000.00
12	31	转字 40	月末结转至本年利润		50 000.00	0
12	31		本月合计	50 000.00	50 000.00	0

表 7-14　财务费用——利息明细账

公司名称:华夏公司
科目名称:财务费用——利息　　　　　　　　　　　　　　　　　　　　　　　单位:元

2×19年		凭证号数	摘　要	借方	贷方	余额
月	日					
12	3	转字 9	计提利息	1 500.00		1 500.00
12	8	银收 5	利息收入		400.00	1 100.00
12	31	转字 40	月末结转至本年利润		1 100.00	0
12	31		本月合计	1 500.00	1 500.00	0

与财务报告的关系

1. 利润表中"营业成本"项目,反映小企业所销售商品的成本和提供劳务的成本。本项目应根据"主营业务成本""其他业务成本"科目的发生额的合计金额填列。

【例 7-13】　小企业华夏公司编制 2×19 年 12 月的利润表,已知"主营业务成本"当期发生额为 300 000 元、"其他业务成本"当期发生额为 50 000 元。问当期利润表中"营业成本"项目应填列的金额是多少?

$$"营业成本"项目金额＝300\ 000＋50\ 000＝350\ 000(元)$$

2. "税金及附加"项目,反映小企业开展日常生产活动应负担的消费税、城市建设维护税、资源税、土地增值税、教育费附加、房产税、车船税、印花税、矿产资源补偿费、排污费等。本项目应根据"税金及附加"科目的发生额填列。

3. "销售费用"项目,反映小企业在销售商品或提供劳务过程中发生的费用。本项目应根据"销售费用"科目的发生额填列。

4. "管理费用"项目,反映小企业为组织和管理生产经营发生的其他费用。本项目应根据"管理费用"科目的发生额填列。

5. "财务费用"项目,反映小企业筹集生产经营所需资金发生的筹资费用。本项目应根据"财务费用"科目的发生额填列。

本 章 小 结

本章主要学习营业成本、营业税金及附加、销售费用、管理费用、财务费用的概念以及确认、计量和核算,通过讲授要求掌握各费用科目会计分录的编制原理和核算方法,为企业涉及的各项业务核算奠定良好的基础。

本章重要概念

主营业务成本　其他业务成本　税金及附加　销售费用　管理费用　财务费用

思 考 题

1. 根据《小企业会计准则》规定,费用包括哪些内容?
2. 生产成本包括哪些内容?
3. 销售费用、管理费用、财务费用分别核算的内容有哪些?

推荐阅读资料

[1] 高旸,佘伯明.小企业会计实务(第二版)[M].大连:东北财经大学出版社,2012.
[2] 中华人民共和国财政部.小企业会计准则.2013.
[3] 李敏.小企业会计——小企业会计准则[M].上海:上海财经大学出版社,2013.
[4] 卢建国.小企业会计[M].北京:高等教育出版社,2017.
[5] 梁美仪.小企业会计准则从入门到精通[M].北京:清华大学出版社,2014.
[6] 小企业会计准则编审委员会.小企业会计准则讲解[M].上海:立信出版社,2015.
[7] 企业会计准则应用指南,2015.
[8] 刘永泽,陈立军.中级财务会计[M].大连:东北财经大学出版社,2018.

第八章 利润及利润分配

内容简介

本章主要讲解了营业利润、利润总额和净利润的计算;营业外收入及营业外支出的含义、范围及核算;所得税费用的计算原则、所得税费用的核算;本年利润的核算;利润分配的核算。本章重点为营业外收入及营业外支出的范围及核算、所得税费用的核算、本年利润的核算;利润分配的核算;难点为所得税费用的核算。

学习目的和要求

通过本章的学习,学生应掌握营业外收入及营业外支出的范围及核算;所得税费用的核算;本年利润的核算;利润分配的核算。理解营业利润、利润总额和净利润的计算,所得税费用的计算原则;了解营业外收入及营业外支出的含义、利润分配的顺序。

引例 国际货代小企业的"小阳春"

"税收优惠政策让我们节省了 13 000 多元的税款,这对我们每张订单只赚 100 多元、年利润不足 10 万元的小货代公司来说,意味着 100 多票的生意、近两个月的纯利润……"大连金吉国际货运代理有限公司的财务经理詹女士算了这样一笔账。詹女士回忆说,2014 年年初,受经济形势下滑、出口业务萎缩、行业竞争激烈等多种因素影响,本就规模不大的企业,更是举步维艰。新的一年来了,全公司上下却看不到希望。就在这时,大连国税局的专管员给他们带来了国家出台的新政策:"自 2014 年 1 月 1 日起,享减半计征企业所得税税收优惠的小微企业范围上限由年应纳税所得额 6 万元扩至 10 万元。"这样算下来,企业 1 年便节约了 13 000 多元的资金。这对詹女士所在的公司而言就像一场及时雨,让正在困境中挣扎的企业看到了复苏的希望,帮助企业度过了那段"青黄不接"的日子。2015 年 3 月,喜讯再度传来:"享减半计征企业所得税税收优惠的小微企业范围上限由年应纳税所得额 10 万元扩大到 20 万元"。"这一力度更大的优惠政策让我们的企业迎来了又一个'小阳春'!"詹女士对公司的前景充满信心。

大连市中山区国税局管辖区内拥有近千户国际货代企业。这些企业中,90%是小型微利企业。正如詹女士所说,这些企业利润小、竞争激烈,每一笔减免的税款少则几千元多则几万元,对他们而言,都意味着增加了成百上千单生意的利润,而每单生意或许都需要打上一天的电话才能联系成功。正因如此,这些"在夹缝中求生存"的小企业才对优惠政策感悟最深、受益最大。

通过本章的学习,你应该了解:小企业所得税费用的计算及会计处理。

第一节 利润概述

利润,是指小企业在一定会计期间的经营成果。利润包括营业利润、利润总额和净利润。

一、营业利润

营业利润,是指营业收入减去营业成本、税金及附加、销售费用、管理费用、财务费用,加上其他收益、投资收益(或减去投资损失)、资产处置收益(或减去资产处置损失)后的金额。即:

营业利润＝营业收入－营业成本－税金及附加－销售费用－管理费用－
财务费用＋其他收益＋投资收益(－投资损失)＋资产处置收益(－资产处置损失)

其中:

营业收入＝主营业务收入＋其他业务收入
营业成本＝主营业务成本＋其他业务成本

二、利润总额

利润总额,是指营业利润加上营业外收入,减去营业外支出后的金额,即:

利润总额＝营业利润＋营业外收入－营业外支出

其中,营业外收入是指小企业非日常生产经营活动形成的、应当计入当期损益、会导致所有者权益增加、与所有者投入资本无关的经济利益的净流入。

营业外支出,是指小企业非日常生产经营活动发生的、应当计入当期损益、会导致所有者权益减少、与向所有者分配利润无关的经济利益的净流出。

三、净利润

净利润,是指利润总额减去所得税费用后的净额,即:

净利润＝利润总额－所得税费用

其中,所得税费用是指小企业确认的应从当期利润总额中扣除的所得税费用。

【例8-1】 小企业华夏公司2×19年12月的主营业务收入为100 000元,其他业务收入为10 000元,投资收益为8 000元,主营业务成本为50 000元,其他业务成本为5 000元,税金及附加为1 000元,销售费用为1 200元,管理费用为1 300元,财务费用为500元。营业外收入为2 000元,营业外支出为1 500元,所得税费用为6 000元。

根据上述资料,小企业华夏公司利润表中下列项目的金额为:

营业收入＝100 000＋10 000＝110 000(元)
营业成本＝50 000＋5 000＝55 000(元)
营业利润＝110 000－55 000－1 000－1 200－1 300－500＋8 000＝59 000(元)
利润总额＝59 000＋2 000－1 500＝59 500(元)
净利润＝59 500－6 000＝53 500(元)

相关思考8-1

《小企业会计准则》与《企业会计准则》有关营业利润计算的区别

《小企业会计准则》中规定,营业利润是指营业收入减去营业成本、税金及附加、销售费用、管理费用、财务费用,加上其他收益、投资收益(或减去投资损失)、资产处置收益(或减去资产处置损失)后的金额。而《企业会计准则》中规定,营业利润是指营业收入减去营业成本、税金及附加、销售费用、管理费用、财务费用、资产减值损失,加上其他收益、公允价值变动损益(或减去公允价值变动损失)、投资收益(或减去投资损失)、资产处置收益(或减去资产处置损失)后的金额。

请问:《小企业会计准则》与《企业会计准则》有关营业利润计算区别的原因是什么?

第二节 营业外收入及营业外支出

一、营业外收入

(一) 营业外收入的含义和范围

1. 营业外收入的含义

营业外收入,是指小企业非日常生产经营活动形成的、应当计入当期损益、会导致所有者权益增加、与所有者投入资本无关的经济利益的净流入。

2. 营业外收入的范围

小企业的营业外收入包括:政府补助利得、捐赠收益、盘盈收益、汇兑收益、出租包装物和商品的租金收入、逾期未退包装物押金收益、确定无法偿付的应付款项、已作坏账损失处理后又收回的应收款项、违约金收益等。

其中,政府补助利得,是指小企业从政府无偿取得与日常活动无关的货币性资产或非货币性资产,但不包括政府作为企业所有者投入的资本。

盘盈收益,是指小企业在财产清查过程中查明的各种财产盘盈,包括现金、材料、产成品、商品、固定资产等溢余。即小企业各种资产在盘点过程中发生的多于账面数额的资产。

汇兑收益,是指小企业在汇兑人民币和外币时可能因为汇率变化而产生差价收益。若为汇兑损失,应计入财务费用。

出租包装物和商品的租金收入,是指由于暂时闲置,小企业将不用的包装物或产成品、商品出租给第三方使用并取得的租金收入。小企业持有包装物或产成品、商品的目的是用于生产或销售,从而取得收入实现经济利益,而将包装物或产成品、商品出租仅仅是利用它们暂时闲置取得非经常性收入或偶然性收入,因此应计入营业外收入。

包装物押金,是指小企业为销售商品而向购买方出租或出借包装物所收取的押金。当小企业按照合同或协议约定向购买方收取包装物押金时不构成销售收入,而作为一项负债,记入"其他应付款"科目,一旦小企业收取的包装物押金按照双方约定逾期没有返还购买方,这一偶发性活动应增加小企业的营业外收入。

此外,小企业按照规定实行企业所得税、增值税、消费税等先征后返的,应当在实际收到返还的所得税、增值税(不含出口退税)、消费税时,计入营业外收入。

(二) 营业外收入的核算

1. 科目设置

小企业的营业外收入应当在实现时按照其实现金额计入当期损益。小企业应设置"营业外收入"科目,核算营业外收入的取得及结转情况。本科目贷方登记小企业确认的各项营业外收入,借方登记期末结转本年利润的营业外收入。结转后本科目一般无余额。本科目应按照营业外收入的项目进行明细核算。

2. 营业外收入的核算

小企业确定营业外收入,借记"银行存款""待处理财产损溢"等科目,贷记"营业外收入"科目。期末,应将"营业外收入"科目余额转入"本年利润"科目,借记"营业外收入"科目,贷记"本年利润"科目。

【例 8-2】 小企业华夏公司 2×19 年 12 月 31 日在财产清查中盘盈甲材料 10 千克,该类材料的市场价值为每千克 1 000 元,经查属于收发计量方面的错误。

① 批准处理前:

借:原材料——甲材料　　　　　　　　　　　　　　　　　　　　　　10 000
　　贷:待处理财产损溢——待处理流动财产损溢　　　　　　　　　　　　10 000

② 批准处理后:

借:待处理财产损溢——待处理流动财产损溢　　　　　　　　　　　　　10 000
　　贷:营业外收入　　　　　　　　　　　　　　　　　　　　　　　　10 000

【例 8-3】 小企业华夏公司 2×19 年 12 月 31 日将无法支付的应付账款 8 000 元转作营业外收入。另外小企业华夏公司本月营业外收入总额 18 000 元,期末结转本年利润。

① 无法支付的应付账款转作营业外收入:

借:应付账款　　　　　　　　　　　　　　　　　　　　　　　　　　8 000
　　贷:营业外收入　　　　　　　　　　　　　　　　　　　　　　　　8 000

② 期末结转本年利润:

借:营业外收入　　　　　　　　　　　　　　　　　　　　　　　　　18 000
　　贷:本年利润　　　　　　　　　　　　　　　　　　　　　　　　　18 000

二、营业外支出

(一) 营业外支出的含义和范围

1. 营业外支出的含义

营业外支出,是指小企业非日常生产经营活动发生的、应当计入当期损益、会导致所有者权益减少、与向所有者分配利润无关的经济利益的净流出。

2. 营业外支出的范围

小企业的营业外支出包括:存货的盘亏、毁损、报废损失,非流动资产毁损、报废净损失,坏账损失和无法收回的长期债券投资损失,无法收回的长期股权投资损失,自然灾害等不可抗力因素造成的损失,税收滞纳金,罚金与罚款,被没收财物的损失,捐赠支出,赞助支出等。

其中,存货的盘亏损失,是指小企业在财产清查过程中查明的存货账存数大于实存数形成的存货短缺。存货的毁损净损失,是指小企业因工人操作过程中的操作和使用失误等所引起的损失。存货的报废净损失,是指因磨损、技术进步等原因引发的报废存货产生的损失。存货的盘亏、毁损、报废损失最终计入营业外支出的是存货的盘亏、毁损、报废成本扣除残料(或残值)收入后的净额。

坏账损失,是指债务人依法宣告破产、关闭、解散、被撤销,或者被依法注销、吊销营业执照等原因导致无法收回的应收及预付款项。无法收回的长期债券投资损失,是指债务人依法宣告破产、关闭、解散、被撤销,或者被依法注销、吊销营业执照等原因导致长期债券投资无法收回的损失。

无法收回的长期股权投资损失,是指被投资单位依法宣告破产、关闭、解散、被撤销,或者被依法注销、吊销营业执照等原因导致长期股权投资无法收回的损失。

税收滞纳金,是指纳税人或者扣缴义务人不及时履行纳税义务而产生的连带义务。

(二)营业外支出的核算

1.科目设置

小企业的营业外支出应当在发生时按照其发生金额计入当期损益。小企业应设置"营业外支出"科目,核算营业外支出的取得及结转情况。本科目借方登记小企业发生的各项营业外支出,贷方登记期末结转本年利润的营业外支出。结转后本科目一般无余额。本科目应按照营业外支出的项目进行明细核算。

2.营业外支出的核算

小企业发生营业外支出,借记"营业外支出"科目,贷记"固定资产清理""待处理财产损溢""库存现金"等科目。期末,应将"营业外支出"科目余额转入"本年利润"科目,借记"本年利润"科目,贷记"营业外支出"科目。

【例8-4】 小企业华夏公司2×19年12月10日将一台不需要用的机器设备报废。该设备原始价值为18 000元,累计折旧为17 000元。

① 将报废设备转入清理时:

借:固定资产清理	1 000
累计折旧	17 000
贷:固定资产	18 000

② 结转报废设备发生的损失时:

借:营业外支出	1 000
贷:固定资产清理	1 000

【例8-5】 小企业华夏公司2×19年12月31日用银行存款支付税收滞纳金5 000元。另外,小企业华夏公司本月营业外支出总额8 000元,期末结转本年利润。

① 用银行存款支付税收滞纳金:

借:营业外支出	5 000
贷:银行存款	5 000

② 期末结转本年利润:

借:本年利润	8 000
贷:营业外支出	8 000

第三节 | 所得税费用

小企业会计准则规定,小企业应当按照企业所得税法的规定计算当期应纳税额,确认所得税费用。小企业应当在利润总额的基础上,按照企业所得税法的规定进行纳税调整,计算出当期应纳税所得额,按照应纳税所得额与适用所得税税率为基础计算确定当期应纳税额。

一、所得税费用的计算原则

小企业应采用应付税款法核算所得税,对于税前会计利润与应纳税所得额之间差异的处理,通过按企业所得税法规定对税前利润进行调整来解决。

1. 以企业所得税法为计算依据

由于会计与税法的目的不同,小企业在计算所得税费用时不是以会计计量结果为依据,小企业会计准则规定,小企业应当按照企业所得税法规定计算当期应纳税额。

2. 应纳税额等于所得税费用

应纳税额是一个税法概念,相当于会计上的应交所得税,将当期应纳税额直接确认为所得税费用,即当期所得税费用等于当期应交所得税。

 延伸阅读8-1 ....

所得税的会计处理方法

所得税的会计处理方法包括应付税款法和纳税影响会计法,其中,纳税影响会计法又有递延法和债务法之分,而债务法具体又分为利润表债务法和资产负债表债务法。我国现行企业会计准则只允许采用资产负债表债务法进行所得税的会计处理。

资产负债表债务法是从资产负债表出发,通过分析暂时性差异产生的原因及其性质,将其对未来所得税的影响分别确认为递延所得税负债和递延所得税资产,并在此基础上倒推出各期所得税费用的一种方法。资产负债表债务法以"资产负债表观"为理论基础,其主要目的是合理确认资产负债表中的递延所得税资产和递延所得税负债,所得税费用是由资产负债表间接得出来的。

小企业会计准则中则采用应付税款法进行所得税的会计处理。应付税款法是指本期税前会计利润与应纳税所得额之间的差异造成的影响纳税的金额直接计入当期损益,而不递延到以后各期的会计处理方法。在应付税款法下,当期计入损益的所得税费用等于当期应交所得税。

二、所得税费用的计算

(一) 所得税费用的计算步骤

所得税费用＝应纳税额

应纳税额＝应纳税所得额×适用税率－减免税额－抵免税额

根据上面的计算公式,所得税费用的计算步骤如下。

1. 计算小企业的应纳税所得额

应纳税所得额可以采用直接计算法或间接计算法计算。

(1) 直接计算法。采用直接计算法下应纳税所得额的计算公式如下:

应纳税所得额＝收入总额－不征税收入－免税收入－扣除额－允许弥补的以前年度亏损

(2) 间接计算法。采用间接计算法下应纳税所得额的计算公式如下:

应纳税所得额＝利润总额＋纳税调整增加额－纳税调整减少额－弥补以前年度亏损

2. 计算扣除减免税额和抵免税额前的应纳税额

扣除减免税额和抵免税额前的应纳税额＝应纳税所得额×适用税率

3.计算小企业享受的减免所得税额和抵免所得税额等优惠税额

4.计算出应纳税额,即所得税费用

目前,大多数小企业采用间接计算法计算应纳税所得额和应纳税额,其计算与调整过程大致如图 8-1 所示。

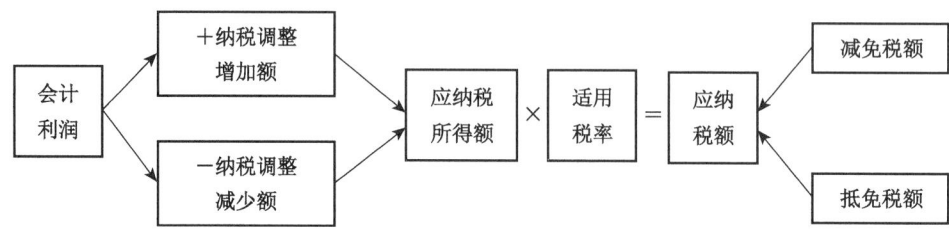

图 8-1　应纳税额调整示意图

(二) 纳税调整项目

小企业纳税调整项目主要包括收入类和扣除类共计 15 个项目,收入类纳税调整项目包括免税收入、减计收入和减、免税项目所得 3 项;扣除类纳税调整项目主要包括职工福利支出,职工教育经费支出,工会经费支出,业务招待费支出,广告费和业务宣传费支出,捐赠支出,利息支出,罚金、罚款和被没收财物的损失,税收滞纳金,赞助支出,与取得收入无关的支出和加计扣除等 12 项。

1.收入类纳税调整项目

(1) 免税收入。免税收入,是指属于小企业的应税所得但按照税法规定免予征收企业所得税的收入。包括:国债利息收入;符合条件的居民企业之间的股息、红利等权益性投资收益;在中国境内设立机构、场所的非居民企业从居民企业取得与该机构、场所有实际联系的股息、红利等权益性投资收益;符合条件的非营利组织的收入。本项目数据可以从小企业"投资收益"账户贷方发生额分析取得。

(2) 减计收入。减计收入,是指按照税法规定准予对企业某些经营活动取得的应税收入,按一定比例减少计入收入总额,进而减少应纳税所得额的一种税收优惠措施。本项目数据可以从小企业"主营业务收入"和"其他业务收入"账户贷方发生额分析取得。

(3) 减、免税项目所得。小企业的下列所得,可以免征、减征企业所得税:从事农、林、牧、渔业项目的所得;从事国家重点扶持的公共基础设施项目投资经营的所得;从事符合条件的环境保护、节能节水项目的所得;符合条件的技术转让所得;非居民企业在中国境内未设立机构、场所的,或者虽设立机构、场所的,但取得的所得与其所设机构、场所没有实际联系的,就其来源于中国境内的所得。本项目数据可以从小企业"主营业务收入""其他业务收入""营业外收入"账户贷方发生额分析取得。

2.扣除类纳税调整项目

(1) 职工福利费支出。小企业当年实际发生的职工福利费支出数,如果不超过小企业工资薪金总额的 14%,可以在税前全额扣除,不需要纳税调整。超过 14% 的部分应作为纳税调整增加额计入应纳税所得额,不得在税前扣除。本项目数据可以从小企业"应付职工薪酬"账户贷方发生额分析取得。

(2) 职工教育经费支出。本项目数据可以从小企业"应付职工薪酬"账户贷方发生额分析取得。

(3) 工会经费支出。工会经费支出与职工教育经费支出不同的是工会经费支出超过工资薪金总额的 2% 的部分不准扣除,而职工教育经费支出超过工资薪金总额的 8% 的部分,准予在以后纳税年度无限期结转扣除。本项目数据可以从小企业"应付职工薪酬"账户贷方发生额分析取得。

(4) 业务招待费支出。小企业当年实际发生的与生产经营活动有关的业务招待费支出,按照发生额的 60% 扣除,但最高不得超过当年销售(营业)收入的 5‰。本项目数据可以从小企业"管理费用""销售费用"账户借方发生额分析取得。

(5) 广告费和业务宣传费支出。小企业当年实际发生的符合条件的广告费和业务宣传费支出,除国务院财政、税务主管部门另有规定外,不超过当年销售(营业)收入 15% 的部分,准予扣除;超过部分,准予在以后纳税年度结转扣除。本项目数据可以从小企业"销售费用"账户借方发生额分析取得。

(6) 捐赠支出。捐赠支出包括公益性捐赠和非公益性捐赠两个部分,非公益性捐赠支出不得在税前扣除。本项目数据可以从小企业"营业外支出"账户借方发生额分析取得。

(7) 利息支出。本项目数据可以从小企业"财务费用"账户借方发生额分析取得。

(8) 罚金、罚款和被没收财物的损失。

(9) 税收滞纳金。

(10) 赞助支出。

(11) 与取得收入无关的支出。

(8)(9)(10)(11)这 4 个项目数据可以从小企业"营业外支出"账户借方发生额分析取得。

(12) 加计扣除:

① 小企业为开发新技术、新产品、新工艺发生的研究开发费用,未形成无形资产计入当期损益的,在按照规定据实扣除的基础上,按照研究开发费用的 50% 加计扣除;形成无形资产的,按照无形资产成本的 150% 摊销。本项目数据可以从小企业"管理费用""无形资产"账户借方发生额和"累计摊销"账户贷方发生额分析取得。

② 安置残疾人员所支付的工资。小企业安置残疾人员的,在按照支付给残疾职工工资据实扣除的基础上,按照支付给残疾职工工资的 100% 加计扣除。本项目数据可以从小企业"应付职工薪酬"账户贷方发生额分析取得。

③ 国家鼓励安置的其他就业人员所支付的工资。主要包括小企业安置国家鼓励安置的其他就业人员,包括安置城镇待业人员劳动就业服务的企业,安置下岗再就业人员的企业,以及安置自主择业的军队转业干部、自谋职业的城镇退役士兵、随军家属就业的企业等。本项目数据可以从小企业"应付职工薪酬"账户贷方发生额分析取得。

(三) 减免所得税额和抵免所得税额的确定

1. 减免所得税额

(1) 符合条件的小型微利企业减按 20% 的税率缴纳企业所得税。自 2018 年 1 月 1 日至 2020 年 12 月 31 日,对年应纳税所得额低于 100 万元(含 100 万元)的小型微利企业,其所得减按 50% 计入应纳税所得额,按 20% 的税率缴纳企业所得税。

(2) 国家需要重点扶持的高新技术企业,按照 15% 的税率征收企业所得税。

（3）民族自治地方的小企业应缴纳的企业所得税中属于地方分享的部分,民族自治地方的自治机关可以决定减征或者免征。

2. 抵免所得税额

小企业购置用于环境保护、节能节水、安全生产等专用设备的投资额,可以按一定比例实行税额抵免。本项目数据可以从小企业"固定资产"账户借方发生额分析取得。

会计职业道德8-1 ....

做好纳税筹划,依法纳税

自 2018 年 1 月 1 日至 2020 年 12 月 31 日,对年应纳税所得额低于 100 万元(含 100 万元)的小型微利企业,其所得减按 50% 计入应纳税所得额,按 20% 的税率缴纳企业所得税。符合条件的小型微利企业(包括采取查账征收和核定征收方式的企业),均可按照规定享受小型微利企业所得税优惠政策。

符合规定条件的小型微利企业,在季度、月份预缴企业所得税时,可以自行享受小型微利企业所得税优惠政策,无须税务机关审核批准。但在报送年度企业所得税纳税申报表时,应同时将企业从业人数、资产总额等情况报税务机关备案。

小型微利企业预缴时享受企业所得税优惠政策,按照以下规定执行:

（1）查账征收的小型微利企业。上一纳税年度符合小型微利企业条件,且年度应纳税所得额不超过 100 万元(含 100 万元)的,本年度按照实际利润额预缴企业所得税的,预缴时累计实际利润额不超过 100 万元的,可以享受小型微利企业所得税减半征税政策;超过 100 万元的,应当停止享受减半征税政策。本年度按照上年度应纳税所得额的季度(或月份)平均额预缴企业所得税的,可以享受小型微利企业减半征税政策。

（2）定率征税的小型微利企业。上一纳税年度符合小型微利企业条件,且年度应纳税所得额不超过 100 万元(含 100 万元)的,本年度预缴企业所得税时,累计应纳税所得额不超过 100 万元的,可以享受减半征税政策;超过 100 万元的,不享受减半征税政策。

（3）定额征税的小型微利企业,由主管税务机关根据优惠政策规定相应调减定额后,按照原办法征收。

本年度新办的小型微利企业预缴企业所得税时,凡累计实际利润额或应纳税所得额不超过 100 万元的,可以享受减半征税政策;超过 100 万元的,停止享受减半征税政策。

企业根据本年度生产经营情况,预计本年度符合小型微利企业条件的,季度、月份预缴企业所得税时,可以享受小型微利企业所得税优惠政策。企业预缴时享受了小型微利企业优惠政策,但年度汇算清缴超过规定标准的,应按规定补缴税款。

三、所得税费用的核算

小企业应设置"所得税费用"科目核算小企业根据企业所得税法确定的应从当期利润总额中扣除的所得税费用。小企业根据企业所得税法规定补交的所得税,也通过本科目核算,但小企业按照规定实行企业所得税先征后返的,实际收到返还的企业所得税,在"营业外收入"科目核算,不在本科目核算。

（1）年度终了,小企业按照企业所得税法规定计算确定的当期应纳税所得额,借记"所得税费用"科目,贷记"应交税费——应交所得税"科目。

（2）年度终了,应将"所得税费用"科目的余额转入"本年利润"科目,结转后"所得税费用"科目应无余额,借记"本年利润"科目,贷记"所得税费用"科目。

【例8-6】 小企业华夏公司 2×19 年全年的利润总额为 145 万元,本年收到的国库券利息收入为 5 万元,所得税税率为 25%,假设本年内无其他纳税调整项目、减免所得税额和抵免所得税额。

① 计算应纳税额：

$$应纳税所得额＝145－5＝140（万元）$$
$$应纳税额＝140×25\%＝35（万元）$$

② 核算应交所得税时：

借：所得税费用   350 000

   贷：应交税费——应交所得税   350 000

③ 结转"所得税费用"科目余额时：

借：本年利润   350 000

   贷：所得税费用   350 000

【例 8-7】 位于某县小企业华夏公司 2×19 年自行核算取得产品销售收入 9 000 万元，非产品销售的其他业务收入总额 600 万元，应扣除的成本、费用、税金等共计 8 800 万元，实现会计利润 800 万元。年末聘请会计师事务所审核其记账情况，发现企业自行核算中存在以下问题：

（1）直接销售产品给某使用单位，取得含税销售额 96.28 万元，未列入收入总额，也未缴纳相关税费。

（2）发生的与生产经营相关的业务招待费 100 万元、广告费 500 万元、新产品开发费 60 万元，已据实扣除。

（3）12 月，接受某公司捐赠货物一批，取得增值税专用发票，注明价款 50 万元、增值税额 8 万元，小企业华夏公司因会计人员业务水平问题未抵扣增值税进项。

（4）小企业华夏公司账面合理工资总额 300 万元，当年实际发生了 50 万元的福利费、6 万元工会经费、24.5 万元职工教育经费。

假设小企业华夏公司上述相关发票均经过认证符合税法要求。

要求：

① 计算审核应补缴的税费总和。

② 销售产品应调增的收入额。

③ 发生的业务招待费、广告费和技术开发费加计扣除后应调增的应纳税所得额。

④ 接受捐赠应调增的应纳税所得额。

⑤ 福利费等三项费用应调增的应纳税所得额。

⑥ 计算 2×19 年小企业华夏公司应缴纳的企业所得税并进行账务处理。

分析：

① 计算审核应补缴的流转税（费）总和：

$$增值税＝96.28÷（1＋16\%）×16\%－8＝5.28（万元）$$
$$城市维护建设税和教育费附加＝5.28×（5\%＋3\%）＝0.422\,4（万元）$$
$$应补缴的税费总和＝5.28＋0.422\,4＝5.702\,4（万元）$$

② 销售产品应调增的收入额：

$$销售产品应调增的收入额＝96.28÷（1＋16\%）＝83（万元）$$

③ 发生的业务招待费、广告费和技术开发费加计扣除后应调增的应纳税所得额：

> 业务招待费扣除标准＝100×60％＝60(万元)
> 限额＝(9 000＋83＋600)×5‰＝48.415(万元)
> 业务招待费超限额＝100－48.415＝51.585(万元)
> 广告费限额＝(9 000＋83＋600)×15％＝1 452.45(万元),广告费未超限额,不用调整。
> 新产品开发费可加计50％扣除,加计扣除数＝60×50％＝30(万元)

所以,发生的业务招待费、广告费和技术开发费加计扣除后应调增的应纳税所得额＝51.585－30＝21.585(万元)。

④ 接受捐赠应调增的应纳税所得额：

> 接受捐赠应调增的应纳税所得额＝50＋8＝58(万元)

⑤ 福利费等三项费用应调增的应纳税所得额：

> 职工福利费限额＝300×14％＝42(万元)
> 工会经费限额＝300×2％＝6(万元)
> 职工教育经费限额＝300×8％＝24(万元)
> 三项费用应调增的应纳税所得额＝50－42＋24.5－24＝8.5(万元)

⑥ 计算2×19年小企业华夏公司应缴纳的企业所得税并进行账务处理：

> 应纳税所得额＝800－0.422 4＋83＋21.585＋58＋8.5＝970.662 6(万元)
> 应缴纳的企业所得税＝970.662 6×25％＝242.665 65(万元)

借:所得税费用   2 426 656.5
  贷:应交税费——应交所得税   2 426 656.5

第四节 | 本年利润及利润分配

一、本年利润

(一) 科目设置

小企业应设置"本年利润"科目,核算小企业当期实现的净利润(或发生的净亏损)。该账户借方登记结转至本科目的本期发生的费用,贷方登记结转至本账户的本期实现的收入。

(二) 本年利润的核算

(1) 月末终了结转利润时,小企业可以将各损益类科目的余额转入"本年利润"科目,结平各损益类科目。损益类科目结转如图8-2所示。

(2) 年度终了,应当将本年收入和支出相抵后结出的本年实现的净利润,转入"利润分配——未分配利润"科目,借记"本年利润"科目,贷记"利润分配——未分配利润"科目;如为净亏损,作相反的分录。结转后"本年利润"科目应无余额。

【例8-8】 小企业华夏公司2×19年12月各损益类科目的余额如[例8-1]中的数据。

① 将各损益类科目转入"本年利润"科目：

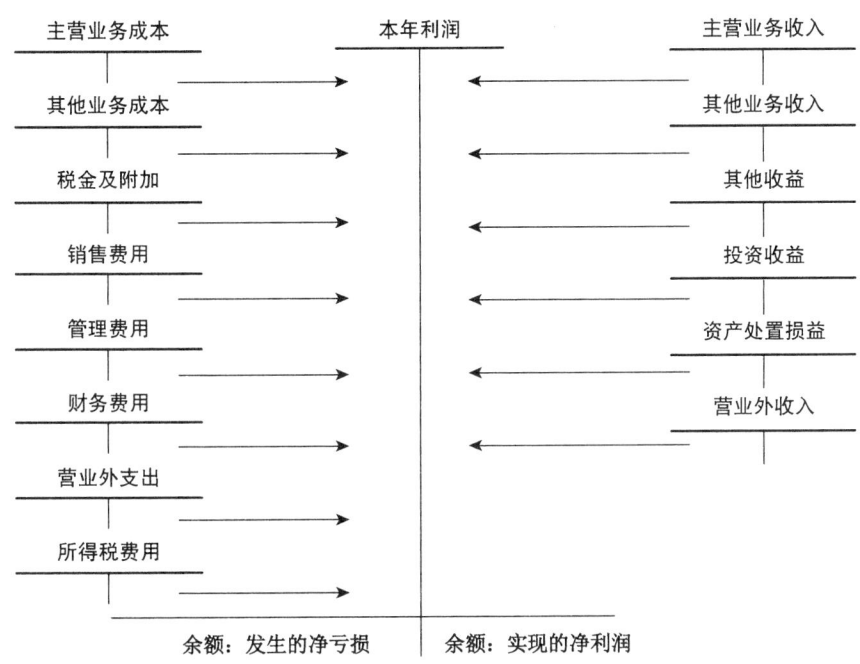

图 8-2　损益类科目结转示意图

借:主营业务收入		100 000
其他业务收入		10 000
投资收益		8 000
营业外收入		2 000
贷:本年利润		120 000
借:本年利润		66 500
贷:主营业务成本		50 000
其他业务成本		5 000
税金及附加		1 000
销售费用		1 200
管理费用		1 300
财务费用		500
营业外支出		1 500
所得税费用		6 000

② 结转"本年利润"科目:

借:本年利润		53 500
贷:利润分配——未分配利润		53 500

延伸阅读8-2

结转本年利润的方法

会计期末结转本年利润的方法有表结法和账结法两种。

（1）表结法。表结法下，各损益类科目每月月末只需计算出本月发生额和月末累计余额，不结转到"本年利润"账户，只有在年末时才将本年累计余额结转入"本年利润"账户。但每月月末要将损益类账户的本月发生额合计数填入利润表的本期金额栏，通过利润表计算反映各期的利润（或亏损）。表结法下，年中损益类账户无需结转入"本年利润"账户，从而减少了转账环节和工作量，同时并不影响利润表的编制及损益指标的利用。

（2）账结法。账结法下，每月月末均需编制转账凭证，将在账上计算出的各损益类账户的余额结转入"本年利润"账户。结账后"本年利润"账户的本月合计反映当月实现的利润或发生的亏损，"本年利润"账户的本年累计反映本年累计实现的利润或发生的亏损。账结法在各月均可通过"本年利润"账户提供当月及本年累计的利润（或亏损）全额，但增加了转账环节和工作量。

二、利润分配

（一）利润分配的顺序

小企业当年实现的净利润在进行利润分配前，需要弥补以前年度亏损，弥补后剩余的税后利润，方可用于向投资者进行分配。按照相关法律、法规，小企业利润分配顺序如下。

1. 提取法定盈余公积

公司制小企业的法定盈余公积按照税后利润的10%的比例提取（非公司制小企业也可按照超过10%的比例提取），在计算提取法定盈余公积的基数时，不应包括小企业年初未分配利润。小企业法定盈余公积累计达到公司注册资本的50%以上时，可不再提取。

2. 提取任意盈余公积

公司制小企业从税后利润中提取法定盈余公积后，经股东会决议，还可以从税后利润中提取任意盈余公积。非公司制小企业经类似权力机构批准，也可提取任意盈余公积。

3. 向投资者分配利润或股利

对于小企业弥补亏损和提取盈余公积后剩余的税后利润，小企业可按照利润分配方案分配给投资者。

（二）利润分配的核算

1. 科目设置

小企业应设置"利润分配"科目核算小企业利润的分配（或亏损的弥补）和历年分配（或弥补）后的余额。"利润分配"科目应按照"提取法定盈余公积""提取任意盈余公积""盈余公积补亏""应付利润""未分配利润"等明细科目进行明细核算。"利润分配"科目年末余额，反映小企业的未分配利润（或未弥补亏损）。

2. 利润分配的核算

小企业利润分配的核算如图 8-3 所示。

（1）小企业按照规定提取的法定公积和任意公积，借记"利润分配——提取法定盈余公积/提取任意盈余公积"科目，贷记"盈余公积——法定盈余公积/任意盈余公积"科目。

（2）小企业根据有关规定分配给投资者的利润，借记"利润分配——应付利润"科目，贷记"应付利润"科目。

（3）用盈余公积弥补亏损，借记"盈余公积——法定盈余公积/任意盈余公积"科目，贷记"利润分配——盈余公积补亏"科目。

小企业（中外合作经营）根据合同规定在合作期间归还投资者的投资，应按照实际归还投资的金额，借记"实收资本——已归还投资"科目，贷记"银行存款"等科目；同时，借记"利润分配——利润归还投资"科目，贷记"盈余公积——利润归还投资"科目。

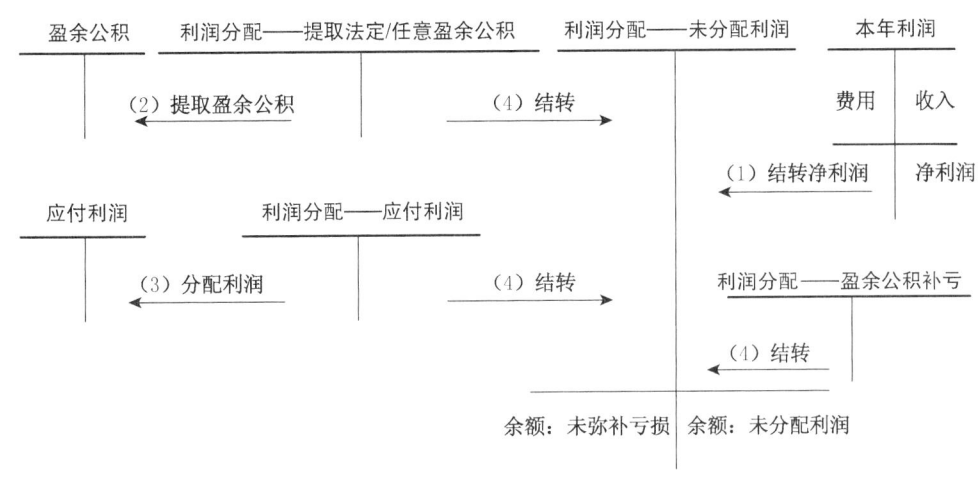

图 8-3　利润分配的核算示意图

（4）年度终了，小企业应当将本年实现的净利润，自"本年利润"科目转入本科目，借记"本年利润"科目，贷记"利润分配——未分配利润"科目；若为净亏损，作相反的会计分录。同时，将"利润分配"科目所属明细科目（提取法定盈余公积、提取任意盈余公积、盈余公积补亏、应付利润）的余额，转入"未分配利润"明细科目。结转后，"利润分配"科目除"未分配利润"明细科目外，其他明细科目应无余额。"未分配利润"明细科目的贷方余额，就是未分配利润的数额；如出现借方余额，则表示未弥补亏损的数额。

【例 8-9】　小企业华夏公司 2×19 年税后利润为 20 万元，根据相关法律规定，按 10% 提取法定盈余公积，同时根据小企业章程规定，按 5% 提取任意盈余公积。

① 结转本年实现的净利润：

借：本年利润　　　　　　　　　　　　　　　　　　　　　　　　　　　　 200 000
　　贷：利润分配——未分配利润　　　　　　　　　　　　　　　　　　　　 200 000

② 提取法定盈余公积和任意盈余公积：

借：利润分配——提取法定盈余公积　　　　　　　　　　　　　　　　　　　 20 000
　　　　　　　——提取任意盈余公积　　　　　　　　　　　　　　　　　　 10 000
　　贷：盈余公积——法定盈余公积　　　　　　　　　　　　　　　　　　　 20 000
　　　　　　　——任意盈余公积　　　　　　　　　　　　　　　　　　　　 10 000

③ 结转"利润分配"明细科目：

借：利润分配——未分配利润　　　　　　　　　　　　　　　　　　　　　　 30 000
　　贷：利润分配——提取法定盈余公积　　　　　　　　　　　　　　　　　 20 000
　　　　　　　——提取任意盈余公积　　　　　　　　　　　　　　　　　　 10 000

【例 8-10】　小企业华夏公司 2×20 年 3 月 10 日根据股东会决议，分配利润 4 万元。4 月 10 日为实际发放日。

① 宣布分配利润时（2×20 年 3 月 10 日）：

借：利润分配——应付利润　　　　　　　　　　　　　　　　　　　　　　　 40 000
　　贷：应付利润　　　　　　　　　　　　　　　　　　　　　　　　　　　 40 000

② 实际分配利润时(2×20 年 4 月 10 日):

借:应付利润   40 000

  贷:银行存款   40 000

③ 期末结转时:

借:利润分配——未分配利润   40 000

  贷:利润分配——应付利润   40 000

❓ 相关思考8-2 ....

《小企业会计准则》与《企业会计准则》有关向投资者分配利润核算的区别

《小企业会计准则》中规定,小企业根据有关规定向投资者分配利润时,借记"利润分配——应付利润"科目,贷记"应付利润"科目。而《企业会计准则》中规定,企业向股东分配现金股利时,借记"利润分配——应付现金股利"科目,贷记"应付股利"科目。

请问:《小企业会计准则》与《企业会计准则》有关向投资者分配利润核算区别的原因是什么?

账 簿 格 式

1. 营业外收入明细账

"营业外收入"明细账具体账页格式如表8-1所示。

表8-1 营业外收入明细账

公司名称:华夏公司

科目名称:营业外收入   单位:元

2×19年		凭证号数	摘 要	借方	贷方	借或贷	余额
月	日						
12	31	转30	盘盈材料净收益		10 000.00	贷	10 000.00
12	31	转31	无法支付应付账款		8 000.00	贷	18 000.00
12	31	转32	结转损益类科目	18 000.00		平	0.00
12	31		本月合计	18 000.00	18 000.00	平	0.00

2. 所得税费用明细账

"所得税费用"明细账具体账页格式如表8-2所示。

表8-2 所得税费用明细账

公司名称:华夏公司

科目名称:所得税费用   单位:元

2×19年		凭证号数	摘 要	借方	贷方	借或贷	余额
月	日						
12	31	转33	应交所得税	250 000.00		贷	250 000.00
12	31	转34	结转损益类科目		250 000.00	平	0.00
12	31		本月合计	250 000.00	250 000.00	平	0.00

3. 本年利润明细账

"本年利润"明细账具体账页格式如表 8-3 所示。

表 8-3　本年利润明细账

公司名称:华夏公司

科目名称:本年利润　　　　　　　　　　　　　　　　　　　　单位:元

2×19年 月	日	凭证号数	摘　要	借方	贷方	借或贷	余额
12	01		期初余额			贷	300 000.00
12	31	转 35	结转损益类科目		120 000.00	贷	420 000.00
12	31	转 36	结转损益类科目	66 500.00		贷	353 500.00
12	31	转 37	本年利润结转	353 500.00		平	0.00
12	31		本月合计	420 000.00	120 000.00	平	0.00

与财务报告的关系

利润表中的"营业外收入"项目,反映小企业实现的各项营业外收入金额。本项目应根据"营业外收入"科目的发生额填列。

利润表中的"营业外支出"项目,反映小企业发生的各项营业外支出金额。本项目应根据"营业外支出"科目的发生额填列。

资产负债表中的"未分配利润"项目,反映小企业尚未分配的历年结存的利润。本项目应根据"本年利润"和"利润分配"科目的期末余额计算填列,未弥补的亏损在本项目内以"一"号填列。

本 章 小 结

本章主要讲解了营业利润、利润总额和净利润的计算;营业外收入及营业外支出的含义、范围及核算;所得税费用的计算原则、所得税费用的计算及核算;本年利润的核算;利润分配的核算。

本章重要概念

营业利润　利润总额　净利润　营业外收入　营业外支出　所得税费用　应付税款法
应纳税所得额　应纳税额　本年利润　利润分配

思 考 题

1. 简述净利润的计算过程和计算公式。

2. 简述营业外收入和营业外支出核算的范围,它们与其他业务收入和其他业务支出在核算内容上有何区别?

3. 简述应付税款法核算的要点。

4. 简述"本年利润"和"利润分配"科目的核算内容。

推荐阅读资料

〔1〕中华人民共和国财政部.小企业会计准则.2013.

〔2〕小企业会计准则编审委员会.小企业会计准则讲解〔M〕.上海:立信会计出版社,2015.

〔3〕卢建国.小企业会计〔M〕.北京:高等教育出版社,2017.

〔4〕中国注册会计师协会.税法〔M〕.北京:中国财政经济出版社,2018.

〔5〕李敏.小企业会计——小企业会计准则〔M〕.上海:上海财经大学出版社,2013.

第九章　外币业务的核算

内容简介

本章主要讲解外币和外币记账方法;外币交易发生日的会计处理;资产负债表日对外币交易余额的会计处理;外币财务报表的折算。本章重点为外币交易发生日的会计处理和资产负债表日对外币交易余额的会计处理;难点为资产负债表日对外币交易余额的会计处理以及外币财务报表折算。

学习目的和要求

通过本章学习,学生应了解外币的概念、记账本位币的确定、即期汇率与平均汇率的概念、外币财务报表折算;应掌握外币货币性项目与外币非货币性项目、货币兑换的折算、外币交易发生日的会计处理及资产负债表日对外币交易余额的会计处理。

引例　云南锻造涉外会计人才服务"一带一路"战略

日前,国家发展改革委、外交部、商务部联合发布了《推动共建丝绸之路经济带和21世纪海上丝绸之路的愿景与行动》。在"一带一路"蓝图中具有独特区位优势的云南,被定位为面向南亚、东南亚的辐射中心,旨在打造大湄公河次区域经济合作新高地。

融入"一带一路"国家战略,云南会计行业如何作为?就在顶层设计方案落地不久后,云南省财政厅下发关于开展2015年高级会计管理人才(涉外类)培训的通知,这是自2012年云南独创"涉外类"高级会计管理人才培养以来的第三次招生,也是新形势下云南会计行业主动服务和融入"一带一路"战略的一次积极行动。

1. 独创"涉外类"会计人才培养

"一带一路"战略的全面铺开,为云南推进会计人才培养提供了强大的外力。随着云南与南亚、东南亚周边国家的区域经济合作的步伐加快,培养一批熟悉周边国家社会经济状况、财税法律制度、财务会计准则的高级会计人才成为当务之急。

据云南省财政厅相关负责人介绍,"涉外类"人才培养主要面向两类会计人:一类是具有中级会计师资格(或高级会计师资格),在企业分管财务会计工作的企业负责人、财务部门负责人及其后备人员,具有发展潜力的中青年财务会计骨干;另一类是具有注册会计师执业资格,在会计师事务所从事审计、查账、验证等业务的人员。

"涉外类人才的培养目标,是既精通财会业务又能熟悉东南亚、南亚国家社会经济状况、财税法律制度,掌握南亚、东南亚国家财务会计准则,同时又具有跨文化交流能力。注会类培养目标,是既能为企业提供会计审计服务,又能为组织管理和资本运作提供决策咨询的综合型、复合型、应用型高层次会计人才。"上述负责人表示。

据悉,今年是云南独创"涉外类"会计人才培养的第三年,此前已有两批次共计59名学员通过严格的选拔入选涉外类培养项目。早在2013年5月,云南省高级会计管理人才培训班(涉外类)第一期在云南民族大学举行。云南省财政厅会计处处长赵学源告诉记者,"涉外类"会计人才的培养目标在于给"面向南亚、东南亚辐射中心"战略的实施提供必要服务,同时实现会计服务"走出去"。

除了"一带一路"等外部机遇外,云南的企业和会计师事务所培养涉外类高级会计人才的内在需求也日渐强劲。

据中审亚太会计师事务所云南分所董事长杨守任介绍,云南分所的客户中诸如昆明钢铁、云南锡业等企业已率先走出国门,事务所的业务版图也随之扩大到缅甸、越南、老挝等地。

"涉外业务是对执业者语言和业务能力的双重考验,不仅要熟悉国内外的会计准则和政策,还要有良好的语言沟通能力。"杨守任说,如果不加大这类人才的培养,事务所就会因为跟不上客户的脚步而被淘汰。

2. 立足南亚、东南亚特色培训

据介绍,涉外类人才培养周期为两年半,包括集中培训和跟踪培养两个部分。在集中培训期间,除了常见的专题讲座、专题研讨外,云南还独创了外出泰国、缅甸、老挝或越南等东南亚国家的大学和企业考察的方式。而培训内容分为语言模块、经济文化模块、管理基础模块、会计实务模块、国际会计模块、拓展教育模块、学习考察7个模块,其中语言模块占比相对较大。

"我觉得泰语、东南亚国家政治经济文化概况等课程最有趣,毕竟这些是之前从未接触过的。"首期涉外类学员刘潇表示。此外,中国—东南亚经贸关系也是培训课程的重点,主要介绍中国与东南亚之间的经济贸易历史及发展现状,分析其特点及影响因素,并在此基础上较为深入地了解中国与东南亚经济贸易关系的发展趋势,为学员拓宽视野。

值得一提的是,为了保证涉外类人才的"含金量",云南省财政厅对学员实行淘汰制。通过对59名高级会计管理人才建立量化考核体系,对无故缺课、未完成培训规定的全部课程学习、不按规定报送实践应用报告、调研报告、专业论文、案例研究报告、业绩报告等的学员,予以淘汰。

凭借拥有较为完善的高层次会计专门人才培养体系以及国家级非通用语种培养基地的优势,云南民族大学于2012年经云南财政厅批准并正式挂牌,成为涉外类高级会计人才培养基地,具体负责涉外类人才培训方案的实施,培训课程开发、教学组织、结业考核、学员档案库建设、教务管理等。

"通过涉外类人才培训,可使会计人员的综合素质得到进一步的提高,特别是使会计人员在初步掌握东南亚、南亚小语种的基础上,对东南亚、南亚社会经济状况及财税法律制度,特别是财务会计制度有较为深入的了解与把握。"云南省财政厅相关负责人表示,他们希望尽快在企业、注册会计师行业中选拔培养出一批涉外类高级会计人才,从而为云南主动服务和融入国家"一带一路"发展战略、成为面向东南亚、南亚辐射中心尽一份力。

第一节 | 外币业务概述

在经济日益全球化的趋势下,资本的跨国流动和国际贸易不断扩大。一方面,外币资本参股内资银行,外资企业在我国内地开办外商独资、合资企业,向内资企业或国内市场不断注入外币资本;另一方面,内资企业与国际市场之间的业务往来不断增加,逐步向国际市场拓展业务,参与国际资本市场竞争的程度和规模呈增长趋势,正在由资本输入向资本输出转变,在这种情况下,企业经常会涉及外币折算业务。《小企业会计准则》第73条规定:"小企业的外币业务由外币交易和外币财务报表折算构成。"

一、外币

外币，狭义上指外国货币，即本国货币以外的其他国家或地区的流通货币，包括各种主币、辅币；广义上指所有以外国货币表示的、能够用于国际结算的支付凭证，包括外国货币、外币有价证券、外币收支凭证和其他外汇资金。

小企业会计准则规定，记账本位币以外的货币，统称为外币。

二、记账本位币

记账本位币，是指企业经营所处的主要经济环境中的货币。通常这一货币是企业主要收、支现金的经济环境中的货币。

《小企业会计准则》第75条规定，小企业应当选择人民币作为记账本位币。业务收支以人民币以外的货币为主的小企业，可以选定其中一种货币作为记账本位币，但编报的财务报表应当折算为人民币财务报表。

小企业记账本位币的选定，应当考虑以下因素：

（1）从日常活动收入现金的角度看，所选择的货币能够对企业商品和劳务销售价格起主要作用，通常以该货币进行商品和劳务销售价格计价和结算。例如，国内甲外商投资企业，该企业80％以上的营业收入来自向各国出口，其商品销售价格一般以美元结算，主要受美元的影响，因此，美元是主要影响甲公司商品和劳务销售价格的货币。

（2）从日常活动支出现金的角度看，所选择的该货币能够对商品和劳务所需人工、材料和其他费用产生主要影响，通常以该货币进行这些费用的计价和结算，如国内乙公司所需的机器设备、厂房、人工以及原材料等在国内采购，以人民币计价和结算。人民币是主要影响商品和劳务所需人工、材料和其他费用的货币。

（3）融资活动获得的资金以及保存从经营活动中收取款项时所使用的货币。即视融资活动获得的资金在其生产经营活动中的重要性，或者企业通常留存销售收入的货币而定。

在有些情况下，企业根据收支情况难以确定记账本位币，需要在收支基础上结合融资活动获得的资金或保存从经营活动中收取款项所使用的货币，进行综合分析后作出判断。如国内丙企业为外贸自营出口企业，超过80％的营业收入来自向欧盟各国出口，其商品销售价格主要受欧元的影响，以欧元计价，从日常活动收入现金的角度看，丙公司应选择欧元作为记账本位币。但如果丙公司的人工成本、原材料及相应的厂房设施、机器设备等95％以上在国内采购并以人民币计价，则难以判定丙公司的记账本位币应选择欧元还是人民币，还需要结合融资获得的资金以及保存从经营活动中收取款项所使用的货币这一因素。如果丙公司取得的欧元营业收入在汇回国内时直接换成了人民币存款，且丙公司对欧元波动产生的外币风险进行了套期保值，丙公司可以确定其记账本位币为人民币。

小企业的记账本位币一经确定，不得随意变更，但小企业经营所处的主要经济环境发生重大变化除外。小企业因经营所处的主要经济环境发生重大变化，确需变更记账本位币的，应当采用变更当日的即期汇率将所有项目折算为变更后的记账本位币。

三、汇率

外汇汇率，是指一种货币兑换成另一种货币的比率，也即用某一种货币表示的另一种货币的价格。目前国际上汇率的标价方法有直接标价法和间接标价法两种。

直接标价法，是指以一定数量的外国货币来表示可兑换多少数额的本国货币的标价方法。例如，2020 年 02 月 15 日，100 美元＝657.10 元人民币。目前，我国采用直接标价法。

间接标价法，是指以一定数量的本国货币表示可兑换多少数额的外国货币的标价方法。例如，2020 年 02 月 15 日，100 元人民币＝1 728.50 日元。

外汇汇率根据不同作用，有多种分类方法。

（一）银行买卖外汇的汇率

按银行买卖外汇的汇率，可以分为银行买入外币汇率、银行卖出外币汇率和中间汇率。

银行买入外币汇率，是指银行向客户买入外汇时所使用的汇率，即银行购买外汇时愿意支付的价格。

银行卖出外币汇率，是指银行向客户卖出外汇时所使用的汇率，即银行出让外汇时愿意接受的价格。

中间汇率，是指银行买入汇率与卖出汇率之间的平均汇率。我国小企业对外币业务进行会计处理时，一般采用中国人民银行公布的中间汇率作为折算依据；在进行货币兑换时，才采用外汇指定银行的买入汇率和卖出汇率。

（二）折算汇率

小企业在交易日对外币交易进行初始确认时，涉及折算汇率的选择，小企业会计准则规定了两种折算汇率，即：即期汇率和交易当期平均汇率。

即期汇率，也称现汇率，是指某货币目前在现货市场上进行交易的价格。即交易双方达成外汇买卖协议后，在两个工作日以内办理交割的汇率。我国的即期汇率是在央行当日公布的人民币汇率中间价基础上产生的。

中国人民银行每日仅公布银行间外汇市场人民币兑美元、欧元、日元、港元的中间价。小企业发生的外币交易只涉及人民币与这四种货币之间折算的，可直接采用公布的人民币汇率的中间价作为即期汇率进行折算；小企业发生的外币交易涉及人民币与其他货币之间折算的，应以国家外汇管理局公布的各种货币对美元折算率采用套算的方法进行折算；小企业发生的外币交易涉及人民币以外的货币之间折算的，可直接采用国家外汇管理局公布的各种货币对美元折算率进行折算。

当汇率变动不大时，为简化核算，企业在外币交易日或外币报表的某些项目进行折算时也可以选择交易当期平均汇率折算。

交易当期平均汇率，是指外币交易当期的月初即期汇率与月末即期汇率的平均汇率，即中国人民银行公布的月初人民币汇率的中间价与中国人民银行公布的月末人民汇率的中间价的平均值。

如果汇率变动使采用交易当期平均汇率折算不适当时，应当采用交易发生日的即期汇率折算。至于何时不适当，需要企业根据汇率变动情况及计算交易当期平均汇率的方法等进行判断。

四、外币业务

会计核算中的外币业务并不等同于一般意义上的外币业务，而有着特殊的含义。它是指企业以记账本位币以外的其他货币进行款项收付、往来结算的经济业务，主要包括企业购买和销售以外币计价的商品或劳务、企业借入或借出外币资金、企业承担或清偿以外币计价的债务等。企业对发生的外币业务进行会计处理,一是要将外币业务发生时的外币金额进行折算并作相关的账务处理;二是要对因外币业务引起的外币债权债务等,因市场汇率变动所产生的外币折算差额进行处理。当企业发生非记账本位币计量核算的外币业务时,在会计处理上,除了要按一定的折算汇率将其外币发生额折算为记账本位币金额入账外,还要对实际发生的外币金额数进行记录,这称为双重记账,或称为复币记账。

外币业务可以概括为以下几种:

(1) 外币现金及银行存款的收付业务。

(2) 在以外币结算的各种应收应付等业务。

(3) 在不同货币之间的兑换业务。

(4) 接受外币资本投资业务。

(5) 企业对发生的外币账户期末余额的调整业务等。

外币业务的记账方法有外币统账法和外币分账法两种。

外币统账法,是指企业在发生外币业务时,即折算为记账本位币入账。

外币分账法,是指企业在日常核算时按照外币原价记账,分别按币种核算损益和编制财务报表;在资产负债表将外币财务报表折算为记账本位币表示的财务报表,并与记账本位币财务报表进行汇总,编制企业整体业务的财务报表。

目前,我国绝大多数涉外企业均采用外币统账法,只有银行等少数涉外企业因结算涉及的币种较多而采用外币分账法。

 相关案例9-1

记 账 本 位 币

国内 A 外商投资企业为一家婴儿配方奶粉加工企业,其原材料牛奶全部来自澳大利亚,主要加工技术、机器设备及主要技术人员均由澳大利亚方面提供,生产的婴儿配方奶粉面向国内出售。为满足采购原材料牛奶等所需澳元的需要,A 外商投资企业向澳大利亚某银行借款 10 亿澳元,期限为 20 年,该借款是 A 公司当期流动资金净额的 4 倍。

该案例中,A 外商投资企业应选择哪种货币为记账本位币?

 延伸阅读9-1

人民币加入 SDR

美国东部时间 2015 年 11 月 30 日(北京时间 2015 年 12 月 1 日),国际货币基金组织总裁拉加德宣布,将人民币纳入"特别提款权(SDR)"篮子,2016 年 10 月 1 日正式生效。人民币正式成为继美元、欧元、英镑和日元之后,加入 SDR 货币篮子的第五种货币。这也标志着人民币成为第一个被纳入 SDR 篮子的新兴市场国家货币。

SDR 是 IMF(国际货币基金组织)于 1969 年创设的,起初是为了支持实行固定汇率的布雷顿森林体系。参加这一体系国家的政府或中央银行需要持有黄金和广为接受的外币,用于在外汇市场上购买本国货币,以维持本国货币汇率。但黄金和美元这两种主要储备资产的国际供给不足以支持当时的世界贸易扩张和金融发展。当前,SDR 是国际社会在 IMF 支持下创造的一种新国际储备资产,用来弥补成员国官方储备不足,其价值目前由美元、欧元、日元和英镑组成的一篮子储备货币决定。

人民币加入 SDR 可以增加国际市场对人民币的信心,使中国老百姓手中的人民币更加坚挺,同时也有利于企业跨境投资、在海外购买资源、技术和劳务等。从个人消费层面来说,随着越来越多的国家认可人民币、愿意接受人民币,未来人民币与外币的兑换将更加便捷,出国旅游和购物时频繁使用人民币并非遥不可及。人民币加入 SDR 还有助于拓宽国内居民的海外投资渠道。今后中国人可以更方便地到国外投资不动产、股票和债券。国外投资者也可更多地参与中国国内股票、基金、国债、P2P 等投资理财。

第二节 外币业务的核算

一、外币业务账户设置及核算程序

(一) 外币业务账户设置

在核算外币业务时,小企业应当设置相应的外币账户,包括外币现金、外币银行存款以及以外币结算的债权和债务账户。外币结算的债权账户包括应收账款、应收票据和预付账款等;外币结算的债务账户包括短期借款、长期借款、应付账款、应付票据、应付职工薪酬、预收账款等。不允许开立现汇账户的小企业,可以设置外币现金和外币银行存款以外的其他外币账户。这些外币账户除具有一般账户的功能外,还应分别反映原币、折算汇率、记账本位币等情况,其格式一般为三栏式,即借方、贷方和余额,但每一栏目还应分别设置原币金额、折算汇率及记账本位币金额三个小栏目。与此相对应,涉及外币业务的记账凭证,在金额栏内也要体现原币、折算汇率、记账本位币的相关内容,以便据以登记外币账户。

(二) 外币业务核算程序

小企业发生外币业务,其会计核算的基本程序为:首先,在外币业务发生时,根据一定的折算汇率,将外币金额折算为记账本位币金额,按照折算后的记账本位币金额登记有关账户。其次,在登记有关记账本位币金额的同时,还要采用外币金额登记相应的外币账户。将外币金额折算为记账本位币金额时,可以采用外币业务发生时的即期汇率进行折算;在汇率变动不大的情况下,也可以采用交易当期平均汇率折算。然后,在期末(指月末、季末或年末,下同),对各外币账户的期末余额,按照期末即期汇率折合为记账本位币金额,并将外币账户期末余额折合为记账本位币的金额与相对应的记账本位币账户的期末余额之间的差额,确认为汇兑损益,产生汇兑收益记入"营业外收入——汇兑收益"科目,产生汇兑损失记入"财务费用——汇兑损失"科目。

二、交易发生日会计处理

《小企业会计准则》第 76 条规定,小企业对于发生的外币交易,应当将外币金额折算为记账本位币金额。外币交易在初始确认时,采用交易发生日的即期汇率将外币金额折算为记账本位币金额;也可以采用交易当期平均汇率折算。小企业收到投资者以外币投入的资本,应当采用交易发生日即期汇率折算,不得采用合同约定汇率和交易当日平均汇率折算。

1. 外币兑换业务的会计处理

外币兑换业务,是指企业从银行等金融机构购入外币(对银行来说,是卖出外币),或向银行等金融机构售出外币(对银行来说,则是买入外币),以及用一种外币兑换另一种外币的业务。

小企业发生的外币兑换业务或涉及外币兑换的交易或事项,应当以交易实际采用的汇率,即银行买入外币汇率或卖出外币汇率折算。由于汇率变动产生的折算损失记入"财务费用——汇兑损失"科目,折算收益记入"营业外收入——汇兑收益"科目。

(1)购入外币:

借:银行存款——外币　　　　　　　【外币×即期汇率】
　　财务费用——汇兑损失　　　　　　【差额,汇兑损失】
　　贷:银行存款——记账本位币　　　【外币×银行卖出外币汇率】
或:　　营业外收入——汇兑收益【差额,汇兑收益】

【例9-1】　小企业华夏公司的记账本位币为人民币。2020年01月15日以人民币向中国银行买入70 000美元,华夏公司以中国人民银行公布的人民币汇率中间价作为即期汇率,当日的即期汇率为1美元=6.25元人民币,中国银行当日美元卖出价1美元=6.15元人民币。

在本例中,华夏公司应在银行存款美元科目记录美元的增加,同时按照当日的即期汇率将购买的美元折算为人民币;按实际减少的人民币金额,在银行存款人民币账户中记录人民币的减少;两者之间的差额作为当期的汇兑损益,有关会计分录为:

借:银行存款——美元户　　　　　　　　　　　　　　　　　437 500
　　贷:银行存款——人民币户　　　　　　　　　　　　　　　430 500
　　　　营业外收入　　　　　　　　　　　　　　　　　　　　7 000

(2)出售外币:

借:银行存款——记账本位币　　　　【外币×银行买入外币汇率】
　　财务费用——汇兑损失　　　　　　【差额,汇兑损失】
　　贷:银行存款——外币　　　　　　【外币×即期汇率】
或:　　营业外收入——汇兑收益　　　【差额,汇兑收益】

【例9-2】　小企业华夏公司的记账本位币为人民币。2020年01月09日以10 000欧元向银行兑换人民币,当日即期汇率为1欧元=8.10元人民币,银行买入欧元汇率为1欧元=8.06元人民币。

在本例中,华夏公司应在银行存款欧元账户记录欧元的减少,同时按照当日的即期汇率将售出的欧元折算为人民币;按实际收到的人民币金额,在银行存款人民币账户中记录人民币的增加;两者之间的差额作为当期的汇兑损益,有关会计分录为:

借:银行存款——人民币户　　　　　　　　　　　　　　　　80 600
　　财务费用——汇兑损失　　　　　　　　　　　　　　　　　400
　　贷:银行存款——欧元户　　　　　　　　　　　　　　　　81 000

注意,对于外币兑换业务,"财务费用"与"营业外收入"不可能出现在同一会计分录中。

2.外币购销业务的会计处理

小企业出口商品或产品时,应将外币销售收入和收取的款项或发生的债权,按业务发生当日的即期汇率或交易当期平均汇率折算为记账本位币入账,同时按照外币金额登记有关外币账户,如外币银行存款账户和外币应收账款账户等。

【例9-3】　小企业华夏公司的记账本位币为人民币,属于增值税一般纳税人。2019年12

月 26 日,从境外进口一批原材料,价值 20 000 美元,当日的即期汇率为 1 美元=6.12 元人民币,按照规定计算应缴纳进口关税 14 688 元人民币,支付的进口增值税为 23 305 元人民币,货款尚未支付,进口关税及增值税已由银行存款支付,作会计分录为:

```
借:原材料                                                    137 088
   应交税费——应交增值税(进项税额)                           23 305
   贷:应付账款——美元户                                              122 400
      银行存款——人民币户                                            37 993
```

3. 外币借款业务的会计处理

小企业借入外币时,应按照借入外币时的即期汇率或交易当期平均汇率折算为记账本位币,同时将外币金额登记相关外币账户。

【例 9-4】 小企业华夏公司以人民币作为记账本位币,外币业务采用发生时的即期汇率折算。本期从银行借入 100 000 港币,约定 3 个月到期还本付息,年利率为 6%,借入时的即期汇率为 1 港币=0.84 元人民币,作会计分录为:

(1)借入港币时:

```
借:银行存款——港币户                                          84 000
   贷:短期借款——港币户                                             84 000
```

(2)到期还本付息,3 个月利息为 100 000×6%÷12×3=1 500(港币)(当日即期汇率为 1 港币=0.85 元人民币):

```
借:短期借款——港币户                                          85 000
   财务费用                                                   1 275
   贷:银行存款——港币户                                            86 275
```

4. 接受外币资本投资业务的会计处理

小企业收到投资者以外币投入的资本,无论是否有合同约定汇率,均不得采用合同约定汇率和平均汇率,而是采用交易日即期汇率折算,外币投入资本与相应的货币性项目的记账本位币金额相等,不产生外币资本折算差额。

【例 9-5】 小企业华夏公司以人民币作为记账本位币。本期与外商签订的投资合同规定外商分次投入外币资本。华夏公司第一次收到外商投入资本为 200 000 美元,当时的即期汇率为 1 美元=6.20 元人民币;第二次收到外商投入资本 400 000 美元,当时的即期汇率为 1 美元=6.15 元人民币,作会计分录为:

第一次收到外币资本时:

```
借:银行存款——美元户                                        1 240 000
   贷:实收资本                                                   1 240 000
```

第二次收到外币资本时:

```
借:银行存款——美元户                                        2 460 000
   贷:实收资本                                                   2 460 000
```

三、资产负债表日对外币交易余额的会计处理

《小企业会计准则》第 77 条规定,小企业在资产负债表日,应当按照下列规定对外币货币

性项目和外币非货币性项目进行会计处理:外币货币性项目,采用资产负债表日的即期汇率折算。因资产负债表日即期汇率与初始确认时或者前一资产负债表日即期汇率不同而产生的汇兑损失,计入当期损益;以历史成本计量的外币非货币性项目,仍采用交易发生日的即期汇率折算,不改变其记账本位币金额。

1. 外币货币性项目

货币性项目,是指企业持有的货币资金和将以固定或可确定的金额收取的资产或偿付的负债。货币性项目分为货币性资产和货币性负债。货币性资产包括库存现金、银行存款、应收账款、其他应收款、长期应收款等;货币性负债包括短期借款、应付账款、其他应付款、长期借款、应付债券、长期应付款等。

【例 9-6】 小企业华夏公司以人民币为记账本位币,其外币业务采用发生时的即期汇率折算。2019 年 7 月 31 日,即期汇率 1 美元＝6.24 元人民币,8 月初即期汇率为 1 美元＝6.25 元人民币,8 月 31 日即期汇率为 1 美元＝6.24 元人民币。该企业 7 月月末有关外币账户的余额如表 9-1 所示。

表 9-1　外币账户余额表

账户名称	外币金额(US$)	外币汇率	人民币金额(￥)
银行存款——美元户	5 000	6.24	31 200
应收账款——美元户(甲企业)	3 000	6.24	18 720
应付账款——美元户(乙企业)	2 000	6.24	12 480
短期借款——美元户	8 000	6.24	49 920

该企业 8 月发生如下外币业务(假设不考虑有关税费)

(1) 2 日,向甲企业出口产品一批,货款为 10 000 美元,货款尚未收到,当日即期汇率为 1 美元＝6.23 元人民币。

(2) 5 日,收到上月甲企业所欠 2 000 美元,当日即期汇率为 1 美元＝6.24 元人民币。

(3) 13 日,向乙企业购入原材料一批,价款为 9 000 美元,货款尚未支付,当日即期汇率为 1 美元＝6.22 元人民币。

(4) 17 日,以银行存款归还短期借款 4 000 美元,当日即期汇率为 1 美元＝6.24 元人民币。

(5) 24 日,收到本月 2 日向甲企业出口产品的货款共 10 000 美元,存入银行,当日即期汇率为 1 美元＝6.26 元人民币。

根据上述外币业务,企业的账务处理为:

(1) 出口产品,货款未收到。

借:应收账款——美元户(甲企业)　　　　　　　　　　　　　　　62 300
　　贷:主营业务收入　　　　　　　　　　　　　　　　　　　　　　62 300

(2) 收到前欠款。

借:银行存款——美元户　　　　　　　　　　　　　　　　　　　12 480
　　贷:应收账款——美元户(甲企业)　　　　　　　　　　　　　　12 480

（3）购入原材料,货款尚未支付。

借:原材料   55 980

    贷:应付账款——美元户(乙企业)   55 980

（4）归还短期借款。

借:短期借款——美元户   24 960

    贷:银行存款——美元户   24 960

（5）收到货款。

借:银行存款——美元户   62 600

    贷:应收账款——美元户(甲企业)   62 600

根据上述会计分录登记各外币账户,并按月末即期汇率调整账面人民币余额,具体如表9-2至表9-5所示。

表9-2 银行存款——美元户日记账

公司名称:华夏公司

科目名称:银行存款——美元户

2×19年		凭证号数	摘要	借 方			贷 方			余 额		
月	日			美元	汇率	人民币元	美元	汇率	人民币元	美元	汇率	人民币元
8	1		期初余额							5 000	6.24	31 200
8	5	银收2	收到上月欠款	2 000	6.24	12 480				7 000		43 680
8	17	银付4	归还短期借款				4 000	6.24	24 960	3 000		18 720
8	24	银收5	收到2日销货款	10 000	6.26	62 600				13 000		81 320
8	31	转34	汇兑损益						200	13 000	6.24	81 120

表9-3 应收账款——美元户(甲企业)明细账

公司名称:华夏公司

科目名称:应收账款——美元户(甲企业)

2×19年		凭证号数	摘要	借 方			贷 方			余 额		
月	日			美元	汇率	人民币元	美元	汇率	人民币元	美元	汇率	人民币元
8	1		期初余额							3 000	6.24	18 720
8	2	转字1	出口产品	10 000	6.23	62 300				13 000		81 020
8	5	银收2	收到上月欠款				2 000	6.24	12 480	11 000		68 540
8	24	银收5	收到2日销货款				10 000	6.26	62 600	1 000		5 940
8	31	转34	汇兑损益			300				1 000	6.24	6 240

表 9-4　应付账款——美元户(乙企业)明细账

公司名称:华夏公司
科目名称:应付账款——美元户(乙企业)

2×19 年		凭证号数	摘要	借　方			贷　方			余　额		
月	日			美元	汇率	人民币元	美元	汇率	人民币元	美元	汇率	人民币元
8	1		期初余额							2 000	6.24	12 480
8	14	转字 3	购入原材料				4 000	6.24	55 980	11 000		68 460
8	31	转 34	汇兑损益						180	11 000	6.24	68 640

表 9-5　短期借款——美元户明细账

公司名称:华夏公司
科目名称:短期借款——美元户

2×19 年		凭证号数	摘要	借　方			贷　方			余　额		
月	日			美元	汇率	人民币元	美元	汇率	人民币元	美元	汇率	人民币元
8	1		期初余额							8 000	6.24	49 920
8	17	银付 4	归还短期借款	4 000	6.24	24 960				4 000		24 960

根据上述外币账户,编制月末调整分录,汇兑损失计入"财务费用——汇兑损失",汇兑收益计入"营业外收入——汇兑收益"。

借:财务费用——汇兑损失　　　　　　　　　　　　　　　　200
　　贷:银行存款——美元户　　　　　　　　　　　　　　　　　200

借:应收账款——美元户(甲企业)　　　　　　　　　　　　　300
　　贷:营业外收入——汇兑收益　　　　　　　　　　　　　　　300

借:财务费用——汇兑损失　　　　　　　　　　　　　　　　180
　　贷:应付账款——美元户(乙企业)　　　　　　　　　　　　180

或:汇总编制一笔月末调整分录:

借:应收账款——美元户(甲企业)　　　　　　　　　　　　　300
　　财务费用——汇兑损失　　　　　　　　　　　　　　　　380
　　贷:应付账款——美元户(乙企业)　　　　　　　　　　　　180
　　　　银行存款——美元户　　　　　　　　　　　　　　　　200
　　　　营业外收入——汇兑收益　　　　　　　　　　　　　　300

2. 外币非货币性项目

非货币性项目,是指货币性项目以外的项目,包括存货、长期股权投资、固定资产、无形资产等。

(1)对于以历史成本计量的外币非货币性项目,由于已在交易发生日按当日即期汇率折算,资产负债表日不应改变其原记账本位币金额,不产生汇兑损益。

(2)以公允价值计量的外币非货币性项目,如交易性金融资产(股票、基金等),采用公允价值确定日的即期汇率折算,折算后的记账本位币金额与原记账本位币金额的差额,作为公允价值变动(含汇率变动)处理,计入当期损益。

【例9-7】 华夏公司为非小企业以人民币为记账本位币。2019年12月5日,从二级市场支付价款以20 000美元购入A公司发行股票作为短期投资,当日即期汇率为1美元=6.28元人民币。2019年12月31日,由于市价变动,当月购入的A公司股票价值为18 000美元,当日即期汇率为1美元=6.26元人民币。对该笔外币业务应作会计处理为:

(1)2019年12月5日,作会计分录为:

借:交易性金融资产——成本	125 600
贷:银行存款——美元户	125 600

(2)2019年12月31日,公允价值变动US$18 000×6.26－125 600＝－12 920(元),作会计分录为:

借:公允价值变动损益	12 920
贷:交易性金融资产——公允价值变动	12 920

 延伸阅读9-2

··

汇 兑 损 益

汇兑损益是企业在持有外币货币性资产和负债期间,由于汇率的变动而引起的其价值变动所产生的损益。对于外币性资产(如外币银行存款、应收账款等)来说,在汇率上升时,会产生汇兑收益;在汇率下降时,会产生汇兑损失。外币货币性负债则完全相反,在汇率上升时,产生汇兑损失;在汇率下降时,产生汇兑收益。

汇兑损益产生于以下两种情形:一种是在进行货币交易(即外汇兑换业务)时所产生的汇兑损益;另一种是在持有外币货币性资产和负债期间,由于汇率变动而引起的外币货币性资产或负债而发生的损益。第一种情形下产生的汇兑损益,是进行外汇兑换业务的交易发生时与确认实现时汇率的变化而产生的汇兑损益的计算比较简单。第二种情形下产生的汇兑损益计算较复杂,此情形下会计上计算汇兑损益有两种方法,具体如下:

(1)剔除分算法。即逐笔核算货币性外币账户上汇率发生的外币金额的价值变动额,而对汇率没有发生变动的外币金额不予考虑。其计算公式是:某个货币性外币账户发生的汇兑损益=该账户期初的外币金额×(期末汇率－期初汇率)＋该账户本期增加的外币金额×(期末汇率－业务发生时的市场汇率)－该账户本期减少的外币金额×(期末汇率－业务发生时的市场汇率),上述结果若为正值,表示外币货币性资产账户发生的是汇兑收益,外币货币性负债账户发生的是汇兑损失;若为负值,则相反。

(2)综合差额法。这种方法须先计算出货币性外币账户的期末余额,并按期末市场汇率折算为记账本位币金额,再将其与该外币账户上的每笔外币金额按业务发生时的市场汇率折算的记账本位币金额进行比较,得出的差额就是该账户本期发生的汇兑损益。其计算公式是:某个货币性外币账户发生的汇兑损益=该外币账户的期末余额×期末汇率－(该外币账户期初的外币金额×期初汇率＋该账户本期增加的每笔外币金额×业务发生时的市场汇率－该账户本期减少的每笔外币金额×业务发生时的市场汇率),上述结果若为正值,表示外币货币性资产账户发生的是汇兑收益,外币货币性负债账户发生的是汇兑损失;若为负值,则相反。

第三节 | 外币财务报表折算

一、外币报表折算的含义

外币报表折算,是指为特定的目的,将以某种货币表示的财务报表折算为以另一种特定货币表示的财务报表过程。

外币报表折算完全不同于外币兑换业务。外币兑换业务是以一种货币兑换成另一种货币,它要发生实际货币的等值交换;而外币报表折算并不涉及不同货币的实际交换,仅仅是将财务报表各项目的表述语言从一种货币为单位改变为以另一种货币为单位。因此,外币报表折算不应该影响资产、负债的计量基础,或影响收入与费用的确认时间,以及改变计量项目的属性。

二、外币报表折算的方法

《小企业会计准则》第 78 条规定,小企业对外币财务报表进行折算时,应当采用资产负债表日的即期汇率对外币资产负债表、利润表和现金流量表的所有项目进行折算。由于外币财务报表折算均采用资产负债表日的即期汇率,相当于把外币资产负债表、利润表和现金流量表的所有项目统一乘以一个系数,这样三张表中的项目均扩大一定的倍数,也不存在差额问题。

【例 9-8】 小企业华夏公司产品全部出口美国,90%的经济业务均以美元反映,华夏公司选择以美元作为记账本位币。华夏公司以美元表示的财务报表资料如表 9-6 至表 9-8 所示。

表 9-6 资 产 负 债 表

公司名称:华夏公司　　　　　　　　　2×19 年 12 月 31 日

资　　产	期末数（美元）	汇率	折算为人民币金额	负债和所有者权益	期末数（美元）	汇率	折算为人民币金额
流动资产:				流动负债:			
货币资金	4 000	6.2	24 800	短期借款	8 000	6.2	49 600
以公允价值计量且变动计入当期损益	35 000	6.2	217 000	应付票据及应付账款	16 000	6.2	99 200
应收票据及应收账款	25 000	6.2	155 000	预收款项	8 800	6.2	54 560
预付款项	4 000	6.2	24 800	应付职工薪酬	13 200	6.2	81 840
其他应收款	2 800	6.2	17 360	应交税费	12 000	6.2	74 400
存货	10 000	6.2	62 000	其他应付款	7 100	6.2	44 020
流动资产合计	80 800		500 960	流动负债合计	65 100		403 620
非流动资产:				非流动负债:			
固定资产	65 000	6.2	403 000	长期借款	12 000	6.2	74 400
减:累计折旧	24 000	6.2	148 800	长期应付款	5 700	6.2	35 340
无形资产	6 000	6.2	37 200	非流动负债合计	17 700		109 740

（续表）

资　　产	期末数（美元）	汇率	折算为人民币金额	负债和所有者权益	期末数（美元）	汇率	折算为人民币金额
非流动资产合计	95 000		589 000	负债合计	82 800		513 360
				所有者权益：			
				实收资本	50 000	6.2	310 000
				资本公积	23 000	6.2	142 600
				盈余公积	12 000	6.2	74 400
				未分配利润	8 000	6.2	49 600
				所有者权益合计	93 000		576 600
资产总计	175 800		1 089 960	负债和所有者权益总计	175 800		1 089 960

表 9-7　利　润　表

公司名称：华夏公司　　　　　　　　　　　　　　　2×19 年度

项　　目	本年累计数（美元）	汇率	折算为人民币金额
一、营业收入	35 000	6.2	217 000
减：营业成本	24 500	6.2	151 900
税金及附加	500	6.2	3 100
销售费用	1 500	6.2	9 300
管理费用	1 200	6.2	7 440
财务费用	400	6.2	2 480
二、营业利润	6 900		42 780
加：营业外收入	200	6.2	1 240
减：营业外支出	300	6.2	1 860
三、利润总额	6 800		42 160
减：所得税费用	1 800	6.2	11 160
四、净利润	5 000		31 000
五、每股收益			

表 9-8　现 金 流 量 表

公司名称：华夏公司　　　　　　　　　　　　　　　2×19 年度

项　　目	本年累计数（美元）	汇率	折算为人民币金额
一、经营活动产生的现金流量			
销售产成品、商品、提供劳务收到的现金	26 000	6.2	161 200
收到其他与经营活动有关的现金	1 200	6.2	7 440

（续表）

项　目	本年累计数 （美元）	汇率	折算为人 民币金额
购买原材料、商品、接受劳务支付的现金	17 000	6.2	105 400
支付的职工薪酬	10 000	6.2	62 000
支付的税费	500	6.2	3 100
支付其他与经营活动有关的现金	600	6.2	3 720
经营活动产生的现金流量净额	—900	6.2	—5 580
二、投资活动产生的现金流量：			
收回短期投资、长期债券投资和长期股权投资收到的现金	500	6.2	3 100
取得投资收益收到的现金	200	6.2	1 240
处置固定资产、无形资产和其他长期资产收回的现金净额	230	6.2	1 426
短期投资、长期债券投资和长期股权投资支付的现金	200	6.2	1 240
构建固定资产、无形资产和其他长期资产支付的现金	250	6.2	1 550
投资活动产生的现金流量净额	480	6.2	2 976
三、筹资活动产生的现金流量：			
取得借款收到的现金	500	6.2	3 100
吸收投资者投资的现金	200	6.2	1 240
偿还借款本金支付的现金	150	6.2	930
偿还借款利息支付的现金	100	6.2	620
分配利润支付的现金	50	6.2	310
筹资活动产生的现金流量净额	400	6.2	2 480
四、现金净增加额	—20		—124
加：期初现金余额	300	6.2	1 860
五、期末现金余额	280	6.2	1 736

 延伸阅读9-3 ....

外币报表折算相关法律规定

《会计法》规定，"会计核算以人民币为记账本位币。业务收支以人民币以外的货币为主的单位，可以选择其中一种货币作为记账本位币，但是编报的财务会计报告应当折算为人民币。"

《企业所得税法》规定，"依照本法缴纳的企业所得税，以人民币计算。所得以人民币以外的货币计算的，应当折合成人民币计算并缴纳税款。"《企业所得税法实施条例》规定"企业所得以人民币以外的货币计算的，预缴企业所得税时，应当按照月度或者季度最后一日的人民币汇率中间价，折合成人民币计算应纳所得税额。年度终了汇算清缴时，对已经按照月度或者季度预缴税款的，不再重新折合计算，只就该纳税年度内未缴纳企业所得税部分，按照纳税年度最后一日的人民币汇率中间价，折合成人民币计算应纳税所得额。经税务机关检查确认，企业少计或者多计前款规定的所得的，应当按照检查确认补税或者退税时的上一个月最后一日的人民币汇率中间价,将少计或者多计的所得折合成人民币计算应纳税所得额,再计算应补缴或者应退的税款。"

账 簿 格 式

1. 银行存款——外币户日记账:详见表9-2。
2. 应收账款——外币户明细账:详见表9-3。
3. 应付账款——外币户明细账:详见表9-4。
4. 短期借款——外币户明细账:详见表9-5。

本 章 小 结

本章主要学习了外币、即期汇率与平均汇率的概念、记账本位币的确定以及外币货币性项目;外币货币兑换业务、外币购销业务、外币借款业务和接受外币投资业务等在交易日与资产负债表日的会计处理;小企业的外币报表折算。

本章重要概念

外币 记账本位币 即期汇率 外币货币性项目 外币非货币性项目 外币报表折算

思 考 题

1. 即期汇率与交易当日平均汇率有什么联系与区别?
2. 哪些时点会产生汇兑损益?
3. 对小企业外币财务报表折算时,会产生汇兑差额吗? 为什么?

推荐阅读资料

[1] 中华人民共和国财政部.小企业会计准则,2013.
[2] 卢新国.小企业会计[M].北京:高等教育出版社,2017.
[3] 徐文丽.涉外企业会计[M].上海:立信会计出版社,2015.
[4] 小企业会计准则解读,2015.

第十章　财 务 报 表

内容简介

本章主要讲解了资产负债表、利润表、现金流量表以及财务报表附注的编制方法和填列内容;本章重点为了解财务报表概念、资产负债表的作用与报表格式、资产负债表的结构与内容、利润表的结构与组成项目;本章难点为资产负债表的编制方法及报表项目的填列、利润表的编制方法。

学习目的和要求

通过本章学习,学生应掌握资产负债表的编制方法、利润表的编制方法;理解资产负债表的结构与内容、利润表的结构与组成项目;了解财务报表概念、资产负债表的作用与报表格式。

引例　万福生科财务造假案

万福生科全称万福生科(湖南)农业开发股份有限公司(股票代码300268),成立于2003年,2009年完成股份制改造,2011年9月在深圳证券交易所挂牌上市。2012年8月,湖南证监局在对万福生科的例行检查中偶然发现两套账本,万福生科财务造假问题便由此浮现。截止到2013年5月,证监会对该造假案件的行政调查已终结。调查结果显示,一方面,万福生科涉嫌欺诈发行股票和违法信息披露。万福生科上市前2008—2010年分别累计虚增销售收入约46 000万元,虚增营业利润约11 298万元;上市后披露的2011年年报和2012年半年报累计虚增销售收入44 500万元,虚增营业利润10 070万元,同时隐瞒重大停产事项。另一方面,相关中介机构未能勤勉尽责。保荐机构平安证券、审计机构中磊会计师事务所和法律服务机构湖南博鳌律师事务所在相关业务过程中未能保持应有的谨慎性和独立性,出具的报告存在虚假记载。

根据《证券法》等相关法律的规定,证监会责令万福生科改正违法行为,给予警告,并处以30万元罚款;因其相关行为涉嫌犯罪,证监会已将万福生科及董事长龚永福和财务总监移送公安机关追究刑事责任;对三家中介机构处以"没一罚二"的行政处罚,暂停平安证券保荐机构资格3个月,撤销平安证券和中磊会计师事务所证券服务业务许可,不接受湖南博鳌律师事务所12个月内出具的证券发行专项文件;同时对相关责任人采取警告、罚款和终身市场禁入措施。鉴于该财务造假行为给万福生科带来的负面影响无法确定等原因,中磊会计师事务所对其2012年财务报告出具了带强调段的保留意见审计报告。隐瞒重大停产事项:公司在2012年半年报中存在重大遗漏,隐瞒了上半年公司循环经济型稻米精深加工生产线项目因技改出现长时间停产,对其业务造成重大影响的事实。万福生科在《关于重要信息披露的补充和2012年中报更正的公告》中称,公司募投项目——循环经济型稻米精深加工生产线项目上半年因技改停产,其中普米生产线累计停产123天,精米生产线累计停产 81 天,淀粉糖生产线累计停产 68 天。公司循环经济型稻米精深加工生产线项目由于常德地区降雨导致技改工期延长,项目停产时间延长,公司今年上半年销售收入大幅度减少。此外,还有高估收入、虚增利润虚增资产、平衡报表、虚增在建工程、虚增预付账款等,详情摘自中华财会网万福生科财务造假案例分析。

综合所得资料来看,万福生科财务造假的原因:为了背后利益方的利益最大化,中小股东为了维持自己的利益,面临即将到期的解锁期为获得较高的出售价格,而共同合谋策划这次惊人的造假,毕竟上市之后巨大的股权利益以及限售流通股解禁带来的利益都可能成为诱惑万福生科财务造假的动机。万福生科董事长说虚构成绩只为了不影响公司声誉"我们不想给投资者留下不好的印象嘛,虽然也不想这么做(财务造假)。我们前景是好的,后续发展也是好的。"10 月 28 日,万福生科董事长龚永福称。万福生科所从事的是稻米精深加工研发,生产和销售业务。稻米精深加工技术是一项高科技工作,在鼓励创新和技术高度发展的今天,从事高科技产业必然会得到较多的经济上的支持。例如,政府免税补贴。万福生科便是如此,并且免税补贴都在逐年上升。此外高科技产业还是一个新兴产业,有关考察和监督机制还没有完善,也就导致了万福生科有了一个很好的财务造假机会。

万福生科表示,公司犯下如此的错误,主要是因为公司放松了内部管理,没有很好地执行内部控制制度,没有进一步加强法律意识和提高法制观念。公司全体董事、监事及管理层通过深刻反思,认识到公司所犯错误的严重性,将虚心接受监管部门的批评教育和处罚,积极整改所犯错误,严肃处理相关责任人员。

第一节 | 财务报表概述

一、财务报表的定义

财务报表,是对小企业财务状况、经营成果和现金流量的结构性表述,是会计要素确认、计量的结果和综合性描述。会计准则中对会计要素确认、计量过程中所采用的各项会计政策被企业实际应用后将有助于促进企业可持续发展,反映企业管理层受托责任的履行情况。企业在生产经营过程中通过应用会计准则实现发展战略,需要经过一套完整的结构化的报表体系,科学地进行列报。

二、财务报表的构成

小企业的财务报表应当包括下列部分:资产负债表、利润表、现金流量表和财务报表附注。

(1)资产负债表是反映小企业在某一特定日期的财务状况的会计报表。具体反映小企业在某一特定日期所拥有的资产、需要偿还的债务以及投资者拥有的净资产情况。

(2)利润表是反映小企业在一定会计期间的经营成果的会计报表。具体反映小企业获利或亏损的情况,表明小企业运用所有资产的获利能力。

(3)现金流量表是反映小企业在一定会计期间现金和现金等价物流入和流出的报表。

(4)财务报表附注,是指在资产负债表、利润表和现金流量表等报表中列示项目的文字描述或明细资料,以及对未能在这些报表中列示项目的说明等。

三、财务报表的种类

小企业的财务报表分为年度、季度和月度财务报表。月、季和年度财务报表应分别于月、季和年度终了时编制和提供。一般情况下,一个会计年度内小企业应按月编制财务报表,按月编制有困难或外部信息使用者不要求按月提供财务报表的,可以按季编制财务报表。小企业必须按年编制财务报表。除国家另有规定外,小企业对外提供财务报表的频率由财务报表外部使用者确定,如税务机关、银行等债权人、工商登记机关等。《小企业会计准则》规定的财务报表种类如表 10-1 所示。

表 10-1　财务报表种类

编　号	报表名称	编报期
会小企 01 表	资产负债表	月报、年报
会小企 02 表	利润表	月报、年报
会小企 03 表	现金流量表	月报、年报

四、财务报表的编制目的、要求

(一)编制目的

小企业财务报表的编制目的,是向税务部门、投资者、银行和其他债权人等提供与小企业财务状况、经营成果和现金流量等有关的会计信息,有助于税务部门进行税收优惠政策、征税方式、确定征税额等决策,有助于银行和其他债权人进行信贷决策,有助于小企业投资者和管理当局作出生产经营决策。

(二)编制要求

小企业编制财务报表,应当根据实际发生的交易或者事项以及完整、准确的账簿记录为依据,并按照《小企业会计准则》规定的编制基础、编制依据、编制原则和方法进行。

小企业应当按照《小企业会计准则》规定的会计报表格式和内容,根据登记完整、核对无误的会计账簿记录和其他有关资料编制会计报表,做到内容完整、数字真实、计算准确、不得漏报或者任意取舍。会计报表之间、会计报表各项目之间,凡有对应关系的数字,应当相互一致。会计报表中本期与上期的有关数字应当相互衔接。财务报表中相关项目所反映的交易或者事项,小企业没有发生的,不得在该项目中按“0”填列,而应空置。因为“0”表示该项目本期发生了交易或事项但余额(发生额)为“0”,“空置”表示没有发生。会计报表附注应当对会计报表中需要说明的事项作出真实、完整、清楚的说明。

第二节 │ 资产负债表

一、资产负债表的作用

资产负债表,是指反映小企业在某一特定日期的财务状况的报表。例如,月报反映每个月末最后一天的财务状况,季报反映每个季末最后一天的财务状况,年报反映每年 12 月 31 日的财务状况,由于资产负债表反映的是某一时点的情况,所以又被称为静态报表。

资产负债表主要提供有关小企业财务状况方面的信息。通过资产负债表,可以提供某一日期资产总额及其结构,表明小企业拥有或控制的资源及其分布情况;可以提供某一日期的负债总额及其结构,表明企业未来需要用多少资产或劳务清偿债务以及清偿时间;可以反映所有者所拥有的权益,据以判断资本保值、增值的情况以及对负债的保障程度;资产负债表还可以提供进行财务分析的基本资料。例如,将流动资产与流动负债进行比较,可以计算出流动比率;将速动资产与流动负债进行比较,可以计算出速动比率等,该指标可以表明企业的变现能力、偿债能力和资金周转能力,从而有助于会计报表使用者作出经济决策。

二、资产负债表的结构

在我国,资产负债表采用账户式结构,报表分为左右两方。资产负债表左方列示资产各项目,反映全部资产的分布及存在形态。资产项目按资产的流动性大小排列,流动性大的资产如"货币资金""短期投资""应收票据及应收账款"等排在前面,流动性小的资产如"长期股权投资""固定资产""无形资产""开发支出"等排在后面。右方列示负债和所有者权益各项目,反映全部负债和所有者权益的内容及构成情况。右方项目一般按要求清偿时间的先后顺序排列:"短期借款""应付票据及应付账款""应付职工薪酬"等需要在 1 年以内或者长于 1 年的一个营业周期内偿还的流动负债排在前面,"长期借款""长期应付款"等需 1 年以上才偿还的非流动负债排在中间,在企业清算之前不需要偿还的"实收资本""资本公积"等所有者权益项目排在后面。

资产负债表左右双方平衡,资产总计等于负债和所有者权益总计,即"资产＝负债＋所有者权益"。此外,为了让使用者能够通过比较不同时点资产负债表的数据,掌握小企业财务状况的变动情况及发展趋势,小企业需要提供比较资产负债表,资产负债表分"年初余额"和"期末余额"两栏。

三、资产负债表的内容

资产负债表中,小企业通常按资产、负债、所有者权益分类分项反映。资产项目按流动性大小进行列示,分为流动资产和非流动资产;负债也按流动性大小进行列示,分为流动负债、非流动负债等;所有者权益则按实收资本、资本公积、盈余公积、未分配利润等项目分项列示。《小企业会计准则》规定了小企业资产负债表的资产、负债、所有者权益类项目至少应当列示的信息。

(一) 资产类至少应当单独列示反映下列信息的项目

（1）货币资金。

（2）应收及预付款项。

（3）存货。

（4）长期债券投资。

（5）长期股权投资。

（6）固定资产。

（7）生产性生物资产。

（8）无形资产。

（9）长期待摊费用。

(二) 负债类至少应当单独列示反映下列信息的项目

（1）短期借款。

（2）应付及预收款项。

（3）应付职工薪酬。

（4）应交税费。

（5）长期借款。

（6）长期应付款。

（三）所有者权益类至少应当单独列示反映下列信息的项目

（1）实收资本。

（2）资本公积。

（3）盈余公积。

（4）未分配利润。

（四）其他应单独列示反映的项目

资产负债表中的资产类应当包括流动资产和非流动资产的合计项目；负债类应当包括流动负债、非流动负债和负债的合计项目；所有者权益类应当包括所有者权益的合计项目。资产负债表应当列示资产总计项目，负债和所有者权益总计项目。

四、资产负债表的格式

资产负债表一般有表首、正表两部分。其中，表首概括地说明报表名称、编制单位、编制日期、报表编号、货币名称、计量单位等。正表是资产负债表的主体，列示了用以说明小企业财务状况的各个项目。每个项目又分"期末余额"和"年初余额"两栏分别填列。资产负债表的格式如表 10-2 所示。

表 10-2　资产负债表　　　　　　　　　　　　　　会小企 01 表

编制单位：　　　　　　　　　年　　月　　日　　　　　　　　单位:元

资　　产	期末余额	年初余额	负债和所有者权益	期末余额	年初余额
流动资产：			流动负债：		
货币资金			短期借款		
短期投资			应付票据		
应收票据			应付账款		
应收账款			预收款项		
预付款项			应付职工薪酬		
其他应收款			应交税费		
存货			其他应付款		
其中:原材料			其他流动负债		
在产品			流动负债合计		
库存商品			非流动负债：		
周转材料			长期借款		
其他流动资产			长期应付款		

（续表）

资　产	期末余额	年初余额	负债和所有者权益	期末余额	年初余额
流动资产合计			递延收益		
非流动资产：			其他非流动负债		
长期债券投资			非流动负债合计		
长期股权投资			负债合计		
固定资产					
在建工程					
生产性生物资产			所有者权益(或股东权益)：		
无形资产			实收资本(或股本)		
开发支出			资本公积		
长期待摊费用			盈余公积		
其他非流动资产			未分配利润		
非流动资产合计			所有者权益(或股东权益)合计		
资产总计			负债和所有者权益(或股东权益)总计		

说明：小企业(中外合作经营)根据合同规定在合作期间归还投资者的投资,应在"实收资本(或股本)"项目下增加"减：已归还投资"项目单独列示。

五、资产负债表的编制

资产负债表各项目均需填列"期末余额"和"年初余额"两栏。

（一）资产负债表"年初余额"栏的填列方法

"年初余额"栏内各项数字,应根据上年年末资产负债表"期末余额"栏内所列数字填列。

（二）资产负债表"期末余额"栏的填列方法

"期末余额"栏内各项数字,应根据各科目余额分析填列,具体规定如下。

1.资产项目的列报说明

（1）"货币资金"项目,反映小企业库存现金、银行存款、其他货币资金的合计数。本项目应根据"库存现金""银行存款"和"其他货币资金"科目的期末余额合计填列。

（2）"短期投资"项目,反映小企业购入的能随时变现并且持有时间不准备超过 1 年的股票、债券和基金投资的余额。本项目应根据"短期投资"科目的期末余额填列。

（3）"应收账款"项目,反映小企业因销售商品、提供服务等经营活动应收取的款项。本项目应根据"应收账款"和"预收账款"科目所属各明细科目的期末借方余额合计数,减去"坏账准备"账户中相关坏账准备期末余额后的金额填列。如"应收账款"科目所属明细科目期末有贷方余额的,应在资产负债表"预收款项"项目内填列。

（4）"预付款项"项目,反映小企业按照合同规定预付的款项。本项目应根据"预付账款"和"应付账款"科目所属各明细科目的期末借方余额合计数,减去"坏账准备"科目中有关预付款项计提的坏账准备期末余额后的金额填列。如"预付账款"科目期末为贷方余额,应当在"应付票据及应付账款"项目列示。

(5)"其他应收款"项目,反映小企业除应收票据、应收账款、预付账款等以外的其他各种应收及暂付款项。包括:各种应收的赔款、应向职工收取的各种垫付款项等。本项目应根据"应收利息""应收利润"和"其他应收款"科目的期末余额合计数,减去"坏账准备"科目中相关坏账准备期末余额后的金额填列。

(6)"存货"项目,反映小企业期末在库、在途和在加工中的各项存货的成本。包括:各种原材料、在产品、半成品、产成品、商品、周转材料(包装物、低值易耗品等)、消耗性生物资产等。本项目应根据"材料采购""在途物资""原材料""材料成本差异""生产成本""库存商品""商品进销差价""委托加工物资""周转材料""消耗性生物资产"等科目的期末余额分析填列。

(7)"其他流动资产"项目,反映小企业除以上流动资产项目外的其他流动资产(含1年内到期的非流动资产)。本项目应根据有关科目的期末余额分析填列。

(8)"长期债券投资"项目,反映小企业准备长期持有的债券投资的本息。本项目应根据"长期债券投资"科目的期末余额分析填列。

(9)"长期股权投资"项目,反映小企业准备长期持有的权益性投资的成本。本项目应根据"长期股权投资"科目的期末余额填列。

(10)"固定资产"项目,反映小企业固定资产的期末账面价值和小企业尚未清理完毕的固定资产清理净损益。该项目应根据"固定资产"科目的期末余额,减去"累计折旧"和"固定资产减值准备"科目的期末余额后的金额,以及"固定资产清理"科目的期末余额填列。

(11)"在建工程"项目,反映资产负债表日小企业尚未达到预定可使用状态的在建工程的期末账面价值和小企业为在建工程准备的各种物资的期末账面价值。该项目应根据"在建工程"科目的期末余额,减去"在建工程减值准备"科目的期末余额后的金额,以及"工程物资"科目的期末余额,减去"工程物资减值准备"科目的期末余额后的金额填列。

(12)"生产性生物资产"项目,反映小企业生产性生物资产的账面价值。本项目应根据"生产性生物资产"科目的期末余额减去"生产性生物资产累计折旧"科目的期末余额后的金额填列。

(13)"无形资产"项目,反映小企业无形资产的账面价值。本项目应根据"无形资产"科目的期末余额减去"累计摊销"科目的期末余额后的金额填列。

(14)"开发支出"项目,反映小企业正在进行的无形资产研究开发项目满足资本化条件的支出。本项目应根据"研发支出"科目的期末余额填列。

(15)"长期待摊费用"项目,反映小企业尚未摊销完毕的已提足折旧的固定资产的改建支出、经营租入固定资产的改建支出、固定资产的大修理支出和其他长期待摊费用。本项目应根据"长期待摊费用"科目的期末余额分析填列。

(16)"其他非流动资产"项目,反映小企业除以上非流动资产以外的其他非流动资产。本项目应根据有关科目的期末余额分析填列。

2.负债项目的列报说明

(1)"短期借款"项目,反映小企业向银行或其他金融机构等借入的期限在1年内的、尚未偿还的各种借款本金。本项目应根据"短期借款"科目的期末余额填列。

(2)"应付票据及应付账款"项目,反映小企业因购买材料、商品和接受服务等经营活动应支付的款项,以及开出、承兑的商业汇票,包活银行承兑汇票和商业承兑汇票。该项目应根据"应付票据"科目的期末余额,以及"应付账款"和"预付账款"科目所属的相关明细科目的期末贷方余额合计数填列。如"应付账款"科目所属明细科目期末有借方余额的,应在资产负债表"预付款项"项目内填列。

(3)"预收款项"项目,反映小企业根据合同规定预收的款项。包括:预收的购货款、工程款等。本项目应根据"预收账款"和"应收账款"科目所属各明细科目的期末贷方余额合计数填列;如"预收账款"科目期末为借方余额,应当在"应收票据及应收账款"项目列示。

(4)"应付职工薪酬"项目,反映小企业应付未付的职工薪酬。本项目应根据"应付职工薪酬"科目期末余额填列。

(5)"应交税费"项目,反映小企业期末未交、多交或尚未抵扣的各种税费。本项目应根据"应交税费"科目的期末贷方余额填列;如"应交税费"科目期末为借方余额,以"-"号填列。

(6)"其他应付款"项目,反映小企业除应付票据、应付账款、预收款项、应付职工薪酬、应交税费等经营活动以外的其他各项应付、暂收的款项。本项目应根据"应付利息""应付利润"和"其他应付款"科目的期末余额合计数填列。

(7)"其他流动负债"项目,反映小企业除以上流动负债以外的其他流动负债(含1年内到期的非流动负债)。本项目应根据有关科目的期末余额填列。

(8)"长期借款"项目,反映小企业向银行或其他金融机构借入的期限在1年以上的、尚未偿还的各项借款本金。本项目应根据"长期借款"科目的期末余额扣除"长期借款"账户所属明细账户中将在资产负债表日起1年内到期、且企业不能自主地将清偿义务展期的长期借款后的金额计算填列。

(9)"长期应付款"项目,反映小企业除长期借款以外的其他各种应付未付的长期应付款项。包括:应付融资租入固定资产的租赁费、以分期付款方式购入固定资产发生的应付款项等。本项目应根据"长期应付款"科目的期末余额减去相关的"未确认融资费用"科目的期末余额后的金额,以及"专项应付款"科目的期末余额填列。

(10)"递延收益"项目,反映小企业收到的、应在以后期间计入损益的政府补助。本项目应根据"递延收益"科目的期末余额分析填列。

(11)"其他非流动负债"项目,反映小企业除以上非流动负债项目以外的其他非流动负债。本项目应根据有关科目的期末余额分析填列。

3.所有者权益项目的列报说明

(1)"实收资本(或股本)"项目,反映小企业收到投资者按照合同协议约定或相关规定投入的、构成小企业注册资本的部分。本项目应根据"实收资本(或股本)"科目的期末余额分析填列。

(2)"资本公积"项目,反映小企业收到投资者投入资本超出其在注册资本中所占份额的部分。本项目应根据"资本公积"科目的期末余额填列。

(3)"盈余公积"项目,反映小企业(公司制)的法定公积金和任意公积金,小企业(外商投资)的储备基金和企业发展基金。本项目应根据"盈余公积"科目的期末余额填列。

(4)"未分配利润"项目,反映小企业尚未分配的历年结存的利润。本项目应根据"利润分配"科目和"本年利润"科目的期余额填列。未弥补的亏损,在本项目内以"-"号填列。

延伸阅读 10-1

关于小企业会计的资产负债表

在资产方面，第一，《小企业会计准则》未使用交易性金融资产、持有至到期投资及可供出售金融资产等概念，而是按投资对象的可变现性和投资目的，将投资分为短期投资（包括股票投资、债券投资和基金投资等）和长期投资（包括长股权投资和长期债权投资），并且省去了1年内到期的非流动资产等科目；第二，在核算上，按照税法规定的资产损失税前扣除政策的条件确认，当资产减值损失切实发生时，采用直接转销法，直接借记"营业外支出"科目，贷记"应收账款"科目，不得提前计提减值损失；第三，为简化长期投资核算，长期债券投资溢价和折价在债券存续期内确认相关利息收入时，采用易于操作和计算的直线法摊销，不采用实际利率摊销法；第四，在对长期股权投资的后续计量期间，只采用成本法计量；此外，取消了"递延所得税资产"科目，简化了所得税费用的核算。

在负债方面，删减了"交易性金融负债""一年内到期的非流动负债""专项应付款""预计负债"等科目，这些会计项目的减少主要是和小企业融资方面有关，这也从另一个方面反映出《小企业会计准则》的实用性、针对性和可操作性。除此之外，简化了长期借款资本化的处理。

在所有者权益方面，主要是简化了资本公积的核算和缩小了资本公积的范围，《企业会计准则》规定，资本公积包括资本溢价（股本溢价）和其他资本公积（如直接计入所有者权益的利得和损失），而《小企业会计准则》明确规定资本公积是指小企业收到的投资者出资额超过其在注册资本或股本中所占份额的部分，即只包括资本（股）溢价，并且明确规定小企业资本公积不得用于弥补亏损。

六、资产负债表编制举例

【例 10-1】 小企业华夏公司 2×19 年 12 月 31 日有关总分类科目和所属明细分类科目，如表 10-3 所示。根据所给资料编制该企业 2×19 年 12 月 31 日资产负债表（年初数省略），如表 10-4 所示。

表 10-3　总分类科目和所属明细分类科目余额表　　　　　　单位：元

总账科目	明细科目	借方余额	贷方余额	总账科目	明细科目	借方余额	贷方余额
库存现金		400		短期借款			30 000
银行存款		8 000		应付账款			6 000
短期投资		7 000			A工厂		3 500
应收账款		12 000			B工厂	2 000	
	甲公司	5 000			C工厂		4 500
	乙公司		1 000	预收账款			500
	丙公司	8 000			A单位		2 000
预付账款		2 400			B单位	1 500	
	甲单位	2 500		其他应付款			5 000
	乙单位		100	应付职工薪酬			17 000
其他应收款		500		应交税费			30 000
原材料		13 000		应付利润			12 000

（续表）

总账科目	明细科目	借方余额	贷方余额	总账科目	明细科目	借方余额	贷方余额
生产成本		4 000		长期借款			10 000
库存商品		12 000		其中一年内到期			5 000
长期债权投资		100 000		实收资本			140 000
固定资产		200 000		盈余公积			12 000
累计折旧			10 000	利润分配	未分配利润		88 800
无形资产		0					
长期待摊费用		2 000					

表 10-4　资产负债表

会小企 01 表

编制单位：华夏公司　　　　　　　　　　2019 年 12 月 31 日　　　　　　　　　　单位：元

资　　产	期末余额	负债和所有者权益	期末余额
流动资产：		流动负债：	
货币资金	8 400	短期借款	30 000
短期投资	7 000	应付账款	8 100
应收账款	14 500	预收款项	3000
预付款项	4 500	应付职工薪酬	17 000
其他应收款	500	应交税费	30 000
存货	29 000	其他应付款	17 000
其中:原材料	13 000	其他流动负债	5 000
在产品	4 000	流动负债合计	110 100
库存商品	12 000	非流动负债：	
周转材料	0	长期借款	5 000
其他流动资产	0	递延收益	0
流动资产合计	63 900	其他非流动负债	0
非流动资产：		非流动负债合计	5 000
长期债券投资	100 000	负债合计	115 100
长期股权投资	0		
固定资产	190 000		
在建工程	0	所有者权益：	
生产性生物资产	0	实收资本(或股本)	140 000
无形资产	0	资本公积	
长期待摊费用	2 000	盈余公积	12 000
其他非流动资产	0	未分配利润	88 800
非流动资产合计	292 000	所有者权益合计	240 800
资产总计	355 900	负债和所有者权益总计	355 900

第三节 │ 利润表

利润表把一定期间的营业收入与其同一会计期间相关的营业费用(营业成本、税金及附加、销售费用、管理费用和财务费用等)进行配比,以计算出小企业一定时期的净利润(或净亏损)。通过利润表中的收入、费用等信息,能够反映小企业生产经营的收益和成本耗费情况及小企业的经营成果。由于利润是小企业经营业绩的综合体现,因此,利润表是会计报表中的主要报表。

一、利润表概述

(一)利润表的定义和作用

利润表,是反映小企业在一定会计期间的经营成果的报表。例如,反映7月1日至9月30日的经营成果、1月1日至12月31日的经营成果等。由于它反映的是某一期间的情况,所以,又称为动态报表。

利润表的列报必须充分反映企业经营业绩的主要来源和构成,有助于使用者判断净利润的质量及其风险,有助于使用者预测净利润的持续性,从而做出正确的决策。通过利润表,可以反映企业一定会计期间的收入实现情况,如实现的营业收入有多少,实现的投资收益有多少,实现的营业外收入有多少,等等;可以反映企业一定会计期间的费用耗费情况,如耗费的营业成本有多少,税金及附加有多少及销售费用、管理费用、财务费用各有多少,营业外支出有多少,等等;可以反映企业生产经营活动的成果,即净利润的实现情况,据以判断资本保值、增值等情况。将利润表中的信息与资产负债表中的信息相结合,还可以提供进行财务分析的基本资料。例如,将赊销收入净额与应收账款平均余额进行比较,可以计算出应收账款周转率;将销货成本与存货平均余额进行比较,可以计算出存货周转率;可以将净利润与资产总额进行比较,计算出资产收益率等,从而反映企业资金周转情况及企业的盈利能力和水平,便于报表使用者判断企业未来的发展趋势,作出经济决策。

(二)费用按照功能分类

根据小企业会计准则的规定,费用应当按照功能分类,分为营业成本、税金及附加、销售费用、管理费用和财务费用等。就企业而言,其活动通常可以划分为生产、销售、管理、融资等,每一种活动发生的费用所发挥的功能并不相同,因此,费用应当按照功能分类,有助于使用者了解费用发生的活动领域。例如,企业为销售产品发生了多少费用、为筹措资金发生了多少费用,等等。这种方法通常能向报表使用者提供结构性的信息,能更清楚地揭示企业经营业绩的主要来源和构成,提供的信息更为相关。

利润表至少应当单独列示反映下列信息的项目:营业收入、营业成本、税金及附加、销售费用、管理费用、财务费用、所得税费用、净利润等。

二、利润表的结构和组成项目

小企业利润表一般有表首、正表两部分。其中表首说明报表名称、编制单位、编制日期、报表编号、货币名称、计量单位等。正表是利润表的主体,反映形成经营成果的各个项目和计算过程。小企业利润表格式如表10-5所示。

表 10-5　利润表　　　　　　　　会小企 02 表

编制单位：　　　　　　　　　　年　月　　　　　　　　　　单位:元

项　目	本年累计金额	本月金额
一、营业收入		
减:营业成本		
税金及附加		
销售费用		
管理费用		
研发费用		
财务费用		
其中:利息费用		
利息收入		
加:其他收益		
投资收益(损失以"—"号填列)		
资产处置收益(损失以"—"号填列)		
二、营业利润(亏损以"—"号填列)		
加:营业外收入		
减:营业外支出		
三、利润总额(亏损总额以"—"号填列)		
减:所得税费用		
四、净利润(净亏损以"—"号填列)		
(一)持续经营净利润(净亏损以"—"号填列)		
(二)终止经营净利润(净亏损以"—"号填列)		

三、利润表的编制

(一) 本年累计金额的填列

利润表反映小企业在一定会计期间内利润(亏损)的实现情况。本表"本年累计金额"栏反映各项目自年初起至报告期末止的累计实际发生额。本表"本月金额"栏反映各项目的本月实际发生额;在编报年度财务报表时,应将"本月金额"栏改为"上年金额"栏,填列上年全年实际发生额。如果上年度利润表与本年度利润表的项目名称和内容不相一致,则按编报当年的口径对上年度利润表项目的名字和数字进行调整,填入本表"上年金额"栏。在编报中期和年度财务会计报告时,将"本月金额"栏改成"上年金额"栏。

(二) 利润表各项目内容及填列方法

利润表表各项目的内容及其填列方法如下:

（1）"营业收入"项目，反映小企业销售商品和提供劳务所实现的收入总额。本项目应根据"主营业务收入"科目和"其他业务收入"科目的发生额合计填列。

（2）"营业成本"项目，反映小企业所销售商品的成本和所提供劳务的成本。本项目应根据"主营业务成本"科目和"其他业务成本"科目的发生额合计填列。

（3）"税金及附加"项目，反映小企业开展日常生产活动应负担的消费税、城市维护建设税、资源税、土地增值税、城镇土地使用税、房产税、车船税、印花税和教育费附加、排污费等。本项目应根据"税金及附加"科目的发生额填列。

（4）"销售费用"项目，反映小企业销售商品或提供劳务过程中发生的费用。本项目应根据"销售费用"科目的发生额填列。

（5）"管理费用"项目，反映小企业为组织和管理生产经营发生的其他费用。本项目应根据"管理费用"科目的发生额分析填列。

（6）"研发费用"项目，反映小企业进行研究与开发过程中发生的费用化支出。本项目应根据"管理费用"科目下的"研发费用"明细科目的发生额分析填列。

（7）"财务费用"项目，反映小企业为筹集生产经营所需资金发生的筹资费用。本项目应根据"财务费用"科目的发生额分析填列。

（8）"其他收益"项目，反映计入其他收益的政府补助等。本项目应根据"其他收益"科目的发生额分析填列。

（9）"投资收益"项目，反映小企业股权投资取得的现金股利（或利润）、债券投资取得的利息收入和处置股权投资和债券投资取得的处置价款扣除成本或账面余额、相关税费后的净额。本项目应根据"投资收益"科目的发生额填列；如为投资损失，以"－"号填列。

（10）"资产处置收益"项目，反映小企业出售划分为持有待售的非流动资产（金融工具、长期股权投资和投资性房地产除外）或处置组（子公司和业务除外）时确认的处置利得或损失，以及处置未划分为持有待售的固定资产、在建工程、生产性生物资产及无形资产而产生的处置利得或损失。债务重组中因处置非流动资产产生的利得或损失和非货币性资产交换中换出非流动资产产生的利得或损失也包括在本项目内。本项目应根据"资产处置损益"科目的发生额分析填列；如为处置损失，以"－"号填列。

（11）"营业利润"项目，反映小企业当期开展日常生产经营活动实现的利润。本项目应根据营业收入扣除营业成本、税金及附加、销售费用、管理费用和财务费用，加上投资收益后的金额填列。如为亏损，以"－"号填列。

（12）"营业外收入"项目，反映小企业实现的各项营业外收入金额。包括：非流动资产处置净收益、政府补助、捐赠收益、盘盈收益、汇兑收益、出租包装物和商品的租金收入、逾期未退包装物押金收益、确实无法偿付的应付款项、已作坏账损失处理后又收回的应收款项、违约金收益等。本项目应根据"营业外收入"科目的发生额填列。

（13）"营业外支出"项目，反映小企业发生的各项营业外支出金额。包括：存货的盘亏、毁损、报废损失，非流动资产处置净损失，坏账损失，无法收回的长期债券投资损失，无法收回的长期股权投资损失，自然灾害等不可抗力因素造成的损失，税收滞纳金，罚金，罚款，被没收财物的损失，捐赠支出，赞助支出等。本项目应根据"营业外支出"科目的发生额填列。

（14）"利润总额"项目，反映小企业当期实现的利润总额。本项目应根据营业利润加上营业外收入减去营业外支出后的金额填列。如为亏损总额,以"一"号填列。

(15)"所得税费用"项目,反映小企业根据企业所得税法确定的应从当期利润总额中扣除的所得税费用。本项目应根据"所得税费用"科目的发生额填列。

(16)"净利润"项目,反映小企业当期实现的净利润。本项目应根据利润总额扣除所得税费用后的金额填列。如为净亏损,以"一"号填列。

(17)"(一)持续经营净利润"和"(二)终止经营净利润"项目,分别反映净利润中与持续经营相关的净利润和与终止经营相关的净利润;如为净亏损,以"一"号填列。

相关思考 10-2

某小企业 2×19 年发生的营业收入为 100 万元,营业成本为 630 万元,销售费用为 20 万元,管理费用为 50 万元,财务费用为 10 万元,投资收益为 40 万元,营业外收入为 25 万元,营业外支出为 15 万元。该企业 2×19 年利润表中的营业利润为多少万元?

营业利润＝1 000－630－20－50－10＋40＝330(万元)

营业外收入和营业外支出不属于营业利润,属于利润总额。

四、利润表的编制举例

【例 10-2】 2×19 年度小企业华夏公司有关损益类科目本年累计发生净额,如表 10-6 所示。

表 10-6　2×19 年度华夏公司有关损益类科目本年累计发生净额

单位:元

科目名称	借方发生额	贷方发生额
主营业务收入		1 300 000
其他业务收入		100 000
主营业务成本	800 000	
税金及附加	2 500	
其他业务成本	3 000	
销售费用	20 000	
管理费用	180 000	
财务费用	40 000	
投资收益		3 300
营业外收入		50 000
营业外支出	20 000	
所得税费用	96 000	

根据上述资料,编制 2×19 年度华夏公司利润表,如表 10-7 所示。

表 10-7 利润表 会小企 02 表

编制单位: 2×19 年 12 月 单位:元

项　　目	本期金额	上期金额
一、营业收入	1 400 000	
减:营业成本	803 000	
税金及附加	2 500	
销售费用	20 000	
管理费用	180 000	
研发费用	0	
财务费用	40 000	
其中:利息费用	40 000	
利息收入	0	
加:其他收益	0	
投资收益(损失以"－"号填列)	3 300	
资产处置收益(损失以"－"号填列)	0	
二、营业利润(亏损以"－"号填列)	357 800	
加:营业外收入	50 000	
减:营业外支出	20 000	
三、利润总额(亏损总额以"－"号填列)	387 800	
减:所得税费用	96 000	
四、净利润(净亏损以"－"号填列)	291 800	
（一）持续经营净利润(净亏损以"－"号填列)		
（二）终止经营净利润(净亏损以"－"号填列)		

第四节 现金流量表

小企业的现金流转情况在很大程度上影响着小企业的生存和发展。现金管理已经成为小企业财务管理的一个重要方面,正受到小企业管理当局、债权人以及税务监管等部门的高度关注。

现金流量表,是指反映小企业一定会计期间现金和现金等价物流入和流出的报表。现金流量表表明小企业获得现金的能力。现金流量表是一张反映某一特定会计期间(而不是某一特定时点)现金流量的会计报表。例如,反映 1 月 1 日至 1 月 31 日的现金流量、7 月 1 日至 9 月 30 日的现金流量、1 月 1 日至 12 月 31 日的现金流量等。

现金流量表的作用主要体现在以下几个方面:一是有助于评价小企业支付能力、偿债能力和周转能力;二是有助于预测企业来的现金流量;三是有助于分析小企业收益质量及影响现金净流量的因素,掌握小企业经营活动、投资活动和筹资活动的现金流量,有助于从现金流量的角度了解净利润的质量,为分析和判断小企业的财务前景提供信息。

一、现金流量表的编制基础

现金流量表是以现金为基础编制的,所谓现金是指小企业的库存现金以及可以随时用于支付的存款和其他货币资金。具体包括如下几项:

(1) 库存现金,是指小企业持有的随时用于支付的现金限额,即与会计核算中"库存现金"科目所包括的内容一致。

(2) 银行存款,是指小企业持有的随时可以用于支付的存款,即与会计核算中"银行存款"科目所包括的内容一致。

(3) 其他货币资金,是指小企业存在金融企业有特定用途的资金,如外埠存款、银行汇票存款、银行本票存款、信用证保证金存款、信用卡存款等。与会计核算中"其他货币资金"科目所包括的内容一致。

二、现金流量的分类

现金流量表应按照经营活动产生的现金流量、投资活动产生的现金流量和筹资活动产生的现金流量分别反映。现金流量应当分别按照现金流入和现金流出总额列报。

(1) 经营活动产生的现金流量。经营活动是指小企业投资活动和筹资活动以外的所有交易和事项。

(2) 投资活动产生的现金流量。投资活动是指小企业固定资产、无形资产、其他非流动资产的构建和短期投资、长期债券投资、长期股权投资及其处置活动。这里所指的投资活动,既包括实物资产投资,也包括金融资产投资。这里之所以将"包括在现金等价物范围内的投资"排除在外,是因为已经"将包括在现金等价物范围内的投资"视同现金。

(3) 筹资活动产生的现金流量。筹资活动是指导致小企业资本及借款规模和构成发生变化的活动。这里所说的资本,既包括实收资本(股本),也包括资本溢价(股本溢价);这里所说的债务,指对外举债,包括向银行借款、发行债券以及偿还债务等,通常情况下,应付账款、应付票据等商业应付款等属于经营活动的范畴,不属于筹资活动的范畴。

此外,对于企业日常活动之外的、不经常发生的特殊项目,如自然灾害损失、保险赔款、捐赠等,应当归并到相关类别中,并单独反映。比如,对于自然灾害损失和保险赔款,如果能够确认,属于流动资产损失,应当列入经营活动产生的现金流量;属于固定资产损失,应当列入投资活动产生的现金流量。

《小企业会计准则》规定,现金流量表应当分别经营活动、投资活动和筹资活动列报现金流量,每一类应列示项目如下。

(一) 经营活动产生的现金流量应当单独列示反映下列信息的项目

(1) 销售商品、提供劳务收到的现金。

(2) 购买商品、接受劳务支付的现金。

(3) 支付给职工以及为职工支付的现金。

(4) 支付的各项税费。

（二）投资活动产生的现金流量应当单独列示反映下列信息的项目

（1）收回短期投资、长期债券投资和长期股权投资收到的现金。

（2）取得投资收益收到的现金。

（3）处置固定资产、无形资产和其他长期资产收回的现金净额。

（4）短期投资、长期债券投资和长期股权投资支付的现金。

（5）购建固定资产、无形资产和其他长期资产支付的现金。

（三）筹资活动产生的现金流量应当单独列示反映下列信息的项目

（1）取得借款收到的现金。

（2）吸收投资收到的现金。

（3）偿还债务支付的现金。

（4）分配股利、利润或偿付利息支付的现金。

三、现金流量表的格式及编制方法

（一）现金流量表的格式

小企业现金流量表一般有表首、正表两部分。其中表首说明报表名称、编制单位、编制日期、报表编号、货币名称、计量单位等。正表是现金流量表的主体，包括经营活动、投资活动和筹资活动现金的流入量、流出量和净流量。现金流量表格式如表10-8所示。

表 10-8　现金流量表　　　　　　　　会小企 03 表

编制单位：　　　　　　　　　　年　月　　　　　　　　　单位：元

项　　目	本年累计金额	本月金额
一、经营活动产生的现金流量：		
销售商品、提供劳务收到的现金		
收到其他与经营活动有关的现金		
购买商品、接受劳务支付的现金		
支付给职工以及为职工支付的现金		
支付的各项税费		
支付其他与经营活动有关的现金		
经营活动产生的现金流量净额		
二、投资活动产生的现金流量：		
收回短期投资、长期债券投资和长期股权投资收到的现金		
取得投资收益收到的现金		
处置固定资产、无形资产和其他长期资产收回的现金净额		
短期投资、长期债券投资和长期股权投资支付的现金		
购建固定资产、无形资产和其他长期资产支付的现金		
投资活动产生的现金流量净额		

（续表）

项　　目	本年累计金额	本月金额
三、筹资活动产生的现金流量：		
取得借款收到的现金		
吸收投资收到的现金		
偿还债务支付的现金		
分配股利、利润或偿付利息支付的现金		
筹资活动产生的现金流量净额		
四、现金及现金等价物净增加额		
加:期初现金余额		
五、期末现金及现金等价物余额		

（二）现金流量表的编制方法

小企业在编制现金流量表时可以采用工作底稿法或 T 形账户法编制，也可以直接根据有关科目记录分析填列。

1. 工作底稿法

采用工作底稿法编制现金流量表，是以工作底稿为手段，以利润表和资产负债表数据为基础，对每一项目进行分析并编制调整分录，从而编制出现金流量表。

整个现金流量表工作底稿纵向分成三段：第一段是资产负债表项目，其中又分为借方项目和贷方项目两部分；第二段是利润表项目；第三段是现金流量表项目。工作底稿横向分为五栏，在资产负债表部分，第一栏是项目栏，填列资产负债表各项目名称；第二栏是期初数栏，填列资产负债表项目的期初数；第三栏是调整分录的借方；第四栏是调整分录的贷方；第五栏是期末数，用来填列资产负债表项目的期末数。在利润表和现金流量表部分，第一栏也是项目栏，用来填列利润表和现金流量表项目名称；第二栏空置不填；第三、第四栏分别是调整分录的借方和贷方；第五栏是本期数，利润表部分这一栏数字应和本期利润表数字核对，现金流量表部分这一栏数字可直接用来编制正式的现金流量表。

工作底稿法的程序如下：

第一步，将资产负债表的期初数和期末数过入工作底稿的期初数栏和期末数栏。

第二步，对当期业务进行分析并编制调整分录。调整分录一般有这样几类：第一类涉及利润表中的收入、成本和费用项目以及资产负债表中的资产、负债及所有者权益项目，通过调整，将权责发生制下的收入费用转换为现金基础；第二类是涉及资产负债表和现金流量表中的投资、筹资项目，反映投资和筹资活动的现金流量；第三类是涉及利润表和现金流量表中的投资和筹资项目，目的是将利润表中有关投资和筹资方面的收入和费用列入现金流量表投资、筹资现金流量中去。此外，还有一些调整分录并不涉及现金收支，只是为了核对资产负债表项目的期末变动。

在调整分录中，有关现金的事项，并不直接借记或贷记现金，而是分别记入"经营活动产生的现金流量""投资活动产生的现金流量""筹资活动产生的现金流量"有关项目，借记表明现金流入,贷记表明现金流出。

第三步,将调整分录,过入工作底稿中的相应部分。

第四步,核对调整分录,借贷合计应当相等,资产负债表项目期初数加减调整分录中的借贷金额以后,应当等于期末数。

第五步,根据工作底稿中的现金流量表项目部分编制正式的现金流量表。

2. T 形账户法

T 形账户法是以 T 形账户法为手段,以利润表和资产负债表数据为基础,对每一项目进行分析并编制调整分录,从而编制出现金流量表。采用 T 形账户法编制现金流量表的程序如下。

第一步,为所有的非现金项目(包括资产负债表项目和利润表项目)分别开设 T 形账户,并将各自的期末、期初变动数过入各该项目。

第二步,开设一个大的"现金"T 形账户,每边分为经营活动、投资活动和筹资活动三个部分,左边记现金流入,右边记现金流出。与其他账户一样,过入期末、期初变动数。

第三步,以利润表项目为基础,结合资产负债表分析每一个非现金项目的增减变动,并据此编制调整分录。

第四步,将调整分录过入各 T 形账户,并进行核对,该账户借贷相抵后的余额与原先过入的期末、期初变动数应当一致。

第五步,根据大的"现金"T 形账户编制正式现金流量表。

⚖ **会计职业道德 10-1** ....

客观公正,坚持准则

客观是指按事物的本来面目去反映,不掺杂个人的主观意愿,也不为他人意见所左右。在会计上就是端正态度、依法办事、实事求是、不偏不倚、保持应有的独立性。

会计人员在进行核算和监督的过程中,以会计准则为自己的行动指南,以会计准则作为与违法违纪现象作斗争的有力武器,通过梳理会计准则的权威性来维护会计行业的信誉和会计人员的地位,保证经济活动正常进行,坚持准则覆盖的范围很多,包括基本法规、经济法规、税收法规、财会审计法规、内部财务管理制度、会计准则。要求是熟悉准则、遵循准则、坚持准则。

这两个是有联系的,坚持准则,就可以体现客观公正,如果客观公正的办事,也就说明是坚持准则的结果。

四、现金流量表项目的填列

(一) 本年累计金额的填列

现金流量表"本年累计金额"栏反映各项目自年初起至报告期末止的累计实际发生额。

现金流量表"本月金额"栏反映各项目的本月实际发生额;在编报年度财务报表时,应将"本月金额"栏改为"上年金额"栏,填列上年全年实际发生额。如果上年度现金流量表与本年度现金流量表的项目名称和内容不一致,则按编报当年的口径对上年度现金流量表项目的名称和数字进行调整,填入本表"上年金额"栏。

(二) 现金流量表各项目的内容及填列方法

现金流量表各项目的内容及填列方法如下。

1. 经营活动产生的现金流量

（1）"销售商品、提供劳务收到的现金"项目，反映小企业本期销售商品、提供劳务收到的现金。本项目可以根据"库存现金""银行存款"和"主营业务收入"等科目的本期发生额分析填列。

【例10-3】 小企业华夏公司本期销售一批商品，收到 35 000 元，以银行存款收讫；应收票据期初余额为 4 000 元，期末余额为 800 元；应收账款期初余额为 10 000 元，期末余额为 2 000 元；年度内核销的坏账损失为 400 元。另外，本期因商品质量问题发生退货，支付银行存款 500 元，货款已通过银行转账支付。

本期销售商品、提供劳务收到的现金计算如下：

本期销售商品收到的现金	35 000
加：本期收到前期应收票据(4 000－800)	＋3 200
本期收到前期的应收账款(10 000－2 000－400)	＋7 600
减：本期因销售退回支付的现金	－500
本期销售商品、提供劳务收到的现金	＝45 300

（2）"收到其他与经营活动有关的现金"项目，反映小企业本期收到的其他与经营活动有关的现金。本项目可以根据"库存现金"和"银行存款"等科目的本期发生额分析填列。

（3）"购买商品、接受劳务支付的现金"项目，反映小企业本期购买商品、接受劳务支付的现金。本项目可以根据"库存现金""银行存款""其他货币资金""原材料""库存商品"等科目的本期发生额分析填列。

【例10-4】 小企业华夏公司本期购买原材料，材料价款为 2 000 元，款项已通过银行转账支付；本期支付应付票据 1 000 元；购买工程用物资 500 元，货款已通过银行转账支付。

购买商品、接受劳务支付的现金计算如下：

本期购买商品、接受劳务支付的现金计算如下：

本期购买原材料支付的价款	2 000
加：本期支付的应付票据	＋1 000
本期购买商品、接受劳务支付的现金	＝3 000

（4）"支付给职工以及为职工支付的现金"项目，反映小企业实际支付给职工的现金以及为职工支付的现金，包括小企业为获得职工提供的服务，本期实际给予各种形式的报酬以及其他相关支出，以及为职工支付的其他费用。本项目可以根据"库存现金""银行存款""应付职工薪酬"科目的本期发生额分析填列。

（5）"支付的各项税费"项目，反映小企业本期支付的税费。本项目可以根据"库存现金""银行存款""应交税费"等科目的本期发生额分析填列。

（6）"支付其他与经营活动有关的现金"项目，反映小企业本期支付的其他与经营活动有关的现金。本项目可以根据"库存现金""银行存款"等科目的本期发生额分析填列。

2. 投资活动产生的现金流量

（1）"收回短期投资、长期债券投资和长期股权投资收到的现金"项目，反映小企业出售、转让或到期收回短期投资、长期股权投资而收到的现金，以及收回长期债券投资本金而收到的现金，不包括长期债券投资收回的利息。本项目可以根据"库存现金""银行存款""短期投资"

"长期股权投资""长期债券投资"等科目的本期发生额分析填列。

【例 10-5】 小企业华夏公司出售某项长期股权投资,收回的全部投资金额为 50 000 元;出售某项长期债券投资,收回的全部投资金额为 40 000 元,其中,5 000 元是债券利息。

本期收回投资所收到的现金计算如下:

收回长期股权投资金额	50 000
加:收回长期债权性投资本金(40 000-5 000)	+35 000
本期收回投资所收到的现金	=85 000

(2)"取得投资收益收到的现金"项目,反映小企业因权益性投资和债权性投资取得的现金股利或利润和利息收入。本项目可以根据"库存现金""银行存款""投资收益"等科目的本期发生额分析填列。

【例 10-6】 小企业华夏公司期初长期股权投资余额 200 000 元,其中 150 000 元投资于联营企业 A 企业,占其股份的 25%,采用权益法核算,另外 20 000 元和 30 000 元分别投资 B 企业和 C 企业,各占接受投资企业总股份的 5% 和 10%,采用成本法核算;当年 A 企业盈利 200 000 元,分配现金股利 80 000 元,B 企业亏损没有分配股利,C 企业盈利 60 000 元,分配现金股利 20 000 元。企业已入如数收到现金股利。

本期取得投资收益收到的现金计算如下:

取得 A 企业实际分回的投资收益(80 000×25%)	20 000
加:取得 B 企业实际分回的投资收益	+0
取得 C 企业实际分回的投资收益(20 000×10%)	+2 000
本期取得投资收益收到的现金	=22 000

(3)"处置固定资产、无形资产和其他长期资产收回的现金净额"项目,反映小企业处置固定资产、无形资产和其他长期资产取得的现金,减去为处置这些资产而支付的有关税费等后的净额。本项目可以根据"库存现金""银行存款""固定资产清理""无形资产""生产性生物资产"等科目的本期发生额分析填列。

【例 10-7】 小企业华夏公司出售一台不需用设备,收到价款 3 000 元,该设备原价 4 000 元,已提折旧 1 500 元。支付该项设备拆卸费用 200 元,运输费用 80 元,设备已由购入单位运走。

本期处置固定资产、无形资产和其他长期资产收回的现金净额计算如下:

本期出售固定资产收到的现金	3 000
减:支付出售固定资产的清理费用	-280
本期处置固定资产、无形资产和其他长期资产	
收回的现金净额	=2 720

(4)"短期投资、长期债券投资和长期股权投资支付的现金"项目,反映小企业进行权益性投资和债权性投资支付的现金。包括:企业取得短期股票投资、短期债券投资、短期基金投资、长期债券投资、长期股权投资支付的现金。本项目可以根据"库存现金""银行存款""短期投资""长期债券投资""长期股权投资"等科目的本期发生额分析填列。

【例 10-8】 小企业华夏公司以银行存款 20 000 元投资于 A 企业的股票。此外,购买中国光大银行发行的金融债券,面值总额 20 000 元,票面利率 8%,实际支付金额 20 400 元。

本期短期投资、长期债券投资和长期股权投资支付的现金计算如下：

投资于 A 企业的现金总额	20 000
投资于中国光大银行金融债券的现金总额	＋20 400
本期短期投资、长期债券投资和长期股权投资支付的现金	＝40 400

(5)"购建固定资产、无形资产和其他长期资产支付的现金"项目,反映小企业购建固定资产、无形资产和其他长期资产支付的现金。包括:购买机器设备、无形资产、生产性生物资产支付的现金、建造工程支付的现金等现金支出,不包括为购建固定资产、无形资产和其他非流动资产而发生的借款费用资本化部分和支付给在建工程和无形资产开发项目人员的薪酬。本项目可以根据"库存现金""银行存款""固定资产""在建工程""无形资产""研发支出""生产性生物资产""应付职工薪酬"等科目的本期发生额分析填列。

3. 筹资活动产生的现金流量

(1)"取得借款收到的现金"项目,反映小企业举借各种短期、长期借款收到的现金。本项目可以根据"库存现金""银行存款""短期借款""长期借款"等科目的本期发生额分析填列。

(2)"吸收投资收到的现金"项目,反映小企业收到的投资者作为资本投入的现金。本项目可以根据"库存现金""银行存款""实收资本""资本公积"等科目的本期发生额分析填列。

(3)"偿还债务支付的现金"项目,反映小企业以现金偿还各种短期、长期借款的本金。本项目可以根据"库存现金""银行存款""短期借款""长期借款"等科目的本期发生额分析填列。

(4)"分配股利、利润或偿付利息支付的现金"项目,反映小企业向投资者实际支付的利润或小企业以现金偿还各种短期、长期借款的利息。本项目可以根据"库存现金""银行存款""应付利润""应付利息"等科目的本期发生额分析填列。

五、现金流量表编制方法举例

【例 10-9】 小企业华夏公司 2×19 年有关资料如下(增值税税率 16%)。

本期主营业务收入为 1 000 万元;收回应收账款 120 万元;预收账款 50 万元。

本期现购材料成本为 700 万元;支付去年应付账款 50 万元;预付账款 110 万元。

本期发放的职工工资总额为 100 万元,其中生产经营及管理人员的工资 70 万元,奖金 15 万元;在建工程人员的工资 12 万元,奖金 3 万元。工资及奖金全部从银行提取现金发放。

本期所得税费用为 160 万元;未交所得税的年初数为 120 万元,年末数为 100 万元。(无调整事项)

为建造厂房,本期以银行存款购入固定资产 100 万元,支付增值税税额 16 万元。

购入股票 100 万股,每股价格 5.2 元,其中包括的已宣告而尚未领取的现金股利每股 0.2 元,作为短期投资核算。

到期收回长期债券投资,面值为 100 万元,3 年期,利率 3%,一次还本付息。

对一台管理用设备进行清理,该设备账面值原价 120 万元,已计提折旧 80 万元,以银行存款支付清理费用 2 万元,收到变价收入 13 万元,该设备已清理完毕。

借入短期借款 240 万元,借入长期借款 460 万元,当年以银行存款支付利息 30 万元。

向股东支付上年现金股利 50 万元。

华夏公司编制现金流量表如表 10-9 所示。

表 10-9 现金流量表 会小企 03 表

编制单位:华夏公司 2×19 年 单位:万元

项 目	本期金额	上期金额
一、经营活动产生的现金流量:		
销售商品、提供劳务收到的现金	1 330	
收到其他与经营活动有关的现金	0	
购买商品、接受劳务支付的现金	972	
支付给职工以及为职工支付的现金	100	
支付的各项税费	180	
支付其他与经营活动有关的现金	0	
经营活动产生的现金流量净额	78	
二、投资活动产生的现金流量:		
收回短期投资、长期债券投资和长期股权投资收到的现金	100	
取得投资收益收到的现金	9	
处置固定资产、无形资产和其他长期资产收回的现金净额	11	
短期投资、长期债权投资和长期股权投资支付的现金	520	
购建固定资产、无形资产和其他长期资产支付的现金	116	
投资活动产生的现金流量净额	−516	
三、筹资活动产生的现金流量		
取得借款收到的现金	700	
吸收投资收到的现金	0	
偿还债务支付的现金	0	
分配股利、利润或偿付利息支付的现金	80	
筹资活动产生的现金流量净额	620	
四、现金及现金等价物净增加额	182	
加:期初现金余额		
五、期末现金及现金等价物余额		

(1)"销售商品、提供劳务收到的现金"项目=1 000×(1+16%)+120+50=1 330(万元)

(2)"购买商品、接受劳务支付的现金"项目=700×(1+16%)+50+110=972(万元)

(3)"支付给职工以及为职工支付的现金"项目=70+15+12+3=100(万元)

(4)"支付的各项税费"项目=120+160−100=180(万元)

(5)"收回短期投资、长期债券投资和长期股权投资收到的现金"项目=100(万元)

(6)"取得投资收益收到的现金"项目=100×3%×3=9(万元)

(7)"处置固定资产、无形资产和其他长期资产收回的现金净额"项目=13−2=11(万元)

(8)"短期投资、长期股权投资和长期股权投资支付的现金"项目=100×5.2=520(万元)

(9)"购建固定资产、无形资产和其他长期资产支付的现金"项目＝100＋16＝116(万元)

(10)"取得借款收到的现金"项目＝240＋460＝700(万元)

(11)"分配股利、利润或偿付利息支付的现金"项目＝30＋50＝80(万元)

第五节 | 财务报表附注

财务报表附注是为了便于财务报表使用者理解财务报表的内容而对财务报表的编制基础、编制依据、编制原则和方法及主要项目等所作的解释。财务报表附注是财务报表的组成部分。

一、财务报表附注概述

小企业财务报表附注是对资产负债表、利润表、现金流量表等报表中列示项目的文字描述或明细资料,以及对未能在这些报表中列示项目的说明等。报表使用者如果要系统地了解小企业的财务状况、经营成果、现金流量和纳税情况,应当全面地阅读财务报表附注。

财务报表附注的要求:

(1)附注的信息应是定量、定性信息的结合,从而能从量和质两个角度对小企业经济事项完整的进行反映,也才能满足信息使用者的决策需求。

(2)附注应当按照一定的结构进行系统合理的排列和分类。由于附注的内容繁多,因此更应按逻辑顺序排列,分类披露,条理清晰,具有一定的组织结构,以便使用者理解和掌握,也更好地实现财务报表的可比性。

(3)附注相关信息应当与资产负债表、利润表、现金流量表等报表中列示的项目相互参照,以有助于使用者联系相关联的信息,并由此从整体上更好地理解小企业财务报表。

二、财务报表附注的格式及编报说明

小企业应当按照小企业会计准则规定披露附注信息。财务报表附注应当按照下列顺序披露。

(一)遵循小企业会计准则的声明

小企业应当声明编制的财务报表符合《小企业会计准则》的要求,真实、完整地反映了小企业的财务状况、经营成果和现金流量等有关信息。以此明确小企业编制财务报表所依据的制度基础。如果《小企业会计准则》对部分会计事项没有规范,小企业按照《企业会计准则》的相关规定进行了会计处理,则小企业应当在这部分披露下列信息:

(1)发生交易的情况。

(2)参照执行《企业会计准则》的原因。

(3)所依据《企业会计准则》的相关规定。

(4)该交易的处理结果给小企业带来的影响,包括财务状况和经营成果的影响。

(二)短期投资、应收账款、存货、固定资产项目的说明

短期投资、应收账款、存货、固定资产是小企业的重要资产,这几项资产的期末市场价值信息、持有时间的长短和新旧程度信息有助于信息使用者尤其是债权人了解小企业资产的质量。短期投资、应收账款、存货、固定资产项目需要披露的信息分别如表 10-10、表 10-11、表 10-

12、表10-13所示。

需要说明的是表10-10、表10-11、表10-12、表10-13中，"期末"是指小企业财务报表对外报告的当期期末，包括月末、季末和年末。"期末账面余额"是指"短期投资""应收账款""存货""固定资产"明细账的期末借方余额，其合计数应分别与资产负债表中"短期投资""应收账款""存货""固定资产"项目的金额一致，不得出现差异。"期末市价"是指"短期投资"和"存货"项目在期末的市场价值（收盘价）。

1. 短期投资应披露的信息

表 10-10　短期投资明细表

项　目	期末账面余额	期末市价	期末账面余额与期末市价的差额
1. 股票			
2. 债券			
3. 基金			
4. 其他			
合　计			

2. 应收账款应披露的信息

表 10-11　应收账款账龄结构明细表

账龄结构	期末账面余额	年初账面余额
1年以内(含1年)		
1年至2年(含2年)		
2年至3年(含3年)		
3年以上		
合　计		

3. 存货应披露的信息

表 10-12　存货信息明细表

项　目	期末账面余额	期末市价	期末账面余额与期末市价的差额
1. 原材料			
2. 在产品			
3. 库存商品			
4. 周转材料			
5. 消耗性生物资产			
……			
合　计			

273

4. 固定资产应披露的信息

表 10-13　固定资产信息明细表

项　目	原　价	累计折旧	期末账面价值
1. 房屋、建筑物			
2. 机器			
3. 机械			
4. 运输工具			
5. 设备			
6. 器具			
7. 工具			
……			
合　计			

（三）应付职工薪酬、应交税费项目的说明

应付职工薪酬、应交税费情况是小企业职工、债权人、税务部门及政府其他部门重点关注的内容。小企业应根据"应付职工薪酬"和"应交税费"明细账,填列"应付职工薪酬明细表"和"应交税费明细表"。这两个明细表均为小企业资产负债表的附表,其格式分别如表 10-14、表 10-15 所示。

1. 应付职工薪酬应披露的信息

表 10-14　应付职工薪酬明细表　　　　会小企 01 表附表 1

编制单位:　　　　　　　　　　年　　月　　　　　　　　　　单位:元

项　目	期末账面余额	年初账面余额
1. 职工工资		
2. 奖金、津贴和补贴		
3. 职工福利费		
4. 社会保险费		
5. 住房公积金		
6. 工会经费		
7. 职工教育经费		
8. 非货币性福利		
9. 辞退福利		
10. 其他		
合　计		

2.应交税费应披露的信息

表 10-15　应交税费明细表　　　　　会小企 01 表附表 2

编制单位：　　　　　　　　年　　月　　　　　　　单位:元

项　目	期末账面余额	年初账面余额
1.增值税		
2.消费税		
3.城市维护建设税		
4.企业所得税		
5.资源税		
6.土地增值税		
7.城镇土地使用税		
8.房产税		
9.车船税		
10.教育费附加		
11.矿产资源补偿费		
12.排污费		
13.代扣代缴的个人所得税		
……		
合　计		

（四）利润分配的说明

小企业的利润分配应当遵循国家的相关法规,小企业应结合自己的具体情况,适用相应的利润分配法律、法规。小企业利润分配主要通过编制利润分配表形式对外披露。利润分配表是资产负债表的附表,小企业在填列时,如果有些项目不适用,可不填任何数字,空置即可。利润分配表的格式如表 10-16 所示。

表 10-16　利润分配表　　　　　　　会小企 01 表附表 3

编制单位：　　　　　　　　年度　　　　　　　　单位:元

项　目	行次	本年金额	上年金额
一、净利润	1		
加:年初未分配利润	2		
其他转入	3		
二、可供分配的利润	4		
减:提取法定盈余公积	5		
提取任意盈余公积	6		
提取职工奖励及福利基金*	7		

（续表）

项　　目	行次	本年金额	上年金额
提取储备基金*	8		
提取企业发展基金*	9		
利润归还投资**	10		
三、可供投资者分配的利润	11		
减:应付利润	12		
四、未分配利润	13		

* 提取职工奖励及福利基金、提取储备基金、提取企业发展基金这3个项目仅适用于小企业(外商投资)按照相关法律规定提取的3项基金。

** 利润归还投资这个项目仅适用于小企业(中外合作经营)根据合同规定在合作期间归还投资者的投资。

（五）其他披露内容

（1）用于对外担保的资产名称、账面余额及形成的原因；未决诉讼、未决仲裁以及对外提供担保所涉及的金额。

《小企业会计准则》要求小企业对外担保时需要披露用于对外担保的资产名称、账面余额及形成的原因。对外担保的资产名称是指具体名称，账面余额通常是指科目余额，对于固定资产、无形资产、生产性生物资产还应扣除累计折旧和累计摊销；资产担保的原因是指为什么要用这一资产担保，如银行的要求等。此外，小企业还应披露对外担保的事由、目前进展情况、对外提供担保所涉及的金额。在实际工作中，小企业的出资人或业主可能会以个人财产代小企业向债权人提供担保，尽管这些财产不属于小企业资产，但也会给小企业带来不利影响，小企业也应视同企业资产进行披露。

小企业在日常生产经营活动中有时会发生一些法律纠纷、合同争议，需要诉诸法律和仲裁机构进行审理和裁决。这类事件最终可能给小企业带来损失或收益，因此需要披露事由、未决诉讼或未决仲裁目前进展情况和所涉及的金额。

（2）发生严重亏损的，应当披露持续经营的计划、未来经营的方案。

小企业在日常生产经营活动中，由于规模小、抗风险能力弱，可能会出现资不抵债等严重亏损，甚至会出现破产清算的情况。如果破产清算，就会对职工、税务机关、债权人、投资者等造成不利影响。在这种情况下，小企业需要披露持续经营的计划、未来经营的方案等补救和改进措施。

（3）对已在资产负债表和利润表中列示项目与企业所得税法规定存在差异的纳税调整过程。

由于会计和税法的目的不同，两者之间不可避免地存在差异，需要在纳税申报过程中调整。如国债利息收入、无形资产研究开发费用等。小企业要对已在资产负债表和利润表中列示项目与企业所得税法规定存在差异的纳税调整过程进行披露。

（4）其他需要说明的事项。

 延伸阅读 10-2 ··

《企业会计准则》与《小企业会计准则》的附注比较

附注，是指对资产负债表、利润表和现金流量表等报表中列示项目的文字描述或明细资料，以及对未能在这些报表中列示项目的说明等。与《企业会计准则》相比,《小企业会计准则》中只具体规定了附注的披露顺序,却没有具体规定需要披露的内容。附注的披露针对性很强,比如《小企业会计准则》第六条规定"发生严重亏损的,应当披露持续经营的计划、未来经营的方案",这主要是考虑到小企业规模较小、抵抗市场风险能力差,可能会出现严重亏损,甚至资不抵债而致破产清算的情况,从而对职工、税务机关、债权人、投资者等相关方面带来不利影响。另外,附注变动最明显的一点便是《小企业会计准则》增加了"对企业所得税纳税调整的披露",这体现了该准则会计核算向税收趋同的原则。

相对于《企业会计准则》,报表附注披露内容大大减少,披露要求也有所降低。小企业由于受资金、技术、人才等方面的制约,形成规模小、结构简单、经营活动单一的特点,其业务范围及业务复杂程度远不如国有大中型企业,所以其会计核算也相对简单,如果采用比较简化的会计准则将有助于减少遵循准则的成本和负担;而且小企业会计人员业务素质相对较低,注重简单性和可操作性。小企业会计信息使用者主要为税务部门、银行和企业管理者,这就要求小企业提供的财务报表更能简明扼要地反映小企业的财务状况和经营成果,从而有助于报表使用者及时作出正确的决策。《小企业会计准则》则充分考虑了这些情况,切实满足了报表的使用者的实际需要,对有关会计处理进行了较大的简化,便于小企业会计人员能够快速掌握和应用,增强了可操作性,更有利于促进小企业提升内部财务管理水平,优化小企业发展的外部环境,包括税收征管、融资、监管环境。《小企业会计准则》既针对小企业的特点作出简化调整,也为外部使用者提供了便利,是促进小企业健康发展的重要准则。

本 章 小 结

本章主要学习小企业财务报表的概念及其作用,财务报表的分类,财务报表列报的基本要求;资产负债表含义、作用,小企业资产负债表的列报格式和列报方法,资产负债表编制方法并举例;利润表含义、作用,小企业利润表的列报格式和列报方法,利润表编制方法并举例;现金流量表的编制以及财务报表附注的概念和内容。

本章重要概念

资产负债表　利润表　现金流量表　财务报表附注

思 考 题

1. 资产负债表与利润表有什么联系与区别?
2. 财务报表的信息应当如何为改善企业管理服务?

推荐阅读资料

[1] 中华人民共和国财政部.小企业会计准则.2013.

[2] 卢新国.小企业会计[M].北京:高等教育出版社,2017.

[3] 小企业会计准则编审委员会.小企业会计准则讲解[M].上海:立信会计出版社,2015.

[4] 陈梅兰.小企业会计核算实务[M].北京:人民邮电出版社,2014.

附录:小企业会计准则与企业会计准则的比较

主要项目	小企业会计准则	企业会计准则
资产减值		
计提规定	应当按照成本计量,不计提资产减值准备	允许企业计提减值准备,允许转回的有坏账准备和存货跌价准备。但对于非流动性资产计提的减值准备一律不得转回
库存现金		
盘盈	营业外收入	营业外收入
盘亏	营业外支出	管理费用
应收及预付款项减值的计提		
计提规定	不得计提减值准备	可以计提,备抵法
发生时	借:应收账款等 　贷:主营业务收入等	
收到款项时	借:银行存款 　贷:应收账款等	
发生减值时	无	借:资产减值损失 　贷:坏账准备
确认损失时	借:营业外支出 　贷:应收账款等	借:坏账准备 　贷:应收账款等
损失收回	借:应收账款等 　贷:营业外收入 借:银行存款 　贷:应收账款	借:银行存款 　贷:坏账准备 或: 借:应收账款 　贷:坏账准备 借:银行存款 　贷:应收账款
存　货		
投资者投入	应按照评估价值确定	按照合同或协议约定的价值,不公允的除外
生产用固定资产日常修理维护领用存货	制造费用	管理费用
减值计提	不计提	计提
盘盈	营业外收入	管理费用(冲减)
盘亏	营业外支出	管理费用(正常损失) 营业外支出(非正常损失)

（续表）

项　目	小企业会计准则	企业会计准则
短期投资		
初始计量	设置"短期投资"科目,采用历史成本计量,交易费用计入投资成本	设置"交易性金融资产——成本"科目,取得资产按公允价值计量,相关交易费用计入"投资收益"(借方) 借:交易性金融资产——成本(公允价值) 　　应收利息或应收股利 　　投资收益(交易费用) 　　贷:银行存款
后续计量	对于资产负债表日发生的短期投资的公允价值变动,不作任何处理	资产负债表日发生的公允价值变动 借:交易性金融资产——公允价值变动 　　贷:公允价值变动损益(或相反分录)
处置	只需按照售价与其成本的差额,确认"投资收益"	还需将持有期间累计的"公允价值变动损益"转入"投资收益"
长期债券投资		
总账科目及明细科目	"长期债券投资——面值" "长期债券投资——溢折价"	"持有至到期投资——成本" "持有至到期投资——利息调整"
后续计量 利息收入的核算	面值×票面利率	摊余成本×实际利率
减值计提	无	借:资产减值损失 　　贷:持有至到期投资减值准备
处置	处置时不涉及减值转出问题	如果持有期间计提减值,处置时应同时转出原计提的减值准备
长期股权投资		
初始计量	设置"长期股权投资"科目,取得时以成本计量	设置"长期股权投资——成本" "长期股权投资——损益调整" "长期股权投资——其他权益变动"科目,初始取得需分同一控制下企业合并还是非同一控制下企业合并
后续计量:宣告发放现金股利或利润时	借:应收股利 　　贷:投资收益	1. 成本法下的核算同《小企业会计准则》 2. 权益法下还需根据被投资单位实现的净损益,以及净损益外所有者权益的其他变动的份额,确认"长期股权投资——损益调整"及"长期股权投资——其他权益变动",同时确认"投资收益"及"其他综合收益" 被投资单位宣告发放现金股利或利润时,冲减"长期股权投资——损益调整"

（续表）

项　目		小企业会计准则	企业会计准则
长期股权投资			
处置		无会计处理	若已计提长期股权投资减值准备,需转出"长期股权投资减值准备";且权益法下,持有期间通过"其他综合收益"核算的其他权益变动转入"投资收益"
损失		损失金额与税法允许税前扣除的金额和条件一致,直接调整"长期股权投资"和"营业外支出"科目,不计提减值准备	损失仅与按照企业会计准则确定的可收回金额有关,与税法规定的不同,投资损失调整长期股权投资减值准备和资产减值损失
固定资产			
初始计量	初始计量时,成本的截止日期不同	截止到竣工决算前	截至达到预定可使用状态
	建造过程中发生的借款费用的资本化条件和范围不同	为购建固定资产在竣工决算前发生的借款费用,应当计入固定资产的成本	符合资本化条件的资产发生在资本化期间的有关借款费用应该资本化,资本化金额的计量需要区分一般借款和专门借款。符合资本化条件的资产是指需要经过相当长时间的购建或者生产活动才达到预定可使用或者销售状态的固定资产、投资性房地产和存货等资产
	投资者投入的	按照评估价值和相关税费确定	按照投资合同或者协议约定的价值确定,但合同或协议约定价值不公允的除外
后续计量	折旧　折旧范围	房屋、建筑物以外未投入使用的固定资产不计提折旧	未投入使用的也需要计提
	折旧　折旧年限不同	折旧年限有最低限制	指固定资产的预期使用年限
	后续支出　大修理支出	符合税法规定的,通过"长期待摊费用"核算	符合资本化条件的,计入固定资产;不符合资本化条件的应当计入当期损益
	后续支出　日常修理费用	生产车间发生的固定资产日常修理费用等后续支出,计入"制造费用";行政管理部门等发生的后续支出,计入"管理费用"	应根据不同情况分别计入当期"管理费用"或"销售费用"
	清查　盘亏净损失	营业外支出	如属经营损失,计入"管理费用"如属非常损失,计入"营业外支出"
	清查　盘盈	营业外收入	以前年度损益调整
	减值	不计提	需计提
消耗性生物资产			
减值的处理		不计提	计提

（续表）

项　目		小企业会计准则	企业会计准则
生产性生物资产			
折旧	折旧年限	折旧年限采用与税法规定相同的最低年限管理	折旧年限为预计生产性生物资产的使用寿命
	折旧方法	直线法	折旧方法根据具体情况合理选择
减值的处理		不计提	计提
无形资产			
均要求摊销额按照不同的受益对象,分别计入相关成本、费用科目,且摊销起止点相同,均自无形资产可供使用当月起开始摊销,处置当月不再摊销			
摊销	摊销方法	只能采用年限平均法	可采用年限平均法、年数总和法等
	对于不能可靠估计使用寿命的	要按照不短于10年的期限进行摊销	可以不摊销,但需每期进行减值测试
减值处理		不计提	计提
营业外收入			
核算范围		非流动资产处置净收益、政府补助、捐赠收益、盘盈收益、出租包装物和商品的租金收入、逾期未退包装物押金收益、确实无法偿付的应付款项、违约金收益等,已作坏账损失处理后又收回的应收款项、汇兑收益	债务重组利得,注意不包括债务重组中因处置非流动资产产生的利得、与企业日常活动无关的政府补助、盘盈利得,指库存现金的盘盈利得、捐赠利得等
营业外支出			
核算范围		存货的盘亏、毁损、报废损失,非流动资产处置净损失,坏账损失,无法收回的长期债券投资损失,无法收回的长期股权投资损失,自然灾害等不可抗力因素造成的损失,税收滞纳金,罚金,罚款,被没收财物的损失,捐赠支出,赞助支出等	债务重组损失,注意不包括债务重组中因处置非流动资产产生的损失、公益性捐赠支出、非常损失、盘亏损失,指固定资产的盘亏损失、非流动资产毁损报废损失等
备用金			
科目设置		应在"其他货币资金"科目里核算,但也可以单独设置"备用金"科目核算	应在"其他应收款"科目里核算,但是备用金数额较大或业务较多的企业,可以单独设立"备用金"科目核算
所得税费用的确认			
确认		应付税款法,不需要确认递延所得税费用	资产负债表债务法,需确认递延所得税费用
资本公积			
包括内容		资本公积仅包括资本溢价(或股本溢价)	资本公积包括资本溢价(或股本溢价)和其他资本公积
收入确认条件			
确认条件		小企业应当在发出商品且收到货款或取得收款权利时,确认销售商品收入	需同时满足收入确认的5个条件